丛书主编　丁见民
丛书副主编　付成双　赵学功

美 洲 史 丛 书

美国历史与中美文化交流研究

冯承柏　著

南开大学出版社

天　津

图书在版编目(CIP)数据

美国历史与中美文化交流研究 / 冯承柏著. 一天津：
南开大学出版社，2023.11
(美洲史丛书 / 丁见民主编)
ISBN 978-7-310-06472-4

Ⅰ.①美… Ⅱ.①冯… Ⅲ.①美国－历史－研究②文
化交流－研究－中国、美国 Ⅳ.①K712.07②G125
③G171.25

中国国家版本馆 CIP 数据核字(2023)第 208775 号

美国历史与中美文化交流研究
MEIGUO LISHI YU ZHONGMEI WENHUA JIAOLIU YANJIU

南开大学出版社出版发行
出版人:刘文华
地址:天津市南开区卫津路 94 号　　邮政编码:300071
营销部电话:(022)23508339　营销部传真:(022)23508542
https://nkup.nankai.edu.cn

天津创先河普业印刷有限公司印刷　全国各地新华书店经销
2023 年 11 月第 1 版　　2023 年 11 月第 1 次印刷
238×170 毫米　16 开本　27.5 印张　4 插页　447 千字
定价:218.00 元

如遇图书印装质量问题,请与本社营销部联系调换,电话:(022)23508339

南开大学中外文明交叉科学中心
资助出版

编者的话

自从 1492 年哥伦布发现"新大陆",美洲开始进入全世界的视野之内。不过,哥伦布认为他所到达的是东方的印度,故误将所到之地称为印度群岛,将当地原住民称为"印地人"。意大利航海家阿美利哥在随葡萄牙船队到南美洲探险后,于 1507 年出版的《阿美利哥·维斯普西四次航行记》中宣布哥伦布所发现的土地并非东方印度,而是一个新大陆。稍后学者为了纪念新大陆的发现,将这一大陆命名为"亚美利加",即美洲。此后很长时期内,欧洲人,无论是西班牙、葡萄牙还是英国、法国的探险家,都将这一大陆称为美洲。葡萄牙航海家费迪南德·麦哲伦,西班牙探险家赫尔南·科尔特斯、弗朗西斯科·皮萨罗,英国探险家弗朗西斯·德雷克、沃尔特·雷利无论在发给欧洲的报告、书信还是出版的行记中,都将新大陆称为美洲。甚至到 18 世纪后期,克雷夫科尔撰写的《一位美国农夫的来信》使用的依然是"America",而法国人托克维尔在 19 世纪 30 年代出版的名著《论美国的民主》也是如此。可以说,在"新大陆"被发现后的数百年中,美洲在欧洲人的观念中都是一个整体。

1776 年,随着英属北美 13 个殖民地的独立,美洲各区域开始走上不同的发展道路。首先独立的美国逐渐发展壮大,西进运动势如破竹,领土扩张狂飙猛进,到 19 世纪中期已经俨然成为美洲大国。接着,原在西班牙、葡萄牙殖民统治之下的广大拉丁美洲地区,也在 19 世纪 20 年代纷纷独立,建立了众多国家。不过,新独立的拉美各国在资源禀赋极为有利的情况下,却未能实现经济快速发展,社会问题丛生,现代化之路崎岖缓慢。现代学者在谈及拉美问题时,屡屡提及"现代化的陷阱"。最后,加拿大在 19 世纪中期经过与英国谈判才获得半独立地位,但此后其"国家政策"不断推进,经济发展和国家建设稳步提升,于 20 世纪初跻身经济发达国家之列。

表面上看,似乎美洲各国因为国情不同、发展道路各异而无法被等同视之，但当历史进入 19 世纪末期以后，美洲一体化的趋势却日渐明显，似乎应了"分久必合"的老话。1890 年 4 月，美国同拉美 17 个国家在华盛顿举行第一次美洲会议，决定建立美洲共和国国际联盟及其常设机构——美洲共和国商务局。1948 年在波哥大举行的第九次美洲会议通过了《美洲国家组织宪章》，联盟遂改称为"美洲国家组织"。这一国际组织包括美国、加拿大与拉丁美洲大部分国家。

除了国际政治联合外，美洲经济一体化也在第二次世界大战后迅速发展。美洲区域经济一体化首先在拉丁美洲开启。拉美一体化协会（Latin American Integration Association）是最大的经济合作组织，其前身是拉丁美洲自由贸易协会，主要成员国包括阿根廷、玻利维亚、巴西、智利、哥伦比亚、厄瓜多尔、墨西哥、巴拉圭、秘鲁、乌拉圭和委内瑞拉。此外，1969 年成立的安第斯条约组织（又称安第斯集团），由玻利维亚、智利、哥伦比亚、厄瓜多尔和秘鲁组成。1994 年，安第斯条约组织正式组建自由贸易区。1997 年，安第斯条约组织更名为安第斯共同体，开始正式运作。与此同时，加勒比共同体、中美洲共同市场、南方共同市场等区域经济一体化组织纷纷出现。其中，1995 年建立的南方共同市场是拉美地区发展最快、成效最显著的经济一体化组织。北美自由贸易区的建立，则是美洲一体化的里程碑。1992 年，美国、加拿大和墨西哥三国正式签署《北美自由贸易协定》。1994 年 1 月 1 日，协定正式生效，北美自由贸易区宣布成立。

时至今日，美洲各国在经济和政治上的联系日益紧密，美洲在政治、经济和文化等诸多方面依然是和欧洲、亚洲、非洲迥然不同的一个区域。无论是被视为一个整体的美洲，还是走上不同发展道路的美洲各国，抑或走向一体化的美洲，都值得学界从历史、文化、外交、经济等多维度、多视角进行深入研究。

南开大学美洲史研究有着悠久的历史和深厚的学术传统。20 世纪二三十年代，曾有世界史先贤从美国学成归来，在南开大学执教美国史，为后来美国史的发展开启先河。不过，南开美国史研究作为一个具有影响的学科则可以追溯到杨生茂先生。先生 1941 年远赴海外求学，师从美国著名外交史学家托马斯·贝利，1947 年回国开始执教南开大学，他培养的许多硕士生和博士生成为国内高校美国史教学和科研的骨干。1964 年，根据周恩来总理的指示，国家高教委在南开大学设立美国史研究室，杨生茂先生任主任。这是中国高校中最早的外国史专门研究机构。此后，历经杨生茂先生、张友伦先生和李剑鸣、赵学功教授三代学人的努力，南开大学美国史学科成为中国美国史研究一个颇具影响的学术点。2000 年，美国历史与文化研究中心成立，成为南开大学历史学院下属的三系三所三中心的机构之一。2017 年，以美国历史与文化研究中心为基础组建的南开大学美国研究中心，有幸入选教育部国别与区域研究（备案）基地，迎来新的发展机遇。不过，南开大学美国研究中心并非仅仅局限于历史学科。南开美国研究在薪火相传中一直都具有跨学科的多维视角特色，这可以追溯到冯承柏先生。冯先生出身于书香世家，数代都是南开学人。他一生博学多才，在美国研究、博物馆学与图书情报等数个领域都建树颇丰，在学界具有重要的影响，他为美国研究进一步开辟了交叉学科的宽广视野。在冯先生之后，南开美国研究的多学科合作传统也一直在延续，其中的领军者周恩来政府管理学院的韩召颖教授、美国研究中心的罗宣老师都是冯先生的杰出弟子。

南开大学拉丁美洲史是国家重点学科"世界史"主要分支学科之一，也是历史学院的特色学科之一。南开大学历史系拉丁美洲史研究室建立于 1964 年，梁卓生先生被任命为研究室主任。1966 年，研究室一度停办。1991 年，独立建制的拉丁美洲研究中心成立，洪国起教授为第一任主任，王晓德教授为第二任主任，董国辉教授为现任主任。2000 年南开大学实行学院制后，拉美研究中心并入历史学院。1999 年，中心成为中国拉丁美洲史研究会秘书处所在地。洪国起教授在 1991—1996 年任该研究会副理事长，1996—1999 年任代理理事长，1999—2007 年任理事长。2007—2016 年，王晓德教授担任研究会理事长，韩琦教授担任常务副理事长；2016 年后，韩琦教授担任理事长，王萍教授、董国辉教授担任副理事长。

此外，加拿大史研究也一直是南开大学世界史学科的重要组成部分。20 世纪 90 年代，张友伦先生带队编著并出版《加拿大通史简编》，开启研究先河。杨令侠、付成双教授分别担任中国加拿大研究会会长、副会长，先后担任南开大学加拿大研究中心主任。南开大学加拿大研究中心是中国加拿大研究的重镇之一，出版了众多加拿大研究成果，召开过数次大型学术研讨会。

深厚的学术传统结出丰硕的学术成果，而"美洲史丛书"就是前述研究成果的一个集中展现。这套丛书计划出版（或再版）18 部学术著作，包括杨生茂编著（朱佳寅、杨令侠编）《美国史学史论译》、张友伦主编《加拿大通史简编》、冯承柏著《美国历史与中美文化交流研究》、洪国起著《拉丁美洲史若干问题研究》、陆镜生著《美国社会主义运动史》、韩铁著《美国历史中的法与经济》、王晓德著《拉丁美洲对外关系史论》、李剑鸣著《文化的边疆：美国印第安人与白人文化关系史论》、韩琦著《拉丁美洲的经济发展：理论与历史》、赵学功著《战后美国外交政策探微》、付成双著《多重视野下的北美西部开发研究》、董国辉著《拉美结构主义发展理论研究》、杨令侠著《加拿大与美国关系史纲》、丁见民著《外来传染病与美国早期印第安人社会的变迁》、张聚国著《上下求索：美国黑人领袖杜波依斯的思想历程》、罗宣著《美国新闻媒体影响外交决策的机制研究》、王翠文著《文明互鉴与当代互动：从海上丝绸之路到中拉命运共同体》与董瑜著《美国早期政治文化史散论》。

与其他高校和科研机构的相关成果相比，这套丛书呈现如下特点：第一，丛书作者囊括南开大学老中青三代学者，既包括德高望重的前辈大家如杨生茂、张友伦、冯承柏、洪国起，又包括年富力强的学术中坚如王晓德、李剑鸣、赵学功、韩琦等，还包括新生代后起之秀如付成双、董国辉和董瑜等；第二，丛书研究的地理区域涵盖范围宽广，涉及从最北端的加拿大到美国，再到拉丁美洲最南端的阿根廷；第三，涉猎主题丰富广泛，涉及政治、经济、文化、外交、社会和法律等众多方面。可以说，这套丛书从整体上展现了南开大学美洲史研究的学术传统特色和专业治学水平。

为保证丛书的编写质量，南开大学历史学院与南开大学出版社密切合作，联手打造学术精品。南开大学中外文明交叉科学中心负责人江沛教授在担任历史学院院长时启动了"美洲史丛书"的出版工作，并利用中外文明交叉科学中心这个学术平台，提供学术出版资助。余新忠教授继任历史学院院长后，十分关心丛书的后续进展，就丛书的编辑、出版提出了不少建设性意见。南开大学世界近现代史研究中心主任杨栋梁教授对丛书的出版出谋划策，鼎力支持。此外，美国研究中心、拉丁美洲研究中心的博士及硕士研究生出力尤多，在旧版书稿与扫描文稿间校对文字，核查注释，以免出现篇牍讹误。

南开大学出版社的陈敬书记、王康社长极为重视"美洲史丛书"的编辑出版工作，为此召开了专门的工作会议。项目组的编辑对丛书的审校加工倾情投入，付出了艰巨的劳动。在此向南开大学出版社表示衷心的感谢！

丁见民

2022 年 4 月

序

1956 年岁末，我从北京来南开探望单身的父亲郑天挺先生，为了庆贺新年，承柏的父亲冯文潜教授设家宴招待我们父子。那天，我第一次在他们家见到了承柏。他非常热情，待人彬彬有礼，谈话间显露出他的渊博学识。从此以后，我们就开始了交往。

我们的父辈就是好朋友，抗战期间，冯老（冯文潜）与郑老（郑天挺）都在西南联大教书，他们二人都热心教育，为人谦逊，待人诚恳，谦谦君子，毫无架子，两人虽然不在一系，但往来颇多，二人又有许多共同的爱好，如对古籍图书、古画的爱好等，且均有一定的鉴赏能力。

1942 年春夏，徐悲鸿先生来昆明开办画展，4 月 30 日晚，罗常培约徐晚饭，邀冯老、郑老、杨振生、向达、陈雪平参加，席间，徐提到古画白描《八十七神仙卷》，画卷精美，又提到日本人购得之"朝元仙杖图"（影印本）为宣和内府故物，亦难得见一面之古画，并热情约大家明早往其住所一视。

次日（5 月 1 日，均见《郑天挺西南联大日记》，中华书局，2018 年），郑老及罗常培等人往观两图。徐谓认为《朝元仙杖图》出于《八十七神仙卷》，郑老闻后，对此说法表示怀疑。恰恰相反，郑老认为《八十七神仙卷》盖出于《朝元仙杖图》。不过并未当面表示意见，遂即辞出。午饭时众人仍在议论此画，冯老也非常同意郑老的说法。

冯老与郑老驻地极近，两人经常论及国际形势，关心抗战胜利前途，而冯老以其留学欧美十余年的渊博知识，分析中国的历史及现状，往往异常透彻，令人折服。《郑天挺西南联大日记》1945 年 7 月 10 日记：

柳漪（即冯老）来，谈国际局势。余觉其胜于名家远甚，此人才也，可注意。

1952 年，郑老由北大来南开，任历史系主任，冯老任校图书馆馆长，每逢购置线装书及善本，两人均时有商议，为图书馆馆藏，颇多增益。

　　为了照顾父亲，1963 年初我和妻子傅同钦都调到南开历史系。不久，承柏兄亦来本系工作。我在明清史研究室，他在美国史研究室（1964 年后）。当时是坐班制，我们每天都去办公室上班，这样几乎每天都可以与他见面。每逢课间休息，我们一起打打乒乓球。下班后经常一起去工会打球、玩扑克、聊天，其乐融融。不久，"文革"开始，打破了过去的氛围。

　　我和承柏的专业不同，但他对我的帮助很大。1981 年，我给研究生开了一门明代土地制度的选修课，主要是讲明代的庄田。我把提纲给他看，向他请教，提纲中列有明代的官田与民田、明代庄田引发的赋役关系及阶级关系的变化、明代庄田的特点及经营方式等内容。他看完想了想说："应当加上明代庄田与西欧庄园制比较一题，因学生学世界史时，对西欧的庄园制多有所了解，而对明代的庄田却了解甚少，如能分析二者异同，就更好了。"他还向我讲述了西欧庄园制的特点和他的看法，使我受益匪浅。1986 年我去荷兰参加莱顿大学汉学研究院召开的"17 世纪东西方贸易交流的学术讨论会"，写了一篇郑成功海上贸易的文章，会议要求写一篇英文论文摘要，而我的英文不行，只好向他求助，当时他很忙，我不便更有他求，只说请他弄一个一两千字的英文提要就行了。不料他却利用一个周日的时间，帮我把文章译成一篇五六千字的详细的英文节录，因稿子字迹十分整洁清晰，我都未打印，就把它复印几十份，寄给大会会务组了，他这种助人为乐、急人所急的精神，使我万分感激和钦佩。

　　承柏对人对事一向热情，1980 年傅同钦由历史系古代史组转入，并筹办新成立的博物馆专业，承柏原本对博物馆学很有兴趣，不久，承柏从家中寻出几十本有关博物馆学方面的专业书，供她教学之用。

　　承柏为人聪明，学习刻苦，研究用心，分析能力强，看问题有独到见解，且有学术跨界之能。除美国史以外，他在博物馆学、社会学和信息学等领域都有独到建树。

　　承柏的行政能力亦强，不论是在历史系，还是社会学系教务处或校图书馆等部门的领导岗位上，他都干劲儿十足，忘我工作，得到大家拥护，也赢得了大家的尊敬。退休后，他虽身患重病，仍本着"一息尚存，奋斗不止"的信条，全力以赴地创建天津高等教育文献信息中心，为全市高等学校奉献了服务教学和科研的网上资源共享平台。

　　承柏 1964 年开始在南开历史系美国史研究室工作，并担任美国史专家杨生茂先生的助手，先后 20 多年。1981 年至 1983 年，他去美国进修，之后又多次访美，广泛搜集了美国史研究的第一手资料，收获极大。1978 年承柏与李元良合作发表于《历史研究》的《马汉的海上实力论》，前瞻性地指出治海权在大国兴起进程中举足轻重的作用，对中国的发展具有现实意义。80 年代以来，他先后就美国的工业化、内战后的南部经济、中美城市史比较等问题进行研究，发表了多篇高水平相关论文，新意迭出，深得学界好评（复旦大学美国史教授李剑鸣语，见《春思秋怀忆故人》序言，南开大学出版社，2008 年）。其中，他于 80 年代中期发表的《美国工厂制确立年代质疑》一文，在当时享有"代表近年美国史研究最高水平"的美誉；直到今日，其学术价值毋庸置疑。

作为中国老一辈美国历史文化研究工作者，承柏于读书行走之间，扎根于对美国历史的深入认识，以其独特的视角，不断思考品鉴美国社会文化，比较中美两国文化异同，形成了从物质文化、世俗文化团体、信息社会等多个维度探讨美国社会文化的研究特色和思想体系。

承柏离开我们十几年了，他热情待人，对工作一丝不苟的精神永远是我们学习的榜样。

郑克晟

2019 年 11 月 28 日于南开大学东村

目　录

美国史与美国学

中美文化交流

美国史与美国学

北美文化的特点[①]

　　北美洲的地理范围有两种划分方法。一种是以美国和墨西哥之间的边界划线，以北为北美洲，以南为南美洲。另一种是以墨西哥的南部边界划线。本文取前一种方法。就文化地理而言，本文所要描述的是所谓"安格鲁—美洲"（Anglo-America）。这个术语只在语言区划上具有重要意义，因为居住在2422.8万平方公里土地上的大部分人口说英语。从历史上看，加拿大和美国都曾经是英国的殖民地。英国在社会、经济、政治和文化方面对北美的影响决不容忽视。然而新大陆并不像斯本格勒（Oswald Spengler，1880—1936年）和汤因比（Arnold Joseph Toynbee，1899—1975年）所说仅仅是欧洲文明的分支，或欧洲文明边缘的民族国家。许多研究者认为，它首先是多种文明的汇合，不了解这一特点，很难窥北美文化之全豹。

一、多种文明的汇合

　　北美的最早居民是印第安人，来源于亚洲。他们在距今6万多年前从西伯利亚东部经白令海峡迁入美洲。他们到达美洲时尚处于以渔猎为主的石器时代，过着游牧生活。北美印第安人没有创造出像玛雅、印加那样高度发展的文明。在使用金属工具方面进展甚微，运输和商业均不发达，在这方面同非洲相比尚有差距。欧洲人来到美洲时，在今加拿大和美国境内印第安人的人口不可能有准确的统计数字，学者们的估计数，少的90万，多的1800万。詹姆斯·穆尼在1928年估算的数字为118万余人，有一定的可信度。参见表1。

---

① 原文载中国与北美文化交流志[M].上海：上海人民出版社，1998：1-10.

表 1　墨西哥以北土著印第安人口

地　区	年　份	估算人口数
北大西洋沿岸 　新英格兰、纽约、新泽西和宾夕法尼亚州	1600	55600
南大西洋沿岸 　特拉华、马里兰、弗吉尼亚、西弗吉尼亚、北 　卡罗莱纳、南卡罗莱纳	1600	52200
海湾诸州 　佐治亚、佛罗里达、亚拉巴马、密西西比、阿 　肯色、田纳西、路易斯安那	1600	114400
中央诸州 　俄亥俄河谷地带、从阿拉贡尼山至密西西比、 　加拿大的齐佩瓦	1650	75300
大平原（加拿大至墨西哥湾） 　北部	1780	100800
南部	1690	41000
哥伦比亚河谷地带 　华盛顿、俄勒冈大部、爱达荷北部、蒙大拿、	1780	89300
加利福尼亚	1769	260000
中央山区 　内华达、犹他，部分周围诸州	1845	19300
新墨西哥和亚利桑那	1680	72000
美国小计（除阿拉斯加外）		879900
不列颠美洲 　加拿大东部、中部，不列颠哥伦比亚	1600—1780	
不列颠美洲小计		221000
阿拉斯加	1740	72600
格陵兰	1721	10000
总计		1183500

　　资料来源：James Mooney. "*The Aboriginal Population of America North of Mexico.*" Smithsonian Miscellaneous Collection, 1981, 80(07).

　　欧洲白种人是随着哥伦布航行而成群结队来到美洲的。他们来到美洲后，以为北美是一片荒无人烟之地，有待开发。在他们的心目中，印第安人"非我族类"，是"野蛮人"，但在日常生活中又不得不向土著民族学习。研究成果表明，从对美洲自然环境的认识、种植技术、语言，直到独立奋斗的精神和民主制度，白人从印第安人处学到了很多东西。有人甚至认为北美人——加拿大人和美国人是欧洲人在北美不同的自然环境里印第安化的结果。白人来到美洲后，印第安人的命运是很悲惨的。为了夺取世世代代属于印第安人的土地，白人殖民者威胁利诱、驱赶屠杀，无所不用其极，使他们的后代在谈到这段历史时，也不无歉疚之情。北美印第安人长期实行氏族部落的财产公有制，宗教信仰崇尚万物有灵论，有丰富的民间传说，造型艺术（如陶器、面具、图腾柱）精美，音乐、舞蹈很有特色，一直流传至今。欧洲移民来自不同的地区和国家，政治、社会、经济制度、宗教信仰和文化各异，初到美洲时，各国政府的政策也很不一样。大致说来，西班牙、葡萄牙志在攫取贵金属；法国人热衷于皮毛贸易；英国人迫于自然环境，将主要精力用于所在地的开发。攫取贵金属和开发土地都需要大批劳动力，奴役印第安人的尝试失败了，转而求之于贩运和奴役非洲的黑人。在长达 400 年的时间里，数以百万计的黑人被劫往美洲。在残暴的奴隶制统治下，黑人失去了国籍、祖籍、家园、姓名和民族语言，只是把音乐、舞蹈、习俗和部分宗教信仰保存下来。到了 19 世纪，亚洲（印度、中国、日本和东南亚国家）向美洲移民的浪潮开始了，第二次世界大战后，特别是 20 世纪 60 年代以来，达到高峰，其文化特质也在北美生活中留下了自己的印记。欧、美、亚、非四大文明的汇合构成北美文化的一大特色。

在北美文化中，加拿大文化别具一格。占统治地位的不是单一的安格鲁文化，而是英法双语文化。所谓"加拿大拼盘"是由两大文化（英、法）和两小文化（非英法和土著）组成。在英国夺取新法兰西之后，英国当局力图在政治上和文化上同化法语居民，将英国的政治、法律和宗教机构强加于他们。然而这种同化政策因遭到强烈抵制而以失败告终，形成了两种文化并存的局面，而且种下了两种文化冲突的根子。英法文化冲突的主要表现是，法语居民要求承认魁北克以外地区法语文化的地位，而英语居民则要求承认在魁北克境内英语文化的地位。操法语的居民占加拿大人口总数的 27%，处于少数。在魁北克地区，法语人口占当地人口的 80%。由于法语人口外迁，大量英语人口迁入，魁北克地区法语民族主义者感到其多数地位受到威胁。双方各持己见使这一矛盾更加尖锐。加拿大保守党政府于 1988 年通过《加拿大多元文化主义法》，确立了加拿大政府的多元文化主义政策。

美国文化虽然没有加拿大文化中英法文化的尖锐冲突，其多样化的程度则有过之而无不及。族际关系紧张，文化冲突遍及全国各地。白人安格鲁—萨克逊新教文化居主导地位。人们往往不自觉地用白人的行为准则来规范其他族群或移民群体的活动，要求他们放弃原有的文化特质，接受白人文化。这样的同化过程被称为"美国化"。一般认为这个过程要经历三代人。在移民高峰年代（1901—1921 年），美国曾发生过半强制性的美国化运动，受到来自各方面的抵制和批评。20 世纪 50 年代以来，多元文化的观念逐渐为人们所接受。这种观念强调尊重移民原有的文化，鼓励他们继续保持原来的文化传统，带着本民族的文化特点，投入美国文化的主流，认为多样化是美国文化有生命力的表现。也有人持相反的看法，认为这实际上是行不通的，而且有碍国家的认同。

二、没有封建的过去

北美文明是欧洲革命和封建制度解体的产物，因此，没有封建的过去就构成了北美文化的又一特点。"这里没有显贵的家族，没有宫廷，没有国王，没有主教，没有教阶统治，没有授予少数可见者的无形权力，没有雇佣数千人的大制造业，没有穷奢极欲。"[1]这就是说在政治上，没有贵族分封制，在宗教上，没有教皇制和教阶制；在经济上，基本上没有地主庄园和农奴制；在意识形态领域，没有门第等级观念的束缚。就基督教文化而言，新教文化居统治地位。北美文化的这一特点意义深远。北美的大部分居民虽然来自欧洲，但他们并不以传统的欧洲自豪，他们来到美洲为的是建立新的家园，以便和欧洲的传统告别。他们引以为豪的不是他们的过去，而是他们的现在和未来。在回答北美人是什么的时候，他们声称："他既不是一个欧洲人，也不是一个欧洲人的后裔……在这里，所有国家的个人融为一个新的人种，他们的劳作和他们的后代有朝一日将给世界带来伟大的变革。"[2]他们所遵循的新教伦理把每个人的自由发展看成社会发展的前提，而不是相反；认为每个人竭尽所能就是履行上帝赋予的使命。这不仅是一种信念，一种尺度，而且成

---

① S T John de Crevecoeur. "Letters from an American Farmer, Letter III—What is an American?" In J A Leo Lemay ed. *An Early American Reader*. Washington D. C.: United States Information Agency, 1988: 118.

② S T John de Crevecoeur. "Letters from an American Farmer, Letter III—What is an American?" In J A Leo Lemay ed. *An Early American Reader*. Washington D. C.: United States Information Agency, 1988: 120.

为一种社会机制，鼓励人们奋发图强。在社会经济生活中，人的才能比家庭出身、社会地位更重要。标新立异受到鼓励，墨守成规为人们所不取。在边疆生活和西进运动中得到发扬的拓荒精神和冒险进取精神成为北美人的性格特征之一。这并不是说北美文化没有保守、落后的成分。盛行于南美洲，在北美南部持续了三百多年的种植园黑人奴隶制是接种在资本主义制度上的一个赘瘤。其所散发出的腐朽气息至今还在困扰着北美的社会生活，种族歧视就是表现形式之一。

三、物质文明发达、崇尚技术决定论

依靠得天独厚的自然条件，利用英国工业革命的成果，北美人民经过百余年的不懈努力创造出丰裕的物质文化，使美国和加拿大先后跻身于发达的工业国家行列。第二次世界大战后，北美的生产和消费水平长期居于世界前列。年人均产值在两万美元以上。1980—1991 年间经济增长率为 1.7%—2%。家庭消费结构最能说明消费水平。据世界银行的统计，20 世纪 90 年代初，北美家庭的衣食消费仅占全部消费的 16%—17%（我国占 74%）；住房、燃料和电力消费占 18%—21%（我国占 8%）；教育和医疗消费占 22%（我国为 2%）；交通和通信费用占 14%（我国为 3%）[①]。科技文化是物质文化的一个重要组成部分。北美地区的幸运之处在于，殖民地的建立过程恰好与宗主国的科学革命同步。跨越大西洋的科技移植为北美的科技进步奠定了坚实的基础。从惠特尼（Eli Whitney，1765—1825 年）到爱迪生（Thomas Alva Edison，1847—1931 年），北美地区的技术发明和创新层出不穷。缝纫机、打字机、联合收割机、电话、电报、电灯都产生于这片沃土。可换部件和流水装配线构成的美国制造体系是北美对世界工业化的一个重要贡献。抽象思维、理论创新不是北美民族的长处。应用科学、实验技术、动手能力是他们引以为豪的事。两次大战之间，世界的科技中心从欧洲移至北美。美国和加拿大以丰厚的资金、优异的工作条件和科学家之间的细致分工吸引了大批科技人才，他人之所失，正是北美之所得。一些发展中国家备受人才流失之苦，北美国家则有坐享其成之乐。二战以来，在战争和军备竞赛的影响下，主要由政府和国防

---

① *World Development Report* 1993. Oxford University Press, 1993: 256-257.

部门支持的大科学应运而生。国家标准局、国家宇航局、国防部、能源部、农业部和国家卫生研究院所属和资助的科研机构遍布全国，主要从事基础研究。大公司的科研机构和实验室则侧重于应用和开发。教育机构、公共服务设施如图书馆、博物馆、计算机网络则承担了科学技术知识推广和普及的任务。由于科学技术发达、科学技术知识普及，人们相信科技进步是经济发展和社会变迁的源泉，甚至认为是唯一的源泉，使技术决定论成为占据主要地位的思潮。

北美物质文化的另一个支撑点是在数以万计的私人企业基础上形成的企业文化。北美的私人企业由业主所有制、合伙制和股份公司所有制等法定形式组成，在激烈的竞争中求得发展。第二次世界大战后，生产、经营、销售遍布全球的跨国公司发展迅猛。各类企业受市场经济规律的支配，都把获取利润置于高于一切的地位，锐意图新，肯定一切能够发财致富的行为，把白手起家、创造万贯家财的人们视为英雄。北美人在崇尚科学技术的同时，还对私人企业所有制和市场经济深信不疑，认为这种被他们称之为自由企业的制度能够最大限度地调动人的积极性，进行自我调节，增强企业效益。

四、政治文化——联邦制与分权制

北美人在特定的社会条件下创造出以联邦制和分权制为特点的政治文化和相应的政治制度。中央政府是在分散的强有力的地方政府基础上建立起来的，民众对强大的中央集权政府抱有先天的反感，这是殖民地时代留下的一笔遗产。一方面，北美人民在启蒙思潮和新大陆社会生活的影响下，将多数人统治、民主、公民自由作为政治上的理想；另一方面，开国元勋们对权力又采取了非常实际的态度，设计了一个旨在限制多数人掌权同时也防止少数人大权独揽的中央与地方（州或省）分权制和中央政权内的立法、司法和行政分权制，同时，又把这两者有效地结合在一起。最高法院通过对宪法做出新的解释和通过宪法修正案等办法使在传统的农业社会的基础上制定的国家大法能适应不断变化的新情况。这样的政治制度保证了数百年来的政权平稳过渡和全国政局的稳定，而没有像南美国家那样，军人专政不绝于史，政变频仍。然而，北美人"小政府大社会"的理想并未能坚持下来。20世纪30年代以来的一段较长时间内，为了度过经济危机和适应战争与冷战的需要，联邦政府大大地膨胀了，经济方面的功能变得十分重要。尽管科学技术进步和企业的多样化与小型化加强了分散的趋势，新保守主义也在鼓吹分权，联邦政府的地位并未动摇。随着区域合作的加强，中央政府将继续发挥重要作用。

五、务实精神

新教伦理强调履行世俗义务，从事专业劳动是上帝对每一个信徒的要求。北美严酷的自然环境迫使早期殖民者必须付出艰辛的劳动才能生存。这两者的结合造就了北美人民特有的务实精神。集发明家、科学家、政治家、外交家于一身的本杰明·富兰克林（Benjamin Franklin，1706—1790 年）用他的言行体现了这种务实精神。他倡导勤俭节约、诚实而又精明地聚财致富，被马克斯·韦伯（Max Weber）称之为资本主义精神的体现[①]。在整个北美文明史上，人们总是忙于工作、忙于事业、忙于建设，无暇顾及纯理论的探讨。清教徒和后来几代北美人一样，他们更关心的是实际起作用的体制，而不是华而不实的空谈。他们重视《圣经》，不仅把它当作信条和准则，而且把《圣经》中的故事当成可供参考的先例。他们更感兴趣的是详细地讨论经验，而不是详细地去阐明真理。在北美人看来，许多真理都是不言而喻、不言自明的，无须论证，也无暇论证。"我们认为下面这些真理是不言而喻的"，《独立宣言》的第二句话就是这样说的。一开始就受"看不见的手"支配的北美人认为，任何学术上的争论都不如市场上的自由竞争更有价值。这是因为在北美人们思想的解放不是用新的思想体系来代替旧的思想体系，而在于把哲学的全部内容赶入了世俗的竞技场。美国大法官奥利弗·温德尔·霍姆斯（Oliver Wendell Holmes，1846—1933 年）在 1919 年写道："对真理的最佳考验就是那种能在市场竞争中为人们所接受的思想力量。"[②]北美人自始就形成了一种习惯，在大多数情况下他们只接受在实践中已经得到证实的概念。他们把现实的事物拿来作为尺度，来衡量事物发展的情况。不仅用以衡量现在，而且用以衡量过去和未来。

由于北美幅员广阔，自然资源丰富，移民先于探险家到达北美，对于北

---

① 马克思·韦伯. 新教伦理与资本主义精神[M]. 北京：生活·读书·新知三联书店，1987：33.

② 丹尼尔·布尔斯廷. 美国人：开拓历程[M]. 中国对外翻译出版公司，译. 北京：生活·读书·新知三联书店，1987：175.

美的认识是在开发中形成的，或者说是在自然中形成的。新世界的许多知识往往是为了特定的实用目的从实行中得到的副产品。有关北美的全部知识是由零星点滴、五花八门的知识积累而成，而不是像旧大陆那样，早就有了亚里士多德或圣·奥古斯丁的体系。北美人对知识做出最有价值的贡献之一，是他们对日常生活经历和实况的记录，即博物学。到了 20 世纪尽管有大批欧洲的科学家移居北美，北美人引以为豪的仍然是让他们着了迷的实验科学和技术科学。在北美文化生活中到处可见的这种务实精神，在理论上的集中表现就是主张有用即真理的工具主义哲学，这也是北美唯一土生土长的哲学。①

---

① Henry Steel Commager. *The American Mind, An Interpretation of American Thought and Character Since the* 1880's. Yale University Press, 1950: 8.

美国物质文化史研究浅说^①

从文化史的角度看，美国是一个以物质文明发达见长的国家。从富兰克林到爱迪生，从轧棉机、留声机、玻璃丝袜、盘尼西林到国际商业机器公司（IBM）的个人计算机（PC）机，可以开出一个很长的单子来说明美利坚民族近二百多年来，特别是近一个世纪以来对人类物质文明的贡献。在谈论美国的生活方式时，美国的住房、旅馆、餐厅、厨房、厕所、超级市场、汽车、电话、橄榄球、垒球往往为人们所津津乐道。然而，从历史的角度对美国的物质文化加以研究，在我国并不多见，在美国这也是一个二次大战后才逐渐受到重视的领域。本文拟就美国物质文化史研究的对象、内容、与其他学科的关系、研究工作在美国进展的情况，以及在中国开展物质文化史研究的目的、意义、方法等问题略加探讨，以期引起同行们的兴趣和重视

一

物质文化（Material Culture）是指某种文化中人工制品（Artifact）的总和。在这里，人工制品是相对于自然界固有的实物而言的。人类为了生存，往往在一些自然物上留下了劳动的痕迹，如家畜、防护林、良种等，虽不能视为像汽车、飞机之类的纯人工制品，也应列入物质文化的范围之内，同完全的自然物有所区别。物质文化是一个内涵丰富、外延宽广的概念，人类所创造的一切，只要是以物质的形式出现，都应包括在内。如果说文化是人工环境，物质文化就是文化的物质表现（Physical Manifestation of Culture）

按功能划分，人工制品可分为两大类。一类是适应人与自然交往的需要

① 原文载《中国美国史研究通讯》，1992 年第 2 期。

而产生的人工制品和半人工制品，又可以细分为生产资料、生活资料和科学实验资料。另一大类是适应人与人交往的需要而产生的资料和用具，包括表意符号系统和传播交流的资料和工具；宗教祭祀用具，商品流通、文化娱乐，维护法治、显示政治权威和社会声望的资料和用具，以及进行征战的兵器和资料等。

为了对人工制品进行深入而具体的研究，可以按照人工制品的物质构成加以分类，通常可分为动物衍生物（Animal Derivatives），如皮革、骨、角。植物衍生物（vegetable derivatives），如编织用的竹、藤和书写用的纸张；木、石、金属制品；绘画、印刷、照相、复制的材料和技术；陶瓷、玻璃、人造物，如合成染料、人工橡胶，人造纤维，以及纺织品和编织物。

物质文化的研究起源于考古学和人类学。现代意义的考古学和人类学试图采用科学的方法研究人类文化的物质遗存和人类自身及其文化的起源与发展。丹麦考古学家克利斯廷·汤姆森（Chistian Thomsen，1788—1865）于 1818 最早将人类有文字记载以前的历史按照人工制品的物质构成划分为石器时代、铜器时代和铁器时代，为古代器物的分期奠定了科学基础。这种划分标准也为人类学家所采用。考古学和人类学研究的范围，主要是有文字记载以前的人类物质遗存，物质文化史的研究则以从古至今全部人工制品为其研究对象，这种研究同"人工制品研究"和技术的研究也有所不同，其着重点不在物，而在人。物质文化史研究人工制品是通过这种研究来了解制作该器物的人，了解他的思想和行为。通过上述分析，我们可以认为物质文化研究是通过对一个特定社区或社会的人工制品来研究信仰系统，即价值观念、思想、态度和假设，它的研究目的不在物质而在文化。

它是企图通过对人工制品的研究去了解某种人工制品的制作者、传播者、使用保存者的行为、动机和价值观念。研究的目的不是就物论物，而是揭示人工制品所负载的各种信息，弄清隐藏在物背后的文化内容。在物质文化史的研究者看来，现存的人工制品是表现在时间结构中人类心灵的具体证据。人类在制作或改变某种实物时，直接或间接地反映了制作者个人的信仰模式。这种信仰模式是社会信仰模式的一部分。艺术史专家朱利斯·蒲郎（Jules Prown）说得好，"物质文化一词既涉及研究的对象即物质，也涉及研究目的，即了解文化"。简而言之，物质文化研究就是通过对物质的研究来了解文化。

马克思主义的创始人早在一百多年前就强调研究物质文化史的一个重要

方面——生产工具史的重要性，"劳动资料不仅是人类劳动力发展的测量器，而且是劳动借以进行的社会关系的指示器"。①在研究机器、自然力和科学的应用时，马克思曾提出过一个屡屡为人们引用的著名论断："火药、指南针、印刷术——这是预告资产阶级社会到来的三大发明。火药把骑士阶层炸得粉碎，指南针打开了世界市场并建立了殖民地，而印刷术则变成科学复兴的手段，变成精神发展创造必要前提的最强大的杠杆。"②在这位唯物史观的奠基者看来，只有对物质生产的一定的历史的发展和特殊的形式进行考察，"才能够理解统治阶级的意识形态组成部分，也理解一定的社会形态下自由的精神生产"。③这些论断不仅更深刻地说明了通过对物质的研究了解文化的必要性，而且为物质文化史的研究指明了方向。

二

　　物质文化的研究一般从现场考查开始。这就是说尽可能弄清人工制品的来源、出产地点、使用地点和存放地点，对人工制品进行认定、鉴别和分类。这种工作往往由收藏单位（在美国是公立、私立博物馆和地方历史学会）进行。对任何一种人工制品都应进行多方面的考察。

　　一是考察它的物质构成，包括用何种材料制成，材料的来源、特性；二是人工制品的款式、图案，以及款式的来源和演变；三是设计思想、制作工艺；四是人工制品的使用情况、流转情况、保存情况。通过这些考察最终应弄清的是，这一件或一组人工制品反映了何时、何地、何种民族的文化特点。人工制品是文化环境的产物。它的相对稳定性、复杂性、多功能性，在生产、传播、长期保存和使用过程中涉及多种因素：生态的、经济和政治的、社会和文化的因素，这就决定了物质文化的研究必须是多学科的。单一学科无法揭示其丰富的文化内涵。然而，对人工制品的研究又往往从单一学科开始，

---

　　① 中共中央马克思恩格斯列宁斯大林著作编译局. 马克思恩格斯全集：第 23 卷 [M]. 北京：人民出版社，1972：204.
　　② 中共中央马克思恩格斯列宁斯大林著作编译局. 马克思恩格斯全集：第 47 卷 [M]. 北京：人民出版社，1972：427.
　　③ 中共中央马克思恩格斯列宁斯大林著作编译局. 马克思恩格斯全集：第 26 卷 [M]. 北京：人民出版社，1972：296.

可以从考古学、人类学开始，也可以从艺术史、工艺史发轫，建筑史、技术史、民俗学都可作为研究某种人工制品的起点。在多学科研究的基础上，作出历史的、综合的、文化的解释则是物质文化工作者责无旁贷的任务。

人类的物质文明是在地区之间、国家之间、民族集团之间、社区之间的交往中发展起来的。每一个民族、每一个社会集团、每一个地区和社区，都对人类物质文化的发展作出了自己的贡献，厚此薄彼，夜郎自大，崇洋媚外，在没有中心的情况下硬是要认定一个中心，原本是在相互作用中发展起来的文化，硬是要把它说成单线发展的，本来是有曲折有迂回，有前进有后退，非要说成直线的上升，这都是不可取的。就美国文化的发展而论，五百年前哥伦布的航行促成了美洲印第安人、欧洲高加索人和非洲黑人三大文明的交汇，从而产生了别具一格的北美文化，长期以来，在"盎格鲁—美利坚一致性"（Anglo-American conformity）思想的影响下，美国文化被看成是纯粹的白种人文化，或者把它看成欧洲白人文化的衍生物或变种，或者认为它是与欧洲文化全然不同的特殊的文化，像弗雷德里克·特纳（Frederick Turner）或丹尼尔·布尔斯廷（Danial Boorstine）所说的那样。无论是哪一种看法，都没有跳出欧洲或高加索人种文化圈的藩篱。

近年来，在民权运动和文化多元主义的影响下，学术界对这个问题的看法发生了较大变化，多元文化主义（Mulitculturalism）盛行一时，强调美国文化的多元性。一位研究者指出："美国革命时期的漫画家用印第安人作为北美国殖民地的象征，这既恰当又具讽刺意味。印第安人热爱自由、坚持独立，对于英国殖民地文化内容和形式的美洲化起了很大作用。这个象征是恰当的，因为印第安人长期和一往无前地抵抗，有助于十三个分离的殖民地融合为一个国家，这个国家由于有着同印第安人冲突并取得其土地的共同历史而与英国大相径庭。它又是讽刺的，为在试图灭绝印第安人和夺取他们的土地两个世纪之后，殖民者们不仅盗用土著民族的徽记，而且僭取了妨碍他们最后霸占这种徽记的品格。"①这个分析是相当深刻的。这篇论文不仅指出了印第安人物质文化对白人文化的一般影响，如饮食、医药、语言等，而且揭示了它对白人文化心理的影响，这种影响又从盗用印第安人的形象、徽记这种具体的物质文化形式表现出来。这是两种文化在冲突中发生影响的一个很好的例子。

---

① James Axtell. "The Indian Impact on English Colonial Culture." In Gary B Nash ed. *The Private Side of America History*, Vol.I (3rd ed.), New York, 1983: 122.

三

美国学者对本国物质文化的研究大体上经历了三个阶段。

第一个阶段可称为收集时期（The Age of Collection，1876—1948）。

尽管对于美国自身人工制品的收集可以追溯到著名画家查尔斯·威尔逊·皮尔（Charles Wilson Peale，1741—1827）于 1786 年在费城建立的皮尔博物馆，然而，有意识地、大规模地收集美国出产的人工制品则是从 19 世纪最后 30 年开始的。为了纪念美国建国一百周年在费城举办的国际博览会事实上起到了让人们注意本国物质文化的作用。首先是"新英格兰的圆木屋和现代厨房"的展示，引发了人们对殖民地时期建筑和家具的兴趣；其次是从美国国家博物馆（National Museum）成立之日起就开始了对印第安人遗址的发掘和对印第安人文化的研究，在这个阶段由于人类学趋于成熟（以 1877 年路易斯·摩根《古代社会》一书的出版为标志）而更加兴旺，许多关于印第安人装饰艺术、发明的起源、编制技术和武器制作的论著纷纷问世。1893 年在芝加哥举行的哥伦布国际博览会对于美国物质文化的研究和藏品收集又是一次重要的推动，宾夕法尼亚把"自由钟"复制品安置在该州展馆的屋顶上，弗吉尼亚州以弗农山庄为楷模建造了一个象征该州的亭子，马萨诸塞州则搬来了汉考克（Hancock）的住宅。这些对于本土物质文化的发掘与研究虽然没有引起埋头于故纸堆中"科学的""批判的"史学家们的注意，却激发了艺术史工作者的热情。为了庆祝哈德逊河首次航行三百年、富尔顿发明轮船一百年，纽约大都会博物馆于 1909 年举办了"美国家具展览"。接着又于 1924 年在该馆开放美国厅（American Wing），约翰·洛克菲勒投资重建威廉斯堡，汽车大王福特因发思旧之悠情而建农村博物馆，使美国大小博物馆和地方历史学会收集本乡本土文物蔚然成风。大萧条时期为了救济失业的历史学家和艺术家，罗斯福政府组织他们编写全国各州和城市旅游指南，国家公园服务局则发起了全国历史遗址的调查，一个规模很大的历史遗址修复、复建、更新的工程开始了，一直持续到第二次世界大战以后。这是联邦政府首次全面参与美国物质文化研究。在此后半个世纪里，这个势头有增无减。

第二个阶段是描述时期（The Age of Description，1948—1965）。这个阶

段以约翰·考恩霍文（John Kouwenhoven）的《美国制造》（Made in America）一书问世（1948 年）为界标。这位美国研究联合会（American Studies Association）的发起者对于飞剪船（clipper ships）、爵士乐、摩天大楼……都作了介绍，以此来证明美国的物质文化中有一种与众不同的、本土的审美标准，这种物质文化不同于欧洲的精英文化，它层次不高，带有浓郁的民间色彩，无论是在内容上还是在风格上都有自己的特点。受该书的启发和瑞典、爱尔兰民俗研究的影响，民俗学的研究在美国风靡一时，最著名的是宾州荷兰民俗研究中心和农业博物馆，堪萨斯州的民间节日活动。这些研究和活动带有很强的文化人类学倾向，而且同美国学的研究和教学工作结合在一起。二战后美国物质文化研究的另一个重要方面是技术史的研究，除了对技术发明的细节作出更精确的描述和史实的考订，人们更有兴趣的是技术发明、更新何以会在美国获得成功。从经济角度进行解释的学者认为，这是对资本积累的直接回答，劳动力不足而资源丰富的矛盾只能从技术革新中寻找出路。受冷战影响的学者则更多地考虑美国的民主制对技术革新所起的积极作用。对于美国的技术发展是以引进、借用为主，还是以本土的发明创新为主，这也是讨论中的热门话题。在研究技术与社会文化的关系时，"文化滞后"（Cultural Lag）论也被用来说明美国技术文化、物质文化变化快，而精神文化、价值观念变化慢的现象。学术性季刊《技术与文化》（Technology and Culture）应运而生，把研讨的范围扩大到技术与科学、政治、社会变迁、艺术与人文学科的变化等方面，随着科学史、技术史与科学社会学等学科的发展，一些理工院校也开始开设"科学技术与社会"之类的课程，《花园中的机器：美国的技术与田园理想》（The Machine in The Garden: Technology and the Pastoral Ideal in America）一书作者里奥·马克斯（Leo Marx）教授，在麻省理工学院主持的科研和教学项目就是其中的一个例证。

同技术史有关的博物馆也在这个时期陆续出现，最具代表性的是以亨利·弗兰西斯·杜邦（Henry Francis DuPont）的私人收藏为基础于 1952 年在特拉华州建立的温特瑟博物馆（Winterthur Museum）。该馆与特拉华大学的历史、艺术、英语等系合作以多学科的方法进行物质文化研究，并培养硕士和博士研究生，这个合作是一个很有意义的开端，它在博物馆与高等学校联合培养物质文化研究高层次人才，艺术家与工匠相结合，训练适合博物馆工作需要的专业人员，采用多学科的方法开展美国学研究方面都占据领先地位。技术史研究的这股潮流促使史密森学院于1966年在首都华盛顿创建"国家历史与技术博物馆"（National Museum of History and Technology），一个全国性的研究物质文化的中心出现了。①

四

从 1965 年开始的第三个阶段可以称之为解释时期（Age of Interpretation）。这个时期的重点是寻找新方法、新主题和追求新的综合。如果说美国物质文化研究的先驱者是艺术史工作者的话，那么在解释时期参与的学科便大大增加了。相关的学科至少可以举出九个：社会史、工业、商业和实验考古学、博物馆学、社会心理学与环境心理学、民俗学、认知人类学（Cognitive Anthropology）。其中最重要的是社会史、社会科学、民间生活研究和历史考古学，而研究工作的重点是作品或产品的艺术特点，制作的工艺过程和制作者个人的社会、经济地位以及作品怎样反映出作者的社会状态和文化心理行为。这三个方面的研究构成了美国物质文学研究的主要内容。总的说来，艺术史工作者着重解决第一个问题，目的在于充分了解作品或产品的美学意义以及造型和图饰的历史渊源。技术史着重解决第二个问题，自然不在话下。难度最大的是第三个方面的问题，它是物质文化研究的核心。于是引出了许多不同的研究方法。较常见的是文学研究和思想史研究中流行的象征主义方法（Symbolist Perspective）。这种方法强调揭示人工制品所孕育的丰富的文化象征以及该象征对其他文艺创作的影响。持这种见解的学者认为必须对一件人工制品进行系统的研究，从中可以发现无意识的信仰、思想、禁忌、幻觉、想象、价值和隐喻，人工制品的象征含义有的是原作者注入的，有的是后来的使用者、保存者和鉴赏者赋予的。物质文化史工作者的责任就在于搜索这些积累起来的潜在的象征含义。这种方法的最大缺点是主观性太强，穿凿附会过多，缺乏有说服力的证据。另一种方法是文化史的方法。文化史方法论者的出发点是历史是过去发生过的事实，是真实的，因而可以通过经验的研究在物质上重建。他们最感兴趣的时期是工业化以前的美国。许许多多活的历史博物馆（Living History Museum）、活的历史农庄和草原拓荒者居住地都是基于这种观点建立起来的。显而易见，历史考古学在这种重建

---

① Thomas J Schlerth. *Material Culture*. Tennessee: Nashville, 1982: 9-32.

工作中发挥了重要作用。第三种方法被称为环保主义的方法（Environmentalist Approach）。持这种观点的人把历史看成在文化景观（Cultural Landscape）中显现的文化变迁。他们试图描述跨空间的文化适应性的变化，注重研究人工制品在一个地区的传播情况。文化地理学和历史地理学工作者，区域生态学者和文化人类学者往往采用这种方法，他们的研究成果多为对地区物质文化的研究，如美国东部民间物质文化的模式（Pattern in the Material Folk Culture of the Eastern U.S.，1969），弗吉尼亚中部的民间住房（Folk Housing in Middle Virginia，1976），等等。第四种方法是功能主义方法（The Functionalist Rationale）。和环保主义者一样，他们把文化看成一个整体，是适应环境的重要手段。他们试图发现人工制品在适应环境过程中的用途，在某个技术系统中的使用价值，在他们看来，无论是一栋房屋、一部蒸汽机，还是一个州际公路系统都为理解人类对环境的适应提供了重要的信息和物证。他们的关注点是人工制品的传播过程、变迁、适应性和文化影响，把起源问题放到了次要地位。这些学者很注意用实验的方法检验他们的理论，实验考古学、仿制考古学，是他们所借重的学科。第五种方法是结构主义的方法，持这种观点的学者认为人工制品不仅有它的应用功能，而且有它的含义价值，与其他人工制品一起，构成了一个复杂的传播系统。也就是说，物质文化系统应该作为一个语言系统来对待，可以借助于语言学的方法系统地分析它的结构，从而弄清其外在的和内在的含义。

值得注意的是自 20 世纪 70 年代以来物质文化研究者越来越把他们的注意力放在人工制品的制作者身上。他们采取行为主义的方法进行研究，注重民间艺术、饮食方式、家庭用具、建筑，照片创作者、制作者当时的活动和传记材料，企图弄清这些人的生活史以及创作制作动机和行为的社会过程。为了达到这个目的，往往采取直接观察、访谈、历史心理分析和口述历史的方法，在某种程度上又回到了艺术史工作者走过的道路。使用"民族性格"（National Character）的概念对物质文化研究的成果进行综合，一直是宏观史学采取的重要方法，其目的在于了解民族文化的意识形态构造（Ideological Configurations）。伯林盖姆的《铁人在前进》（March of The Iron Men，1938）、高万斯的《美国生活的形象》（Images of American Living，1964）、布尔斯廷的《美国人》（The Americans，1958—1973）是这方面的代表作。另一种综合方法是社会史的方法。这种方法来源于法国的年鉴学派和英国的马克思主义学派。社会史学家们把历史看成在一定社会结构内群体的进化过程，他们倡导的自下往上看的史观决定了他们注重收集普通人——非精英社会集团的人工制品遗存和文献资料。从"长时段"的视野出发，收集大量数据，采取统计的方法验证理论概念，目的是从总体上把握社会群体，阶级和制度之中的普通人的日常活动。

从以上简要的介绍中不难看出，美国的物质文化史研究已经从一股股涓涓细流汇集成一条汹涌澎湃的大河。我们在进行自己的现代化物质文明和精神文明的建设中，应该把国外一切先进东西学过来为我所用。"社会主义作为一种崭新的社会制度，只有在继承和利用资本主义社会已经创造出来的全部社会生产力和全部优秀文化成果的基础上，并结合新的实际进行新的创造，才能顺利地建设起来，并最终建设成功"。①研究美国物质文化史就是要着重研究美国人民创造全部社会生产力的过程，这种研究不是一种理论研究，而是要对一件件、一组组人工制品进行研究。弄清这些作品、产品的物质特点，制造工艺和制作者的社会经济状况，还应该注意它们的传播情况，比较在不同社会环境里起到的不同的作用，弄清其所包含的文化价值在不同的社会条件下发生了哪些变化。对社会生产力的继承、利用与吸取优秀文化成果是相辅相成的事情，我们无法把技术与文化分开，技术是一定文化环境的产物，同时又构成了某种文化的具体内容。物质文化史的研究是把这两者结合起来。因此，可以认为研究物质文化史是吸取他国之长的一个好办法。

研究物质文化史对于史学工作者，特别是社会文化史工作者来说还有它的特殊意义。笔者认为这是体会和运用唯物史观基本原理的一种有效的方式。一方面可以扭转社会文化史工作者只注意文献资料的收集和研究，而忽视对实物资料的利用和阐发的偏颇；另一方面也可以摆脱传统的从概念到概念的纯思辨的研究方法，增加一些生活的气息，把历史的研究同普通人的日常生活结合起来。对于有志从事文物博物馆工作的人们来说这更是一门不可或缺的必修课。

---

① 《江泽民：与首都应届高校毕业生代表座谈时的谈话》，《光明日报》，1992 年 5 月 21 日。

"美国学"刍议①

　　对美国许多高校开展"美国学"研究，过去虽早有所闻，但因种种原因，未加深究，因而长期来对这一研究所涉及的对象、内容、范围及其方法，均不甚了了。去年 10 月 25 日至 11 月 19 日，中国美国学考察团一行八人，应美中学术交流委员会的邀请，在美进行为期三周的访问，实地考察了加利福尼亚大学伯克利分校等十二所大学的美国学教学与研究的情况。此外，还应邀出席了美国"美国学协会"于圣地亚哥举行的 1985 年年会。通过这一系列活动，我们对何谓"美国学"，"美国学"的起源、发展及其在美国学术界的地位等问题，由知之甚少变成略有所知；考察之余，不免泛起据说是中国人长期形成的"触类旁通思维功能的惰性"②，由此及彼，不知不觉联想起国内文科教学与研究中的一些问题，颇有些感触。于是，笔者循着思路，信笔录下些许随想式的东西，写成此文，算作对这次出访考察做个小结。

　　何谓"美国学"？"美国学"是一门以历史的、分析的、比较的眼光，运用多学科渗透的方法，从宏观上对美国的精神文明和物质文明进行研究的学科，是一门新兴的、跨学科的人文学科。它的起源可以追溯到超验主义作家爱默生（Ralph Waldo Emerson，1803—1882）于 1837 年发表的《美国学者》（The American Scholar）一文。在这篇被誉为美国知识界独立宣言的文章中，爱默生阐述了"思索的人"即知识分子在美洲新社会中的作用；提出了新社会要摆脱欧洲旧传统，知识分子要根据自身所在的自然环境、社会环境建立并发展本国的学术主张。一个世纪以后，爱默生的母校——哈佛大学率先设立"美国文明史"这一跨学科的专业，随后，耶鲁大学、宾夕法尼亚大学、芝加哥大学、乔治·华盛顿大学等高等院校也竞相效仿。于是，"美国学"

---

　　① 原文载《南京大学学报》，1986 年第 1 期。
　　② 孔捷生. 在足球皇帝的故乡[N]. 羊城晚报，1985-12-05（002）.

正式宣告诞生。"美国学"的诞生，是为了说明美国这一历史短、民族成份复杂的国家也有自己的统一的文化；是这个世界上最大的移民国家文化认同的产物；是美国知识界长期以来为摆脱欧洲旧传统在学术研究与高校课程中占统治地位的状况所进行的不懈斗争的继续；也是美国人民通过研究自身历史与文化、对自身传统的深刻反思，进而达到自我认识所取得的成果。第一次世界大战后，关于"民族熔炉"和多元文化、文明与文化的关系的讨论为"美国学"的建立奠定了理论基础。毕尔德夫妇（Charles Austin Beard 与 Mary Bitter Beard）合著的《美国文明的崛起》（The Rise of American Civilization，1927）、帕灵顿（Vernon Louis Parrington，1871—1929）的三卷本《美国思想界的主流》（Main Currents of American Thought，1927—1930）以及门肯（Henry Louis Mencken，1880—1956）、布鲁克斯（Van Wyke Brooks，1886—1963）、卡津（Alfred Kazin，1915— ）等人关于美国文学的论著则为"美国学"的问世铺平了道路。

第二次世界大战期间，面对穷兵黩武、猖獗一时的德、意、日法西斯，美国国内保卫民主秩序的民族意识显著增强，20世纪30年代知识界对资本主义制度的批判为强大的爱国主义思潮所淹没。学术界对于美利坚性格的研究得到联邦政府国防部门和一些私人团体的鼓励和资助。著名人类学家玛格丽特·米德（Margaret Mead，1901—1978）于1942年发表了分析美国民族性格的著作《时刻准备着：一个人类学家眼里的美利坚》（And Keep Your Powder Dry: An Anthropologist Looks at America）之后，旋即参加了如何在战争条件下保持美国民族性格、旺盛的士气，如何能把英美士兵之间的摩擦减小到最低限度等课题的研究工作，一开运用社会科学方法进行民族性格研究的先河。

第二次世界大战结束后，美国高等院校普遍开设了"美国学"方面的课程，研究工作也取得了一些成果。在战后经济繁荣、"冷战"政策和麦卡锡主义的影响下，强调和谐统一反对矛盾冲突的"一致性"理论甚嚣尘上，对"美国学"的研究产生了深远的影响。这方面的代表作有史密斯（Henry Nash Smith）的《处女地：作为象征和神话的美国西部》（Virgin Land: The American West as Symbol and Myth，1950）与汉汀（Oscar Handin）的《失根的人们》（The Uprooted，1951）。前者使用象征、神化、意向之类的概念来说明某一个时期或者某一个问题所反映出来的美国文化特征；后者则从移民史角度剖析美国的民族性格，认为变化、流动、失去同过去的联系是移民的共同特征，并指出在物质上取得成就后容易产生排外心理则是美国人都具有的特点。此外像沃德（John William Ward）的《安德鲁·杰克逊——一代象征》（Andrew Jackson：Symbol for an Age，1955）、刘易斯（Lewis）的《美国之亚当》（The American Adam，1959）和波特（David Potter）的《富裕的人、经济富足与美利坚性格》（People of Plenty，Economic Abundance and the American Character，1954），无不是以所有美国人都具同样的价值观念、道德标准和政治主张为出发点的。

"美国学"在二战后虽然有了长足的进展，但也招致不少非议。许多批评文章尖锐地指出："美国学"粉饰太平，回避矛盾；只讲精华，不及糟粕；所谓美国文化实际上是"高等白人"①的文化；"美国学"学者对文化的了解是片面的，只知美国，不懂得欧洲和其他国家、地区的文化，无从进行比较研究；在治学态度上不够严谨，一些学者滥用意象、神化之类的术语，乱加比附，不肯在收集、分析资料上下功夫。

作为 20 世纪 60 年代社会运动的产物，"反主流文化"和"新左派"思潮为"美国学"研究开辟了新天地。首先是以美国文化为研究对象的学科增多了，人类学、历史考古学、工业考古学、民俗学、物质文化学、环境科学、博物馆学、流行文化学、城市学、民族学、社会学、经济学、妇女问题研究都加入了"美国学"研究的行列。其次是研究的范围扩大了，从研究"高等白人"文化扩展到非洲裔、亚裔、西班牙裔美国人文化，并把对少数民族文化的研究同对第三世界的研究联系起来；从研究社会上层的文化到研究流行文化、大众文化、工人阶级文化和底层文化；从研究精神文化到研究物质文化。最后是指导思想和理论阐述冲破了"一致性"理论的藩篱，注意研究美国历史和文化形成过程中的冲突和矛盾，曾在美国学术界独步一时的"民族熔炉论"受到抨击。《在民族的熔炉之外》（Beyond the Melting-Pot）一书的作者根本否认熔炉存在。戈登（Milton Gordon）则提出美国文化结构多元的理论，对文化多元论做了进一步的补充。他强调美国的移民群体在失去了作为其文化特征的民族语言之后，群体成员之间继续保持密切的社会关系。以戈登的理论为依据，许多作者否认美国人有统一的道德准则和价值观念。许多学者还把美国文化的黑暗面同大男子主义、种族主义、帝国主义、军国主义和法西斯主义相联系，甚至把 America（美国）写成 Ameri-KKKa（三 K 党），提出所谓"美国信条"（American Creed）没有任何意义，只不过是美

_____

① 系指在美国社会中居中间阶层的盎格鲁—撒克逊裔白人新教徒。

国的耻辱。越南战争与第二次世界大战造成的社会后果迥然不同，非但没有增强民族自尊和自信，反而严重地破坏了自尊和自信，使 50 年代津津乐道的美国生活方式、美国梦想为之破产。"水门事件"的披露，则进一步削弱了美国公众对于传统卫道者的信任，造成了民族信念的危机。

20 世纪 70 年代末、80 年代初，美国的社会思潮趋于保守，新保守主义渐渐占据统治地位。60 年代"美国学"所取得的成果被斥为非美国学、反美国学。抽象的模式分析（Paradigm Analysis）的研究方法和所谓新美国文化研究方法开始流行。前一种方法自库恩（Thomas Kuhn）的《科学革命的结构》（The Structure of Scientific Revolutions）一书始，该书认为自然科学模式不断被新发现的事实所突破，久而久之一种新的理论模式便应运而生。科学就是在新模式取代旧模式的过程中得到发展的。"美国学"采取这种研究方法的代表作有怀斯（Gene Wise）的《美国历史的解释》（American Historical Explanations）和耶特斯（Gayle Graham Yates）的《妇女的要求》（What Women Want）。所谓新美国文化研究方法与传统的"美国学"研究方法不同之处在于学者们注意的是特定的课题。一般来说，他们拒绝做超出具体课题的综合概括。近年来"美国学"研究的另一个特点是取材广泛，但大多不涉及政治，即使有些课题与政治的关系比较密切，如越南战争，学者们也避而不谈政治方面的问题。在 1985 年年会上报告的论文包括文学、绘画、雕塑、设计史、物质文化、用户第一主义、汽车、旅游、城市化、郊区化、自然景观、城市景观、技术发展的影响等内容。把这些课题同 60 年代的研究课题加以比较，就不难看出论文的作者们为美国文化勾画出的是一幅幅构图精美的、静止的画面，看不出发展、变化以及它们背后的动力。诚然，在向年会提交的论文中，有关少数民族文化、妇女问题的论文仍占有一定比重。有些学者专门探讨少数民族文化的研究与"美国学"的关系，主张打破传统的界限，使两者融为一体。但是，由于新美国文化研究法的抬头，研究课题越来越狭窄。这一现象重新激发起学者们进行综合研究的热忱。这种情况在历史研究领域里尤为突出，大有"回到毕尔德时代"（Go back to Beard）之势。著名社会史学家、哈佛大学教授斯蒂芬·西昂斯特罗姆（Stephen Thernstrom）就在其新近出版的一部美国史教科书中，对美国的人口流向、社会变迁进行了总结。这是值得注意的新动向。

近半个世纪以来，"美国学"积寸累尺地跨过了许多障碍，一路上颠顿风尘，历尽艰辛，终于以一门既是综合性又是交叉性的人文学科在美国一所所高等学府里站稳了脚跟，并且走出了国界，影响波及日本、加拿大以及东西欧诸国，这些国家也纷纷开展"美国学"的研究，成立了自己的研究"美国学"的学术团体。

以美国物质文明和精神文明为特定对象，运用多学科的理论、知识和方法进行研究的"美国学"的建立和发展，给我们综合性大学的人文学科的教学改革以这样两点启示：拓宽研究领域，更新研究方法，目前要特别注意后者。

我们要研究的"美国学"与美国的"美国学"有着不同的目的和使命。我们应组织有关系科，通力协作，运用多学科相互渗透的研究方法，把文化史的研究同社会经济史的研究结合起来，把精神文化的研究同物质文化的研究结合起来，综合考察和研究美国文化，正确把握美国文化的深层结构，吸收其有益的成分，来丰富我们，滋养我们。我们要建设有中国特色的社会主义，那么，究竟什么是"中国特色"呢？这是摆在我们面前的一个大课题。我们认为，中国特色是内在的，是由中国上下五千年悠久文明所决定的。它只有从对我们民族传统的深刻反思中求得，只有从丰富的"历史储存"中觅得正确的答案，也只有将中国文明同别国文明进行比较研究时方能把握住。因此有必要在引进"美国学"的同时，认真筹划，及早开展"中国学"的研究，"将儒、道等中国传统与西方的民主与科学思潮结合起来，并且以自己的力量创造出新的中国文化"。①

进行"美国学"和"中国学"研究就需要借助新的研究方法去开拓。"美国学"和"中国学"的研究涉及文学、历史学、哲学、美学、经济学、社会学、人类学、语言学、认识论、逻辑学、心理学、生理学、自然科学等学科，因此，必须把上述社会科学和自然科学理论引进"美国学""中国学"，对它们进行综合研究。综合研究的最基本的出发点是对过去那种单一化封闭式的研究方法和习惯的否定。具体说来，这不仅意味着空间尺度和时间尺度的放大，而且意味着对美国和中国的历史的和辩证的理解，意味着从这两国的发展中加以把握；它要求打破单向思维和平面思维，而采用双向思维和立体思维，实际上就是一种整体性研究，它力求挖掘出美国和中国的社会现象的整体性意义或者从整体上赋予个别现象的意义。正确而适当的研究方式是达到预期成果，促进科学的发展的必要条件和有效途径。这一点我们在开展"美国学""中国学"的研究时千万不能忽视。

---

① 谌筱萍. 中国哲学的一种传统[J]. 读书，1985（12）：17.

对卓越和公平的追求

——20 世纪美国博物馆发展的回顾①

　　访问过美国的人们大多对于美国博物馆事业的发达，以及从上到下重视对历史文化遗产的保护，赞不绝口。这种情况事实上是从 19 世纪中后期才开始的。20 世纪，号称"美国世纪"，也是美国博物馆和文物保护事业得到蓬勃发展的时代。坐落在首都华盛顿国家林荫道两侧的史密森博物院群体是美国博物馆事业发展的一个缩影。隶属于该院的所有大型博物馆无一不是在 20 世纪建成的，其中一半以上的博物馆馆舍，是第二次世界大战后才告竣工。以大中型的城市和它们的博物馆为依托，在全国星罗棋布，深入穷乡僻壤的博物馆网是在 20 世纪，特别是在二战后的 1960—1970 年才最终完成。对于博物馆教育功能的重视，卓越与公平并重的指导思想可以说是 20 世纪的博物馆事业大发展的产物。在 20 世纪即将结束，人类正在向 21 世纪迈进的时候，美国博物馆协会先声夺人，已经根据技术变革和社会变迁的需要制定了走向 21 世纪的战略要点。利用这样一个大好时机，对于 20 世纪以来美国博物馆事业发展的过程加以回顾，很有必要。以史为鉴，我们可以得到一些有益的启示。

　　最能够说明博物馆事业发展状况的是统计数字。美国历史统计资料虽然很丰富，但关于博物馆的统计数字却很有限，而且各种数字差距很大。这主要是因为对于博物馆的界定各有千秋，统计的口径不一，而且博物馆和私人企业一样，有生有灭，有的出现不久就销声匿迹了，给统计工作带来了困难。现有的博物馆 80% 以上是在 20 世纪建成的，其中二战以来建成的将近一半。② 就总量而言，大体说来，内战前后，美国大约有 370 多个博物馆，1910 年增

　　① 原文载南开大学图书馆. 南开大学图书馆建馆八十周年纪念集[G]. 天津：南开大学出版社，1999.
　　② National Endowment for the Arts. *Museums U.S.A.* Washington D.C.: U.S. Government Printing Office, 1974: 2.

加到 600 个。第二次世界大战期前夕（1939 年）达 2500 个①。1975 年由肯尼斯·赫德逊等人编辑出版的《博物馆指南》收了 6000 个美国博物馆，当时全世界共有 22000 个博物馆。美国自己的统计，1970 年就达到了这个数字。《博物馆指南》第三版，即 1985 年版估计全世界共有 35000 个博物馆，其中美国有 7892 个。1989 年美国博物馆协会组织的全国博物馆调查估算，全国共有 8179 个博物馆。具体情况如表 1 所示。

表 1　美国各类博物馆

博物馆类型	大型		中型		小型		总计	
	数量	百分比	数量	百分比	数量	百分比	数量	百分比
水族馆	5	0.9	4	0.4	11	0.2	20	0.2
植物园	23	3.9	84	8.5	211	3.2	318	3.9
艺术馆	183	30.7	215	21.7	816	12.4	1,214	14.8
儿童博物馆	7	1.2	21	2.1	36	0.5	64	0.8
综合	80	13.4	124	12.5	500	7.6	704	8.6
历史遗址/建筑	63	10.6	159	16.0	1,861	28.2	2,083	25.5
历史博物馆	57	9.7	154	15.5	2,190	32.2	2,401	29.4
自然博物馆	52	8.7	63	6.3	137	2.1	252	3.1
自然中心	2	0.4	65	6.6	230	3.5	297	3.6
天文馆	1	0.2	12	1.2	26	0.4	39	0.5
科学馆	17	2.8	24	2.4	143	2.2	184	2.2
专门博物馆	67	11.2	28	2.9	375	5.7	470	5.7
动物园	38	6.4	40	4.0	55	0.8	133	1.6
类型合计	595	7.3	993	12.1	6,591	80.1	8,179	100%

资料来源：引自 Victor J Danilove. *Museum Careers and Training. A Professional Guide.* Westport, Connecticut: Greenwood Press, 1994: 7.

从表 1 可以看出，中小型博物馆占博物馆总数的 90%以上，大型博物馆仅占 7.3%。就博物馆的种类而言，比重最大的是历史类博物馆和历史遗址/建筑，两者合计占美国博物馆总数的 54.9%，科学类占 14.6%。然而，就观众而言，据美国国家艺术基金会的研究，参观科学类博物馆的观众占参观博物馆总人数的 38%，历史类占 24%，艺术类占 14%。美国博物馆服务研究所

---

① Laurence Vail Coleman. *The Museum in America: A Critical Study.* Washington D.C.: American Association of Museums, 1939: 4.

调查参观科学类博物馆的比重更高，达 45%，历史和艺术类分别为 24%和
12%。①事实上，作为世界科学大国的美国，它的科学类博物馆的发展最具
特色。

一

"美国是欧洲移民先于探险家、地理学家和职业博物学家而大量涌入的最
后地区之一。""早期美国人尽管过的是永久定居者的生活，但是他们的生活
中却充满了探险家喜悦的任务，他们经历着只有探险家才能碰到的惊异和失
望"②。使美国人感到自豪的，不是它的历史，而是北美大陆丰富的自然资源
和美丽的自然景观。美国人正是从对自然的开发中增长了知识和才干，建立
起不同于欧洲的知识体系。科学类博物馆的建立，体现了美国人的探索、务
实精神，以及知识的支离破碎，缺乏系统。只是靠着欧洲人的理论创造，美
国的自然博物馆才从杂乱无章中走出来。整个 19 世纪，是美国人开发美国大
陆的世纪，数不清的私人的、地方的、联邦政府组织的各式各样的探险队、
考察队、勘测队对北美大陆的地理、水文、动植物、海岸线和人文情况进行
了考察和测量，积累了大量的标本、资料和数据。这些都成为美国科学类博
物馆馆藏的重要来源。美国最早和最知名的一批博物馆是自然博物馆。美国
第一个公共博物馆，1773 年建于南卡罗莱纳的查尔斯顿，就是以收藏自然标
本为取向的。19 世纪建立的费城自然科学院（Academy of Natural Sciences of
Philadelphia，1812）、首都华盛顿的国立自然博物馆（Natioanl Museum of
Natural History，1846）、旧金山的科学院（Academy of Sciences，1853）、康
涅狄格州纽黑文市的皮鲍迪自然博物馆（Peabody Museum of Natural History，
1866）、纽约市的美国自然博物馆（American Museum of Natural History，
1869）、芝加哥的费尔德自然博物馆（Field Museum of Natural History，1893）
和匹茨堡的卡内基自然博物馆（Carnegie Museum of Natural History，1896）
为美国自然博物馆奠定了坚实的基础。③其中，美国自然博物馆、费尔德自然

---

① Victor J Danilove. *America's Science Museum*. New York: Greenwood Press, 1990.

② 丹尼尔·布尔斯廷. 美国人：开拓历程[M]. 中国对外翻译出版公司，译. 北京：生活·读书·新
知三联书店，1987：180-181.

③ Danilove. *America's Science Museum*, p.184.

博物馆和隶属于史密森博物院的国立自然博物馆号称美国三大自然博物馆。仅后者的藏品就超过 1 亿 1 千 8 百万件。[①]

国立自然博物馆馆藏的核心是 19 世纪美国联邦政府派出的在西部和太平洋沿岸进行勘查时搜集到的标本和资料，现在该馆的馆藏仍以每年 100 万件的速度增长。最初的馆址是被称为"堡垒"（Castle）的史密森大楼，1881 年迁入艺术和工业大楼，1910 年位于国家林荫道北侧，面临宪法大街的现馆舍落成，成为永久性馆址。1964 年增建东西两个侧厅，1976 年内部的西馆向公众开放。为了解决藏品存放空间问题，在马里兰州建立了一个博物馆支持中心，1983 年开放。该馆分为：人类学、植物、昆虫、无脊椎动物、矿物学、古生物学、脊椎动物 7 个研究和保管部。高级研究人员 130 人，研究工作极其多样化。系统生物学的研究是重点项目之一，注重生物的进化、分类、分布及其与环境的关系。地质学方面的研究注重有关地球和太阳系的起源和历史，岩石、矿物、海洋沉积物、陨石和火山的形成，动植物化石、地球上早期生命现象、气候和生命栖息地等环境的变迁也是重点研究的项目。在人类学方面，重点研究项目包括体质人类学、热带和极地土著文化的生态研究、西半球早期人类遗址、早期人类头骨研究等。该馆还负责管理若干重要的研究项目，如史密森海洋分类中心的动植物基础分类物质的搜集和远洋调查；世界火山爆发的报警网络系统以及史密森博物院设在佛罗里达的海事站。此外该馆还有一个拥有 24 万册图书的专业图书馆。

国立自然博物馆的展览内容丰富多彩，包括地球史、生命史、自然的多样性和人类文化四大部分，最见精彩的是：冰河时期的动物与人类的出现；西方文明的起源和传统；进化的动力；人类的起源和变异；骨骼结构；爬虫类和两栖类动物；矿石和宝石；地球、月亮与世界；陨石地质学；南美考古学；世界上的哺乳动物和鸟类；昆虫和它们的亲戚；海洋生物；恐龙和其他化石动植物；美洲、太平洋地区、亚洲、非洲土著人民的文化。除了永久性展览外，该馆还结合科学技术的发展不断举办临时展览（如 1998 年举办的地球变暖展览），以飨观众。该馆的展品大多十分珍贵，不让观众动手。为了改变这种状况，近年来，该馆增加了不少动手"学习设施"，如"发现室"（Discovery Room）鼓励不分年龄的观众直接感受该馆的各类收藏；欧·奥金

---

① Smithsonian Insitution. *Official Guide to the Smithsonian*. Washington D.C.: Smithsonian Institution, 1990: 43.

昆虫动物园、海洋生态系统考察也都为观众提供了动手的机会。特别是设在弗吉尼亚州伦敦县的博物学家中心（Naturalist Center），分为标本、地球科学、生命科学、人类学四个部分，欢迎 10 岁以上的观众在那里使用实验工具识别自然标本，查阅资料，进行研究工作。

三大自然博物馆之外，美国还有许多中小型的自然博物馆，它们分别隶属于高等学校和地方。比较重要的有耶鲁大学的皮鲍迪自然博物馆（建于1866 年）、明尼苏达大学的詹姆斯·福特·贝尔自然博物馆、科罗拉多大学博物馆（1902 年）、佛罗里达自然博物馆（1917 年）。有些大学，如哈佛大学、加利福尼亚大学、堪萨斯大学和密执安大学拥有多所自然博物馆。许多州、县级的综合馆都有关于当地自然环境的专馆或专门展览，也应看作自然博物馆的一部分。

如果说自然博物馆在了解自然现象，形成进化论的自然观方面对观众有所帮助的话，那么，在科学类博物馆中更为吸引人的则是科技博物馆了，有的叫作科学中心、或发现中心。科技类博物馆种类多样。有的侧重历史，有的侧重现状，有的是综合性的，有的侧重科学技术的某一方面，如宇航、运输或医学。

科学技术博物馆是工业革命和科学技术革命的产物。德国是现代科技博物馆的发源地。1903 年，奥斯卡·冯·密勒在德国工程师学会上正式提出筹建的科学技术博物馆的计划，得到德国科技界、企业界和政界领导人的热烈响应。1906 年这座世界上最大的科技博物馆建筑在慕尼黑的博物馆岛奠基。原计划 1915 年开馆，因第一次世界大战延至 1925 年才正式宣告成立。它的宗旨是普及基础科学教育。不分年龄和性别，不论文化教育水平，全体人民都是基础科学教育的对象。[①]

美国芝加哥的科学和工业博物馆（Museum of Science and Industry）是在德意志博物馆直接影响下建成的。该馆的创始人朱利斯·罗森瓦尔德（Julius Rosenwald，1862—1932）是美国中西部地区著名的企业家（西尔斯公司的董事长）和慈善家。1911 年他携 8 岁的儿子威廉到德国访问，参观了正在兴建中的德意志博物馆。小罗森瓦尔德对互动操作发生了浓厚兴趣，回国后要求他的父亲一定要在芝加哥建立一个和德意志博物馆一样的科技博物馆。直到1926 年罗氏才说服了芝加哥商业俱乐部（Commercial Club of Chicago）和芝

---

① Fritz Leuschner. *Treasures of Technology in Museums of the World.* Leipzig: Edition Leipzig, 1983: 43.

加哥公园区（Chicago Park Districat），取得它们的支持，参加该馆的建设。前者同意将博物馆列入该俱乐部的活动计划，在资金上给予支持，后者同意将1893 年芝加哥国际博览会美术馆作为馆址，并发行 500 万美元债券，进行修复工作。罗森瓦尔德基金又投入 700 万美元进行馆藏建设，100 万美元用于展览。馆舍于 1933 年竣工，同年 7 月 1 日正式开放。迄今为止，科学和工业馆仍为全美最大和最受观众欢迎的科技博物馆。全馆面积 635000 平方英尺，藏品在 10000 件以上，分为 75 个领域，有 2000 多个展览，年观众达 450 万人。①

该馆的宗旨与德意志博物馆基本相同，但更注重当代科学、技术和工业。大部分展览是为了说明某一科学或技术原理，它的程序或技术后果而设置的，往往不用复制品。如里根斯坦因化学厅、从计算器到计算机、能源实验室、解释人类血液循环系统的巨大心脏模型，都鼓励观众动手参与。许多展览都是在相关的企业资助下或在这些企业直接参与下建成的。最引人注目的是该馆经营的煤矿矿井，观众可乘升降梯参观。第二次世界大战期间美海军俘获的德国潜艇 U-505 可登艇游览。"考林·摩尔的仙女城堡"（Colleen Moore's Fairy Castle）是一位不出名的电影明星收藏的珠宝室。"昨天的大街"是 1910 年芝加哥商业区的再现。

在科技博物馆中航空航天博物馆是后起之秀，也是拥有观众较多的博物馆。美国是航空航天事业的发源地，第一座航空博物馆是 1937 年建于纽约州花园城的航空摇篮博物馆（Cradle of Aviation Museum），影响最大，观众最多的要算是史密森的国立航空宇航博物馆（National Air and Space Museum）。史密森博物院本身有着研究飞行的科学传统。它的第一位院长约瑟夫·亨利（Joseph Henry）就曾帮助航空事业的先驱罗维（Thaddeus Lowe）实验气球，而且邀请林肯总统去看罗维的飞行表演。②史密森博物院第 3 任院长兰格莱（Samuel Pierpont Langley，1834—1906）是一位天文学家，同时也是一位研究人类利用重于空气的飞行器翱翔太空的先驱。他设计的一个无人驾驶的飞行器于 1893 年试飞成功。他还是收集飞行历史实物的始作俑者。值得一提的

---

① Fritz Leuschner. *Treasures of Technology in Museums of the World.* Leipzig: Edition Leipzig, 1983: 18-19; The Museum of Science and Industry. *Palace of Discovery.* Washington D.C.: The Museum of Science and Industry, 1983: 4-5.

② Walter Karp. *The Smithsonian Institution: An Establishment for the Increse and Diffusion of Kowledge among Men.* Washington D.C.: Smithsonian Institution, 1965: 57.

是，史密森最早的一批飞行实物收藏包括中国的风筝，这是清政府代表团参加 1876 年费城国际博览会时带来的参展品。随着飞机时代的到来，航空藏品越积越多。1946 年美国国会正式通过建立国家航空博物馆的决议。1966 年易名为航空宇航博物馆。1976 年馆舍竣工。举行落成典礼时，福特总统为之剪彩。该馆在成立之初的 3 个月里就吸引了 300 万名观者。

航空宇航博物馆的第一层展厅展出标志着航空航天史上的重大转折的器物，包括莱特兄弟的第一架飞机、直升机、喷气式飞机、空中照相、宇航飞机、月球考察车、发射宇航飞机的火箭等。第二层陈列的是第一次、第二次大战期间著名的军用飞机，如英国的喷火式、德国的梅塞斯密特、日本的零式、美国的 p-40、p-51、p-38 和空中堡垒 B-17、B-29 等。这一层还展出了历史上的一些著名飞行家，如查尔斯·林白首次跨越大西洋的不着陆飞行，女飞行家爱弥拉·伊尔哈特从纽芬兰到爱尔兰的飞行。美苏两个超级大国在宇航事业上的角逐，从第一颗人造卫星上天、载人飞行、登月、火星探测，都有实物来表现。在阿尔伯特·爱因斯坦天文馆（Albert Einsten Planetarium）和萨缪尔·兰格莱剧院（Samuel Langley Theater）中观众还可以观测宇宙奥秘，体验飞行的惊险。拥有 25000 册藏书的研究图书馆向观众开放，坐落在马里兰州的保罗·伽伯尔贮存所，除了存放备用的藏品外，还承担着修理和修复的任务。

保持与公众的联系，争取纳税人的支持是美国政府机构的一个重要特点。负责美国航天事业的国家宇航局（NASA）的研究中心和实验中心都设有参观中心和博物馆，主要有：加利福尼亚的艾姆斯研究中心游客中心（NASA Ames Research Center Visistor，1958）、马里兰的哥达德游客中心（NASA Goddard Visitor Center，1959）、加州帕萨德纳的喷气推进实验室访客中心（NASA Jet Propulsion Laboratory Visitor Center，1958）、休斯敦的约翰逊宇航中心游客中心（NASA Johnson Space Center Visitor Center，1963）、佛罗里达的肯尼迪宇航中心（NASA Kennedy Space Center Visitor Center，1947）、弗吉尼亚的兰利研究中心游客中心（NASA Langley Research Center Visitor Center，1958）、俄亥俄州克利夫兰市的刘易斯研究中心游客信息中心（NASA Lewis Research Center Visitor Information Center，1958）、密西西比的斯坦尼斯航天中心游客中心（NASA Stennis Space Center Visitors Center，1961）。

科技博物馆的新发展是发现中心和发现宫的建立，这是 20 世纪 60 年代以来出现的现象。美国著名的科学家和教育家弗兰克·奥本海默（Frank

Oppenheimer）在 60 年代就对公众对科学技术缺乏了解的问题十分关注。他写文章指出，大多数人的日常生活和经验与科学技术的复杂性之间的鸿沟正在加深。虽然有不少科学通俗读物出版，广播电台、电视台组织了一些节目进行沟通，但收效不大。他认为，有必要创造一个环境使人们身临其境，通过控制和观察实验室设备和机器来了解科学和技术的细节。这样的环境可以激发人们的好奇心，至少可以解决部分问题。他把这种建制称之为一种新型的博物馆——科学中心。里面有展览、有实验、有演示，既有审美的目的也有教学的要求。奥本海默于 1969 年在旧金山利用 1915 年巴拿马—太平洋博览会美术宫的旧址建立了一个让观众动手的科学中心，命名为"发现宫"（The Exploratorium）。旧金山市拨出了 90000 平方英尺（约 0.84 公顷）的建筑面积供他使用，旧金山基金会则捐款 50000 美元作为启动经费。发现宫与一般博物馆的最大不同处在于所有的设施都是为了让观众通过动手参与去理解某种科学原理而制备的，而将传统博物馆的收藏、保存和解释人工制品和标本的功能减少到最低程度。这种情况使一些博物馆的专业工作者对发现宫是不是博物馆提出质疑。后来美国博物馆协会对博物馆的定义作了较为宽泛的界定，解决了人们的困惑。到 1972 年发现宫有动手展览 200 个，1980 年增加到 400 个，现在达 700 个，每年约有 50 万观众前来参与。展览的题目和题材十分广泛，不仅涉及声、光、化、电，运动、神经、肌肉、动植物等方面的实验也一应俱全。发现宫的展柜很少，没有"请勿动手"的标志，没有讲解员，高中学生帮助观众动手操作。在发现宫的带动下，美国各地竞相效仿，70—80 年代以来出现了大批科学中心和发现宫。如纽约州锡拉丘兹的科技发现中心（The Discovery Center of Science and Technology，1979）、威斯康星州密尔沃基的发现世界（Discovey World，1984）、马萨诸塞州阿克顿的发现博物馆（The Discovery Museum，1987）、伊利诺伊州罗克福的发现中心（Discovery Center，1990）。

二

美国建国只有二百多年，美国社会历史博物馆多如牛毛，遍及全国。它基本上是从 20 世纪初开始的全国性历史文化遗产保护运动的产物。历史陈列的设计和对于历史遗址的解释，则在很大程度上受社会运动的冲击和史学观点演进的影响，它的基本特点是，注重原状陈列；试图从多方位、多层次、多角度反映和表现美国这个多民族、多文化国家绚丽多彩的过去，理解现在，展望未来。

　　整个 19 世纪，美国人在向前看和扩张主义世界观的支配下，忙于开拓和建设，无暇回顾过去。在保护历史遗产方面，各级政府几乎是无所作为。只有少数社会精英发出过微弱的呼声，并没有引起多少人的注意。在 1812 年战争中，宾夕法尼亚州政府曾一度打算将独立宣言和美国宪法的诞生地——独立宫（Independence Hall）拆除，将土地出售，因遭到抗议，未果。但两个侧厅被拆掉了。① 几经周折，直到 1948 年才建立了独立宫国家历史公园（Independence Natioanl Historical Park）。美国独立战争的英雄，开国元勋乔治·华盛顿的故居弗农山庄（Mount Vernon）也有过类似的遭遇。19 世纪中叶，这座著名的建筑几乎被一伙商人买走，将它改造成旅馆。一批南方的知识妇女于 1859 年组成了弗农山庄妇女协会（Mount Vernon：Ladies' Association），才使华盛顿的故居免遭被商品大潮吞食的命运。至今，弗农山庄仍由协会管理。1850 年纽约州长费什（Hamilton Fish）要求州议会保存乔治·华盛顿将军的司令部的所在地哈斯布劳克宅第（Hasbrouck House，在纽约州纽堡），同年 7 月 4 日美国国旗在该建筑升起，成为第一个公有的历史建筑物。这是美国 19 世纪历史遗产保护史上唯一值得大书而特书的事情。

　　进入 20 世纪，美国朝野对于保护历史遗产的态度发生了戏剧性的变化。1906 年 6 月 8 日国会通过古物古迹保护法（Antiquities Act of 1906，P.L. 59—209,34 Sta.225.16 USC 431-433），授权美国总统宣布重要的历史遗址为国家纪念碑（National Monument）给予特别的保护。对于破坏历史遗址和历史文物的行为严惩不贷。1916 年，国会通过在内政部管辖下成立国家公园服务局（National Park Service）的法令，负责自然景观和历史遗址的保护管理和服务工作。将比较重要的历史遗址和古战场定为国家历史公园（National Historic Park）和国家军事公园（National Military Park）。地域较小或次要地点定为国家历史遗址（National Historic Site）、国家纪念物（National Monument）或国家战场（National Battlefield）。美国国会于 1935 年、1966 年相继通过保护历史遗址和历史财产的法令，强调各级政府在保护历史遗址和文物方面与私人

---

　　① Michael Wallace. "Visiting the Past: History Museums in the United States." *Radical History Review*, 1981(25): 137.

机构合作，使之更好地为社区建设服务。30 年代出现的总统图书馆和博物馆（Presidential Libraries and Museums），从富兰克林·罗斯福到乔治·布什总共有 10 个，归国家档案局统筹管理。其中只有尼克松图书馆完全依靠私人捐助建成。这些图书馆和博物馆既可供游人观赏，也可为研究人员提供研究资料。

　　20 世纪 20—30 年代，美国的历史博物馆建设深受 19 世纪末在欧洲兴起的露天博物馆运动的影响。首先是美国汽车大王亨利·福特用 T 形汽车打开了市场之后突然发思古之幽情，于 1925—1928 年在密执安州迪尔本福特公司工程实验室的原址，建成了福特博物馆和绿田村（Ford Museum and Greenfield Village），目的在于以博物馆的形式告诉公众，技术进步与社会文化变迁的关系。绿田村的建设则是为了再现工业化以前的美国农村生活。[①]由于缺乏历史知识和专业人员的参与，在开始阶段闹了不少笑话。有鉴于此，石油巨亨洛克菲勒二世在投资 7900 万美元重建弗吉尼亚首府威廉斯堡的工程时，采取了充分依靠古建筑专家的做法，按照 18 世纪留下来的一张地图，一丝不苟地恢复了这座古城的原貌。建筑上的真实并不能完全解决恢复历史本来面貌的问题。再现"共和国的摇篮""自由的诞生地"，借以进行"爱国主义教育"是必要的。但是，设计人员忘记了弗吉尼亚是北美奴隶制的发源地。复原的威廉斯堡一切如旧，就是看不见黑人奴隶的踪迹。激进的史学家对此提出了尖锐的批评意见，迫使他们后来不得不增添这方面的内容。[②]

　　1929—1933 年的大萧条和罗斯福新政成为全国性的历史遗产保护运动的推动力，这是人们所始料未及的。为了解决广大知识分子就业问题，新政实行以工代赈的原则，雇佣失业的艺术家、文化工作者、历史工作者对美国历史性建筑展开了大规模的调查，民间资源保护队（Civilian Conservation Corps）组织了历史遗址的复原工作。工程振兴局（WPA）开展了好几项与民间文化研究有关的活动，包括：收集和记录美国民间音乐，收集联邦和地方的档案资料及其他有历史和文化意义的手稿；撰写美国各地旅游指南。这些活动对于有形和无形历史遗产的保护和保存无疑起了积极的作用。

　　第二次世界大战结束后的半个多世纪西方国家和美国的社会历史类博物馆出现了一些新动向。

---

　　① Henry Ford Museum. *Greenfield Village: An Illustrated History*. Santa Barbara, CA: Albion Publishing Group, 1993: 7.

　　② Warren Leon, et al.eds. *History Museum in the United States: A Critical Assessment*. Urbana and Chicago: University of Illinois Press, 1989: 73-77.

第一，是公司寻根运动（Corporate Roots movement）的兴起。二战后，波音公司投入巨资在西雅图建立历史和工业博物馆（Museum of History and Industry）。1954 年，美国钢铁研究所（The American Iron and Steel Institute）投资 235 万美元复原位于马萨诸塞州索格斯（Saugus）的铁工厂遗址。1957 年，雷诺德公司（R J Reynolds, Inc.），捐巨资复原老塞勒姆（Salem）的密卡什（Miksch）烟草生产车间。此后继续投巨资复原墨拉温社区（Moravian Community）并开展历史遗址的解释工作。50 年代末 60 年代初，史蒂文斯（Stevens）家族和纺织工业的其他家族兴建梅里马克山谷纺织博物馆（Merrimack Valley Textile Museum）。这些博物馆将它们收集文物的重点放在技术的进步和企业的发展方面，对于工人生活和劳工运动绝少涉及。在波音公司的博物馆中，观众根本看不到 1919 年西雅图大罢工和世界产业工人协会（Wobblies）的影子。

第二，农民博物馆运动。1945 年，纽约州历史协会在库伯斯敦克拉克（Edward Severin Clark）的谷仓建立独立的农民博物馆，该馆注重日常生活用具和农具而不是工艺品的收集和保存。但陈列的形式极其传统，是按分类的方法进行的。1946 年，马萨诸塞州的老斯特尔博里奇村（Old Sturbridge Village）建成，反映 19 世纪初美国东北部农村生活。集中了 40 多栋农村建筑，包括农舍、谷仓、银行、商店、磨坊、小旅馆等，并试图表现当时的日常生活和手工艺。①

第三，传统的进行爱国主义教育的基地历史遗址博物馆如弗农山庄、独立宫、威廉斯堡继续得到发展。强调美国从殖民地时期起就具有的"个人自由""自治""机会"和"负责任的领导"的传统。鼓吹"一致性"的历史学家，则宣扬威廉斯堡的民主和不同于欧洲的传统，是现代理想的源泉，这些历史遗址在二战后成为向青年一代灌输冷战意识形态的基地。

20 世纪 60 年代是美国社会历史类博物馆发生重大转折的年代。从 1966 年起，各级政府和私人所倡导的历史遗产保护活动加强了势头。1969 年出版的《国家历史地点记录》（Natioal Register of Historical Places）上发表的注册总数不足 2000 个，到 1989 年增至 50000 个。同期，市或县拥有至少一个监督和保护历史遗址的地方委员会者，从 100 个增加到 4000 个。对历史建筑采

---

① Reader's Digest. *Illustrated Guide to the Treasures of America*. Pleasantville N.Y.: Reader's Digest Association, 1974: 148-149.

取适应性再使用（Adaptve Reuse）的方针，对于中心城市的复兴起了积极促进作用，产生了经济效益。在民权运动和新左派思潮的影响下，人们对博物馆和历史的看法趋于激进。殖民地时期的威廉斯堡被指责为"阉割"过去，缺乏"真实感""生命力"和"历史的连续感"。威廉斯堡"完全是根据想象构筑的过去，是人为的再创造"。批评者认为美国的大多数历史博物馆也存在同样的问题。"美丽的美国基金"（Beautiful America Fund）在一份报告中指出："保存和维护弗吉尼亚的威廉斯堡是必要的。根据同样的理由，我们必须在全国保存和维护能说明黑人历史的奴隶住房、小教堂、监狱、一间教室的学校。"黑人、女权主义者、印第安人和反战活动分子都试图利用过去来解释现代，传统的历史教科书和历史博物馆成为他们批评的主要对象。民间（邻里）博物馆、黑人博物馆、印第安人博物馆、妇女博物馆如雨后春笋在全国各地兴起。它们采取的形式是多样的，有的是社区与年轻历史学家的结合；有的是原来的历史博物馆的改造；史密森博物院开风气之先，根据里普莱院长的建议，得到福特基金会的资助，在首都华盛顿的黑人聚居区兴建的安纳考斯迪博物馆（Anacostia Museum）于 1967 年 9 月 15 日向公众开放，第一年就接待了观众 80,000 人。该馆举办的"老鼠——人为的祸患"（The RatI Man's Invited Affiction，1969）、"一个社区的演进"（The Evolution of a Community，1971）、"走出非洲"（Out of Africa，1979）等展览，名噪一时①。

　　在民权运动的直接影响下建立起来的黑人博物馆主要有：芝加哥的杜萨伯非裔美国人史博物馆（The Dusable Museum of African-American History，1961）、底特律非裔美国人博物馆（The Afro-American Historical Museum，1965）、俄亥俄州威尔伯福斯国家非裔美国人博物馆和文化中心（Natioanl Afro-American Museum and Cultural Center，1972）、费城非裔美国人文化和历史博物馆（Afro-Ameican Historical and Culture Museum，1976）、内布拉斯加州布拉切克的大平原黑人博物馆（the Great Plains Blacek Museum ，1976）、洛杉矶加利福尼亚非裔美国人博物馆（California Afro-American Museum，1977）。1978 年非裔美国人博物馆协会（AAMA）宣告成立，标志着黑人博物馆进入了协调发展的新阶段②。据统计，1986—1987 财政年度，美国在 28 个州共有黑人博物馆 99 个，其中历史类占 40%，族群中心占 19%，艺术类占

----

① Feoffrey T Hellman. *The Smithsonian, Octopus on the Mall.* New York: J B Lippincott Company, 1966: 7.

② Eugene Pieter Feldman. *The Birth and Building of the Dusable Museum.* Chicago: DuSable Museum Press, 1981.

15%，历史建筑或遗址占 13%。①

以妇女为主题的展览自 20 世纪 70 年代起，在各类博物馆中都呈增长的趋势，主要的博物馆有：俄亥俄州德顿的国际妇女航空宇航博物馆（The International Women's Air and Space Museum）、纽约州森内加瀑布的全国著名妇女大厅（National Women's Hall of Fame，1979）和女权全国历史遗址（Women's Rights National Historic Site，1982）。

改革之风也吹进了全国知名的博物馆。原来叫作"国立历史和技术博物馆"后改名为"国立美国历史博物馆"，成立于 1964 年。在庆祝美国独立 200 周年时，就以题为"多民族的国家"（A Nation of Nations）展览，名噪一时。后来展出的反映二战期间日本移民被送入集中营的展览"为了建设一个更好的联邦"引起了不少争议。1991 年，国立美国美术馆举办"作为美国的西部"（The West as America）的展览，批评美国的艺术作品美化西进运动的进程，忽略了对印第安人的屠杀和对自然环境破坏的消极方面，得到印第安人和史学界的首肯，但遭到正统史学家和国会议员的非议。国立航空宇航博物馆是为纪念第二次世界大战胜利 50 周年而精心设计的展览"恩诺拉·盖"（Enola Gay）（在广岛上空投掷第一枚原子弹的 B-29 轰炸机）则因认定这次轰炸是不必要的，杀伤太多而受到航空企业界和退伍军人协会的猛烈抨击，一些国会议员也出面干预，主持原展览的航空宇航博物馆馆长马丁·哈维特坚持原设计，被迫辞职。②这说明对历史的解释在美国也存在着政治与学术之间的冲突。

近年来，美国社会历史类博物馆又取得了一些新的成就。1990 年，埃利斯岛移民博物馆（Ellis Island Immigration Museum）在纽约市落成，这是一座位于半个世纪以来全国主要移民中心的大型历史博物馆。为了纪念 1933 年至 1945 年间被纳粹杀害的 600 万犹太人，由美国政府倡议，私人集资，在首都华盛顿建成的"美国大屠杀纪念博物馆"（United States Holocaust Memorial Museum）于 1993 年 4 月 7 日正式开放。它的宗旨是："增进和传播关于这一史无前例的悲剧的知识，保存对于受害者的记忆，以鼓励观众思考由于大屠杀而引起的道德和精神问题，以及作为民主国家公民所负有的责任。"（United

---

① African American Museums Association（AAMA）. *Profile of Black Museums*. Washington D.C.: African Amercican Museums Association, 1985.

② James Conaway. *The Smithsonian: 150 Years of Adventure, Discovery, and Wonder*. New York: Alfred A Knopf, 1995: 9.

States Holocaust Memorial Museum，http://ushmm.org/misc-bin/add_goback./mission.html）该馆开放的最初 8 个月里，观众即达 80 万人，5 年来，接待观众 1000 万人。类似的博物馆还有，底特律市的大屠杀纪念中心（Holocaust Memorial Center）、坐落在宾夕法尼亚州的大屠杀博物馆和资源中心（The Holocaust Museum and Resource Center，简称 HMRC）。

美国社会历史类博物馆的活力在于它积极地为社区服务，并取得了社区和各种民间组织的全力支持。据美国州和地方历史协会（The American Association for State and Local History）的统计，1936 年美国全国有 583 个地方历史协会，1990 年超过 13000 个，遍及各地。再加上 70 年代兴起的家族寻"根"运动，人们对历史的兴趣普遍增长。有许多历史协会，如芝加哥历史协会、明尼苏达历史协会本身就是办得很好的历史博物馆。

三

20 世纪美国的艺术类博物馆取得的成就令人瞩目。同其他类型的博物馆一样，美国的艺术类博物馆大多数是在 20 世纪建成的。具体情况如表 2 所示。

表 2　美国艺术博物馆馆长协会成员馆形成时间

时间	博物馆数	百分比
1875 年以前	14	8%
1876—1900	31	18%
1901—1925	39	23%
1926—1950	44	25.5%
1951—1988	44	25.5%
合计	172	100%

资料来源：Martin Feldstein, ed. *The Economics of Art Museums*. Chicago and London: The University of Chicago Press, 1991: 188.

此表说明，美国艺术博物馆的发展有加速的趋势。

美国是一个没有封建的过去的国家，在艺术收藏方面没有欧洲那样的皇室和宫廷贵族的积累。但是它的艺术品的积累与私人财富的积累是密不可分的。从某种意义上讲，它是 19 世纪末、20 世纪初形成的美国金融资本的一个重要组成部分。艺术收藏也是一种投资。大型艺术博物馆的出现是同摩根、卡内基、梅隆、盖梯这些金融巨头的名字联系在一起的。值得庆幸的是，美国的艺术博物馆自建立之日起就把艺术品的鉴赏看成是对当时大量涌入美国的移民实行民族同化，进行道德教育，陶冶性情的重要手段。因此，许多价值连城的欧洲和世界的艺术精品一旦成为博物馆的藏品之后，凡夫俗子都能一饱眼福。这大概是 20 世纪美国艺术类博物馆的重要成就之一。

1870 年，在纽约市成立的大都会艺术博物馆是西半球最大的艺术殿堂。金融巨子摩根于 1888 年和 1904 年接连两次出任大都会艺术博物馆的董事长。他在 1890 年到 1913 年大概将他的一半财富用于购置艺术品。据估计，总值在 6000 万美元，后来大部分都捐给了大都会艺术博物馆。大都会董艺术博物馆事会的成员都是摩根精心挑选的百万富翁，这个董事会不仅是排他的，也是最富有的。钱浓于血，摩根的儿子（J. P. ，Jr.）于 1910—1940 年接任乃父的职务，孙子亨利·摩根（Heny Sturgis Morgan）、曾孙罗伯特·摩根（Robert Morgan Pennoyer）都是大都会艺术博物馆的董事[1]。1879 年中西部地区最大的芝加哥艺术馆（The Art Institute of Chicago）成立，由芝加哥地区的著名金融家赫金森（Charles L Hutchinson，1854—1924）出任董事长（1885—1924）。著名收藏家瑞尔逊（Martin Ryerson，1836—1932）长期任董事和副董事长，向艺术馆赠送了 200 件名家绘画。芝加哥地区房地产巨亨的妻子、著名印象画派作品收藏家帕尔玛夫人（Berthe Honore Palmer，1849—1918）是董事会的重要成员，艺术馆的印象派藏品主要来源于她的馈赠[2]。史密森博物馆所属的几家艺术类的博物馆无一不是来自企业、银行家的捐赠。国家林荫道上第一座艺术博物馆弗瑞尔美术馆（Freer Gallery of Art，1923）是以底特律的制造商、艺术鉴赏家查尔斯·兰格·弗瑞尔（Charles Lang Freer，1856—1918）的远东艺术珍藏为基础建成的，并以他的名字命名。享誉全球的国立美术馆（National Gallery of Art，1941 对外开放）核心藏品是金融家安德鲁·梅隆（Andrew W Mellon，1855—1937）的价值 5 亿美元的 115 幅欧洲绘画精品。纽约的艺术批评界认为"这是迄今为止，私人收集的最重要的艺术珍藏"[3]。

---

[1] Karle E Meyer. *The Art Museum, Power, Money, Ethics: A Twentieth Century Fund Report.* New York: William Morrow and Company, 1979: 27-28, 224.

[2] The Art Institute of Chicago. "One Hundred Years at the Art Institute: A Centennial Celebration." *Museum Studies,* 1993, 19(01): 6, 12.

[3] Karp. *The Smithsonian Institution.* pp.104-105.

1972 年卡内基公司将钢铁大王安德鲁·卡内基在纽约的宅第赠给史密森博物院，易名为库伯—休伊特装饰艺术和设计博物馆（Cooper-Hewitt museum of decorative Arts and Design）①。靠经营矿业和石油股票起家的金融家赫希洪（Joseph H Hirwhhorn, 1899—1981）于 1966 年宣布将其毕生收藏的 19—20 世纪的 6000 件雕塑和绘画收藏赠送给史密森博物院，建成赫希洪博物馆及雕像园（Hirshhorn Museum and Sculpture Garden），于 1974 年开放②。几经周折，直到 1980 年才正式得到命名的国立美国美术馆（Natioanl Museum of American Art），其核心收藏是约翰斯顿（Harriet Lane Johnston, 1833—1903）和伊万斯（William T Evans）1906 年和 1907 年的捐赠③。类似这样的例子在美国艺术博物馆的历史上，不胜枚举。

大型综合性的艺术博物馆都有一个从小到大的发展过程。它们的馆藏更是一个长期收集积累的过程。大都会艺术博物馆是靠当时价值 11 万 6 千美元的 174 幅荷兰和弗兰德斯画派的作品起家的。第一任馆长切斯诺拉，是一位业余的考古学家，将他在塞浦路斯岛上发掘出来的古典文物 35000 多件的大部分卖给大都会，成为该馆最早一批古典藏品。第三任馆长鲁宾逊，是一位古典学家，在他的任内，古典藏品继续增加。1913 年，本杰明·艾尔曼（Benjamin Alterman）和威廉·哈金斯（William Ringgs）等人的珍藏进入大都会艺术博物馆，使该馆成为能与欧洲匹敌的艺术博物馆。④同年的军械库画展将欧洲印象派的作品介绍到美国，大都会艺术博物馆以 6500 美元的高价购得一幅塞尚（Paul Cezanne, 1839—1906）的作品，这是该馆收藏欧洲现代艺术作品之始。1961 年大都会艺术博物馆以 230 万美元的高价在拍卖市场上购得伦布朗的名作《亚里士多德对荷马半身像的沉思》（Aristotle Contemplating the Bust of Homer）使该馆收藏的伦布朗的作品增加到 31 幅⑤。大洋洲艺术品收藏家迈克·洛克菲勒去世后，他的全部藏品为大都会艺术博物馆所有，使大都会艺术博物馆在这方面的收藏大大向前迈进了一步。现在，大都会以 17 个专业部、220 个展厅、300 万件藏品的强大实力，雄踞西半球，与不列颠博物馆、罗浮宫并驾齐驱。

① Meyer. *The Art Museum, Power, Money, Ethics*, p.54.

② *Histories of the Smithsonian Institution's Museums and Research Centers*. p.6. http://www.si.Edu

③ *Histories of the Smithsonian Institution's Museums and Research Centers*. p.7. http://www.si.Edu

④ Germain Bazin. *The Museum Age*. Brusseles: Desoer Books, 1967: 247.

⑤ Meyer. *The Art Museum, Power, Money, Ethics*, p. 106; Reader's Digest. *Illustrated Guide to the Treasures of America*, p. 123.

　　与藏品增加同时并进的是馆舍的扩充和增建。所有的大型艺术博物馆都经历了不断扩大空间的过程。在这方面，大都会艺术博物馆得天独厚，建馆之初就得到纽约市政府的支持，1874 年在中央公园拨给大都会艺术博物馆一块土地，在市政府的资助下开始建造馆舍，是为美国地方政府资助艺术博物馆之始。1924 年大都会艺术博物馆增建美国厅（American wing）。1934 年在小洛克菲勒（John D Rockfeller Jr.）捐赠的土地上，大都会艺术博物馆兴建回廊（Cloisters）分馆，专门展出中世纪艺术。从 1975 年起，大都会艺术博物馆集资 7500 万美元增建 5 个侧厅，总面积 50 万平方英尺（约 4.65 公顷），每平方英尺（约 0.09 平方米）的造价 150 美元。[①]具体情况如表 3 所示。

表 3　美国艺术博物馆扩建情况

博物馆名称	时间	扩建面积（平方英尺）	造价（万美元）	每平方英尺造价（美元）
纽约现代艺术博物馆	1939	106522	100	9.39
东侧厅、花园厅、新过厅	1964	73000	550	75.34
北侧厅	1967	38153	n.a.	
增建展厅、公寓塔	1979	50000	4,000	n.a.
波士顿艺术馆白色侧厅	1968	70000	250	71.43
西侧厅	1979	25000	500	
费城艺术博物馆美国厅	1977	14000	140	100
芝加哥美术馆扩建	1976	480000	1850	38.54
国立美术馆东翼	1978	590000	9200	155.93
弗吉尼亚美术馆南侧厅	1970	91199	310	39.99
北侧厅	1976	81827	620	75.99
底特律艺术馆南侧厅	1963	875000	360	n.a.
北侧厅	1971	650000	760	n.a.
卡内基艺术博物馆				
海因滋展厅	1975		130	
布鲁斯展厅	1976		62.8	

　　资料来源：Karle E Meyer. *The Art Museum, Power, Money, Ethics: A Twentieth Century Fund Report*. New York: William Morrow and Company, 1979: 271-279.

　　注：10000 平方英尺约 0.0929 公顷，下同。

---

① Meyer. *The Art Museum, Power, Money, Ethics*, p. 272.

　　美国的大型艺术博物馆是艺术史的百科书，数千年的人类艺术发展尽收眼底，内容丰富，令人目眩。20 世纪以来艺术博物馆的一个重要发展趋势是，在大型博物馆继续扩大的同时，许多专门性的艺术博物馆纷纷建立，呈现出百花争妍的局面。这在第二次大战后，表现得尤为突出。

　　艺术博物馆向多样化和专业化方向发展的一个主要标志是著名的军械库画展。以罗伯特·亨利（Robert Henri）为首的 8 位具有反抗精神的画家为核心，组成的画家、雕塑家协会于 1913 年 2 月 17 日在纽约市第 69 团军械库内举办了欧洲先锋画派的画展，人们对这些作品的反映首先是惊讶、困惑，然后是愤怒和反对，认为这些作品破坏了艺术传统。其中对于达达派画家杜尚（Marcel Duchamp，1887—1968）的作品《下楼梯的裸女》的反映尤为强烈。①尽管如此，军械库画展的开创之功不可磨灭。现代艺术思潮从此如滚滚洪水席卷美国，成为欧洲以外现代派艺术的一个大本营。现代艺术博物馆的建立是现代派艺术思潮逐渐为人们所接收的一个重要表现。军械库画展后 16 年，在纽约名媛淑女小洛克菲勒夫人（Mrs John D Rockefeller，Jr.）、布里斯小姐（Miss Lillie P Bliss）、萨利文夫人（Mrs. Cornelius J Suyllivan）倡议下，建立了现代艺术博物馆（Museum of Modern Art，1929），收藏 19 世纪 80 年代以来欧美现代派的艺术作品。第一任馆长巴尔（Alfred Hamilton Barr，1902—1981），毕业于普林斯顿大学，是现代派艺术的积极倡导者。经过多年的努力，他不仅使现代艺术馆成为世界一流的博物馆，而且使该馆成为现代艺术批评界的一支重要力量。②纽约的另一个重要的现代艺术博物馆所罗门·古根海姆博物馆，原名无目标艺术博物馆（No-objective Art Museum），是由所罗门·古根海姆（Solomon Guggenheim）创建的，旨在倡导现代派艺术。馆舍是由著名建筑大师莱特（Frank Lloyd Wright）于 1943 年设计的。因造型新颖，上大下小，作螺旋形，引起争议，用了 16 年时间才建成。1990 年又进行了扩建，1992 年竣工。在美国百老汇大街以及奥地利和西班牙均设有分馆。在美国境内比较重要的现代艺术博物馆还有芝加哥的当代艺术博物馆（Museum of Contemporay Art，1967）、旧金山现代艺术博物馆（San Francisco of Modern Art，原名旧金山艺术博物馆，建于 1935 年，1975 改用现名）。1978 年，国立美术馆建成由名建筑师贝聿铭设计的东翼，专门收藏和展出现代艺

---

① Daniel M. Mendelowitz. *A History of American Art*. New York: Holt, Rinehart and Winston, 1961: 555.

② Irving Sandler, et al. eds. *Defining Modern Art, Selected Writings of Alfred H. Barr, Jr.* New York: Harry N Abrams, 1986: 7-47.

术作品。

　　20 世纪美国艺术博物馆另外一个变化是，从注重收集和展出欧洲艺术品到注重收集和展出美国本土的艺术品。这个变化是从 19 世纪 70 年代开始的。1909 年大都会博物馆首次举办美国装饰艺术和美术品展览。1924 年，大都会博物馆建成由 20 个展室组成的美国厅（American Wing），展出从 17 世纪到 19 世纪初的美国装饰艺术品。美国厅的开放对于博物馆、收藏家、艺术市场和学术界都产生了重要影响。[①]1930 年，著名雕刻家惠特尼（Gertrude Vanderbilt Whitney，1875—1942）在纽约市建立惠特尼美国艺术博物馆（Whitney Museum of American Art），全面收集和展出 20 世纪的美国艺术品。1931 年正式开放，1954 年迁至西 54 街新址，1966 年再迁至麦迪逊大街现址。1980 年，史密森博物院将该院自建院之日起精心收集的"国家美术收藏"（National Collection of Fine Arts）正式命名为国立美国美术馆（National Museum of American Art），与美国国立肖像馆（National Portrait Gallery）、美国艺术档案馆合用原专利局大楼（Patent Office Building）。该馆的展品不仅有温士洛·荷马（Winslow Homer，1836—1910）、阿伯特·莱德（Albert Ryder，1847—1917）、托马斯·伊肯司（Thomas Eakins，1844—1916）等艺术家的作品，还有不少民间艺术品和印第安人的艺术创作。

　　美国本土最早的艺术要推印第安人在白人到达美洲前创造的艺术品。这些艺术品往往作为人类学的藏品在自然博物馆中展出。纽约市富豪子弟，工程师海伊（Geoorge Gustav Heye，1874—1957）毕其一生，在北美西北海岸收集了大批木、石雕刻，从北美平原收集了彩绘的皮革和服装，在美国西南部收集了玩偶和编织物；此外，还有加勒比地区的考古发掘物，墨西哥和秘鲁的纺织品，玛雅人的玉石，哥伦比亚的金器等，这些藏品构成了坐落在纽约市的美国印第安人博物馆的基础。认识到这批藏品的重要性，美国国会于 1989 年通过决议，将该馆纳入史密森博物院管理系统，命名为国立美国印第安人博物馆（National Museum of the American Indian）。洛杉矶的西南博物馆（Southwest Museum）是专门收集和展出从阿拉斯加到南美印第安人文物的博物馆。该馆由新闻记者、业余考古学家路密斯（Charles Fletcher Lummis，1859—1928）创建，成立于 1907 年。以收集和陈列印第安人艺术品为主要任

① Marshall B Davidson. *The American Wing, A Guide*. New York: The Metropolitan Museum of Art, 1980: 10.

务的博物馆还有：亚利桑那州凤凰市的贺尔德博物馆（The Heard Museum，1929）、塔克森市的马克·萨伯雷特医学人艺术馆（Mark Sublette Medcine Man Gallery）、俄克拉荷马州图斯拉市的吉尔克利斯博物馆（Gilcrease Museum，1949）。

作为奴隶被贩运到北美来的黑人是非洲和美洲的文化媒介。大量迁居美国的拉丁美洲移民与黑人一道，为美国文化注入了新血液，增添了新色彩。随着第二次世界大战后争取少数民族平等权利的民权运动的兴起，黑人和西班牙裔美洲人的历史和文化得到了重视，黑人和西裔美洲人的艺术博物馆应运而生。根据福特基金会 1986 年的调查，这类博物馆有 29 个，其中 60%是黑人艺术博物馆，1/3 是西班牙裔美洲人艺术博物馆。[1]其中比较重要的有：纽约市哈兰姆的画室博物馆（Studio Museum in Harlem，1967）、波士顿的非裔美国人全国艺术家中心博物馆（the Museumof the National Center of Afro-American Artists，1968）、洛杉矶的非裔美国人艺术博物馆（Museum of African-American Art，1976）、得克萨斯州达拉斯市的非裔美国人生活和文化博物馆（Museum of Afro-American Life and Culture，1974）、纽约市的当代西班牙艺术博物馆（Museum of Contemporary Hispanic Art，1956）、首都华盛顿的现代拉丁美洲艺术博物馆（Museum of Modern Art of Lantin America，1976）、纽约市的非洲艺术博物馆（Museum for African Art，1984）。1964 年，由罗宾斯（Warren Robbins）在首都华盛顿建立的非洲艺术博物馆，1979 年为史密森博物院所有，1981 年正式命名为国立非洲艺术博物馆，1987 年，位于国家林荫道南侧的地下建筑完工，9 月 28 日向公众开放。

19 世纪末，亚洲的艺术品引起了美国艺术界的注意，出现了一批亚洲艺术品的收藏家，到 20 世纪 20 年代，美国主要的艺术博物馆都有数量可观的亚洲艺术品，主要是日本和中国的艺术品[2]。第二次世界大战后，亚洲移民数量明显增加。大量亚洲艺术品流入美国，专门的亚洲艺术博物馆陆续出现。1966 年，旧金山市以芝加哥的富豪布朗代奇（Avery Brundage）夫妇的捐赠为基础，建成旧金山亚洲艺术博物馆（Asian Art Musuem of San Francisco）。1994 年，旧金山市民以压倒多数通过决议，拨款维修旧市图书馆大楼，使之成为亚洲艺术馆的永久性馆址。该大楼建于 1917 年，是全国城市美运动的主

---

[1] Azade Ardali. *Black & Hispanic Art Museums: A Vibrant Cultural Resources, A Report to the Ford Foundation.* New York: Ford Foundation, 1989: 7.

[2] Benjamin March. *China and Japan in Our Museums.* New York: Macmillan, 1929: 4-7, 34-113.

要成果之一，维修工程正在进行，可望于 2001 年完工。同类博物馆还有，纽约市的亚裔美国人艺术中心（Asian American Arts Centre，1974）、西雅图的温·鲁克亚洲博物馆（The Wing Luke Asian Museum，1967）。此外分别属于哈佛大学和史密森博物院的两座沙克可乐艺术馆（Arthur Sackler Gallery）以收藏亚洲艺术精品著称于世。

从艺术门类来看，保罗·盖梯博物馆（Paul Gettty Musuem，1974）重点收藏欧洲古典艺术品，大都会的克罗伊斯特斯（Cloisters）分馆是中世纪艺术品的积聚地，巴内斯基金会（Barnes Foundation，1922）是收藏法国印象派作品的先驱。库伯-赫希特博物馆（Cooper-Hewitt，Natioal Design Museum）是举世闻名的装饰艺术和设计博物馆，雕刻艺术、陶瓷艺术、玻璃艺术也都有专门的博物馆。肯定妇女在艺术创作中的地位和作用则有国家妇女艺术博物馆（The National Museum of Women in the Arts，1987）

四

美国的各类博物馆在 20 世纪取得长足进步最重要的表现是每个馆都有独特的为公众服务的项目和活动。在博物馆为什么人服务的问题上，美国博物馆界长期存在着不同的看法。概而言之，可以分为大众文化论和精英文化论两大派。纽瓦克博物馆馆长达纳（John Cotton Dana，1856—1929）一贯主张艺术博物馆应该展出观众喜闻乐见的实物，他对于大都会艺术博物馆没有收藏美国现当代艺术作品深感遗憾。[1]他认为："博物馆是一个教育机构，可以帮助本社区更幸福、更聪明、更有效。只有当社区使用博物馆时，博物馆才能发挥作用。只有社区了解博物馆，才会去用它。了解得越多，获益就越多。"[2]哈佛大学福格博物馆馆长萨奇斯（Paul Sachs，1878—1965）持学术精英治馆论，强调博物馆的展出，特别是艺术博物馆的展出必须以学术研究为基础。他的追随者，纽约大学美术教授奥芬诺（Richard Offiner）进一步发挥了这种看法，认为博物馆主要是为学者而建立的，决不能成为公共游乐场（Public playgroud）。博物馆"只要想到为了一般公众，它就会立即失去自己

---

① Meyer. *The Art Museum, Power, Money, Ethics*, p.38.

② Theodore Lewis Low. *The Educational Philosophy and Practice of Art Museums in the United States.* New Yolk: Bureau of Publications Teachers College, Columbia University, 1948: 41.

的力量"。①这两种不同的观点在各类博物馆的理论和实践活动中都有所表现。在艺术博物馆中二者的对立尤为突出。第二次世界大战结束以来，特别是60年代以来，以人为取向，为大多数观众服务的思想，在大多数博物馆中越来越占上风，学术研究则是为观众服务的科学基础。近年来电子设施和计算机网络成为为观众服务的重要手段。

　　博物馆的陈列是博物馆向观众展示馆藏，同观众进行交流，实现其教育职能，为观众服务的主要手段。美国各类博物馆大都有质量较好的基本陈列。有人认为，20世纪博物馆陈列兴起了两大运动，大大改变了人们对博物馆的看法，并为博物馆陈列提供了新词汇。

　　第一个运动是巨型炸弹战略（blockbusters），第二个运动是互动性或参与性（interactivity or participation）。"巨型炸弹"是借用第二次世界大战的军事用语。用在陈列展出上，是指起了爆炸性作用，观众爆满，产生巨大影响的展览。②这不仅用于陈列设计，往往用于临时借展。大都会艺术博物馆在1976年与其他六家美国艺术博物馆在美国政府资助下举办的图坦卡蒙珍宝展，和1983年举办的梵蒂冈艺术精品展，就是两个很好的例证。互动性或参与性的陈列将博物馆独白式的陈列变成博物馆与观众之间的对话。前文提到的旧金山发现宫是参与性展览的样板。邀请观众参与陈列设计现已成为一些社会历史类博物馆的共同做法。美国博物馆基本陈列的另一个特点是从观众的基本需要出发，根据馆藏特点，不拘一格地设计出构思新颖、内容充实、形式多样的陈列展览。前文提到的国家历史博物馆的"多民族国家"展览、"从田野到工厂""第一夫人服饰展"，安那考迪博物馆的"老鼠—人为的祸患"、明尼苏达历史协会的"家庭、社区、地方"、大屠杀博物馆的"1933年柏林奥运会"都是很有特色的展览。1987—1988年间，美国五种历史杂志：《美国历史杂志》《美国季刊》《公共历史学家》《历史新闻》和美国历史协会的《展望》杂志开始设"博物馆展览评论"栏目。③这说明博物馆陈列已经被学术界看成是和学术论著一样重要的学术成果。

　　围绕着基本陈列和临时展览开展多种活动是服务观众的另一个重要手段。这些活动形式多样，包括录音讲解、专人陪同讲解、专家专题讲解、专

---

① Meyer. *The Art Museum, Power, Money, Ethics*, p.42.

② Gary Edson and David Dean. *The Handbook for Museums*. Londong and New York: Routledge, 1994: 146.

③ Leon, et al.eds. *History Museum in the United States*, p.xii.

门系列讲座、专场电影、专题音乐会、专题戏剧演出、短途和长途的旅行参观。1982 年费城艺术博物馆举办了一次关于印度教主神"湿婆"（Siva）的塑像展，以这个展览为中心组织了一系列学术和音乐、美术活动，吸引了许多观众。费城地区的印度移民社区也积极参加了这些活动。大型博物馆多数都有不同层次的学术和教育活动。最高层次是专家学术演讲，美国国立历史博物馆每月至少举办一次，前来做学术报告的都是国际、国内的知名学者。另外设有博士后研究项目，须经正式申请，由博物馆提供资助，围绕馆藏进行研究工作，由该馆的研究人员进行咨询和指导。高等学校攻读博士学位的学生也可以根据专业的需要和该馆的馆藏特点申请资助完成博士论文。大学生可以根据学习需要申请在该馆实习。史密森博物院所属各馆普遍设有中小学教师的培训项目，其中计算机培训项目每年都有很多人参加。

为不同的社区服务、不同的家庭服务是美国博物馆的一个重要特点，称为馆外服务项目（reach-out program），包括借展、巡回展览、上门到户服务。这种服务是以对本地区、所在城市和社区的人口调查和人口发展趋势的预测为基础的，而且是和观众、非观众和潜在观众的概念相联系的。从总体上看，美国博物馆的观众是以白人中等以上收入、受过中等以上教育的阶层为主体，国家艺术基金会 1985 年对美国艺术博物馆观众进行的调查为此提供了可靠的证据，如表 4 所示。

表 4　1985 年参观艺术博物馆的各类群体的百分比　　　　　（单位：%）

家庭收入	
低于 5000 美元	16
5000—9999 美元	11
10000—14999 美元	15
15000—24999 美元	19
25000—49999 美元	28
49999 美元以上	45
最高学历	
小学	4
中学肄业	11
中学毕业	14
大学肄业	29
四年制大学毕业	45

续表

家庭收入	
研究生	55
年龄	
18—24	22
25—34	25
35—44	27
45—54	23
55—64	18
65—74	16
74 以上	10
性别	
女	23
男	21
种族	
非裔美国人	11
欧裔美国人	23
其他	25
居住地点	
中心城市	25
大都会地区但非中心城市	26
非大都会地区	14
职业	
专业工作	49
管理	37
销售/书记	27
手工工匠	14
操作工	9
工人	10
服务工人	16

资料来源：Martin Feldstein, ed. *The Economics of Art Museums*. Chicago and London: The University of Chicago Press , 1991: 40.

20 世纪 60 年代以来，美国人口中西班牙裔、非裔和亚裔的比重正在加大。美国博物馆根据文化多元化的特点，面向现实，开展将潜在观众和非观众转化为观众的工作，并根据人口发展的新趋向来规划未来。

美国博物馆在 20 世纪取得如此显著的成就原因是多方面的：

第一，美国博物馆事业是同 20 世纪美国在经济发展和个人财富的积累直接相关。然而，将二者连接在一起的一个重要因素是美国联邦政府的税收政策。一是美国的进口关税政策。1909 年 8 月 5 日塔夫脱总统签署了国会通过的《佩恩—奥尔德里奇关税法》（Payne-aldrich Tariff of 1909），其中规定制成时间在 20 年以上的艺术品，免征进口税。根据原来的关税法，摩根家族将其在英国的艺术珍藏品运回美国送给大都会博物馆，需交纳 150 万美元的进口税，新关税法的通过使摩根得以免交税款。1917 年，经现代艺术品收藏家在国会的院外活动，国会对进口关税法作了进一步的修改，当代艺术作品也可以免税入关[①]。这就为国外的艺术品大量进入美国提供了保障。二是税收政策。1913 年 2 月 25 日美国第 16 条宪法修正案经 38 州批准后宣布生效，该修正案授权国会征收所得税。美国的个人所得税的税率虽然在不同时期有所不同，但基本上实行累进制，收入越多，税率越高。具体情况如表 5 所示。

表 5　个人所得税最高税率

年代	税率（%比）
1913—1915	7
1916	15
1917	67
1918	77
1919—1921	73
1922—1923	58
1925—1931	25
1932—1935	63
1936—1939	79
1941	81
1942—1943	88
1944—1945	94
1946—1951	91
1952—1953	92
1954—1963	91

① Meyer. *The Art Museum, Power, Money, Ethics*, p.32.

续表

年代	税率（%比）
1964	77
1965—1980	70
1981—1986	50
1987	38
1988	33
1989	28
1990—1992	31
1993	39.6

材料来源：Feldstein, ed. *The Economics of Art Museums,* p. 205；1989 年以后的数字来自 1998 *Grolier Multimedia Encyclopedia,* income tax 词条。

1917 年的联邦《岁入法》明确规定，对于完全是为了宗教、慈善、科学、文学或教育目的而经营的组织作出贡献者免收所得税。在财产税和赠予税法都已经作出过同样的规定。这样一来，联邦政府的岁入局就成为美国博物馆事业的保护神。三是历史遗产保护政策，主要是前文已提到的 1906 年、1935 年和 1966 年有关历史遗产保护的法令特别是有关对私人保护行为作出了减免税收，给予补贴和提供贷款的规定。所有这些联邦政府的政策对于博物馆事业的发展都起到了积极促进的作用。

美国联邦政府虽然没有专门机构负责管理全国的博物馆事业，但国家人文和艺术基金（National Endowment of Arts and Humanities）、内政部下设的国家公园服务局和史密森博物院在提供资金补贴、规划历史和自然遗产的保护，协调博物馆专业工作的开展，组织人员培训和进行国际交流等方面都作出了自己的贡献。国家历史保护信托会（National Trust for Historic Preservation，1949）是一个民间组织，为贯彻联邦政府有关政策，开展了多方面的活动，做了大量工作。

第二，公众的支持和赞助。其中又可以分为两部分，一是私人捐赠，前文已经多有涉及，这里不再赘述。二是广大知识界的参与和投入，这也可以一分为二，首先，专业工作者从不同学科领域的参与和支持，事实上，美国的有些学科就是同博物馆事业一同发展起来的。博物学、生物学、人类学、考古学的发展就是很好的例证。美国老一代的生物学家很多都是自幼参加费城最早建立的自然博物馆——自然科学院（Academy of Natural Sciences，1812）

的活动中成长起来的,美国著名的人类学家博阿斯(Franz Boas,1858—1942)、玛格丽特·米德(Margaret Mead,1901—1978)都有过长期在博物馆工作的经历。艺术史领域也不乏这样的例子。美国不少社会学家还从社会群体和社会组织的角度对博物馆的观众和机构进行研究,经济学家则从财政和政府政策角度研究博物馆,这对于推动博物馆事业的发展都有积极的意义。其次,美国有一支以知识妇女为主体的博物馆义务人员大军,总人数在 37 万以上,占博物馆全部工作人员的 71.7%。其中以在历史遗址和历史建筑中工作的志愿工作人员比重最大,占全体工作人员总数的 82%。他们当中不少人年过半百,白发苍苍,服务的热情不亚于专业人员,令人敬佩。没有这样几支庞大的志愿工作人员队伍的支持,美国的博物馆事业很难有今天这样的欣欣向荣的景象。具体情况如表 6 所示。

表 6 各类博物馆志愿工作人员统计

博物馆类型	志愿工作人员总数	占全体工作人员百分比
水族馆	2118	58.5%
植物园	12249	54.4&
艺术博物馆	56004	64.3%
儿童博物馆	2912	64.6%
综合博物馆	31291	77.7%
历史遗址	119300	82.0%
历史博物馆	68410	76.5%
自然博物馆	12701	58.1%
自然中心	14590	80.1%
天文馆	307	35.1%
科学博物馆	23185	74.4%
专门博物馆	16479	70.6%
动物园	16828	46.5%
合计	376,374	71.7

第三,有一支精通业务、分工明确、热心服务、组织严密的专业工作者队伍。

表 7 各类博物馆工作人员人数

博物馆类型	专职工作人员总数	专职人员占全体人员百分比	兼职工作人员总数	兼职人员占全体人员百分比	支付工资人员总数	支付工资人员的百分比数
水族馆	1085	58.1%	420	21.39%	1505	41.5%
植物园	8064	89.7%	2213	16.3%	10277	45.6%
艺术博物馆	20364	85.6%	10711	16.9%	31075	33.7%
儿童博物馆	799	63.1%	796	24.6%	1595	35.4%
综合博物馆	5295	69.1%	3660	11.2%	8955	22.3%
历史遗址博物馆	14879	72.1%	11353	9.4%	26232	18.0%
历史博物馆	12325	49.3%	8690	13.5%	21015	23.5%
自然博物馆	6325	82.9%	2827	19.9%	9152	41.9%
自然中心	2013	74.8%	1608	10.4%	3621	19.9%
天文馆	244	92.1%	325	52.0%	569	64.9%
科学博物馆	4073	96.7%	3909	14.5%	7982	25.6%
专门博物馆	4456	90.4%	2394	13.0%	6850	29.4%
动物园	12031	68.6%	7364	39.4%	19395	53.5%
总计	91954	72.7%	56270	14.1%	148224	28.3%

资料来源: National Museum Survey conducted by the American Association of Museums. 转引自 Danilove, *America's Science Museum*, p.8.

表 7 说明，在 148224 名专职和兼职工作人员中有 31075 人在艺术博物馆中工作，人数最多；历史遗址建筑物，为 26232 人；历史博物馆，为 21015 人。在专业工作人员中馆长（Director）的地位最高，具有统筹全局的能力，一般都有博士学位，可以是某一专业领域的专家，也可以是通才或管理型的人才，他们大都有 5 年以上的管理工作经验，由博物馆的董事会任命或聘用。据 1992 年的调查，艺术博物馆馆长的年薪在 45000 美元和 21.5 万美元之间，视博物馆的规模大小而定。保管研究馆员（Curator）是与博物馆馆藏有关学术领域的专家，负责全馆馆藏建设、管理和解释，有时被称为学术副馆长，必须有博士学位和精湛的专业知识，了解市场和通晓有关政策。艺术博物馆保管研究馆员的年薪在 5 万美元到 12 万美元之间。文物保护研究馆员（Consevator）和教育研究馆员（Educator）也都在各自的领域有较高的学历和

较丰富的经验，年薪分别在 5 万—10 万美元和 4 万—6 万美元之间。①美国博物馆的专业工作人员十分注意自身业务水平的提高和职业道德修养。早在1925 年美国博物馆协会就制定了《博物馆工作人员道德守则》(Code of Ethics for Museum Workers)，1991 年又颁布了新的《博物馆道德守则》(Code of Ethics for Museums)。道德守则强调博物馆工作者受人民的信托，管理他们的自然文化遗产，必须做好各项服务工作，不得参与任何与本专业有关的商业投机活动。

美国博物馆协会（American Association of Museums，AAM）成立于 1906年，"是代表美国全体博物馆专业工作人员和志愿人员的唯一组织"。它的宗旨是"全力以赴使博物馆界日臻优秀"。它通过宣传、职业教育、信息交流、评优、制定现行职业标准，来帮助全国博物馆工作人员、管理机构和志愿工作者更好地为公众服务，其箴言是"提高博物馆的能力，为公众利益服务"。现有 15000 个会员，其中个人会员 10000 人，单位会员 3000 个，公司会员2000 个。90 多年来，美国博协以不懈地努力实现它的宗旨，履行它的诺言，在国内外博物馆界享有很高的声誉。在 1923—1958 年间任该协会执行主席达 35 年之久的科尔曼（Laurence vail Coleman，1893—1982），于 1939 年出版《美国的博物馆，批判的研究》(The　Museums in America, A Critical Study)一书，全面地总结了到二战前为止美国博物馆的历史发展，以及长处和存在的问题，它把美国博物馆的发展看成是一个社会运动，至今还有它的理论和现实意义。20 世纪 60 年代以来，该协会发表的几个著名的报告如《美国博物馆：巴尔蒙特报告》(American's Museums: The Belmont Report，1968)、《博物馆：它们的新观众》(Museums: Their New Audience, A Report to the Department of Housing and Urban Department by a Special Committee of the Americ ation of Museums，1972)、《新世纪的博物馆》(Museums for a New Century，1984)《卓越和公平》(Excellence and Equity，1992)，这些报告资料翔实，论点鲜明，视野广阔，均已成为学术界经常引用的文献。该协会举办的博物馆评优（Accreditation）和评估活动（Museum Assessment Program）对于提高博物馆的质量起了很好的作用。协会出版的《博物馆新闻》是广大博物馆工作者和博物馆爱好者所喜爱的刊物，发行广泛。美国博协每年举行一次年会，下一届年会将于 1999 年 4 月 25—29 日在俄亥俄州的克利夫兰市举

---

① Danilove. *America's Science Museum*, p. 81.

行，主题是"再发明博物馆：现实性与更新"（Reinventing the Museum: Relevance and Renewal）

第四，以信息技术为先导，锐意创新。美国的科学技术在 20 世纪一直处于领先地位。50 年代中期进入后工业社会以来，信息技术迅猛发展，近年来又提出了知识经济的新观念。信息技术在美国的应用很广泛，在文化事业领域图书馆一马当先，博物馆也紧紧地跟了上来。1995 年 5 月 8 日史密森博物院正式宣布它的主页在国际互联网上的地址：http://www.si.edu。该网站提供1500 页电子版读物，包括各馆主页、馆藏、陈列展出和教育活动的介绍。这是经过 10 年奋斗取得的一项重大成果。现在，每个月在网上访问史密森博物院的观众达 400 万次。访问频率最高的是美国艺术馆、印第安人博物馆、动物园和宇航博物馆。观众在网上可以仔细地观察展品。国家美术馆已将其所收藏的全部欧洲名画都放在网上，不仅可以看到全画，还可以看到细部。有关作品的背景，保存情况，研究所需的资料都可以在网上查到。各馆还发行光盘，便于观众在家里反复仔细观赏。现在美国的一些大中型博物馆已经在不同程度上上网。这就是说，世界上和美国国内许许多多根本没有机会到美国参观博物馆的人只要身边有一台与国际互联网接通的计算机就可以在任何一个角落观赏美国博物馆的珍藏。这在博物馆史上无疑是一场革命。它所产生的深远影响我们现在还难以充分地认识到，博物馆将越来越充分地利用先进的技术手段进一步发挥它的功能，扩大它的影响，这个走向则是没有疑义的。

美国博物馆协会在 1998—2000 财政年度的战略议程（Strategic Agenda FY 1998—2000）中指出，博物馆正面临着来自内部和外部的多种挑战和机会。这主要是：

博物馆的工作和自身的发展并不经常为社会所了解，博物馆需要找到将它的价值观与社会沟通的方式。

新技术正在加速发展。博物馆需要与这些新技术保持沟通，并将它们有效地在各种工作和活动中加以应用。

人口的继续变化和全球环境相互影响的增强正在使博物馆的工作环境发生变化。博物馆需要对其管理、人员配备、活动计划和观众发展等方面作出反应。

教育的新发展越来越强调参与性的学习。博物馆需要对此以及正在出现的教育教学方法的变化作出反应。

合伙与合作在完成各种组织的目标上变得越来越重要。博物馆需要与其他非营利机构、企业和各级政府发展创新性和互利的伙伴关系与合作。

在公众的观念中营利和非营利组织、文化和娱乐性机构之间的界限越来越模糊。在这种情况下，博物馆需要维护自身传播知识的特性和为公众服务的使命。

博物馆的运作对于所在的社区会产生重要的经济后果。博物馆需要接受和传播有关博物馆经济影响的信息。

博物馆需要一批有才华、富于创造性、多样化的人员。博物馆需要找到保证这些人员个人接受适当训练的途径。

在即将步入 21 世纪的时候，美国博物馆将如何发扬其追求卓越和平等的精神，面对上面所列举的挑战和机会，我们将拭目以待。

（1998 年 8 月 22 日初稿）

参考文献：

1. African American Museums Association (AAMA). *Profile of Black Museums.* Washington D.C.: African Amercican Museums Association, 1988.

2. American Association of Musuems(AAM). *America's Museums: The Belmont Report, A Report to the Federal Council on the Arts and the Humanities.* Washington D.C.: American Association of Musuems, October,1968.

3. American Association of Musuems(AAM). *Museums: Their New Audience, A Report to the Department of Housing and Urban Development.* Washington D.C.: American Association of Musuems, July, 1972.

4. American Association of Musuems(AAM). *Museums for a New Century.* Washington D.C.: American Association of Musuems, 1984.

5. American Association of Musuems(AAM). *Excellence and Equity Education and the Public Dimension of Museums.* Washington D.C.: American Association of Musuems, 1992.

6. Ardali, Azade. *Black & Hispanic Art Museums: A Vibrant Cultural Resources, A Report to the Ford Foundation.* New York: Ford Foundation, 1989.

7. Bazin, Germain. *The Museum Age.* Brusseles: Desoer Books, 1967.

8. The American Folklife Center. *Cultural Conservation: The Protection of Cultural Heritage in the United States.* Washington D.C.: Library of Conggress,

1983.

9. Coleman, Laurence Vail. *The Museum in America: A Critical Study.* Washington D.C.: American Association of Museums, 1939.

10. Danilove, Victor J. *America's Science Museum.* New York: Greenwood Press, 1990.

11. Danilove, Victor J. *Museum Careers and Training, A Professional Guide.* Westport, Connecticut: Greenwood Press, 1994.

12. Davidson, Marshall B. *The American Wing, A Guide.* New York: The Metropolitan Museum of Art , 1980.

13. Edson, Gary and David Dean. *The Handbook for Museums.* Londong and New York: Routledge, 1994.

14. Feldman, Eugene Pieter. *The Birth and Building of the Dusable Museum.* Chicago: DuSable Museum Press, 1981.

15. Feldstein, Martin, ed. *The Economics of Art Museums.* Chicago and London: The University of Chicago Press, 1991.

16. Hellman, Feoffrey T. *The Smithsonian, Octopus on the Mall.* Philadelphia: J B Lippincott Company, 1966.

17. Histories of the Smithsonian Institution's Museums and Research Centers.http://www.si.Edu.

18. Karp, Ivan and Lavine, Steven D Eds. *Exhibiting Cultures: The Poetics and Politics of Museum Display.* Washington D.C.: Smithsonian Institution Press, 1991.

19. Karp, Ivan, Christine Mullen Kreamer, and Steven D Lavine. Eds. *Museums and   Communities: The Politics of Public Culture.* Washington D.C.: Smithsonian Institution Press, 1991.

20. Karp, Walter. *The Smithsonian Institution: An Establishment for the Increse and Diffusion of Kowledge among Men.* Washington D.C.: Smithsonian Institution, 1965.

21. Leuschner, Fritz. *Treasures of Technology in Museums of the World.* Leipzig: Edition Leipzig, 1983.

22. Leon, Warren et al. Eds. *History Museum in the United States: A Critical Assessment.* Urbana and Chicago: University of Illinois Press, 1989.

23. Lewis, Geoffrey. "Museums and Their Precursors: A Brief World Survey." In John M A Thompson Ed. *Manual of Curatorship: A Guide to Museum Practice.* Florence: Taylor and Francis, 1992.

24. Low, Theodore Lewis. *The Educational Philosophy and Practice of Art Museums in the United States.* New York: Bureau of Publications Teachers College, Columbia University, 1948.

25. March, Benjamin. *China and Japan in Our Museums.* New York: American Council, Institute of Pacific Relations, 1929.

26. Mendelowitz, Daniel M. *A History of American Art.* New York : Holt, Rinehart and Winston, 1961.

27. Meyer, Karle E. *The Art Museum, Power, Money, Ethics: A Twentieth Century Fund Report.* New York: William Morrow and Company, 1979.

28. Museum Education Roundtable. *Patterns in Practice: Selections from the Journal of Musuem Education.*Washington D.C.: Museum Education Roundtable, 1992.

29. U.S. Government Printing Office. *National Endowment for the Arts: Museums USA.* Washington D.C.: U.S. Government Printing Office, 1974.

30. Smithsonian Insitution. *Official Guide to the Smithsonian.* Washington D.C.: Smithsonian Institution, 1990.

31. The Art Institute of Chicago. "One Hundred Years at the Art Institute: A Centennial Celebration." *Museum Studies,* Vol.19, No. 1 (1993):1-112.

32. The Museum of Science and Industry. *Palace of Discovery.* Washington D.C.: The Museum of Science and Industry, 1983.

33. Pearce, Susan. "Museums: the Intellectual Rationale." In Susan Pearce Ed. *Museums, Objects, and Collections: A Cultural Study.* Leicester: Leicester University Press, 1992.

34. Reader's Digest Association. *Illustrated Guide to the Treasures of America.* Pleasantville N.Y.: Reader's Digest Association, 1974.

35. Sandler, Irving et al. Ed. *Defining Modern Art, Selected Writings of Alfred H. Barr, Jr.* New York: Harry N Abrams, 1986.

36. Sherman, Daniel J et al. Ed. *Museum Culture, Histories, Discourses, Spectacles.* Minneapolis: University of Minnesota Press, 1994.

37. Silverman, Debora. *Selling Culture: Bloomingdale's Diana Vreeland, and the New Aristocracy of Taste in Reagan's America*. New York: Pantheon Books, 1986.

38. Conaway, James. *The Smithsonian: 150 Years of Adventure, Discovery, and Wonder*. New York: Alfred A. Knopf, 1995.

39. AAM. "Strategic Agenda FY 1998-2000." http://www.aam-us.Org.

40. United States Holocaust Memorial Museum. http://ushmm.org.

41. Upward, Geoffreg C. An Illustrated History:Henry Ford Museum and Greenfield Village. Santa Barbara, CA: Albion Publishing Group, 1993.

42. Wallace, Michael. "Visiting the Past, History Museums in the United States." *Radical History Review*, 1981(25): 63-96.

43. Wittlin, Alma S *Museum: In Search of a Usable Future*. Mass: The MIT Press, 1970.

44. 加尔文·D 林顿编著. 美国两百年大事记[M]. 上海：上海译文出版社，1984.

45. 丹尼尔·布尔斯廷. 美国人：开拓历程[M]. 中国对外翻译出版公司，译. 北京：生活·读书·新知三联书店，1987.

关于内战后美国南部农业发展道路问题^①

美国南部山川秀丽，气候温暖，土地肥沃，物产丰富。在美国早期发展史上，一直被看作是人杰地灵之处。著名的南方史专家范·伍德沃德曾指出，内战前，南部在美国政治生活中举足轻重。从华盛顿就任总统到林肯当选的72年间，来自南方的总统入主白宫达50年之久；35位最高法官，20人是南方人；119位内阁成员中的56人，23位众议院长中的13人，驻世界主要国家使节的一半以上都来自南部。联邦政府实际上处于南部政治家的控制之下。然而，内战以来，南部的政治地位一落千丈。从1861年到1912年，除几乎被赶下台的安德鲁·约翰逊之外，南部没有出过一个总统或副总统。133名内阁成员只有14个来自南部，33名最高法官中南方仅占7人，12位众议院议长中仅有2人，驻主要国家使节中只有十分之一是南方人。尤有甚者，在此期间，没有一项重要法案和政策出自南方人的手笔。^②在全国政治生活中南部种植园主叱咤风云的时代似已成为过去。政治是经济的集中表现。南部政治地位的衰落说明南部是南北战争中的失败者，而且反映了以种植园经济为标志的殖民地经济在美国的衰落，以及南部在美国经济生活中所占地位的削弱。内战后的美国南部，习惯上称之为新南部^③，以区别于奴隶制的旧南部。但南部成为真正的名副其实的新南部，则经历了一条与西部、北部不同的曲折而又艰难的道路。

---

① 原文载《南开史学》，1983年第1期，第63-85页。

② C Vann Woodward. *Origins of the New South 1877-1913*. Baton Rouge: Louisiana State University Press, 1951: 456-457.

③ 新南部一词可以追溯到内战前南部中产阶级的先驱发动的企图使南部工业的运动，后来被史学家用来概括内战后到第一次世界大战期间的历史。

一、美国内战并没有消灭南部种植园的大土地所有制

内战后，美国南部农业发展的关键之一，是如何对待延续了二百多年的大土地所有制。因为它是奴隶制残余的最"坚固"的支柱。由于北方资本的大规模涉入，农产品的商品化，农业资本主义发展的趋势在南部和西部、北部一样，是不可避免的，问题在于发展的形式和道路，消灭奴隶制的残余可以走保存并逐步改变大土地所有制的道路，也可以走消灭地主大地产、把土地分配（或低价出售）给无地、少地农民的道路。在保存地产的前提下，可以走驱除小农经济使农业彻底资本主义化的道路；也可以走实行半封建的租佃制——谷物分成制，缓慢地向资本主义农场转化的道路。南北战争后的美国南部走的是一条保存大土地所有制，推行带有浓厚封建色彩的谷物分成制，痛苦地、缓慢地转变为资本主义农场的道路。

内战期间，出于军事上的需要，联邦政府曾颁布过一些法令，把一些被种植园奴隶主废弃了的和被联邦军队没收的土地分租给自由民和难民。但这些法令是战时的权宜之计，而且实施的范围有限，根本谈不上满足数以百万计的广大黑人和贫穷白人的土地要求的问题。1862 年通过的没收法令将南卡罗莱纳州圣海伦教的全部土地和波特·罗亚尔岛的数千英亩土地收归联邦政府所有，这些土地后来以长期抵押贷款的形式卖给了黑人。这是战争进行期间最激进的解决土地问题的措施，使部分黑人获得了土地。[1]根据 1863 年 3 月 3 日的法令，联邦军事指挥官应把掠获的全部财产，包括废弃土地在内交财政部管理，有些种植园被出售抵做税收收入。部分种植园的少量土地为黑人购得，但主要受益者是从北方来的雇佣黑人耕种土地的新种植园主。[2]1864 年 7 月 2 日的法令授权财政部代表将所有掳获和被弃置的土地出租一半，划出了被称为自由民居留地的小块土地专供被解放了的奴隶租用。自由民局于

---

[1] Oscar Zeichner. "The Transition from Slave to Free Agricultural Labor in the Southern States." *Agricultural History*. 1939, 13(01): 22-32.

[2] 例如维克斯堡于 1863 年 7 月 4 日被联邦军队占后，该地区的 165 个种植园主只有 29 个种植园主没有逃走。1864 年财政部将其中 113 个种植园租给了来自北方的新种植园主，其余租给了黑人。James T Currie. *Enclave: Vicksburg and Her Plantations, 1863-1870*. Jackson: University Press of Mississippi, 1980: 75-76.

1865 年 3 月 3 日颁布的法令规定，该局所有之废土地，没收或购置所得之土地，可拨给忠于联邦政府的自由民和难民租用，为期 3 年，期满后，可售予土地 40 英亩。但自由民局的资金和土地都很有限。在 7 年的时间里只有 1800 万美元和 768590 英亩土地可供支配。①所以，这一法令也没有能够达到预期的目的，即使完全实现，距离彻底解决土地问题仍相去甚远。在共和党激进派乔治·华盛顿·朱利恩倡议下，于 1866 年 6 月 21 日通过的南部宅地法，是重建时期罕有的试图解决土地问题的法令。该法令要求把 1862 年通过的宅地法应用到南部亚拉巴马、阿肯色、佛罗里达和密西西比等南部州所拥有的 47726851 英亩公共土地上，以 80 英亩为单位出售给自由民。这一法令在执行过程中碰到了重重困难。在上述各州设立土地局就费了不少周折。由于公共土地处于松林地带，土质不佳，不宜耕种，而且远离自由民聚居地区，申请者寥寥无几。到 1869 年 10 月 20 日，登记者仅 4000 户，而佛罗里达一州，因该州提供口粮和交能费，即占 3000 户。以后这一法令又遭南部种植园主和北部木材工业资本家集团的反对，几乎被废除。最后大部分土地落入土地投机商和木材商人之手。②立意使无地、少地农民获得土地的法令，反而为人所乘，促进了新的大地产制的发生，巩固了旧有的大地产制，这恐怕是起草该法案的人始料所未及的。

为了同南部民主党人妥协，约翰逊总统于 1865 年 5 月 29 日颁布大赦令，要求将包括土地在内的全部财产归还宣誓忠于联邦的前南部同盟官员和直接、间接支持叛乱的种植园主。这就一笔勾销了战争期间颁布的有关没收叛乱者土地的全部法令所起到的打击和削弱大土地所有制的作用。1866 年 3 月 20 日约翰逊总统下令赦免前南部同盟总统杰弗逊·戴维斯之兄约瑟夫，发还其在密西西比州维克斯堡河湾地区的全部财产。密西西比法院于 1878 年作出裁决，同意杰弗逊·戴维斯本人的申请，将拥有 2300 英亩土地的布里尔种植园归还本人。③连叛乱头子的大地产也如数奉还，由此可见所谓美国内战

---

① Paul Skeels Pierce. *The Freedmen's Bureau: A Chapter in the History of Reconstruction*. Iowa City: State University of Iowa, 1904: 44-45, 74, 110.

② W E B Du Bois. *Black Reconstruction in America, 1860-1880*. New York: Simon & Schuster 1995: 602-603. 参阅 David C Roller, Robert W Twyman, eds. *The Encyclopedia of Southern History*. Baton Rouge: Louisiana State University Press, 1979, 南部宅地法条。

③ James T Currie. *Enclave: Vicksburg and Her Plantations, 1863-1870*. Jackson: University Press of Mississippi, 1980: 141; 约翰逊总统的大赦令载 James D Richardson ed. *A Compilation of the Messages and Papers of the Presidents*. New York: Bureau of National Literature and Art, 3510-3512.

粉碎了种植园大土地所有制之说是缺乏根据的。

有人曾以 19 世纪末到 20 世纪初南部农场平均土地面积减少和农场数量增加来说明大地产处于急剧的瓦解过程之中。菲利普·亚历山大·布鲁斯在《新南部的兴起》一书中指出，1870—1900 年除得克萨斯州外，南部各州农场总数增加了一倍，有些州增加了三至四倍；而平均占有的土地数量直线下降，在此期间路易斯安那州农场的平均土地亩数从 536 英亩降至 247 英亩；北卡罗莱纳州从 36 英亩下降为 22 英亩；整个棉花地带则从 402 英亩降至 230 英亩。与此同时，农场数目大大增加。密西西比州的农场数从 23250 个增加至 58000 个，整个南部的农场数则从 549000 个增至 732000 个。大多数新增农场的土地不足一百英亩。[1]乍一看来，这些数字确能说明种植园大土地所有制处于急剧的瓦解过程之中，自由农民的自由经营正在迅速兴起。然而，事实正如许多南方经济史学家所指出的那样，上述统计数字不是正确的。问题在于人口普查局在进行调查时对农场所下的定义不对，他们将使用权和所有权混为一谈了。1865—1900 年是种植园租佃制大发展时期。人口普查局将分成制农民耕种的小块土地一概称之为农场。属于同一个种植园主的十户佃农在统计中算作十个农场。这就无怪乎农场的数字急剧上升，大土地所有制消失在小农场的汪洋大海之中，找不到了。以路易斯安那州的卡塔荷拉教区为例，据 1890 年的人口普查资料，该区有 171 个农场。但根据税收机构的统计，纳税单位仅 19 个。1910 年人口普查局改变了以往的计算方法，以种植园作为统计单位，其结果与前大不相同。1900 年的人口普查材料显示，路易斯安那州农场的平均土地面积为 95 英亩，1910 年改变了计算方法之后，种植园的平均面积为 904 英亩，增加了近十倍。[2]这当然不是说内战后大土地所有制毫无变化，而是说变化的进程是缓慢的。对棉花地带进行的许多调查都证实了上述论点。例如，佐治亚州的梅肯省，1852 年全县土地所有者 452 人，土地在 1000 英亩以上的 42 人。1874 年土地所有者 510 人，拥有 1000 英亩以上土地的 39 人。1910 年该县土地所有者的人数增至 710 人，土地在 1000 英亩以上的地主增至 52 人。[3]不仅大土地所有制变化不大，大种植园主的持续性也很强。内战后南部的许多大地主都是内战前的大奴隶主，或者是他们

---

① Fred A Shannon. *The Farmer's Last Frontier, Agriculture, 1860-1897*. New York: M.E. Sharpe, 1973: 81.

② Fred A Shannon. *The farmer's last frontier, agriculture, 1860-1897*. New York: M.E. Sharpe, 1973: 82.

③ Arthur Franklin Raper. *Preface to Peasantry: A Tale of Two Black Belt Counties*. New York: Chapel Hill, 1968: 100.

的后代。耶鲁大学的麦克·韦恩对密西西比州纳齐兹地区的两个县和路易斯安那州的一个教区的地方税册进行了研究。他发现，1880 年该地区 60%以上的大种植园主是内战前大奴隶主的后裔。①另一位史学工作者对密西西比州亚当姆斯县的研究表明，这种持续率达三分之二。②对佐治亚州两个县所作的专门调查也得出了相同的结论。③马克思主义史学家乔纳森·威纳在亚拉巴马州利用马伦格县 1850 年、1860 年、1870 年人口调查原始记录进行的种植园主持续性的研究告诉我们，该县大种植园主的地位于 1860—1870 年间在全县地产总额中的比例在上升。他们的人数占人口总数的 8%。而拥有土地的比例则从 55%增加到 63%。④加利福尼亚的两位经济史学家罗杰·兰塞姆和理查德·萨奇对亚拉巴马州达拉斯县的研究，则表明土地集中的程度在内战前后略有下降。最富有的 5%占有财产的份额 1860 年为 47.2%，1870 年为 43.1%。⑤地区不同，条件不同，土地集中的程度也有所不同。但有一个基本事实是改变不了的。棉花地带种植园租佃制最发达的地区，大多是奴隶主大庄园的所在地。1860 年拥有 20 名奴隶以上种植园的所在地，也正是 1930 年分成制佃农占 90%以上的地区。"内战前的种植园作为一个单位，以令人惊异的完整程度保存了下来。"⑥

二、种植园租佃制是向资本主义农场过渡的一种特殊的形式

种植园大土地所有制相当完整地保存下来，说明美国内战作为一场工业

---

① Michael S Wayne. *The Reshaping of Plantation Society: the Natchez District, 1860-1880*. Baton Rouge: Louisiana State University Press, 1982.

② From Jonathan M Wiener. "Marxist Interpretation of Reconstruction South." 打印稿第 7 页。

③ Jonathan M Wiener. "Marxist Interpretation of Reconstruction South." 打印稿第 7 页。

④ Jonathan M Wiener. "Planter Persistence and Social Change: Alabama, 1850-1870." *The Journal of Interdisciplinary History*. Vol. 7, No. 2, Social Mobility in Past Time, 1976: 235-260.

⑤ Roger L Ransom and Richard Sutch, *One kind of Freedom: The Economic Consequences of Emancipation*, Cambridge: Cambridge University Press, 1977: 79.

⑥ T J Woofter, Jr. *Landlord and Tenant on the Cotton Plantation*. Washington: Workers Progress Administration, Division of Social Research, 1936: 1-2.

资产阶级战胜种植园奴隶主的资产阶级民主革命，在对待大土地所有制的问题上是不彻底的。在美国南部它既没有像法国资产阶级革命那样把贵族地主的土地加以没收，分配给农民，也没有像英国那样，把小农从大地产上赶出去，实现农业生产的资本主义化。这就使南部农业资本主义的发展走上了一条既不同于法国，也不同于英国，更不同于美国北部和西部的特殊道路，即在尽可能保存奴隶制残余的条件下发展资本主义。奴隶制的废除迫使种植园主不得不改变原有的经营方式。内战后种植园经济发生的重大转变是从使用奴隶劳动改为使用自由劳动。为了保证南部农业生产尽快地恢复，自由民局在联邦军事当局的配合下，在南部农村普遍推行工资合同制。过去的奴隶变成了种植园的雇佣劳动者，在昔日的奴隶监工的监督下从事生产劳动。1865年，产棉区农业雇工的月工资为 2 美元至 18 美元。1867 年是工资水平最高的一年，南卡罗莱纳州农业雇工的年工资为 100 美元，佐治亚州为 125 美元，亚拉巴马州为 117 美元，密西西比州为 149 美元，得克萨斯州和路易斯安那州则分别为 139 和 105 美元。1868 年农业工人的工资普遍下降，有六个州年工资下降到 100 美元以下。由于战后南部通货奇缺，被解放的奴隶不愿在昔日监工的皮鞭下从事集体劳动。种植园主也企图改变与昔日的奴隶处于讨价还价、签订合同的平等地位，而且想把他们经营中的风险让直接生产者分担，以谷物分成为主要形式的租佃制开始流行，到 1880 年成为种植园占统治地位的经营方式。①从种植园合同资制到种植园租佃制，这是战后南部农业生产经历的又一重大变化。就经营的形式而论，是从集中管理，农业工人集体劳动，改变为承包给劳动者分散经营。种植园主与劳动者关系也从雇主与雇工的关系改变为地主与佃农的关系。与种植园并行的还有以小土地所有制为基础的小农经济。但它在种植园经济的制约下发展缓慢，而且往往在农产品价格下跌或自然灾害的打击下丧失自己的耕地沦为分成制农民。农业雇工、分成制农民上升为自耕农的情况也时有发生。南部农村经济命脉长期掌握在种植园主和商人之手。这种情况直到二次大战前夕，才开始发生根本性的转变。由于南部农业越来越多地使用机器，特别是植棉地区耕种、除草、落叶、摘棉花的机械化和化学化，把骡马和谷物分成制一齐赶出了种植园，使种植园变成了资本主义的现代农场。与此同时，种植园主也最后完成了向现代农场

---

① Oscar Zeichner. " The Transition from Slave to Free Agricultural Labor in the Southern States." *Agricultural History*, 1939(13): 29; Ralph Shlomowitz. " The Origins of Southern Sharecropping." *Agricultural History*. 1979, 53(03): 557-575.

主的转变。①如下表所示。

表　南部种植园租佃制的变迁（1880—1974）

年代	1880		1890		1900		1991	
全部佃农	533848	36.2%①	706343	38.2%	123144	47%	1536752	49.6%
现金	180038	11.8%	247999	13.5%	485790	17.5%	453060	14.6%
分成现金	373810	24.4%	458344	25.0%	772354	29.5%	981676	31.7%
分成								
牲畜分成								
其他								

年代	1920		1930		1940		1950	
全部佃农	1591121	49.6%	1790683	55.5%	1449293	48.2%	905322	34.1%
现金	219188	6.8%	238032	7.4%	254351	8.5%	119855	4.5%
分成现金	22672	0.7%			38678	1.3%	30023	1.1%
分成	561091		776278		541291			
牲畜分成	1212315	37.8%			1020335	33.9%	645090②	24.3%
							16.021	0.6%
其他	136946	4.3%	1552751	48.2%	135929	4.5%	94333	3.6%

年代	1959		1964		1969		1974	
全部佃农	366267	22.3%	253500	18.5%	136000	11.7%④	93000	10%
现金	49231	3%	47322	3.4%				
分成现金	18025	1.1%	17393	1.3%				
分成	233895③	14.2%	133284	9.7%				
牲畜分成	14144	0.9%	13349	1%				
其他	50972	3.1%	37007	2.7%				

注：①全部农场经营者=100。

②美国历史统计资料作 346765。

③美国历史统计资料作 121037。

④1964 年至 1969 年间，美国的佃农减少了 177000，其中 65000 是黑人佃农。佃农所耕种的土地在此期间减少了 700 万英亩。佃农经营的农场平均土地面积从 268 英亩增至 390 英亩。

材料来源：Bureau of the Census of the United States. *United States Census of Agriculture*. Washington D. C.: U.S. Government Printing Office, 1964, 1969, 1974.

Bureau of the Census of the United States. *Historical Statistics of the United States. Colonial Times to 1970*. Washington D. C.: U.S. Government Printing Office, 1975: 465.

---

① Richard H Day, "The Economics of Technological Change and the Demise of the Sharecropper." *The American Economic Review*, 1967, 57(03): 427-449.

　　现在让我们对种植园租佃制作一番考察。1910 年的人口普查资料为种植园下的定义是："在个人和公司的一般监督下，具有一定规模和经营连续性的土地。"[①]这个定义肯定了种植园的存在，并作了以量定质的规定。根据上述定义，1910 年的人口普查资料确认在南部 11 个州（亚拉巴马、阿肯色、佛罗里达、佐治亚、路易斯安那、密西西比、南卡罗莱纳、北卡罗莱纳、田纳西、得克萨斯、弗吉尼亚）的 325 个县中共有 301073 个种植园。其中 28,290 个集中在密西西比、亚马拉巴、阿肯色、佐治亚、南卡罗莱纳和路易斯安那 6 个州。在南部 11 个州里属于种植园的熟地占全部熟地的 33.4%。在密西西比州占 47.9%，阿肯色州占 39.4%，路易斯安那州占 39.3%，亚拉巴马州占 38.3%，佐治亚州占 37.1%，南卡罗莱纳州占 30.8%。比例最高的密西西比州和亚拉巴马州种植园拥有熟地面积分别为 320 万和 300 万英亩。这些统计数字可以说明种植园经济在内战后相当长的时间内，在南部各州特别是植棉州仍占主导地位。在经营方式上，只有少量种植园由种植园主组成管理人员直接经营，继续实行内战后初期一度盛行的合同工资制。大部分种植园则实行租佃制。这里所说的租佃制同美国北部、西部的资本主义租佃制不同。它不是自耕农分化的结果，而是大土地所有制没有被废除，小土地所有制不够发达的结果。从土地所有者和租佃者的关系看，它主要不是现金和自由租佃关系，而带有某些超经济强制和生产者被守法关系束缚于土地的半封建、半奴隶制的色彩。南部租佃制的三种不同型式如下表所示。

		对分制	其他分成制	现金制
地主提供		土地		
		住房		
		燃料		
		工具	1/4 或 1/3 肥料	
		耕畜		
		种子		
		1/2 肥料		
		全部饲料		

　　① From Jay R Mandle. *The Roots of Black Poverty: The Southern Plantation Economy after the Civil War*. Durham N C: Duke University Press, 1978: 40.

续表

	对分制	其他分成制	现金制
佃户提供	劳动力	劳动力、耕畜、饲料	劳动力
	1/2 肥料	工具、种子	耕畜、饲料
		3/4 或 2/3 肥料	工具、种子
			肥料
	对分制	其他分成制	现金制
地主获得	收成的 1/2	收成的 1/4 或 1/3	定额现金
佃户获得	收成的 1/2	收成的 3/4 或 2/3	全部收成①

　　根据 1934 年对 646 个棉花种植园的调查，在经营方式上完全采用合同工资制的有 27 个种植园，占 4.2%；完全采用对分制的 100 个，占 15.5%；实行其他形式分成制的 20 个，占 3.1%；实行现金租佃制的 37 个，占 5.7%；兼采上述三种经营方式的混合型种植园 462 个，占 71.5%；其中对分制占多数。②在土地使用方面，种植园一般分为地主自营和佃农经营两部分。自营农平均面积 330 英亩，佃农经营为 31.2 英亩。③种植园抽样调查的平均土地面积为 90.7 英亩。其中作物栽培 358 英亩占 42.4%，草地 162 英亩占 17.8%，树林 214 英亩占 23.6%，闲置地 63 英亩占 17%，荒地 83 英亩占 9.2%。7 个棉花州的土地利用情况分别为作物栽培占 35.3%，草地占 24.5%，树林占 28.5%，闲置地占 5.4%。在上述抽样调查中，棉花种植园内一般有住户 14 家"不包括种植园主"：工资工人 3 户，对分制 8 户，其他分成制 2 户，现金租佃户仅 1 家。其中白人 2 户，黑人 12 户，平均每户人口 4 人。一般有 2 至 3 人参加劳动。工资劳动者每户种植棉田 45 英亩，其他分成制 26 英亩，现金租佃户 24 英亩。④

　　南部种植园所采取的经营方式的多样性说明它虽生产的作物单一，但其经济性质并不是单一的，而是一种兼有资本主义雇佣制、租佃制和奴隶制残

---

　　① C Vann Woodward. *Origins of the New South 1877-1913*. Baton Rouge: Louisiana State University Press, 1951: 10.

　　② C Vann Woodward. *Origins of the New South 1877-1913*. Baton Rouge: Louisiana State University Press, 1951: 10.

　　③ Jay R Mandle. *The Roots of Black Poverty: The Southern Plantation Economy after the Civil War*. Duke University Press, 1978: 40.

　　④ C Vann Woodward. *Origins of the New South 1877-1913*. Baton Rouge: Louisiana State University Press, 1951: 10.

余的分成制在内的混合经济。这里所说的奴隶制残余，包括：第一，内战后南部州先颁布的各种限制劳动力流动，强迫解放了的黑人回到种植园从事生产劳动，迫使他们依附于土地的法令。计有：禁止种植园主从其他种植园招募劳动力的引诱法；严惩跨州界雇工的招工代理人法；严禁黑人外出另谋生路的流浪法；强制分成制农民遵守种植园主约束的履行合同法。①第二，事实上的在种植园主和分成制农民之间几乎完全没有书面契约。租佃土地时全靠口头约定，预支生活资料和生产资料的记录掌握在种植园主手中。年终决算的唯一凭证就是地主的账簿。分成制农民中的绝大多数并不识字，他们的命运在很大程度上只得听从地主的摆弄。第三，南方盛行的谷物抵押借贷制、赊销制和劳役偿债制与谷物分成制相辅相成，对谷物分成制农民进行敲骨吸髓的剥削，使他们陷入无穷尽的债务罗网之中。每逢初春，青黄不接，分成制农民只能向种植园主或商人经营的杂货店赊购食品和日用品，其价格远远高出按现金出售的商品。例如 1890 年，佐治亚州每蒲式耳玉米的平均价格为 68 美分，赊购价为 85 美分。咸肉现金售价每磅 7.5 美分，赊购价为 9.75 美分。短期贷款的利息更是高得惊人。1881—1889 年间，佐治亚州商人索取的利息率为 59.4%。②由于佃农没有资产和作物可用作抵押，他们的短期贷款利息率大大高出地主举贷的利息率。欠债后不能偿还，需用劳务抵债。劳务偿债制本来是在西班牙殖民地盛行的一种制度。早在 1867 年就已被美国国会宣布为违宪。但进入 20 世纪，又在南部一些地区猖獗起来。种植园主可以派出武装人员追捕逃避债务的黑人，甚至将他们处死。据调查，1907 年在佐治亚、亚拉巴马和密西西比三州 33.5% 的中等以上的种植园主实行此种制度。1903—1905 年间亚拉巴马的每一个县都存在着劳役偿债制。得克萨斯的一家报纸估计"有 1500 到 2000 人被非法地置于偿债劳役制之下"。人们不无理由地抨击说："这同内战前的奴隶制没有什么两样。"③第四，种植园中的生产劳动是在种植园主、监工、骑手的严密监视下进行的，监督程度随租佃方式而异。美国农业部 1924 年的一个专门调查指出，现金制佃农处于种植园主监督

---

① Jonathan M Wiener. "Class Stucture and Economic Development in the American South, 1865-1955." *The American Historical Review*, 1979, 84(04): 970-992.

② Roger L Ransom and Richard Sutch. *One Kind of Freedom: The Economic Consequences of Emancipation*. London, 1977: 130.

③ Pete Daniel. *The Shadow of Slavery, Peonage in the South: 1901-1969*. Urbana: University of Illinois Press, 1972: 12,22.

下从事生产劳动比例为 41%；各类分成制佃农 61%，对分制为 81%。①第五，种植园主不仅在生产上对佃户进行严密的监督，而且对佃农的社会政治生活也多方加以干预，甚至连婚丧嫁娶和日用开支也经常过问。②有些历史学家称这种关系为"家长主义"。事实上这种主仆关系的维护，往往以暴力和暴力的威慑作为补充。内战后私刑猖獗就是一个突出的例证，1882—1903 年，在亚拉巴马、阿肯色、佐治亚、密西西比和南卡罗莱纳发生了 1449 起私刑案件，其中 83.17%是对付黑人的。③

内战后种植园经济中的雇佣劳动是农业资本主义关系的一个重要特征。谷物分成制盛行之后，雇佣劳动制仍在一些地区保存下来，少数种植园主直接经营的种植园完全采用雇工制，当然它也存在于种植园以外的农业生产中。1909 年雇佣工人的家户占家户总数的 36.4%。雇佣劳动制之外，现金租佃是典型资本主义租佃制。南部现金佃农的总户数从 1880 年的 180038 户增加到1900 年的 458790 户，在家户总数中所占的百分比也从 11.8%增至 17.5%。此后无论是绝对数字还是所占比例都显著下降。④关于对分制和分成制的性质，学术界一向有争议，有人强调它们的自由劳动者方面，认为他们可以在劳动力市场上与种植园主讨价还价；有人则强调他们被束缚在土地上的一面；也有人强调他们在法律上的地位。美国人口普查局认为他们兼有雇农和佃农的特点。笔者认为这个论点是可取的。从发展趋势看，南部分成制农民的人身依附程度在减少，对他们的超经济的强制在减弱，流动性在逐步增强，流动的范围也在逐渐扩大。如果说本世纪 30 年代初期，大部分分成制农户的流动范围还仅限于本乡本土和本行业范围之内的话，进入二次世界大战之后，由于战争和工业生产品发展的需要，出现了劳动力从南部农村流入城市，特别是流入北方城市的高潮。40 年代，南部 6 个植棉州黑人移出者超过 100 万人。为 30 年代的三倍。数量之大，在南部黑人迁徙史上是空前的。这对于从30 年代初期显露出衰落现象的南部租佃制是一个沉重的打击。它使南部工资

① Jay R Mandle. *The Roots of Black Poverty: The Southern Plantation Economy after the Civil War*. Duke University Press, 1978: 45.

② 参阅 Arthur Franklin Raper, *Preface to Peasantry: A Tale of Two Black Belt Counties,* p. 157 关于地主与农民关系部分。

③ Jay R Mandle. *The Roots of Black Poverty: The Southern Plantation Economy after the Civil War*. Duke University Press, 1978: 33.

④ Bureau of the Census of the United States. *Historical Statistics of the United States, Colonial Times to 1970*. Washington D. C.: U.S. Government Printing Office, 1975: 465.

猛涨，从而构成了加速南部农业生产，特别是植棉业生产机械化和化学化的一个重要动因。

三、种植租佃制妨碍了资本主义的迅速发展

我们说种植园租佃制是从种植园奴隶制向资本主义农场过渡的一种特殊形式，这种经济形式终将转化为资本主义农场。它兼有两种经济形式特点和它的这种过渡性质，并不意味着它是过渡到资本主义的最好形式。许多事实都可以证明，以谷物分成制为主要形式的种植园经济延缓了南部资本主义的发展。

1. 种植园经济是单一作物经济。它严重地破坏了土地肥力，妨碍南部农业朝着多样化的方向发展，增强了对世界市场的依赖性。早在 19 世纪 80 年代就有人指出，与种植园租佃制密不可分的抵押借贷制危害极大。它不但盘剥广大农民，而且左右了南部农业经济发展的方向。北卡罗莱纳劳动统计局负责人琼斯在 1887 年的报告里写道："抵押借贷制比任何其他制度给南卡罗莱纳州农民带来的害处都多。它是比干旱、洪水、风暴、锈病、毛虫，以及其他危害农民的邪恶都要坏得多的祸害。"①美国农业部的经济学家乔治·霍姆斯 1893 年在美国政治社会科学院发表的演讲也说："商人现在左右一切，农民必须按商人的指令种植作物，即使这种作物对于他们的债务人不利，他们也在所不顾。在产棉区，最符合这种要求的就是棉花。"有人认为，植棉州生产棉花是因地制宜，有利可图，有助于南部经济的发展。事实上有利的方面被多种不利的因素淹没了。以种植园租佃制的方式从事棉花生产带来的一个严重后果是：土地肥力遭到严重破坏。由于佃农与地主的合同以一年为期，他们便在这一年之内拼命地向土地要产量，滥施化肥，耗尽地力，而不对提高土壤肥力做任何投资。1900 年的人口普查材料告诉我们，南部植棉州购买化学肥料所耗费的资金远远高出其他地区。美国全国每英亩熟地平均耗费的化肥投资为 12.5 美分。南部植棉州为 50.7 美分，其中南卡罗莱纳高达 85.4 美分。1875 年以来南部化肥的消耗量也在不断增长。佐治亚州 1875 年耗费的化肥为 4.8 万吨，1891 年达 30.67 世吨。②在此期间南部耕地面积并没有明

① Roger L Ransom and Richard Sutch. *One Kind of Freedom: The Economic Consequences of Emancipation*. London, 1977: 149.

② Roger L Ransom and Richard Sutch. *One Kind of Freedom: The Economic Consequences of Emancipation*. London, 1977: 189.

显地增加，这说明农业增产、棉花增产是靠增施化肥，而不是靠土地肥力。这种破坏土地肥力竭泽而渔的做法意味着从根本上破坏农业生产。棉花主宰一切的另一个后果是南部的粮食和畜牧生产下降。1850 年至 1890 年南部 5 个棉花州的人均粮食产量从 37.7 蒲式耳下降到 18.9 蒲式耳，猪从 2.11 头下降下至 0.73 头。①内战前粮食和畜牧产品自给自足的情况不复存在了。在食品供应方面，南部对其他地区的依赖性加强了。②单一作物经济最严重的恶果是经济能否顺利发展完全取决于棉花生产情况和世界市场价格。1869—1877 年间棉价下跌，80 年代略有好转，90 年代再次下跌，1898 年以后又有所上升。南部经济也随之时上时下，这是影响南部经济不能健康发展的一个重要因素。

2. 种植园租佃制是一个劳动集约的经济。它刺激了人口的增长，增加了劳动的供应。由于供过于求，工资一直处于很低的水平。反过来又巩固了劳动集约经济，不利于生产技术的改进。我们将小麦、玉米和棉花这三种作物劳动生产率提高的情况加以比较，③就可以看出，棉花劳动生产率远远落在其他两种作物之后。如下表所示。

	项目	1800 年	1910—1914 年	1940—1944 年	1955—1959 年
小麦	每英亩 人/小时	20	15	8	4
	每 100 蒲式耳 人/小时	152	106	44	18
玉米	每英亩 人/小时	46	35	25	10
	每 100 蒲式耳 人/小时	180	135	79	22
棉花	每英亩 人/小时	119	115	99	66
	每 100 蒲式耳 人/小时	304	276	182	74

---

① Roger L Ransom and Richard Sutch. *One Kind of Freedom: The Economic Consequences of Emancipation*. London, 1977: 151-152.

② Forrest McDonald and Grady McWhiney. "The South from Self-Sufficiency to Peonage: An Interpretation." *The American Historical Review*, 1980, 85(05): 1095-1118.

③ Wayne D Rasmussen. "The Impact of Technological Change on American Agriculture, 1862-1962." *The Journal of Economic History*, 1962, 22(04): 578-591

棉花生产机械化的技术问题比较复杂，解决起来需要时间，这是事实。但是当摘棉机的技术问题解决之后，南部棉花收获机械化的程度仍远远落在其他地区的后面。种植园租佃制的存在是延缓棉花生产机械化的主要原因。

	机器摘棉、手工摘棉的百分比①			
	1950 年	1960 年	1965 年	1970 年
美国全国				
机器	8	51	85	98
手工	92	49	15	2
加利福尼亚				
机器	34	87	98	100
手工	66	13	2	0
得克萨斯、俄克拉荷马				
机器	11	58	90	99
手工	89	42	10	1
南部（得俄两州除外）				
机器	1	31	77	96
手工	99	69	23	4

3. 落后的生产技术使南方经济发展速度缓慢，人均产值和人均收入长期低于全国水平。1871—1940 年美国国民生产人均产值的年增长率为 2.74%。南部 5 个植棉州的人均产值年增长率为 1.17%。②1880 年南部的人均产值为 62 美元。全国为 105 美元。③南部各州的人均收入 1880 年为全国的 52%，1900 年为 51.6%，1920 年为 61%，人均产值和人均收入长期低于全国水平主要是让落后的农业拖了后腿。根据 1934 年对 645 个棉花种植园的研究，每个工资劳动者家庭的年平均收入为 180 美元。人均收入在 52—96 美元之间，比同年全国农村的人均收入 167 美元低得多。④

4. 贫困与愚昧是对孪生子。南部各州特别是植棉州的教育事业长期落后

① Mabel M Smythe and John P Davis. *The Black American Reference Book*. Englewood Cliffs, N.J.: Prentice-Hall, 1976: 288.

② Roger L Ransom and Richard Sutch. *One Kind of Freedom: The Economic Consequences of Emancipation*. London, 1977: 194.

③ I A Newby. *History of the South*. New York: Praeger, 1978: 279.

④ Bureau of the Census of the United States. *Historical Statistics of the United States, Colonial Times to 1970*. Washington D. C.: U.S. Government Printing Office, 1975: 483.

于全国水平。奴隶制残余的存在，落后的农业生产使教育事业的发展既无强烈的需要也没有长足发展的可能。南部各州政府自重建以来一直推行紧缩开支和低税率的政策。教育经费之低长期为全国之冠。1900 年北卡罗莱纳和亚拉巴马学龄儿童的人均教育经费仅 50 美分，佛罗里达和得克萨斯为 1.46 美元，全国为 2.84 美元。由于设备简陋、经费不足，南部儿童在入学后也受不到良好的教育。1931—1932 年，南方农村学生在校学习时间佐治亚州平均不足 90 天，全国农村学校学生在校时间平均为 132.4 天。南部各州平均不足 110 天。南部农村学校教师的工资也低于全国水平。全国农村学校教师的平均工资为 750 美元，加利福尼亚州为 1360 美元。佐治亚州仅 403 美元。许多黑人教师的年工资仅 100 美元。[1]南部高等教育事业的情况并不比普通教育好多少。1881 年南部共有 123 所大学，平均每所大学的年收入仅 9000 美元，其中 69 所大学的房地产总值不足 5000 美元。而新英格兰 16 所大学的平均收入为 6.5 万美元，只有两所大学的活动基金少于 15 万美元。1901 年哈佛大学的年收入比南部 7 个州 66 所大学收入的总和还多。[2]

5. 农业落后，生活水平和教育水平低，必然要拖工业发展的后腿，使工业难以迅速发展。内战后，南部工业同以前比较确有一定发展，而且南部各州政府也普遍采取了减免税收之类的鼓励工业发展的政策，但是由于农业在经济中所占的比例很大，奴隶制的残余严重存在，社会政治生活中保守势力顽强和北部金融资本的渗透，出现了不是南部工业化而是工业南部化和南部经济殖民化的特殊景象。换言之这是一种没有迅速引起社会经济结构和知识结构变化的工业化，是没有产生与北部同样革命后果的工业化，是没有产生革命变化的工业化。首先，这是因为绝大多数南部的工业规模小，资本少，不足以吸收或者说只能非常缓慢地吸收农村中相对过剩的人口，种植园租佃制这种生产方式本身束缚了劳动力的流动性当然也是一个重要因素。1870 年东北部地区从事农业劳动的人口占全部劳动力的 19.6%，1970 年下降到 9.1%，南部投入农业生产的劳动力在此时间反倒略有增加，1910 年达 54.8%，1950 年才缓慢地降到 47%，此后才因摘棉机械的推广而迅速下降。[3]与此相联系，人口结构中的城乡比例在南部变化也较小，1880 年城市人口在 11 个

---

① T J Woofter, Jr. *Landlord and Tenant on the Cotton Plantation*. Washington: Workers Progress Administration, Division of Social Research, 1936: 306.

② I A Newby. *History of the South*. New York: Praeger, 1978: 316.

③ David C Roller, Robert W Twyman, eds. *The Encyclopedia of Southern History*.

南部州中占 9.5%，1900 年占 13.5%，年增长率仅 0.2%，同年中西部的城市人口占总数的 30.6%，东北部占 58.6%。①其次，许多南部企业主用经营种植园的办法经营工业，这以纺织工业最为突出。大多数纺织厂设于西弗吉尼亚拉巴马的山麓地带，环绕着这些工厂由工厂老板投资建立起一座座相对而言自给自足与世隔绝的工厂村（mill village），为工人提供住房，雇用工人往往以家庭为单位，工厂村的商店、学校、教会、医疗事业统统是工厂主办的，连弹压工人的警察也是工厂主雇用的。所以，这些工厂简直就是种植园。不同之处仅在于厂主和工人都是白人，女工和童工的比重很大。纺织工业比较发达的北卡罗莱纳，1902 年有男工 18177 人，女工 18871 人，14 岁以下的童工 7996 人，童工的日工资为 30 美分，非技术女工为 30—75 美分，没有技术的男工为 60 美分至 1 美元。每周工作 65—70 小时，劳动条件十分恶劣，许多工人患有呼吸系统的疾病。在工厂主的严密控制下，组织工会的活动大多都失败了，弗兰克·坦南鲍姆在《南方的黑暗面》一书中写道：这些工厂村"没有给南部提供诗人、艺术家、政治家、建筑家、工程师、技术员，没有为任何活动领域提供领导人才""三十万南卡罗莱纳工厂村的工人中没有涌现出一个县一级的重要人物"。②南部工业的第三个特点是采掘工业，原料加工工业（如木材工业、烟草工业、卷烟工业、棉纺工业、造纸工业、采矿、采油……）所占的比重很大。采掘业所雇佣的工人占全部工人总数的 62%（1910 年），新英格兰仅占 10.7%，中部大西洋地区占 14.2%。南部纺织工业的产品是棉纱、本色粗布和衣服的半成品，因为缺少漂白、印染和成型等专业化设备，只有运往北方完成最后工序才能出售。就数量而言，南部纺织工业在 1928 年与新英格兰不相上下，拥有纱锭 1607 万枚（新英格兰为 1886 万枚），但生产情况正如一位评论家所指出："南部棉纺工业的基础不是管理，不是靠近原料产地，不是改进技术，而是靠低廉的工资和延长工时，新英格兰同东南部的区别在于前者是一个高度发展的工业地区，而后者则是处于衰落之中的农业地区"。③最后，内战后北部金融资本的大规模渗入，先后控制了南部工业的关键部门——铁路业、钢铁业和石油业。缺少周转资金是南部工业的一个致命弱点。北部的大公司和大银行正是凭借着他们雄厚的金融实力打入南部。

---

① I A Newby. *History of the South*. New York: Praeger, 1978: 294.

② I A Newby. *History of the South*. New York: Praeger, 1978: 297.

③ Thomas Dyonisius Clark and Albert D Kirwan. *The South since Appomattox: A Century of Regional Change*. New York: Oxford University Press, 1967: 150-152.

铁路首先成为他们猎取的对象，摩根家族在 1893 年经济危机期间，乘人之危一举控制了南方三大铁路系统。1894 年建的南部铁路公司，成为南部铁路的主宰者。据统计，1868 年南部 25 个铁路公司的 280 名董事只有 11 人是北方人。到 1900 年 90%的铁路落入北部资本家之手。他们还推行不平等的运费制度，借以压制南部工业的发展，100 磅棉花从阿肯色的小石城运到马萨诸塞州的秋河镇只需 47 美分，运往南卡罗莱纳的哥伦比亚则为 68 美分。①南部钢铁工业的遭遇并不比铁路业美妙。1887 年田纳西煤矿、铁矿和铁路公司控制了伯明翰的铁业生产，成为当时美国最大的独家经营拥有矿山的铁企业。受 1893 年经济危机影响决定生产钢材，构成了对匹兹堡钢铁业的严重威胁。摩根控制下的南方公司利用 1907 年危机以 3570 万美元购得了田纳西公司的股票。从此伯明翰的钢铁业又落入东北金融资本之手，南部钢铁业的黄金时代至此告一段落。1903—1913 年十年间南部生铁产量停步不前，而美国全国的生产增加了 70%。1893 年南部生铁产量占全国 22%，1913 年下降为 11%，钢的生产也由于宾州钢铁业强迫伯明翰钢铁业接受所谓匹兹堡加价和伯明翰"差价"②的规定而发展缓慢。20 世纪初，南部发现石油，洛克菲勒家族的美孚公司立即插手，梅隆家族则于 1901 年建立了海湾石油公司。由于他们控制了石油管道设备，能够左右石油价格，海湾石油公司的盈利率 1911 年、1912 年、1913 年高达 35%、22%、29%。③

6. 大地产没有被触动，种植园租佃制长期延续下来，在政治上的后果是为南方的保守势力卷土重来提供了社会经济基础。这支由种植园主、商人和企业家组成的政治上的保守势力（他们的绰号很多如波旁分子、复辟派、新民主党人等）在南部重建时期行将结束时，先后在南部各州掌握了政权，他们利用手中的权力逐步地实现了民主党一党执政，采取征收人头税和进行选民政治文化测验等手段剥夺了南部黑人的选举权，并通过一系列法令把种族隔离作为一种制度固定下来。这就为租佃制的延续提供了政治制度和社会制度的保障。一位南部史学家说得好：在南部"过去和现在最流行的学说是白

　　① I A Newby. *History of the South*. New York: Praeger, 1978: 300; C Vann Woodward. *Origins of the new South 1877-1913*. Louisiana State University Press, 1951: 295.

　　② 伯明翰钢材的生产成本低于匹兹堡，但按照匹兹堡加价的规定，伯明翰生产的钢材应以相同价格出售。1909 年此项制度又改为伯明翰生产的钢材出售时加价 3 美元。Victor S Clark. *History of Manufactures in the United States, 1607-1860, Vol.II*. New York, 1929: 242-243.

　　③ C Vann Woodward. *Origins of the new South 1877-1913*. Louisiana State University Press, 1951: 303-304.

人至上，不论是采取隶制的形式还是通过种族隔离制，并由对所谓的州权的信仰把它合理化，靠宗教上的原教旨主义来支撑。在这样的社会里，一种从来没有停止的'真正信仰'的宣传必须不顾一切地进行下去，伴随着经常不断、反复申言的忠于这一联合阵线的要求。至于那些不遵奉教义的人和持不同意见者则应根据保持沉默的原则，或处于危机的情况下把他们赶出这个社会。暴力和暴力的威胁确保了舆论一致的形象，并使之得以实现"。①然而，"健康的现代工业结构是不能在种族隔离、最低限度的工资、糟糕的教育、反知识主义、恐惧黑人症、贫乏的社会服务事业、反工会主义和痛恨联邦政府的总政策的沙滩上发展起来的"。②为了发展资本主义经济就必须扔掉身上的历史包袱。近半个世纪的南部历史就是一部在上下左右的压力下，扔掉历史包袱的过程，继续了300年之久的农业社会终于被危机、战争、罗斯福"新政"和近30年来的技术变革摧毁了，代价是惨重的。数百万人被农业机械化赶出了棉花种植园而流离失所。分成制同代表其生产力水平的骡子一起在南部农村生活中消失了，不断摆脱半奴隶制的南部大踏步地前进。1950—1970年南部12个州（不包括得克萨斯）以固定美元计算的国内生产总值年增长率为4.6%，大大超过了全国其他地区年增长率为3.4%的水平。绝对产值则从524亿美元增加到1299亿美元，尤其值得注意的是1970年农业产品的产值只占全部产值的4.3%，制造业占30.9%（美国其他地区的产值则分别为3.5%和29.9%）。③到过美国南部的人尽管还可以看到点缀在田间的衰颓、倾斜的昔日佃农的木房、旧式谷仓和空荡的骡车车棚，但更引人注目的则是林立的工厂，耸入云霄的高层建筑，奔驰在公路上的大拖车，在田野里工作的摘棉机和康拜因，现代化的饲料塔、住宅和商业中心。1981年，美国全国处于严重的经济衰退之中，以纽约为中心的东部和以旧金山、洛杉矶为中心的西部形势险恶，工厂倒闭多，失业率超过10%，有些地区达到20%；但南部经济却是另一番景象，失业率大大低于全国水平，工厂倒闭也不多，新兴工业欣欣向荣，与北部、西部形成鲜明的对照。后来者居上，这也许正是南部较迟地扔掉历史包袱的幸运之处吧！

---

① James W Silver. *Mississippi: The Closed Society*. New York: Brace & World, 1964: 6.

② James W Silver. *Mississippi: The Closed Society*. New York: Brace & World, 1964: 6.

③ I A Newby. *History of the South*. New York: Praeger, 1978: 474.

关于美西战争起源的美国史学[①]

    1898 年美国对西班牙的战争，是第一次瓜分世界的帝国主义战争。它虽然历时很短，规模有限，但却是美国作为世界强国出现于国际舞台上的标志；是美国从自由资本主义发展为垄断资本主义的分水岭；是美国对内对外政策和思想文化发生重大变化的转折点。八十多年来，美西战争起源问题一直是中外学者瞩目的重大课题。美国的史学工作者，无论是保守派、自由派、进步派，还是近年来活跃于史坛的新左派，都在不同程度上从不同的侧面探讨过这个问题。美西战争的起源涉及经济、政治、文化思想、国际关系、历史人物评价等各方面的问题，本文拟就笔者涉猎所及，对于美国史学界探讨这三个问题的情况作一初步评价。

一

    最早试图剖析美西战争经济根源的是美国社会党人。社会党的机关报《人民报》（The People）在战争爆发之初就揭穿了美国统治阶级散布的为了"古巴的自由"和"人道"等口号的虚伪性，指出这些"只不过是一个借口"，战争之所以必要是因为"资本家阶级需要市场，以销售他们手头超过人民购买力的货物"。战争不仅为美国的资本主义提供在古巴的市场，而且会打开在远东的巨大的新市场。[②] 20 世纪初叶在美国史坛上出现的试图阐明美国历史发展经济原因的进步派史学家，对美西战争的经济根源进行了研究。20 年代初，著名经济史学家哈罗德·福克讷在《美国经济史》一书中提出了"金融帝国

---

    ① 原文载《南开史学》，1981 年第 1 期。

    ② *The People*. April 17, 24, 1898. In Philip Sheldon Foner. *The Spanish-Cuban-American War and the Birth of American Imperialism: 1895-1902, Vol.1*. New York, 1972: 284.

主义"是"战争爆发的重大原因"的观点。在分析了美国贸易情况之后他指出，这场战争是为"市场和投资场所而打的"①。杰出的美国史学家，进步派的代表人物查尔斯·毕尔德则把这次战争称之为"第一次商业帝国的战争"。他认为，"争取国外市场和投资机会的压力是战争爆发的基本背景"。②福克讷和毕尔德不是马克思主义者，他们没有也不可能运用列宁的帝国主义论来考察这个问题，而是从经济唯物主义的观点出发来研究这个问题，但他们的结论，基本上符合历史实际。

福克讷和毕尔德的观点在 20 世纪 30 年代遇到了严重的挑战。边疆学派创始人弗雷德里克·特纳的追随者朱理斯·普拉特③率先把詹姆斯·福特·罗兹关于美国金融界和企业界反对战争的论断作为他研究工作的出发点。④他的看法是：（1）"企业界，特别是东部企业界在 1897 年底和 1898 年初的几个月强烈地反对战争""这种反战态度，就若干主要金融杂志而言一直延续到战争爆发""许多最有影响的企业杂志反对干涉古巴，直到最后"。⑤（2）"到 1898 年初为止，美国企业界一般来说或是对帝国主义漠不关心，或是明确地表示反对。"⑥此论一出，华尔街反对帝国主义战争之说迅速成为美国史坛上占统治地位的观点，不仅被写进教科书里，而且也为一些专著所采纳。惠特尼·格里斯沃尔德在《美国的远东政策》一书中还补充说："与远东有密切关系的商业集团也不希望战争。""可以有把握地说，在远东经商的少数美国人起初并没有看出'古巴自由'与中国门户开放之间的联系。"⑦

出乎人们意料的是，就连福克讷和毕尔德也为普拉特的论据所折服，公开宣布放弃原来的观点。毕尔德于 1939 年采纳了战争是共和党政客挑起来

① Harold Faulkner. *American Economic History*. New York, 1924: 662, 624-625.

② Charles A Beard & Mary R Beard. *The Rise of American Civilization, Vol.II*. New York: The Macmillan Company, 1927: 480.

③ John Higham eds. *History*. New Jersey, 1965: 187.

④ Julius Pratt. "American business and the Spanish-American War." In Theodore P Greene ed. *American Imperialism in 1898*. Boston, 1965: 26-27.

⑤ Theodore P Greene. *American Imperialism in 1898*. Boston, 1955: 27, 33, 35; Julius Pratt. *Expansionists of 1898: the Acquisition of Hawaii and the Spanish Islands*. Baltimore: Johns Hopkins Press, 1936: 233.

⑥ Julius Pratt. *Expansionists of 1898: The Acquisition of Hawaii and the Spanish Islands*. Baltimore: Johns Hopkins Press, 1936: 233.

⑦ Alfred Whitney Griswold. *The Far Eastern Policy of the United States*. New York, 1938: 8-9.

的说法。[①]福克讷则于 1951 年声称："若干经济史学家所采取的观点,即认为美国同西班牙开战主要是出于经济原因,开始是没有根据的。"他在 1959 年发表的《政治、改革和扩张,1890—1910 年》一书也按照普拉特提出的模式依样画葫芦,即:"整个企业界……极其仇视战争",因为它会破坏刚刚出现的经济繁荣。[②]毕尔德和福克讷的倒戈使一些对马克思列宁主义持敌对态度的史学家喜出望外。有的说,用列宁的帝国主义论这种"先入之见"来研究历史事件"于事无补"[③];有的则叫嚷:"同列宁主义史学家的臆说相反,华尔街自始至终反对使美国成为两洋帝国的战争。"[④]

但另一方面,普拉特的观点也激起了部分学者进一步从经济方面深入研究这一问题的兴趣,同时也促使他们全面地研究反映企业界、金融界意见的报刊。

1940 年哥伦比亚大学的一位研究生撰文批驳普拉特的论点,题目是《美帝国主义与美西战争》。他对 1895—1898 年间美国商业、金融和工业期刊,特别是许多为普拉特所忽略的期刊进行了详尽的分析。分析了 1898 年初美国在夺取海外市场和投资场所方面所面临的不利形势:在古巴,三年革命战争使美国在该岛的投资和贸易受到很大影响。在夏威夷,吞并该岛的计划遭到国内甘蔗和甜菜种植园主的反对;在远东,有利的贸易区和投资场所已为欧洲列强蚕食殆尽。因此,美国资本家的"贪婪目光转向菲律宾",该群岛距亚洲大陆较近,可作为美国海军舰只的绝好的基地,从而支持美国在中国的地位。"正是这种取得菲律宾的需要,和只有出于'战时'需要才能吞并夏威夷的设想,成为支持和促进美国在 1898 年 4 月同西班牙开战的动力"。[⑤] 1958 年和 1959 年,《科学与社会》杂志接连发表两篇论文,一篇说普拉特引用的材料仅限于"东部沿海地区",而且"东部企业界对战争问题的看法也很不一

---

① Charles A Beard. *Giddy Minds and Foreign Quarrels: An Estimate of American Foreign Policy*. New York, 1939: 236; Philip Sheldon Foner ed. *The Spanish-Cuban-American War and the Birth of American Imperialism: 1895-1902, Vol.1*. New York, 1972: 291.

② Harold Underwood Faulkner. *Politics, Reform and Expansion, 1890-1900*. New York: Harper & Row, 1959: 223.

③ Richard Hofstadter. "Manifest Destiny and the Philippines." In Daniel Aaron eds. *America in Crisis: Fourteen Crucial Episodes in American History*. Conn.: Archon Books, 1971: 197.

④ William E Leuchtenburg. "The Needless War with Spain." In John A Garraty. *Historical Viewpoints: Notable Articles from American Heritage, Vol.II*. New York: American Heritage, 1970: 203.

⑤ Philip Sheldon Foner ed. *The Spanish-Cuban-American War and the Birth of American Imperialism: 1895-1902, Vol.1*. New York, 1972: 294-295.

致",相当多的人要求进行军事干涉。^①另一篇则对美国大垄断资本家的组织全国制造商协会 1895 年成立以来历届年会的发言和决议进行了分析,指出美国的制造商有着强烈的扩大海外市场和投资场所的欲望,他们要求美国政府采取措施支持他们在拉丁美洲和远东的贸易与投资活动。^②

20 世纪 60 年代初崭露头角的新左派史学家也发表了不少论著批驳普拉特的论点。其主要论点是:(1)西部和南部与农业有关的企业家在发动美西战争的过程中起了重要作用,他们强烈要求美国政府采取干涉政策,以有利于恢复对古巴的粮食出口。^③(2)强调中国市场对美国商人具有很大吸引力。美国外交政策的制定者也一直对于中国四亿人口的市场念念不忘。麦金莱政府企图通过战争加强美国对太平洋的控制,把菲律宾这个"美国的香港"作为通往中国市场的脚踏石和美国在西太平洋的军事基地。^④(3)认为美国企业界反对战争或者支持战争都不符合实际。企业界、金融界对战争的看法因时因地因行业而异。总的看来,1898 年 3 月中旬是大部分企业从主和转向主战的转折点。影响企业界对战争的态度变化的主要因素是:1898 年初开始的经济繁荣出现停滞迹象。原先担心战争会影响经济繁荣的资本家转而乞灵于以战争刺激经济繁荣。企业界态度发生变化的标志之一是 3 月 21 日亨利·卡波特·洛奇致麦金莱总统函。这封信说,波士顿的企业界认为"如果在古巴的战争仍将继续下去,那么一次打击了事要比持续不断的痉挛要好得多"。3 月 25 日《纽约先驱报》编辑威廉·赖克也电告白宫:"此间大公司认为我们将要打仗,据信均欢迎以此作为解除悬虑的手段。"^⑤

美国著名进步史学家菲利普·方纳教授分析说,麦金莱政府的政策根本不是要使古巴获得自由,恰恰相反,是要扑灭古巴革命的烈火,变古巴为美

---

① Nancy Lenore O'Connor. "The Spanish-American War: A Re-Evaluation of Its Causes." *Science & Society*, 1958, 22(02): 129-143.

② Martin J Sklar. "The N A M and Foreign Markets on the Eve of the Spanish-American War. " *Science & Society*, 1959, 23(02): 133-162.

③ William Appleman Williams. *The Shaping of American Diplomacy, Vol.I.* Chicago: Rand McNally, 1972: 336-337; William Appleman Williams. *From Colony to Empire.* New York, 1972: 137-138, 89-190.

④ Thomas McCormick. "Insular Imperialism and the Open Door: The China Market and the Spanish-American War." *Pacific Historical Review*, 1963, 32(02): 155-169; Thomas McCormick. "China Market: America's Quest for Informal Empire, 1893-1901". In Thomas G Paterson. *American imperialism and anti-imperialism.* New York: Crowell, 1973: 72-73.

⑤ Walter LaFeber. *The New Empire.* Cornell University Press, 1963: 392; Lewis L Gould. "The Reick Telegram and the Spanish-American War: A Reappraisal." *Diplomatic History*, 1979, 3(02): 193-199.

国的殖民地或保护国。①正统派的史学家对此则用沉默来回答。

美国史学界围绕着企业界对美西战争的态度至今仍在进行的讨论，对于我们很有启发。

在美国历史上，美西战争是美国统治阶级发动的第一次以夺取海外殖民地为目标的战争。尽管在军事、外交和舆论上都做了不少准备，但对于这个年轻的暴发户来说毕竟是破天荒第一遭。在一部分资本家中，特别是对于一旦战争打响后，首当其冲的东部沿海资本家集团来说产生种种疑虑是不足为奇的。更何况一个阶级的长远利益和整体利益，在一段时间内不为本阶级的一部分甚至很大一部分成员所认识所理解，也是历史上屡见不鲜的事情。从这两方面来考虑，对于普特拉所提供的部分事实，我们完全可以做不同的解释。就美国经济发展的总进程来看，寻找海外的原料产地、商品市场、投资场所，这是垄断资产阶级的长远利益所在。至于用什么手段才能达到这个目的，事情发展到 1898 年的 3 月间也已经非常明显。用和平手段来达到目标的方案，无论在古巴、在太平洋上还是在远东都已经接连遭遇失败。战争是美国垄断资产阶级必采取的手段。有些资本家从自己的局部利益出发，顾虑重重，下不了开战的决心，并不能说明整个垄断阶级的态度。普拉特自己也说，这些人反对战争的原因是害怕旷日持久的战争会影响 1893 年经济危机后刚刚出现的经济繁荣和初步稳定下来的货币制度。杜威舰队在马尼拉湾的胜利驱散了这种回答长期消耗仗的疑虑，企业界一下子就全都倒向了主战派。②事实上对于资产阶级来说，和战与否之间没有是非曲直可言，也不存在着不可逾越的鸿沟，完全以利害得失为转移。

美国企业家自始至终反对战争之说是经不起推敲，站不住脚的。③

---

① Philip Sheldon Foner ed. *The Spanish-Cuban-American War and the Birth of American Imperialism:1895-1902, Vol.1*. New York, 1972: 208-229.

② Julius W Pratt. "American Business and the Spanish-American War." In Theodore P Greene ed. *American Imperialism in 1898*. Boston, 1965: 41.

③ 一些美国史学家把马库斯·汉纳这位企业界的巨头、共和党的老板视为自始自终主和的代表。其实汉纳之所以迟迟下不了同西班牙作战的决心，主要原因在于"他把国内经济的改善置于政治活动的所有其他目的之上"，唯恐怕战争会使税收增加，影响经济繁荣。然而，"他的这种担心是没有根据的"。因此，一旦局势明朗化，汉纳和麦金莱一样"终于成了坚定的帝国主义者"（Herbert D Croly. *Marcus Alonzo Hanna: His Life and Work*. New York: Macmillan Co., 1912: 278-279）。

二

　　舆论、社会思潮同战争爆发的关系，是美国史学工作者研究战争起源时颇有争议的另一个问题。但脱离开历史发展的物质基础，则显然是错误的。

　　早在 20 世纪之初，美国外交史学的元老约翰·莱丹内就有意把发动战争的责任强加给美国人民，提出了"美国人民兴致勃勃地参加战争""国会完全为舆论所左右"的说法。[①]企业家兼史学家的詹姆斯·罗斯索性认为美西战争是美国人民同情古巴和报刊操纵舆论的结果。[②]新闻记者瓦尔特·米利斯系统地阐述了这一十分荒谬的论点。他认为美国同西班牙开战是因为美国人民在 19 世纪 90 年代充满了一种好战的精神。按照米利斯的说法，这是一场美国人民"没有疑虑，怀着高尚的情操而投入的战争……他是在人们深信为正义而战的情况下开始的"。[③]

　　有些史学工作者沿着这条错误的思路走得更远。他们企图从思想文化方面寻找促使美国人民"好战"的原因。从 20 世纪 30 年代到 50 年代，先后出现了"黄色报刊煽动"说、"新天定命运"说和"心理危机"说。1932 年玛卡斯·威尔金森发表《舆论和美西战争：对战争宣传的研究》一书，断言美西战争的爆发是以《纽约日报》和《世界报》为首的黄色报刊宣传的胜利，说这些报刊用"真假参半的报道、谣言和伪造的电报把美国公众弄得头昏目眩"，而麦金莱政府则在"群众浪潮的驱使下和好战的国会煽动下开战"。[④]约瑟夫·维桑对纽约的报刊进行了专门研究，作者认为："我们同西班牙作战的主要原因是公众要求打仗。这种要求是如此之强烈，使企业界金融界的领袖和麦金莱总统难以抗拒，造成这种公众心理状态，报刊负有主要责任。""如果不是赫斯特在纽约新闻业中发动一场尖锐的争夺报刊发行份数之战，美西战争就不会发生。"[⑤] 另一位作者乔治·奥克西尔则强调古巴秘密团体的宣传活

---

① John H Latané. *America as a World Power: 1897-1907*. New York, 1907: 22.

② Theodore P Greene. *American Imperialism in 1898*. Boston, 1955: 26.

③ Walter Millis. *The Martial Spirt*. Cambridge. 1931: 160.

④ Marcus M Wilkerson. *Public Opinion and the Spanish-American War: a Study in War Propaganda*. Louisiana State University Press, 1932: 132.

⑤ Joseph E Wisan. *The Cuban Crisis as Reflected in the New York Press, 1895-1898*. New York: Columbia University Press, 1934, Introduction.

动和中西部报刊对促成美西战争爆发起了重要作用。[①]

从更大的范围对这个问题进行探讨的是前文提到的普拉特。他的看法是："影响新扩张主义理论形成的因素，主要是理智方面和感情方面，而不是经济方面的。"[②]

他得出结论说："美国企业需要殖民市场和投资场所不是企业家发现的，而是经济学家、历史学家和其他知识分子以及新闻记者和政治家发现的。"[③]问题很清楚，普拉特的这一说法同他所阐发的美国企业界自始至终反对扩张、反对战争之说并行不悖，相辅相成，互为补充，在客观上起到了为垄断资产阶级开脱战争责任，从根本上否定战争的帝国主义性质的作用。正因为如此，普拉特教授的这一套理论长期在美国外交史学界占统治地位。

以研究美国思想史著称的理查德·霍夫施塔德教授在二战后提出了"心理危机"说。心理危机的症状是：抗议和要求改革的声浪高涨；知识界倾向于社会主义；突出本民族的作用，要求侵略扩张。他指出：相当一批美国政治家认为，在国内矛盾重重的情况下，鼓吹侵略主义是提高他们自己的声望，为本党争取选票，转移公众视线，挤掉社会脓疮，摆脱革命威胁的不二法门。[④]

普拉特和霍夫施塔德的观点，在战后美国史坛上盛行一时，几乎为所有的教科书所采纳，简直成了千篇一律的陈词滥调。

社会思潮和报刊舆论对于历史事件的发生当然有影响。部分美国史学家特别强调报刊舆论的作用，表面上看来也有一定道理。以《纽约日报》和《世界报》为代表的"黄色报刊"在毒化舆论煽动战争方面确实起过十分恶劣的作用。《纽约日报》的老板威廉·赫斯特对漫画家费雷德里克·李明顿说"你提供图画，我提供战争"[⑤]，就是大家所熟知的一个例证。然而，战争果真是几家黄色报刊老板为了争夺发行份数就能掀起的吗？历史的发展绝不会是这样简单。报刊在资本主义国家只不过是一种宣传工具罢了，它所反映的是资

---

① George W Auxier. "The Propaganda Activities of the Cuban Junta in Precipitating the Spanish-American War, 1895-1898." *The Hispanic American Historical Review*, 1939, 19(03): 286-305; "Middle Western Newspapers and the Spanish American War, 1895-1898." *The Mississippi Valley Historical Review*, 1940, 26(04): 523-534.

② Julius Pratt. *A History of the United States Foreign Policy*. New Jersey, 1965: 204.

③ Julius Pratt. *Expansionists of 1898: the Acquisition of Hawaii and the Spanish Islands*. Baltimore: Johns Hopkins Press, 1936: 22.

④ Richard Hofstadter. "Manifest Destiny and the Philippines." In Daniel Aaron eds. *America in Crisis: Fourteen Crucial Episodes in American History*. Conn.: Archon Books, 1971: 173, 177, 178.

⑤ Samuel F Bemis. *A Diplomatic history of the United States*. New York: Holt, 1955: 442-443.

产阶级的意志和呼声。赫斯特·普利泽之流利用美国人民同情古巴革命，憎恨西班牙殖民当局的心理进行战争煽动，他们发出的战争叫嚣不过是代表了美国资产阶级主战派的要求而已。社会思潮、社会理论对于统治阶级确定其对内对外政策往往也有很大影响，但这毕竟是社会存在的反映。"物质生活的生产方式制约着整个社会生活、政治生活和精神生活的过程。不是人们的意识决定人们的存在，相反，是人们的社会存在决定人们的意识"。[1]在美国，一些社会学家、经济学家、历史学家以及宗教家把鼓吹对外侵略扩张的种族优秀论，披上了伪科学的外衣。他们把美国统治阶级在北美大陆上进行领土扩张曾说成是"天定的命运"，后来又予以引申、发展而变为向海外扩张的理论。这反映了垄断资本形成时期，美国资本家攫取海外市场、原料产地、投资场所和战略基地的迫切要求；表露了他们为在国际舞台上同其他大国争夺殖民地和势力范围不惜一战的心情。[2]归根结底，它反映了资本主义经济发展到新阶段的新要求。

三

麦金莱总统在美西战争爆发过程中究竟扮演了什么样的角色，是毫无主见、随波逐流的投机分子，还是意志顽强、胸有成竹的政治家？这也是美国史学界研究美西战争起源中聚讼多年的一个问题。[3]

1898年春，美西战争爆发前夕，《纽约日报》上刊登了一幅漫画，画的是头戴纱巾、身着女装的麦金莱总统只身站在海边绝望地企图用手中清道的毛刷挡住迎面铺天盖地而来写有"人民""国会"字样的巨浪。[4]爱好和平但意

---

① 马克思《政治经济学批判》序言，《马克思恩格斯选集》第2卷，第82页。

② Daniel Aaron eds. *America in Crisis*. pp.170-200.

③ 政治家的性格对决策的影响不仅是历史学家感兴趣的问题，也是政治学家注意研究的课题。二战后，西方政治学中出现了一个专门研究人物个性对外交事务影响的学派，近年来发展很快。麻省理工学院的劳埃德·埃思里奇在该学派的影响下写了一篇文章：《个性对美国外交政策的影响：1898—1968，对人与人之间关系归纳理论的一个验证》。该文将麦金莱列为性格内向，但对政策有高度支配能力的范畴。此结论是根据近年来史学家研究成果做出的。Lloyd S Etheredge. "Personality Effects on American Foreign Policy, 1898-1968: A Test of Interpersonal Generalization Theory." *The American Political Science Review*, 1978, 72(02): 434-451.

④ Thomas A Bailey. *A Diplomatic History of the American People*. New York: Appleton-Century-Crofts, 1958: 461.

志薄弱的总统屈服于好战的人民和国会的强大压力，使美国卷入了一场"不必要"的战争，这就是几十年来经常出现在美国历史教科书中麦金莱总统的形象。在西奥多·罗斯福的笔下，麦金莱"像巧克力奶油蛋糕一样没有主心骨"①，更加深了人们的这种印象。在史学著作中较早提出这种看法的是前文提到过的詹姆斯·罗兹。他在七卷本美国史的最后一卷里特别对 1898 年 3 月以后麦金莱政府的政策提出指责，认为麦金莱如果继续执行上台以来一直在执行的不断向西班牙政府施加压力的政策，西班牙就会通过谈判允许古巴独立。然而，正当这种和平政策即将取得成功之际，麦金莱突然放弃了原来的政策导向主战派。②朱理斯·普拉特也持同样的看法。他认为麦金莱是"深知怎样利用战争的一小撮人手中的胶泥"。③

　　二战后，指责麦金莱的著作有增无减。被称为现实派的外交史学家强调外交政策的现实目标，认为国家安全和势力均衡是制定外交政策的出发点，反对依据道德准则和政治理想制定外交政策。他们指责麦金莱决策时以同国家利益相背离的道德准则为指针，不是把对现实的情况的精确估计作为自己的出发点，而是屈从于群众感情用事的压力。麦金莱不仅缺乏准确衡量国家真正利益所在的能力和经验，也缺乏顶住战争喧嚣的勇气。尽管西班牙在最后一刻投降了，麦金莱还是使美国卷入了战争。在这方面集其大成的是欧内斯特·梅的获奖之作《帝国民主制》。④

　　为麦金莱及其推行的政策辩护的著作虽然为数不多，但在 19 世纪末即已初露端倪。在早期为麦金莱进行辩护的著作中，查尔斯·奥尔考特的《威廉·麦金莱》可称代表作。此书列举了麦金莱有必要采取干涉政策的四点理由：（1）西古之战旷日持久，严重影响美国在古巴的经济收益。（2）美方严守中立，需经常派出军舰巡逻，阻拦美国人支持古巴起义者。长此下去，开支过大。（3）为了保护在古巴的美国公民财产的安全。（4）事实表明西班牙无法以武力结束战争。奥尔考特还认为，尽管美国有充分理由进行干涉，麦金莱并没有匆忙地同西班牙开战，而是在采取了一切可能采取的外交步骤和

---

①　Walter Millis. *The Martial Spirt*. Cambridge, 1931: 114.

②　James Ford Rhodes. *The McKinley and Roosevelt Administrations, 1897-1909*. New York: Kennikat Press, 1965: 63-64; Joseph A Fry. "William McKinley and the Coming of the Spanish-American War: A Study of the Besmirching and Redemption of an Historical Image." *Diplomatic History*, 1979, 3(01): 77-97.

③　Julius W Pratt. *Expansionists of 1898: the Acquisition of Hawaii and the Spanish Islands*. Baltimore, Johns Hopkins Press, 1936: 327.

④　Ernest R May. *Imperial Democracy*. New York, 1961: 114, 118-120, 126-130, 159.

做好了充分的军事准备之后才走向战争的。作者还对麦金莱的"勇气"和"人道主义"精神大加赞扬。[1] 两次世界大战之间，屈指可数的几位史学家继续对上述论点加以补充。[2]

二战后真正起到为麦金莱全面恢复"名声"作用的史学著作要推霍华德·恩·摩根著《威廉·麦金莱及其美国》一书（塞拉丘萨大学出版社，1963年，第34—36页）。作者从麦金莱的人品和政策两个方面肯定了这位总统。此书出版两年后，作者又写成《美国通往帝国之路》，就麦金莱同他的前任对古巴政策的一贯性做了系统的论述，作者将该书的基本观点归纳为四点：（1）长期以来美国在古巴问题上执行着一贯的可以理解的和平政策，试图对西班牙施加压力，迫使该国政府在古巴岛实行改革。西班牙未能按照美国的要求办事，从而使美国不得不在1898年进行干涉。（2）美国具有合法的战略上、商业上和人道方面的理由来执行这一政策。（3）缅因号在哈瓦那港爆炸沉没后，麦金莱政府并没有被战争的歇斯底里所压倒，只是在无法以和平的方式解决古巴问题时才诉诸武力。（4）通过美西战争，美国取得了夏威夷、菲律宾和其他战略据点，这是美国企图把自己的势力范围扩大到整个国际政治和经济舞台的自觉纲领的一部分，并非事出偶然，也不是由于什么过失造成的。[3]作者通过肯定麦金莱本人及其政策来肯定美国进入帝国主义时期对外侵略扩张政策的合理性，这种意图是很明显的。

在新左派史学家著作中，麦金莱的侵略扩张政策受到了抨击，但他们并没有像进步派学者那样仅仅把麦金莱看成是完全听从金融资本摆弄的奴仆，而是认为麦金莱是美国对外政策的制定者和积极的执行者，肯定了他的能动作用。[4]沃尔特·拉菲贝尔也强调麦金莱不仅能控制局势，而且是美国外交政策的制定者。他是为了消除美国政治经济生活中不稳定因素，为建立新的美国商业帝国奠定坚实的基础，在东北部企业家参加到中西部和西部企业界主战行列中来的情况下才作出战争决策的。[5]

---

[1] Charles S Olcott. *William McKinley, Vol. I*. Boston: Houghton Mifflin, 1916: 394-395, 399-400; Vol.II, 1-3, 24-29.

[2] Tyler Dennett. *John Hay: From Poetry to Politics*. New York: Dodd, Mead & Co., 1934: 208.

[3] Wayne Morgan. *America's Road to Empire: The War with Spain and Overseas Expansion*. New York: Alfred A Knopf, 1965: 9-10.

[4] William Appleman Williams. *The Roots of the Modern American Empire: A Study of the Growth and Shaping of Social Consciousness in a Marketplace Society*. New York, 1969: 408-411.

[5] Walter LaFeber. *The New Empire*. Cornell University Press, 1963: 400, 403.

　　美国学者的研究说明,"战争是政治的继续"这句克劳维兹的名言完全适用于美西战争。美西战争正是内战以来压迫少数民族、镇压工人运动、实行领土扩张这种资产阶级政治的继续。美国资产阶级的对外政策有自己的传统,有源有流,有继承有发展,当然也有变化。特别是从自由资本主义向垄断资本主义过渡阶段,正如许多美国学者所承认,在对外政策上也处于一个转折时期。这种变化就在于建国初期由华盛顿奠定基础的不介入欧洲事务、发展同各国的商品关系、不缔结永久性同盟的孤立主义政策,逐渐让位于对外进行经济渗透、干涉别国主权、攫取海外基地这种被称为"向外看"的政策。保卫国家主权维护民族独立的成分越来越少,对外侵略扩张越来越成为政策的主要内容。领土扩张的方向则从北美大陆转向海外,目光集中于加勒比海和太平洋。美西战争恰恰构成新旧外交政策转折点。它是美国自由资本主义时期外交政策的结束,又是帝国主义对外政策的起点。战争的爆发是美国传统政策的继续,又是登上国际舞台同欧亚列强进行角逐推行新殖民主义政策的开端。

　　麦金莱执政时期恰值美国历史发展的转折关头。他作为美国资产阶级代表人物制定的对外政策导致了美西战争,促成了美国历史这一重大转折。他所推行的屠杀菲律宾人民,扼杀古巴革命,参与八国联军镇压中国义和团运动,倡导门户开放,建立海外殖民帝国的政策,毫无疑问是美国主义形成的重要标志。

　　历史的必然性总是要通过历史的偶然性表现出来。美国从自由资本主义向帝国主义阶段过渡,与之相适应,内政外交以至思想文化等方面发生重大变化,这是历史的必然。这种变化在麦金莱作为美国总统参与下完成,则是历史的偶然。美国在海外扩张的政策导致了一场帝国主义战争这也是历史的必然,但这一政策的制定和执行由麦金莱承担,这又是历史的偶然。有些美国学者否认麦金莱是对外政策的制定者,这种看法已逐渐为另一些美国学者所提供的论据驳倒。对制定和执行美国对西班牙政策有重要影响的美国官员如国务卿、驻马德里公使、驻哈瓦那总领事的人选都是由麦金莱确定的。他在就任总统后,派出亲信威廉·卡尔霍恩对古巴局势进行实地调查,根据卡尔霍恩调查报告的结论确定了对古巴的政策。[①] 他还坚持宪法规定的外交权属于总统。和克利夫兰一样，对于国会几次通过的承认古巴为交战一方的决议置之不理。这些事实都说明外交大权牢牢地掌握在麦金莱之手。麦金莱对西班牙或者说在古巴问题上有没有一贯的政策，越来越多的美国史学家做出了肯定的回答。麦金莱德对西政策乃是一种不断地加强向西班牙政府施加压力，不断地提出新的更为苛刻的要求的政策。尽管措辞缓和，但态度强硬，行动坚定。在麦金莱政府的咨文和致西班牙政府的照会中自始就含有除非西班牙按照美国的要求行事，否则美国终将进行干涉的语句。[②] 有的美国史学家称之为"拧紧螺丝"的政策[③]，是很有道理的。

资产阶级外交从来都是以武力为后盾的。19 世纪 80 年代开始创建的美国现代海军是麦金莱政府对西班牙恫吓、威胁的重要手段。不仅如此，同西班牙作战的准备早就开始了。英国史学家约翰·格林威尔在研究了美国海军部的档案之后得出结论说："1898 年同西班牙的海战不是在最后一刻才仓促上阵的，准备工作至少进行了两年时间。"[④] 得克萨斯大学的威廉·布雷斯特德教授也指出，早在 1896 年美国海军部就根据马汉的战略思想制定了在加勒比海、远东和欧洲同西班牙作战的全面计划。[⑤] 麦金莱上台后任命好战的西奥多·罗斯福为海军部助理部长，向国会提出扩建海军的要求，任命杜威

[①] Philip Sheldon Foner ed. *The Spanish-Cuban-American War and the Birth of American Imperialism: 1895-1902, Vol.1.* New York: 1972: 213-214.

[②] 1897 年 9 月 23 日美驻西公使伍德福特致西班牙政府照会威胁说："我不能粉饰局势的严重性而将总统的信念秘而不宣。如果他为国人所做的努力终成画饼，时间和特殊紧急的情况将要求他尽早作出采取行动的决定。"（*Papers relating to the foreign relations of the United States, 1898*, Washington: U.S. Government Printing Office, 1901: 572）同年 12 月 6 日麦金莱就古巴局势致国会咨文也说，"如果今后武力干涉果然成为我们对自己、对文明和对人类义务加之于我们的一种任务，那么，它必将不是由于我们的过失，而只是因为这样的行动十分清楚明白，可以得到文明世界的支持和赞同"（*A Compilation of the messages and papers of the presidents, Volume 14.* Washington D. C.: Bureau of National Literature and Art, 1907: 6263）。

[③] Wayne Morgan. *William McKinley and His America.* Syracuse University Press, 1963: 342-343.

[④] John A S Grenville. "American Naval Preparations for War with Spain, 1896-1898." *Journal of American Studies*, 1968, 2(01): 33-47.

[⑤] William Reynolds Braisted. *The United States Navy in the Pacific 1897-1909.* Texas University Press, 1958: 21-22.

为亚洲舰队司令，授意众议院拨款委员会主席坎农通过军事拨款的议案①，所有这些，都只不过是在实行早已制定的对西作战计划罢了。麦金莱在和战问题上是有过动摇和犹豫的。不过正如一些美国史学家所指出的，关键问题在于统治阶级内部在和战问题上存在着严重的分歧。在统治阶级本身没有取得一致意见之前，作为阶级的代表人物麦金莱是不敢轻启战端的，如此而已。

---

① Philip Sheldon Foner ed. *The Spanish-Cuban-American war and the birth of American imperialism: 1895-1902, Vol.1*. New York, 1972: 242; Wayne Morgan. *William McKinley and His America*. Syracuse University Press, 1963: 363-364.

第二次世界大战前美国的绥靖政策

如何估计和评价第二次世界大战前夕和战争初期美国对轴心国家的政策，一直是世界各国史学工作者研究的课题之一。二战后三十多年来，美国资产阶级史学家围绕着这个课题展开了激烈的论战，发表了许多专著和论文，以观点分野，大致形成三个派别。

正统派，亦称宫廷史学家（Court Historians），站在垄断资产阶级的立场上，极力为美国统治集团在 20 世纪三四十年代推行的"坐山观虎斗"的政策辩护，根本否认美国政府执行过对德国的绥靖政策。在他们看来，美国的外交政策不是根据统治阶级的利益制定的，而是"取决于民族的舆论"[1]。美国在二战前标榜的"中立"，是出于维护和平的动机，在轴心国家的侵略政策和战争政策威胁到美国安全的情况下，美国才被迫放弃中立政策，参加战争。他们当中有的人，在历史事实面前也不得不承认美国政府执行的政策有绥靖主义倾向，但又辩解说"绥靖并不总是错误的""它不止一次为实现崇高的目标提供过正确的方法"[2]。这一派的观点在美国史学界占统治地位。许多美国通史、断代史和外交史教科书均从此说。

修正派（Revisionists），20 世纪 30 年代孤立主义思潮在史学领域中的表现，大战中已露端倪，战后正式形成。他们认为一次大战后出现的有利于世界人民不利于美国的形势与罗斯福政策在大战前夕和战争期间执行了错误的政策直接有关。在他们看来，德国法西斯无意进攻西半球，日本只关心亚洲问题，美国的安全并未受到威胁。但罗斯福对形势作了错误的判断，把德国当成主要敌人，表面上标榜"和平""中立"，骨子里准备对德作战。甚至断言罗斯福找不到对德作战的借口，"便转向远东，加强对日本的压力"，迫使

---

① Perkins Dexter. "Was Roosevelt Wrong?" *The Virginia Quarterly Review*. 1954, 30(03): 355-372.

② Donald F Drummond. *The Passing of American Neutrality: 1937-1941*. University of Michigan Press, 1955: 374.

日本偷袭珍珠港，为美国打开了走向战争的"后门"。他们结论是：美国卷入战争带来了灾难性的后果：破坏了欧洲的势力均衡，出现了真空地带，为苏联的"扩张"提供了可乘之机。

　　新修正派（New Revisionists）或新左派（New Leftists），出现于 20 世纪 50 年代末 60 年代初期，是在反对美国政府的冷战政策和侵越战争的群众运动影响下发展起来的。他们反对正统派的观点，也不满意老修正派对于二战前夕美国外交政策所作的分析，主张把这个时期的美国外交政策放到更长的历史过程中来考察。他们认为美国的外交政策是美国资本主义向外进行经济扩张的表现。为了保证美国国内的经济繁荣和稳定，从 19 世纪末开始，美国一直在推行以夺取海外市场、原料产地和投资场所为目的的"门户开放"政策。罗斯福政府的对外政策是这一政策的延续。它加强了以自由贸易形式出现的对外政策，使许多国家的独立和安全受到威胁。美国在欧洲、亚洲、拉丁美洲和世界其他地区的经济利益发生冲突。美国资产阶级把"经济扩张观念和道义上的号召聚集在一起，使门户开放扩张主义的传统观念变成了美国世纪的梦幻"①，美国领导人决心以"战争作为扩张（而不仅仅是保护）门户开放制度的手段"②。所以，美国在这个时期的政策并不仅仅是对德国和日本军国主义的消极反应，"而是一场可以追溯到 1900 年的古老斗争"③的继续。美国参战是德国的"绝对主权"政策和美国传统的"门户开放"政策发生剧烈冲突的必然结果。新修正派的观点反映了美国一部分知识分子对于美国社会制度和对外政策的不满。

　　近年来，新修正派的观点受到来自各方面的抨击。有些史学家既不满意正统派的传统观点，又不肯苟同于新老修正派之说，主张从政治、经济、历史等各方面的因素所起的作用，从各国对外政策的相互作用和影响来考察 20 世纪 30 年代到 40 年代初美国对外政策的制定和实施。波士顿大学历史系教授阿诺德·奥夫诺发表在《美国历史杂志》1977 年 9 月号上的《再论绥靖政策》一文就是一篇代表作。

　　文章认为新修正派在分析美国参加第二次世界大战的原因时，过分强调

---

　　① W A Williams. "The Tragedy of American Diplomacy." In Gerald N Grob eds. *Interpretations of American History: Patterns and Perspectives. Vol. 2*. New York: Free Press, 1972: 468-469.

　　② W A Williams. *America Confronts a Revolutionary World*. New York: Morrow, 1976: 167.

　　③ Lloyd C Gardner. "Economic Aspects of New Deal Diplomacy." In Joseph M Siracusa. *New Left Diplomatic Histories And Historians*. London: Ann Arbor, 1975: 74.

了同德国的经济矛盾，忽视了美国在 1933—1940 年间一直坚持对德国的绥靖政策。

作者认为：整个 30 年代，大多数美国外交官认为欧洲和平的主要威胁来自政治方面，即凡尔赛和约对德国的束缚。他们怕德国单方面修改条约会导致战争，又不愿意直接插手欧洲政治引起英法反感。因此，他们认为只有通过经济让步才能达到政治上对德国实行绥靖政策的目的。

作者根据大量已经发表和未发表的官方和私人文献（如国会图书馆收藏的诺曼·戴维斯档案，特拉华大学图书馆收藏的乔治·梅塞·史密斯档案，哈佛大学图书馆收藏的杰伊·皮尔庞特·莫法特档案）揭露了罗斯福政府对德国实行绥靖政策的三部曲。

早在 1936 年夏，罗斯福就曾通过美驻德大使要求希特勒秘密地向他说明今后十年外交政策的目标，并准备同希特勒会见，磋商裁军和"维护"和平的问题。1937 年初美国国务院诺曼·戴维斯赴伦敦，为秘密谈判进行准备。国务院起草的给戴维斯的备忘录说：美国的意图是制定一个政治、经济一揽子解决的方案，满足德国对于市场和原料的需要，避免德国在多瑙河流域肇事。罗斯福为此进行了一系列的外交活动，先后同加拿大的总理、总督，国际联盟的领导人举行会谈。但因英国反对，希特勒没有作出反应。对德国实行绥靖政策的第一部曲遂以碰壁告终。

1937 年 10 月副国务卿萨姆纳·韦尔斯向罗斯福献策，倡议召开一次世界性的会议，制定关于调整国际关系、修改凡尔赛和约、保证平等取得原料的准则。他特别强调要罗斯福公开宣布同意取消凡尔赛和约中对德国的那些"不平等"的限制。这项建议得到罗斯福的赞同，被称为罗斯福—韦尔斯计划。1938 年 1 月 12 日英驻美大使罗纳德·林赛将该计划电告伦敦英外交部，力主"尽快地"予以采纳。但被英外交部和首相张伯伦拒绝。德国吞并奥地利后，罗斯福对于实现这项计划仍不死心，在捷克危机中继续兜售。9 月 20 日他告诉英国大使林赛说解决欧洲问题的最好办法是举行世界会议，使所有不能令人满意的边界合理化。9 月 26 日即慕尼黑会议召开前夕，罗斯福在向各国首脑发出的呼吁书的原稿中包含"修改凡尔赛条约的暗示"，企图"以此为诱饵"，使德国要求罗斯福出面斡旋。9 月 27 日，罗斯福在向希特勒发出的呼吁书中重申在中立地点召开综合性会议的主张。直到 1939 年春，德国侵占捷克斯洛伐克，意大利入侵阿尔巴尼亚后，罗斯福在致希特勒和墨索里尼的呼吁书中要求他们作出十年不侵略的保证，仍以举行平行的政治、经济绥靖会议作为交换的条件。1939 年 9 月德国向波兰发动突然袭击，大战爆发，这项计划才被抛在了一边，绥靖德国的第二部曲也告破产。

欧战爆发后，罗斯福政府对德国仍抱有幻想。由于苏芬战争爆发，在美国上层人士中普遍产生了害怕苏德联合，共同统治欧亚两洲的心理。所有这些都增加了美国领导人出面斡旋的决心。1940 年 1 月罗斯福决定派韦尔斯出使欧洲。

从韦尔斯在欧洲的多次谈话中可以看出美国提出或准备接受的停战条件是：同意苏台德地区和奥地利并入德国；将整个东欧变为德国的特惠贸易区；允许斯洛伐克自治，重建捷克和波兰；承认意大利对埃塞俄比亚的征服。韦尔斯反复强调欧洲的主要问题是停止战争、裁军和安全。一再提出美国关于召开政治、裁军、经济会议的设想，并向希特勒表示："一个统一的、繁荣的和心满意足的"德国是和平最好的保证。

作者指出："希特勒总是嘲笑美国所作的努力，认为美国在 1940 年的活动只不过是对于巩固他同墨索里尼的联盟起了促进作用""俄国人大概把韦尔斯的出使看成是西方把希特勒引向东方所作的努力。"

奥夫诺的这篇文章没有也不可能点出绥靖政策的核心是力图把祸水东引，对于绥靖主义者出卖小国利益，企图苟安一时的反动实质也缺乏透辟的分析。但作者揭露了一些美国资产阶级史学著作，特别是正统派史学家不肯涉及的史实，把一些长期被隐蔽的真相公之于世。

在梦想与现实之间①

　　我的童年和少年是在抗日战争中度过的。父亲是西南联大哲学系的教授，我家在昆明一住就是八年（1939—1946）。当时常常在父亲的书案上看到《时代》周刊，《生活》画报则在地摊上屡见不鲜。亨利·鲁斯的名字因而印入脑海，挥之不去。1963年开始随杨生茂先生攻美国史。先生为入门者编就的必读书刊目录，就列有《时代》周刊和《生活》《财富》杂志。南开大学图书馆馆藏的《时代》周刊尚称完整，在期刊室陈列，暇时经常翻阅。20世纪90年代初，我开始承担中美文化交流方面的研究课题。亨利·鲁斯基金会被列为美国基金会的研究内容之一。1995年访美时曾在美国国会图书馆手稿部查阅有关资料，发现鲁斯的手稿已列入目录，但尚未向读者开放。在手稿部工作人员的建议下，我先调阅了已向公众开放的亨利·鲁斯夫人的手稿和欧文·拉铁摩尔的手稿，他们在重庆时期活动的有关资料给我留下了深刻的印象。回国后，曾与同仁们谈起过自己翻阅文档的印象，引起了罗宣的研究兴趣。1998年底，她完成了关于亨利·鲁斯与中国的博士论文，我因卧病在床，未能参加论文答辩，至今引为憾事。所幸论文得到了与会专家的好评。即将问世的这本专著就是在博士论文的基础上补充、修改、扩展而成。

　　罗宣女士是一位严肃认真的青年学者，不为当今的商品大潮所动，坚守学术岗位，锲而不舍，以十年磨一剑之功，终于了却了她的心愿。这十年间，出国攻读学位、结婚、生女、著书立说，走过了人生必经之路，其中甘苦、酸辛可想而知。在此书付梓前，我有幸通读书稿，受益匪浅，现将一些零星想法写在下面，供读者参考。

　　占有第一手材料进行研究，是对历史研究工作的起码要求。档案，特别是未经整理、公布的档案资料是最重要的一手资料。从本书所附的参考文献

---

① 原文为罗宣著《在梦想与现实之间——鲁斯与中国》作的序，人民出版社，2005年。

目录可以得知，作者较充分地利用了美国国会图书馆手稿部、耶鲁大学斯特林图书馆手稿档案部、神学院图书馆、哈佛大学霍顿图书馆的收藏。这就把研究工作放在了坚实的基础上，保证了历史事实的真实性、可靠性。对史料运用得当，还可以于细微处见真情，有所发现，有所突破。

中美关系史是一个正在拓展中的研究领域。近年来，已有不少论著发表。有关人物方面的研究，如：蒲安臣、胡佛、史汀生、马歇尔、史迪威、陈纳德、斯诺等人的传记和专著琳琅满目。正如本书作者所说，唯独对本书传主的研究，特别是从中美关系角度的研究并不多见。中文方面的著作阙如。作者完成的这部力作，填补了中美关系史研究中的一个空白。

人物研究的一个难点是，如何把对历史人物分析、刻画和他或她所生活的时代密切结合起来，换言之，就是如何通过人物来表现特定时代的精神面貌。著名启蒙学者伏尔泰撰写的《路易十四时代》采取的就是这种办法，后来，在美国学的研究中兴起了形象研究，也采取了这种方法，代表作如《杰克逊时代》。本书作者将传主放在 20 世纪世界格局的变化和中国、美国政局与社会变迁的大背景下考察，作者采取的方法不是一般的考察而是对每一个时期进行具体的分析。例如，对家庭教育背景的分析用了一节的篇幅介绍美国的海外传教运动。作者在分析了美国海外传教运动的起源和发展，19 世纪下半叶美国国内经济、社会、政治变革之后，指出：

作为美国政治和文化扩张的急先锋，许多传教士认为，美国的"边疆阀门"并未关闭，美国本土的西进运动虽然结束了，但越过太平洋，新一轮的西进运动才刚刚开始。他们自己是美国超太平洋西进运动的先行者，中国是有待他们开发的新边疆的一部分。

美国海外传教士为了证明他们行动的合理性，对特纳著名的"边疆学说"加以发挥，将他们的传教活动自觉地纳入了美国的海外扩张活动，以取得美国商人和政府的支持。而不是强调纯粹的宗教目的，这是颇令人深思的。针对中国社会转型，一位基督教青年会的领导人曾这样说："中国正经历着一场知识革命，这一变革为基督教传教士提供了无穷的机会，在变幻不定的时代变革中，基督教一定有机会影响中国未来的进程，让上帝帮助我们使中国充满基督思想、基督精神和基督的影响。"当然，首要的事情就是要建立起基督教教育体系，这是实现最终目标的关键。

正是在经济目的和宗教目的相结合的历史背景下，大批美国传教士在 19 世纪末开始涌入中国。鲁斯的父母也是在这一高潮中，投身于向中国传教的事业。

这就把鲁斯父母来华传教的背景，明白无误地作了交代。作者用下面一段话，说明了鲁斯出生的中国环境：

鲁思义夫妇刚来到中国的头几年，适值英、俄、德、法、日等强国群起瓜分中国，各种变乱的因素都躁动于社会内部。先是鲁西地区两名德国教士被戕，德国人趁机占领青岛（胶澳），继而是一百天的戊戌变法失败，六君子被杀，皇帝遭软禁。全国上下，一股反洋仇洋的情绪在滋长。到 1900 年春，这种仇恨情绪达到了顶点。慈禧太后支持义和团与洋人抗衡，使所有在华的外国人惶惶不可终日。在这样的环境中，鲁斯降临人世。

亨利·鲁斯是"美国世纪"说的始作俑者。作者扼要地说明了"美国世纪"提出的背景，她写道：

战争是人类的人为灾难，它对人力、物力、财力的消耗之大，对人类社会进步的破坏力之强，难以言表。人类历史上规模最大的第二次世界大战，使德、意、日崩溃，英、法衰落，苏联付出巨大的代价，但美国是个例外。美国置身战争之中，但本土远离战火，成为唯一一个本土未受战争摧残、生产未遭破坏的国家。不仅如此，战争解决了"新政"未能解决的严重经济危机问题。美国的人均国内生产总值由 1940 年的 770 美元猛增至 1945 年战争结束时的将近人均 1600 美元[①]。到二战后期，美国完全摆脱了经济危机，步入了经济繁荣、政治稳定的良性循环，军事上的节节胜利更提高了美国在国际舞台上的地位。美国军事上和经济上的强大，似乎印证了鲁斯在美国参战前所预言的"美国世纪"已经到来。[②]

在刻画人物性格方面，作者观察细腻，描绘到位。鲁斯性格的形成和发展贯穿于全书的始终。中国情结是鲁斯生涯的一个独特组成部分。作者既分析了出生在中国与中国情结形成所起的重要作用，又指出了这是一种带有美国人优越感的情结，一种救世主对子民的情结。它不是一种平等的，而是居高临下的情感，说得尖刻点有点奴隶主对奴隶父权的（paternal）味道，加尔文主义和酷爱美国在鲁斯的成长过程中和一生中都发挥了重要作用。这二者是结合在一起的，传教士家庭和远离故土的环境使鲁斯的爱国情结变得比本

---

① Table No. HS-33: Selected Per Capita Income and Product Items in Current and Real Dollars: 1929 to 2002, in Mini-Historical Statistics Part, from Bureau of Census: *Statistical Abstract of the U.S.: 2003*. Washington D. C.: U.S. Government Printing Office, 2003: 62.

② 罗宜. 在梦想与现实之间——鲁斯与中国[M]. 北京：人民出版社，2005：280-281.

土的美国人更强烈，正是这种特殊的情况使他在本土生活和在出生地都有格格不入的感觉，即边缘化的感觉。牢牢地把握住了传主区别于一般美国人的独特之处。

书中不囿于我国传统的对鲁斯的评价，强调鲁斯对中美文化教育交流以及我国在抗日战争和二战所做的贡献，如通过分析传主在抗日战争期间从新闻报道和物资援华方面所做的工作，认为"鲁斯对中国抗战事业的胜利是有一定贡献的"。这是历史人物的评价采取全面、公正的态度，可谓本书的又一特点。

鲁斯的"中国情结"是一个可以扩展的研究领域。在中美关系和中美文化交流史上，可以列举出不少怀有"中国情结"或"中国恋情"的美国人。而中国方面也不乏具有美国情结的中国人。本书提到的美国著名作家约翰·贺希（John Ruchard Hersey，1914—1993）就是很有代表性的一个人物。他的家庭背景与鲁斯相同，出生在天津的一个美国传教士家庭。11 岁才回到美国。1985 年出版了题为《召唤》（The Call）的历史小说。描述了一个美国传教士在中国华北地区的传教经历。小说以大量的档案为依据，介绍了 20 世纪上半叶中国发生的重大历史事件，小说的主人公戴维·特瑞德阿普（David Treadup）的原型之一就是他的父亲（Roscoe Monroe Hersey）。这部小说问世后，反响热烈，著名中国史专家史景迁（Jonathan Spence）誉之为贺希"写作生涯中令人艳羡和创意的顶点"。美国许多中学将该书列为中学生的必读书目，至少有三种导读出版。

除了贺希，现代派诗人庞德（Erza Pond）对中国的古典诗歌和方块字的迷恋，也是中美文化交流史上的一段佳话。他不但编译了诗经（The Classic Anthology Defined by Confucius, Harvard University Press，1954），出版了我国唐代诗人的诗作，而且在他的名作《诗篇》（The Cantos）中，不惜篇幅，大量引用中国儒家经典，汉字也每每间杂其中，蔚为奇观。著名历史学家费正清对中国历史情有独钟，对中国的现代化事业魂牵梦绕，他生前做的最后一件事就是将《新编中国史》书稿交给出版社。美国芝加哥费尔德博物馆的汉学家劳费尔（Brtholf Laufer，1874—1934）曾多次到中国访问并收集古器物，他的伊朗中国篇、汉代的陶器为现代美国汉学研究奠定了基础。约瑟夫·洛克（Joseph Rock，1886—1962）原来是一位植物学家，受美国农业部的委托，到我国云南收集植物标本和种子，却迷上了纳西族创造的象形文字，在丽江居住了 27 年，发表阐释东巴文化的著作多种，包括一部东巴文-英文大词典，使丽江古城和纳西族闻名遐迩。至于作家斯诺终其一生，忠实地报道中国革命和建设更为世人所熟知。这些都说明历史的和现实的中国一直在吸引着美国人民和世界人民的目光。

　　"情结"一词的心理学含义是，"对思维和行为模式有制约作用的一组具有强烈感情特征的相关思想或记忆"（参阅牛津插图词典），"情结"是在特定的环境和历史条件下形成的，它是多种思绪、情感的交叉，具有明显的偏好与指向。在上面提到的美国人各式各样的中国情结中，共同之处在于它们都是两种文化碰撞的产物。庞德、劳费尔和洛克是以仰慕的心情、赞赏的态度来对待中国古典文明和东巴文化的；斯诺对中国革命和建设事业充满了同情；鲁斯的"中国情结"与贺希、费正清的"中国情结"，更为接近。所不同的是他们的切入点，即共同之处在于它们都是深深地扎根在美国历史文化的土壤之中的，都是在充分肯定美国文化价值观的前提下，以居高临下的姿态，来审视中国文化的。他们的共同愿望是用美国的模式改变中国，使中国"基督教化""西化""美国化""现代化"。总之，他们身上的美国文化的积淀，起了决定性的作用。在文化交往中，以平等的态度还是以居高临下的态度对待中国和其他民族的文化，是问题的关键，其后果根本不同。庞德从中国古典文化和方块字中吸取了有益的因素，建立了现代诗歌中的意象征派。洛克的著作为东巴文化研究奠定了基础。我个人以为文化交流中的最大的障碍就是文化人类学经常谈到的族群中心主义（ethnocentralism），或民族优越感。它的另一个极端表现就是民族自卑感。族群中心主义可以发展为文化霸权主义，民族自卑感则容易导致民族虚无主义。无论哪一个都不利于文化的交流和发展。族群中心主义在美国方面表现得最突出的就是从殖民地时期开始的那种上帝选民（chosen people）说和使命（mission）观。19 世纪的"天定的命运"，20 世纪的"美国世纪"说，以及二战以来最为流行的美国负有领导世界的责任的论点，皆源于此。一个民族，一个国家，无论其经济军事实力多么强大，科学技术如何发达，以世界的领导者自居自诩的态度都是无法令人接受的。持有这种态度就很难从其他民族和国家的文化中吸取对自己有益的东西。更有甚者，就是那种非我莫属，强加于人的态度，认为美国的社会制度是世界上最好的制度，最现代化的制度，是全世界的榜样。不跟着美国走，就是保守派，就是原教旨主义，就是不搞现代化，不尊重人权，这就不是族群中心主义而是文化上的霸权主义了。令人感到遗憾的是，这种族群中心主义的态度，在现实生活中仍然居于统治地位，在美国决策层、领导层中表现得尤为明显。布什总统第二任就职演说有这样一段话："从建国那一天起，我们就宣告：这个世界上的每一个男人和女人，都有自己的权利、尊严和独一无二的价值，因为他们具有与创造天地的神一样的形象。世世代代以来，我们一直强调人民自我管理的必要性，因为没有什么人适合于做主子，也没有什么人就该做奴隶。正是为了推行这些理念，我们才创立了自己的国家。这是我们祖辈的光辉成就。而现在，推行这些理念，是我们国家安全的迫切需要，也是我们时代的召唤。"

他这篇演说的主旨就是要把独立宣言所系统表达的美国式民主、自由思想推广到全球各地。在演说结束时布什说：在独立宣言首次在公共场合宣读而"自由钟"当当作响的欢庆时刻，一位见证者这样说道，"它响得好像通人情似的"。今天，"自由钟"的当当作响仍然深具意义。美国，在这世纪之初，在全世界，向全世界人民宣扬自由。我们已经重整旗鼓，经历了考验，更加坚强。我们将取得自由事业上最伟大的胜利。这同鲁斯在鼓吹的"美国世纪"时所说的，"我们的决策不仅会影响整个美利坚民族的生活，而且将决定整个人类的未来。我们肩负的就是这样的重任"并无二致。

由此可见，研究鲁斯的目的，不仅在于它可以帮助我们理解一个在美国新闻史和中美关系史上起过重要作用，有过重要影响的历史人物，可能更重要的是通过理解历史人物，来解读现代的美国政治家和新闻媒体，从他们身上，可以找到和鲁斯一样的误解和误导世界的共同历史根源。

美国工厂制确立年代质疑[①]

大工业的兴起开创了资本主义的全盛时代，工厂制度的确立是资本主义发展进入成熟阶段的主要标志。关于美国工厂制度确立的年代，我国有关论著大多认为内战前美国北部工业革命基本完成，工厂制度已告确立，现代社会的两大对立阶级资产阶级和无产阶级已经形成[②]。内战后，美国就开始从自由资本主义向垄断资本主义过渡了。征诸史实，按之以马克思主义经典作家的有关论述，此说很有探讨之余地。

一

美国工厂制度确立于什么年代？可以从蒸汽机的使用和企业平均雇用工人人数，工农业产值的比例和工农业劳动力的比例，资金的积累和市场的扩大等方面进行考察。

首先，看看蒸汽机的使用和企业平均雇用工人人数。

工厂制度有其科学的含义。它是资本主义生产力和生产关系发展到一定阶段的产物，是同大机器生产相适应的"生产上的社会关系"。按照马克思的提法，工厂的躯体是有组织的机器体系[③]，它把工人变成了这个"机器体系的有生命的附件"[④]。列宁在研究俄国工厂制问题时则指出：应该把使用蒸汽机

---

① 原文载《历史研究》，1984 年第 6 期，第 164-179 页。

② 樊亢. 外国经济史：第 1 册[M]. 北京：人民出版社，1983：201；黄绍湘. 美国通史简编[M]. 北京：人民出版社，1983：154-155，164-165，256；张友伦. 美国工业革命[M]. 天津：天津人民出版社，1981：120-126.

③ 马克思. 资本论. 马克思恩格斯全集：第 23 卷[M]. 北京：人民出版社，1972：459.

④ 马克思. 经济学手稿. 马克思恩格斯全集：第 47 卷[M]. 北京：人民出版社，1972：526.

和雇用一定数量的工人作为区分工厂和手工工场的标准①。用这个标准来衡量美国内战前工业发展的情况，工厂制已在主要工业部门中确立之说就会碰到许多难以回答的问题。

美国动力发展史上一个引人注目的现象是,蒸汽机的出现虽然很早(1776年)②,但由于工业革命的发源地新英格兰水力资源丰富,成本低廉,而且水轮机不断有所革新,效率显著提高,出现了水轮机与蒸汽机长期并存的局面。蒸汽机大约用了将近一百年的时间,才把水轮机赶出历史舞台。1820年工业中使用的水轮机与蒸汽机的比例为 100∶1,1870年二者的比例是 5∶4,到1900年,二者的比例倒转过来变成 1∶4③。按马力计算,1869年美国工业装备的动力为2236000马力/小时,水轮机占48.2%,蒸汽机占51.8%,蒸汽机首次取得优势④。大西洋沿岸中部宾夕法尼亚州,水力资源比新英格兰少得多。19 世纪中叶,蒸汽机的使用并不广泛。被称为美国工业中心⑤的费拉德尔菲亚,1850 年使用蒸汽机和水轮机的工厂加在一起,只占全部企业总数的10.8%,雇佣的工人占全部工人总数的 27.7%⑥。同蒸汽机的使用相关还有一个燃料构成问题,这也是衡量工业化程度的一个重要数据。1860 年美国燃料中木柴占 83.5%,矿物燃料(烟煤、无烟煤、原油、天然气)仅占 16.5%。燃料结构发生重大变化是在 1880 年至 1885 年间,到这时,矿物燃料的比重才超过了木柴⑦。

工业资本主义是在一个资本家雇佣相当数量工人的时候开始的。"工人们不分男女老少聚集在一个劳动场所……是机械工厂所特有的"⑧。因此,工厂

① 列宁. 论我国工厂统计问题. 列宁全集：第 4 卷[M]. 北京：人民出版社，2013：38-39.

② Jeremy Atack, eds. "The Regional Diffusion and Adoption of the Stream in American Manufacturing." *The Journal of Economic History*. 1980, 40(02): 281-308.

③ Jeremy Atack, eds. "The Regional Diffusion and Adoption of the Stream in American Manufacturing." *The Journal of Economic History*. 1980, 40(02): 281-308.

④ Sam H Schurr, eds. *Energy in American Economy 1850-1975*. Baltimore: John Hopkins Press, 1960: 55, 36.

⑤ Thomas C Cochran. "Philadelphia: the American Industrial Center, 1750-1850." *The Pennsylvania Magazine of History and Biography*. 1982, 106(03): 323-340.

⑥ Bruce Laurie. *Working People of Philadelphia 1800-1850*. Philadelphia: Temple University Press, 1980: 16-17.

⑦ Sam H Schurr, eds. *Energy in American Economy 1850-1975*. Baltimore: John Hopkins Press, 1960: 55, 36.

⑧ 马克思. 经济学手稿. 马克思恩格斯全集：第 47 卷[M]. 北京：人民出版社，1972：528.

的规模，平均雇用工人的数量也是衡量工厂制发展程度的一个尺度。内战前，在机械化程度比较高的棉纺工业部门，已经出现了颇具规模的现代工厂。但整个说来，手工作坊、小企业仍占压倒优势。1850 年制造业企业[①]，平均雇用工人 7.8 人，1860 年为 9.3 人，1870 年降至 8.2 人，1880 年才超过 10 人[②]。此后，制造业企业平均雇用人数大幅度增长，有人把它看成是新工厂制度出现的年代[③]。平均雇用工人人数在不同的工业部门之间发展是不平衡的。以 1860 年为例，棉纺工业平均每个企业雇用 143 人；毛纺工业次之，33 人；男人成衣业又次之，28 人；皮革、面粉工业最少，分别为 4 人和 2 人[④]。就地区而论，新英格兰的企业规模最大，平均雇用工人人数最多，1860 年为 19 人，中部诸州 10 人，南部、西部和太平洋沿岸均为 6 人[⑤]。

仅就蒸汽机的使用和企业平均雇用人数的数据看，很难得出工厂制在内战前已经确立的结论。

其次，再看工农业产值的比例和工农业劳动力的比例。

我国史学界一般都采取了美国工业产值于 1850 年超过了农业产值的说法[⑥]。这似乎是工业革命完成、工厂制度确立的一个重要佐证。然而，此说是经不起推敲的。1850 年美国工业产值确曾一度超过农业产值，该年的工业和农业产值分别为 1,055,500,000 美元和 994,000,000 美元。但这里的工业产值是包括渔业和林业产值在内的。而且即便按照这个办法计算，到 1860 年农业产值又超过了工业产值，分别为 1,910,000,000 美元和 1,885,862,000 美元。[⑦]

---

① Establishment，国情普查统计单位，定义是：有独立财务记录的制造业单位，而不论其隶属关系，可以是一个工厂，也可以是一组工厂（作为一个企业单位经营）1849—1899 年产值在 500 美元以上者，1921—1939 年产值标准提高到 5000 美元。Bureau of the Census of the United States. *Historical Statistics of the United States, Colonial Times to 1970*. Washington D. C.: U.S. Government Printing Office, 1975: 652-653.

② Albert W Niemi Jr. *U. S. Economic History*. Chicago, 1980: 85.

③ Daniel Nelson. *Managers and Workers, Origins of the New Factory System in the United States, 1880—1920*. University of Wisconsin Press, 1975.

④ Edward C Kirkland. *A History of American Economic Life*. New York, 1951: 290; Daniel Nelson. *Managers and Workers, Origins of the New Factory System in the United States, 1880-1920*. University of Wisconsin Press, 1975: 4.

⑤ Fred Bateman and Thomas Weiss. "Comparative Regional Development in Antebellum Manufacturing." *Journal of Economic History*, 1975, 35(01): 182-208.

⑥ 樊亢. 外国经济史：第 1 册[M]. 北京：人民出版社，1983：201；黄绍湘. 美国通史简编[M]. 北京：人民出版社，1983：157.

⑦ Ernest L Bogart. *The Economic History of the United States*. New York, 1920: 179.

这就是说工业产值只不过是一度领先，并不具有转折意义。更何况计算方法是不科学的。

表　1839 年—1899 年美国工农业比重情况变化（根据工农部门增加的价值计算）[①]

年代	工业 *	农业
1839	26.0	74.0
1844	31.7	68.3
1849	36.2	63.8
1854	32.1	67.9
1859	36.2	63.8
1869	40.9	59.1
1874	46.7	53.3
1879	44.8	55.2
1884	53.4	46.6
1889	59.1	40.9
1894	58.7	41.3
1899	61.8	38.2

注：* 包括加工工业及采矿业，建筑及电力工业未包括在内。

1960 年美国经济学家罗伯特·高尔曼发表著名论文《商品产量，1839-1899》，对于美国商品产量增长情况作了测定。他指出，"1839—1899 年美国经济以非同一般的速度发展，在此过程中，美国经济从农业占统治地位变成了工业占统治地位"。

[①] 中国科学院经济研究所世界经济研究室. 主要资本主义国家经济统计集（1848—1960）[M]. 北京：世界知识出版社，1962：14.

表 1839 年—1899 年美国各经济部门商品产量比重的变化①

年代	农业%	矿业%	制造业%	建筑业	
				变式	变式
				A	B
1839	72	1	17	10	8
1844	69	1	21	9	8
1849	60	1	30	10	9
1854	57	1	29	13	11
1859	56	1	32	11	10
1869	53	2	33	12	12
1874	46	2	39	12	12
1879	49	3	37	11	11
1884	41	3	44	12	13
1889	37	4	48	11	12
1894	32	4	53	11	13
1899	33	5	53	9	10

表 19 世纪美国工农业产值比例变化②

年代	农业	工业
1809	84	16
1839	81	19
1849	66	34
1859	63	37
1869	60	40
1879	56	44

这三组数据告诉我们，美国工业产值真正超过农业产值不是在 1850 年，而是在 1879—1884 年间③。我国史学界遵循的说法把它提前了三十多年。

---

① Robert E Gallman. "Commodity Output, 1839-1899." In National Bureau of Economic Research ed. *Trends in the American Economy in the Nineteenth Century*. Conference on Research in Income and Wealth. Princeton University Press, 1960: 13, 26.

② Barry W Poulson. *Economic History of the United States*. New York: Macmillan, 1981: 246.

③ 1880 年农业产值为 4,129,000,000 美元，1879 年工业总产值（采矿业和加工工业）为 5,671,000,000 美元（采矿业为 1880 年数字）。与欧洲发达国家比较，美国工农业产值发生转折性变化比英国大约晚了半个世纪，与德国同时，较法国、瑞典早 20—30 年。Brian R Mitchell. *European Historical Statistics, 1750-1975*. London: MacMillan, 1981: 841-845.

另一个能够反映工业发展程度的相关数字是工农业劳动力比例的变化。

表　19世纪美国劳动力和人口结构的变化[①]

年代	【1】农业劳动力在全部劳动力中所占比例（%）			【2】变化	【3】农村人口	【4】变化
					占全国人口比重（%）	
	高尔曼	惠尔普敦	莱伯格特			
1800	82.6				93.9	
1810	83.7			＋1.1	92.7	－1.2
1820	78.9			－4.8	92.8	＋.1
1830	70.6			－8.3	91.3	－1.5
1840	63.4			－7.2	89.2	－2.1
1850	54.8	63.6	54.8	－8.6	84.7	－4.5
1860	53.2	59.0	52.9	－1.6	80.2	－4.5
1870	52.5	53.0	52.5	－.7	74.3	－5.9
1880	51.3	49.5	51.3	－1.2	71.8	－2.5
1890	42.7			－8.6	64.7	－7.1
1900	40.2			－2.5	60.3	－4.4

无独有偶，工农业劳动力比例转折性的变化，根据不同的计算结果，又是发生在19世纪的70—80年代。

再次，还可以从资金的积累和市场的扩大进行考察。因为工厂制的产生和发展不是孤立现象，而是同许多其他社会经济条件相联系的。除了技术发展水平之外，资金的积累和市场的扩大是不可缺的条件。

净国民资本构成（国民投资总额扣除折旧费）与净国民产值之间的比例关系反映了国民经济的资本密集程度。从工场手工业向大机器工业过渡是从劳动密集的经济向资本密集的经济过渡，必然会在这二者的比例关系上有所反映。美国净国民资本构成在国民净产值中所占的比重发生急剧变化，是在19世纪60年代到70年代之间。

① Robert E Gallman. "The Agricultural Sector and the Pace of Economic Growth: U. S. Experience in Nineteenth Century." In David C. Klingaman eds. *Essays in Nineteenth Century Economic History, the Old Northwest*. Ohio University Press, 1975: 37. Harold G Vater. "U. S. Economic Development and the Sectoral Distribution of the Labor Force, 1850—1880." In *Fifth International Economic History Conference*. New York, 1970: 29.

表　1805—1900 年净国民资本构成占净国民产值的百分比[1]

1805—1840	0.2—7.0
1834—1843	9.5
1839—1848	10.2
1844—1853	11.4
1849—1858	12.1
1869—1878	17.8
1874—1883	17.6
1884—1893	19.2
1889—1898	19.7
1894—1903	18.4

从净国民资本构成的结构看，自 1880 年固定资本的农业比重显著减少，加工工业的比重大幅度增加。[2]这种情况在股份公司结构的变化上也有所反映。众所周知，股份公司是加速资本集中、促进资本主义发展的重要企业组织形式。美国的股份公司出现得很早，但制造业公司在 19 世纪初期所占比重很小。1800 年美国有 335 家公司，其中制造业公司仅有 6 家。19 世纪中叶，股份公司在制造业中有较大发展。新英格兰各州注册的公司数从 1831—1843 年间的 803 家增到 1844—1862 年间的 1853 家，内战后增长的速度更快。但在相当长的时间里，多数制造业企业仍以非股份公司的形式经营。进入 20 世纪，股份公司才成为制造业占统治地位的组织形式[3]。柯克兰德曾指出，1860 年美国农田土地、牲畜、农具和农业机械的总值是制造业资本的七倍。据此，他认为到内战爆发时，美国还是一个不发达的国家[4]。

全国统一市场的形成是与全国交通运输网特别是铁路网的形成直接联系在一起的，它是大工业成年的一个主要标志。道格拉斯·诺思曾提出，内战前美国已经形成了由北部、南部和西部三个专业经济区（工业区、经济作物

---

[1] Peter Mathias eds. *Cambridge Economic History of Europe, Vol.7.* Cambridge University Press, 1978: 2.

[2] L E Davis. "Savings and Investment." In *Encyclopedia of American Economic History, Vol.I.* New York, 1980: 191-192.

[3] A Berle Jr., eds. *The Modern Cooperation and Private Property.* New York, 1937; George R Taylor. *The Transportation Revolution 1815-1860.* New York, 1951: 241.

[4] Edward C Kirkland. *Industry Comes of Age.* New York, 1961: 1.

区和产粮区）构成的全国统一市场的假说。此说早已遭到费希罗教授所著《内战前区际贸易再考察》一文的非难[1]。费文认为，从西部运往南部港口新奥尔良的粮食和肉食品并不像诺思所设想的那样是供南部消费之用，其中五分之四经新奥尔良运往美国北部和欧洲。南部粮食和肉食品主要靠自给，而不是靠进口。本来，在奴隶制没有废除的情况下侈谈国内市场的形成，未免有违反经济学常识之嫌，费希罗对西部—南部贸易关系的分析，进一步说明诺思之说是缺乏史实根据的。据钱德勒的研究，百货公司、邮购公司、连锁商店这些大规模零售商业组织是在 19 世纪 80—90 年代出现的[2]。它是大规模零售商业网形成的标志。同全国铁路网的形成恰好在同一时期。这是全国商品市场在八九十年代形成的另一个证据。

全国投资市场和货币市场的形成与工厂制在全国范围内确立也有相当密切的关系。戴维斯认为整个 19 世纪美国各地区的利息率的差别一直是资本流动和全国投资市场形成的重要障碍。1870 年以后这种差别逐渐缩小，迄于一次大战，短期利率的地区差别大幅度下降，长期利率也出现同样趋势。所以，他把 1870—1914 年看成是全国投资市场的形成和发展时期[3]。在戴维斯研究的基础上，詹姆斯进一步论证全国货币市场的形成和发展是内战后美国金融业发展的主要趋势[4]。这对于我们认识工厂制在全国范围内确立的条件也有参考价值。

二

美国工厂制度确立于什么年代？这也是一个形成和演变过程的问题。考察这个过程，工厂制度确立年代的问题也可迎刃而解。

从生产关系的变革着眼，家庭手工业——手工作坊、手工工场、现代工厂是工业组织演进的几个重要阶段。在《美国制造业史》一书中，克拉克把

---

[1] Ralph L Andrans ed. *New Views on American Economic Development: A Selective Anthology of Recent Work*. Cambridge Mass, 1965.

[2] Alfred D Chandler. *The Visible Hand*. Havard University Press, 1977: 209.

[3] Lance E Davis. "The Investment Market, 1870-1914, the Evolution of a National Market." *The Journal of Economic History*, 1965, 25(03): 355-399.

[4] John A James. "The Development of the National Money Market, 1893-1911." *The Journal of Economic History*, 1976, 36(04): 878-897.

它划分为家庭制造业、家庭和作坊制造业、磨坊和炼铁炉工业、工厂制四个阶段[1]；也有人把它划分为家庭制造业、手工作坊和"外送"制（putting-out system）、磨坊工业、工厂制。名称不一，但对演进阶段的看法大体一致。种类繁多的"外送"制和"转包"制是从商业资本向产业资本、由手工工场向现代工厂过渡的重要环节。罗拉·米尔顿·特赖恩在《美国的家庭制造业》一书中提出了在 1840—1860 年间，家庭工业在美国大部分地区失去了重要意义的论断。[2]这可以说明手工业与农业的分离，手工工业的独立发展，手工作坊与手工工场的繁荣以及工业革命的推进，并不能证实工厂制已在美国工业中占压倒优势。特赖恩把这个现象与"工厂制度的确立"直接联系起来[3]是不妥当的，因为他忽略了在家庭手工业同现代工厂之间还有许多中间环节。其中最困难之处在于如何区分"外送"制的"中心车间"（Central Shop）和早期的工厂；如何区分拥有"中心车间"的商人包买主和工厂主。列宁在《俄国资本主义的发展》一书中所说的"商业资本同工业资本之间最密切的不可分割的联系是工场手工业的最明显的特点。""'包买主'在这里差不多总是和手工工场主交错在一起"[4]，并不是俄国特有的现象。克拉克对于美国"外送"制，即列宁所说的包买制的演进有过一段扼要的叙述，说明了这二者交错的情况。他写道："美国革命后不久，商人就开始通过销售原料和收购成品来系统地组织工业生产。他们不仅是家庭手工业的交换者，而且是车间和工厂生产的推动者。他们用实物支付工资，完全采取计件制，他们的流水账和分类账就是工资发放单。他们之中的许多人，实际上成了制造业的雇主……后来，商人不仅向操作工提供原料，还向他们提供工具，这些操作工则向商人供应成品。有些商人终于变成了工厂主，另外一些则仍然保持工业推进者和组织者的地位。"值得注意的是他的结论："这种商人的影响……在我国制造业史上在不同情况下反复出现。它并不是某一制造业部门的特点，而是在制造业的一切部门中盛行，而且是如此之普遍，以至于我们把内战前时期说成是制

① Victor S Clark. *History of Manufactures in the United States, 1607-1860, Vol.I.* New York, 1929: 438-449.

② Rolla M Tryon. *Household Manufactures in the United States, 1640-1860: A Study in Industrial History.* Chicago, 1917: 370-376, 372.

③ Rolla M Tryon. *Household Manufactures in the United States, 1640-1860: A Study in Industrial History.* Chicago, 1917: 370-376, 372.

④ 列宁. 俄国资本主义的发展. 列宁全集：第 3 卷［M］. 北京：人民出版社，2013：399.

造业从商业中完全分离出来的时期。"①

　　具体到各个供应部门，从手工工场向工厂制过渡，情况十分复杂。工厂制形成和确立的年代因部门和地区而异。内战前新英格兰地区的棉纺工业就完成了技术改造，工厂制度基本确立，殆无疑义。对于中部各州的棉纺工业就不一定能得出同样的结论。1850年费拉德尔菲亚纺织工厂雇佣工人数占全行业工人总数的54%，其中二分之一至四分之三是厂外工人。因为费城的纺织工业主要是从手工作坊和小商业企业发展起来的，规模小，而且厂房和机器往往是租来的②。我国史学论著常常提到内战前工厂制已在制鞋业和食品加工工业中流行③，这就更值得进一步研究了。制鞋工业的演变是美国社会史、经济史工作者着力最多的课题之一。他们大多认为18世纪末至19世纪20年代，家庭手工业和手工作坊（俗称10英尺，实际是12×12英尺）是制鞋业最常见的组织形式。1815—1820年间包买商人为统一裁剪皮革而建的中心车间开始出现。迄于19世纪40年代一直使用手工工具。

　　1852年缝纫机被引入制鞋工业，标志着工厂制阶段的开端。但水力或蒸汽机驱动的机器仍然很少。内战前12486个制鞋企业，平均雇用工人9人，"绝大多数是中心车间，只有少数能称之为现代意义的工厂"。内战期间联邦军队大批量的军事订货和劳动力的严重不足，促进了机器的普遍使用，以蒸汽为动力的麦凯（mckay）机到19世纪60年代末才广泛使用，制鞋工业的全盘机械化和工厂制的确立约在1870—1880年间④。

　　按产值计算，食品加工工业（粮食、肉食、酿酒等）是1860年美国最大的工业部门，也是最后脱离茅屋工业阶段的部门。商人在这个工业部门长期居于支配地位，一般称他们为食品加工厂老板（packer）。这个称呼在19世纪40至50年代含义广泛，可以指牟取佣金的中人、粮食贩子、牲口贩子、

---

① Victor S Clark. *History of Manufactures in the United States, 1607-1860, Vol.I.* New York, 1929: 442.

② Bruce Laurie. *Working People of Philadelphia 1800-1850*. Philadelphia: Temple University Press, 1980: 16-17.

③ 樊亢. 外国经济史：第1卷[M]. 北京：人民出版社，1983：198.

④ Victor S Clark. *History of Manufactures in the United States, 1607-1860, Vol.I.* New York, 1929: 443-445; Alan Dawley, Class and Community. *The Industrial Revolution in Lynn*. Cambridge. 1976: 73-96; Alfred D Chandler. *The Visible Hand*. Havard University Press, 1977: 54; William H Mulligan. "Mechanization and Work in the American Shoe Industry：Lynn，Massachuetts, 1852-1883." *The Journal of Economic History*, 1981, 41(01): 59-63; F Lenger. "Class, Culture and Class and Class Consciousness in Ante-bellum Lynn." *Social History*, 1981, 6(03): 319-320.

经商农民，也可以指牲畜饲养者。尽管在这个时期西部的新兴城市辛辛那提、路易斯维尔、密尔沃基、圣路易斯已经出现了肉食品加工中心，但大量的肉食品从屠宰到加工是由散居在农村和小城镇的屠户和临时加工站生产的。被称作食品加工厂老板的人实际上是从事收购、贩运批发的中间商人，不是现代意义的加工工业制造商。内战期间联邦军队需要大量的给养，需求增加，迫使肉食品生产合理化。在联邦政府的资助下，现代意义的肉食加工厂出现了，食品加工厂老板的名称才与实际相符。这种转变的完成则又是内战以后的事情了[①]。

有些关于美国工业革命的论著把内战前美国冶铁业说成具有相当高的水平[②]，这也与事实颇有出入。内战前美国的生铁主要是坐落在农村的小型炼铁炉生产的，有些是由农场主兼营，一直以木炭为主要燃料。直到 1883 年用烟煤和焦炭炼就的生铁才超过总产量的半数[③]。铁轨主要靠进口。1850—1855 年间美国生产铁轨 438,000 长吨，进口铁轨达 1,287,000 长吨。[④]1863 年只生产了 9,000 吨钢[⑤]，还没有建立起自己的炼钢工业。1870 年以前，冶铁业生产率增长缓慢，大大低于英、法、比等国[⑥]。宾夕法尼亚州的霍普韦尔村炼铁厂的两座冷风炼铁炉 1851—1853 年间雇用工人 225 人，只生产了 1,904 吨铁。[⑦]冶铁业的生产率到 1870 年以后才有显著提高。[⑧]现代钢铁企业的出现约在 1874—1900 年间[⑨]。

---

① Louis M Hacker. *The Course of American Economic Growth and Development*. New York, 1970: 143-144.

② 樊亢. 外国经济史：第 1 卷[M]. 北京：人民出版社，1983：198；张友伦. 美国工业革命[M]. 天津：天津人民出版社，1981：112-119.

③ Peter Temin. *Iron and Steel in Nineteenth-Century America: An Economic Inquiry*. Cambridge-Mass:MIT Press 1964: 266, 268.

④ Louis M Hacker. *The Course of American Economic Growth and Development*. New York, 1970: 145.

⑤ Bureau of the Census of the United States. *Historical Statistics of the United States, Colonial Times to 1970*. Washington D. C.: U.S. Government Printing Office, 1975: 694.

⑥ Robert C Allen. "The Peculiar Productivity History of American Blast Furnaces." *The Journal of Economic History*, 1977, 37(03): 605-633.

⑦ Joseph E Walker. *Hopewell Village, the Dynamics of a Nineteenth Century Iron-Making Community*. University of Pennsylvania Press, 1966: 424.

⑧ Robert C Allen. "The Peculiar Productivity History of American Blast Furnaces." *The Journal of Economic History*, 1977, 37(03): 605-633.

⑨ John N Ingham. *The Iron Barons, A Social Analysis of An American Urban Elite, 1874-1965*. Westport, 1978: 13-15.

　　整个看来，内战前的美国工业还处于商业资本的控制下。工厂制虽然发展了，在许多工业部门还没有取得统治地位。由商人控制的"外送"制和"转包"制还有很强的生命力。值得注意的是机器代替手工操作一般说来促进了工厂制的发展，但在有些部门如成衣业，缝纫机的广泛使用反倒使"外送"制在一定时期内更加繁荣。[①]著名经济史学家泰勒认为1815—1860年"标志着工厂制度的重要开端，而并非标志着它的完全成熟"[②]是有充分根据的。1850年制造业中的手工工场产品占制造业总产量的70%，1870年仍占50%，直到1890年现代工厂生产的产品才占绝对优势（80%）[③]。至此，工厂制度才在全国范围内取得决定性的胜利。

三

　　既然19世纪90年代工厂制度才在美国全国范围内取得决定性的胜利，在那以前，现代社会的两大对立阶级资产阶级和无产阶级在美国社会里的关系又是怎样的呢？

　　经济关系不成熟必然会表现为阶级关系的不成熟。马克思在上一个世纪50年代谈到美国社会结构时曾指出，在那里，虽然已有阶级存在，但它们还没有完全固定下来，它们在不断更新自己的组成部分，并且彼此互换着自己的组成部分[④]。"美国的资产阶级社会现在还很不成熟，没有把阶级斗争发展到显而易见和一目了然的地步"[⑤]。内战前美国阶级关系不成熟的表现之一就是社会财富的主要占有者还不是工厂主，而是从事海外贸易的商人，土地投资者以及与铁路建设、土地投资有密切联系的银行家[⑥]。当然，经营制造业已经越来越成为积累资本的重要途径。内战前夕，大铁路公司和与铁路投资直接有关的商业银行在美国的政治经济生活中具有决定性的影响。有人认为林

---

① George R Taylor. *The Transportation Revolution 1815-1860*. New York, Oxford Unicersity Press, 1951: 221, 229.

② Joseph G Rayback. *A History of American Labor*. New York, The Macmillan Company, 1966: 52.

③ Rayback. *A History of American Labor*, p.52.

④ 《马克思恩格斯全集》第1卷，第611-612页。

⑤ 《马克思恩格斯全集》第28卷，第508页。

⑥ George R Taylor. *The Transportation Revolution 1815-1860*. New York, Oxford Unicersity Press, 1951: 394-395.

肯政府实际上还不是工业资本家而是大铁路公司和大银行的代理人是有一定道理的[①]。

阶级关系不成熟的另一个表现是在农村和城市存在着一个分布广泛、人数众多、处于不断流动和分化之中的小生产者阶层，包括农民、手工业者、小商贩和小业主。有人估计内战前美国五分之四的自由人拥有财产[②]，这并非言过其实。1860 年美国人口总数为 31,500,000 人，其中 80.2%住在农村[③]。全国共有 2,423,000 多个农场，农场主种植园主 2,510,456 人。除 383,635 个奴隶主，农场主总数为 2,126,821 人。农业工人 795,679 人（15 岁以上的农民子女往往被计算在农业工人之内），平均大约每 3 个农场主有 1 个工人[④]。1880 年以前，人口普查资料没有佃农数字，根据对爱荷华州人口普查原始记录的研究，1860 年该州佃农在全部农户中占 8.6%[⑤]。这就是说既不租佃土地，又不雇工的自耕农在一半以上。所以，认为 1860 年的美国是一个自耕农占优势的国家是反映了当时的实际的。在城镇中，独立手工业者、小业主和自由职业者约占城市居民的二分之一或全部[⑥]。没有封建残余的束缚，他们广泛地卷入了市场经济，"每一个人都在从事投机活动，一切都成为投机的对象……棉花、土地、城镇空地、银行、铁路"[⑦]。在 1800—1830 年间出生的企业家

---

① Philip H Burch. *Elites in American History, the Civil War to the New Deal*. New York, Holmes & Meier, 1981: 15-61.

② C Wright Mills. *White Collar, the American Middle Class*. New York, Oxford Unicersity Press, 1953: 7.

③ Bureau of the Census of the United States. *Historical Statistics of the United States, Colonial Times to 1970*. Washington D. C.: U.S. Government Printing Office, 1975: 11.

④ Paul W Gates. *The Farmer's Age: Agriculture 1815-1860*. New York, 1960: 273-275. 奴隶主人数来自 I A Newby. *History of The South*. New York: Praeger, 1978: 141.

⑤ Donald L Winters. "Tenancy as An Economic Institution, the Growth and Distribution of Agriculture Tenancy in Iowa, 1850-1900." *The Journal of Economic History*, 1977, 37(02): 382-408.

⑥ 纽约州尤提卡城 1817—1865 年的职业结构如下：

年代	商人和 工厂主	专业 工作者	白领工人	小店主	手工业者	非熟练工 工厂工人
1817	17.4	9.9	5.17	8.9	42.5	16.1
1828	11.1	8.0	4.8	12.5	46.1	15.1
1845	2.7	7.7	10.2	11.2	45.4	20.2
1855	2.9	5.1	8.6	6.6	40.1	24.1
1865	3.7	5.1	9.4	6.2	33.6	23.8

材料来源：Mary P Ryan. *Cradle of the Middle Class: the Family in Oneida County, New York, 1790-1865*. Cambridge University Press, 1981: 253.

⑦ C Wright Mills. *White Collar, the American Middle Class*. New York, 1953: 95.

中，出身于农民、手工工匠、手工工人家庭的约占三分之一到二分之一[1]。

处于 2500 万农村人口包围之中的 131 万工人[2]，同农村保持着千丝万缕的联系。迄于上一个世纪四五十年代，在马萨诸塞州为"外送"制干活的人数多于手工工场、现代工厂雇佣的工人。他们在农忙季节是农民，农闲季节是工人。该州东部的制鞋工人养一两头奶牛，粮食生产能够自给者大有人在。间或出海打鱼，进山狩猎以贴补家用[3]。新英格兰纺织厂中的女工，大多来自农村小康之家，很少来自破产的农民家庭[4]。他们是为了减轻家庭负担，增加收入，积攒一份体面的嫁妆而来到工厂工作的，有的则是因向往城市生活或寻找较好的受教育的机会[5]。结婚之后，往往不再继续工作。在 1846—1847 年大饥荒驱使下来到新大陆的一百万爱尔兰移民，是早期美国工人队伍的重要组成部分。他们大多来自农村，一贫如洗，很少有机会受教育，多从事低工资的笨重体力劳动，由于民族和宗教信仰的关系，常与土著工人发生龃龉[6]。在劳动力求大于供的情况下，美国工资水平高于欧洲，这就使得一部分工人有可能有少量储蓄和不动产。据统计，19 世纪中叶，马萨诸塞州纽伯里波特城 38% 的工人家庭有存款，三分之一到一半有房产，价值约为 700—800美元，系用抵押贷款方式购得。而英国工人在 19 世纪 30 年代有自己的住宅的仅占工人总数的 0.3%[7]。乞丐可以在一夜间变成百万富翁，这当然是粉饰资本主义制度的神话。但在 19 世纪中叶，美国工人在社会阶梯上上升一两级的可能性是存在的。据西昂斯特姆的统计，1850—1860 年间纽伯里波特的非熟练工有六分之一上升为半熟练工，六分之一上升为熟练工，5% 改为从事非

---

[1] Hartmut Kaelble. *Historical Research on Social Mobility*. New York: Columbia University Press, 1981: 84-85.

[2] Bureau of the Census of the United States. *Historical Statistics of the United States, Colonial Times to 1970*. Washington D. C.: U.S. Government Printing Office, 1975: 666.

[3] George R Taylor. *The Transportation Revolution 1815-1860*. New York, Oxford Unicersity Press, 1951: 267-268.

[4] Thomas Dublin ed. *From Farm to Factory, Women's Letters, 1830-1860*. New York: Columbia University Press, 1981: 18-21.

[5] Thomas Dublin ed. *From Farm to Factory, Women's Letters, 1830-1860*. New York: Columbia University Press, 1981: 18-21.

[6] Leonard Dinnerstein eds. *Natives and Strangers*. New York, 1979: 92-93; Dennis Clark. *The Irish in Philadelphia*. Philadelphia: Temple University Press, 1981: 24, 62, 74-75.

[7] Stephan Thernstrom. *Poverty and Progress, Social Mobility in A Nineteenth Century City*. New York, 1964: 116, 19, 96-97.

体力劳动①。同农村的密切联系，较高的工资水平，"大多数的美国本地居民在年轻力壮的时候就'退出'雇佣劳动，变成农场主、商人或雇主"②。这都是早期美国工人运动发展的不利条件，也是经济关系和阶级关系不成熟的表现。

四

其实，马克思主义经典作家对于这一问题早已作出重要的论断。不过，在很长时间里没有引起人们足够的注意罢了。

一百多年前恩格斯在评论美国工人运动时不止一次谈到"美国的运动正处在我们的运动在 1848 年以前所处的那种阶段上"③。19 世纪 80 年代美国工业"已经达到与 1844 年英国工业大致相同的发展阶段"④他还特别提出："既然现在在美国，大工业的发展，蒸汽力和机器的应用，以及它们的社会产物——无产阶级的形成，同 1844 年英国的状况极其相似……那么拿 1844 年的工业英国同 1885 年的工业美国比较一下，也可能有一定意义。"⑤恩格斯的这个观察和建议对于我们认识和研究美国资本主义发展程度很有帮助，这就是说美国的工业发展和工人运动同英国相比整整晚了四十年。英国已经度过了恩格斯在《英国工人阶级状况》一书中所描写的"资本主义剥削的青年时期"，美国"则刚刚踏进这个时期"⑥。本文引证的史实和数字可以证明恩格斯的观察是符合历史实际的。19 世纪 40 年代是英国工业革命基本完成，工厂制度在英国普遍建立起来的年代，也是英国无产阶级和资产阶级形成，英国工人阶级掀起"世界上第一次广泛的、真正群众性的、政治性的无产阶级革命运动"⑦的年代。在美国，则是工业革命刚刚展开，工厂制度开始建立的年代，也是产业工人运动初露头角的年代。经过四十年的发展，其间经历了

---

① Stephan Thernstrom. *Poverty and Progress, Social Mobility in A Nineteenth Century City*. New York, 1964: 116, 119, 96-97.

② 恩格斯：《英国工人阶级状况》美国版附录，《马克思恩格斯全集》第 21 卷，第 296 页。

③《马克思恩格斯全集》第 36 卷，第 567, 279-280 页。

④《马克思恩格斯全集》第 21 卷，第 295 页。

⑤《马克思恩格斯全集》第 36 卷，第 567, 279-280 页。

⑥《马克思恩格斯全集》第 21 卷，第 295 页。

⑦《列宁全集》第 29 卷，第 291 页。

一场历时四年的国内战争，废除了盘踞在北美大陆上达三百年之久的种植园黑人奴隶制，移民洪流滚滚向西，开辟了资源和市场，资本主义工业进入成熟阶段。蒸汽机最后战胜了水轮机，矿物燃料取代了植物燃料，焦炭取代了木炭和无烟煤，工业产值超过了农业产值，工业劳动力的比重超过了农业劳动力的比重，全国统一的商品、投资、货币市场终于形成，工业资本摆脱了从属于商业资本的地位。国民经济发展达到了英国40年代所达到的水平，工厂制度取得了全面的胜利①。大工业的社会产物无产阶级形成了。美国工人作为一个阶级行动起来，掀起了被恩格斯称之为"美国工人阶级发展的真正起点"②的争取8小时工作日运动。工人资产阶级作为一个整体逐渐控制了全国以至地方政权。

　　恩格斯的这样一个重要论断之所以长期没有引起人们的注意和研究兴趣，究其原因，恐在于史学工作者被另一个重要的历史现象吸引住了。这就是从自由资本主义向垄断资本主义的过渡，帝国主义的兴起。说得更明确些，人们可能会担心恩格斯的论断与列宁所提出的从19世纪70年代起自由资本主义开始向垄断资本主义过渡的论断相矛盾。其实，这种担心是完全必要的。既然德国、俄国、日本这些后起的国家连资产革命的任务都没有来得及完成就向垄断资本主义过渡了，有什么必要担心美国工业革命尚未最后完成，工厂制度还没有在全国确立就开始向帝国主义阶段过渡了呢？19世纪后半叶美国历史发展的特点之一就是同时发生了好几个转变过渡和重大历史现象的交叉，从农业国转变为工业国与自由资本主义向垄断资本主义过渡交叉，第一次产业革命与第二次产业革命交叉。蒸汽机刚刚战胜水轮机，内燃机、电动机取代蒸汽机的过程就开始了。南部的工业化刚刚在进行，北部的垄断阶段已经开始。工厂制刚刚确立，托拉斯就开始流行。历史从来不是也不可能是按照某种预定的模式向前发展，而是按照自身内在的逻辑演进。历史工作者的任务是认识和说明历史发展的不平衡性、多样性以及它自身固有的规律，而不应该回避或绕过它们。

---

　　①　"工厂法的制定，是社会对其生产过程自发形式的第一次有意识、有计划的反作用"（《马克思恩格斯全集》第23卷，第527页）。比较完备的工厂法，英国是在1833—1843年间制定的，美国则是在1880年以后；英国于1833年开始设工厂观察员，美国则始于1877年，这是工厂制确立在法律上的反映。

　　②《马克思恩格斯全集》第36卷，第591页。内战前的工人运动就整体而言，是手工业工人对于自己的经济地位每况愈下提出抗议的运动，产业工人的罢工斗争，虽时有所闻，但仍处于自发、分散、组织程度不高的阶段。

　　最后，应当指出，工厂制度没有如人们所设想的那样在美国迅速确立有多方面的原因。美国是一个大国，资本主义在九百多万平方公里的土地上取得胜利需要时间。在整个 19 世纪，富于革新、进取精神的美国人民完成了两件大事：使美国工业在全世界居于领先地位；开辟西部广袤、肥沃的处女地。在劳动力十分缺乏的条件下，工业革命与西进运动并举，资本主义在这样一个幅员辽阔的国家里同时向广度和深度进军，不可避免地会发生向横宽方向发展在一定时期妨碍向纵深发展的情况。马克思在《资本论》第 1 卷对这种情况有过一段十分精辟的论述。他说："资本主义生产最美妙的地方，就在于它不仅不断地再生产出雇佣工人本身，而且总是与资本积累相适应地生产出雇佣工人的相对过剩人口……但是在殖民地，这个美丽的幻想破灭了……劳动市场却总是供给不足。劳动的供求规律遭到了破坏……今天的雇佣工人，明天就会成为独立经营的农民或手工业者。他从劳动市场上消失，但并不是到贫民习艺所去了。雇佣工人不断地转化为独立生产者，他们不是为资本劳动，而是为自己劳动，不是使资本家老爷变富，而是使自己变富；这种转化又反过来对劳动市场的状况产生极有害的影响。不仅雇佣工人受剥削的程度低得不像样子；而且，雇佣工人在丧失对禁欲资本家的从属关系时，也丧失了对他的从属感情。"[①]马克思显然是认为西部土地的存在是雇佣劳动制的高级阶段工厂制得以确立的障碍，是让资本主义制度的不可避免的后果充分暴露出来的障碍。列宁从不同的角度也提出过类似看法。他说："资本主义在古老的为人久居的领土内向纵深发展，由于边区的开发而受到阻碍。资本主义所固有的以及资本主义所产生的各种矛盾的解决，由于资本主义能容易地向广阔发展而暂时延缓起来。"[②]他特别注意到边疆土地的存在缓和了资本主义与封建农奴制残余之间的矛盾，延长了解决这一矛盾的时间。"如果俄国资本主义在改革后时代初期所占领的领土界限以外没有地方可以扩张，那么资本主义大工业与农村生活古老制度（农民被束缚在土地上等）之间的这个矛盾就应当迅速引导到这些制度的完全被废除"[③]。情况恰恰相反，在殖民地化了的边疆"寻求并找到市场的可能（对于厂主），出外到新土地去的可能（对于贫民），就削弱了这个矛盾的尖锐性并延缓了它的解决"[④]。同样，我们也

　　①《马克思恩格斯全集》第 23 卷，第 838 页。

　　②《列宁全集》第 3 卷，第 547 页。

　　③《列宁全集》第 3 卷，第 547 页。

　　④《列宁全集》第 3 卷，第 547 页。

可以设想如果美国在 19 世纪没有密西西比河以西的土地，那么工业资本主义同南部奴隶制的矛盾就会更加尖锐，从而导致奴隶制问题提前解决。然而，事实并非如此，西部广大土地为北部工业家提供了原料产地和市场，为农民提供了西迁的可能，也为种植园主向西扩张创造了条件，这就削弱南北对立和两种制度矛盾的尖锐性并延缓了它的发展。由此可见西部土地的存在不仅暂时缓和了雇佣劳动制内部的矛盾，使工厂制未能早日确立；同时也缓和了雇佣劳动制与奴隶制之间的矛盾，延缓了解决这对矛盾的时间，从而也延缓了工厂制在全国范围内普遍建立的时间。事物的发展当然还有另一个方面，"资本主义增长的这种延缓，无非是准备它在最近的将来更大和更广泛地增长"。[①]19 世纪末、20 世纪初美国经济的高速发展证明了这一点。

---

① 《列宁全集》第 3 卷，第 547 页。

19 世纪费城工业发展的特点①

　　"费城是一杯芬芳、浓郁、暖人的美酒，但喝到末了却总有一丝苦味。"②
这是著名的费城社会史学家内森尼尔·博特对费城历史发展所作的形象、生
动的总结。这座位于斯库基尔河与德拉华河汇合处的美国历史名城建城 300
年来经历过三起三落，每一次繁荣之后，衰落的命运就立即降临。本杰明·富
兰克林时代，即北美殖民地争取独立时期是费城第一个繁荣时期。当时费城
是整个西半球最著名的城市，是北美政治、经济、文化的中心。曾几何时，
独立战争胜利了，新生的美利坚合众国定都华盛顿，宾夕法尼亚州政府迁往
哈里斯堡，拥有深水良港的纽约，作为交通枢纽和金融、文化中心兴起了，
相形之下费城黯然失色。第二次繁荣是随着工业革命的开始而到来的，费城
从一个商业城市转变为工业城市，纺织业、机车制造业、造船业、机械工具
制造业、化学工业和制药、炼油工业在全国名列前茅，被誉为美国工业的中
心。③然而，好景不长，当汽车工业成为美国工业的脊柱时，费城相对落后了，
加上腐败的市政领导，经济危机的袭击，费城在 20 世纪的前半叶不再是全国
瞩目的城市。二次大战后，费城在一位有魄力的市长的领导下提出了振奋人
心的城市复兴计划，西起艺术博物馆经市政厅、独立宫，东至德拉华河畔的
社会山，绵延五公里的狭长地带整修一新，部分居民从郊区迁回，费城成了
中心市区复兴的典型。随之而来的却是"费城墨索里尼"专政时期，贿赂风
行，警察肆虐，费城宽容民主的传统扫地以尽，加上经济衰退的袭击，企业
外迁，失业率激增，人口外流，费城失去了保持数十年之久的全国第四大城

---

　　① 原文载《世界历史》，1987 年第 5 期，第 24-33 页。

　　② Neal R Peirce and Jerry Hagstrom. *The Book of America: Inside the Fifty States Today*. New York: W
W Norton & Co Inc.,1983: 104.

　　③ Thomas C Cochran. "Philadelphia, The American Industrial Center, 1750-1850." *The Pennsylvania
Magazine of History and Biography*, 1982, 106(03): 323-340.

市的地位，退居第五。①

　　费城的兴衰在美国城市发展史上是具有典型意义的。美国城市史著名学者小萨姆·瓦纳尔说得好："美国人要想成功地重新建立他们的城市，费拉德尔菲亚长期以来是，今天仍然是他们必须了解的对象；这是一座庞大、污秽的工业城市，是20座构成美国城市网的枢纽之一。费城的历史在全国范围，在圣路易斯、芝加哥、底特律、洛杉矶、休斯敦一再重复，很少变异。"②

　　"工业较发达的国家向工业较不发达的国家所显示的，只是后者未来的景象。"③研究费城的历史，特别是费城工业化的历史对于发展中国家的城市建设是有借鉴意义的。中美两国社会制度不同，但经济发展和城市发展的某些客观规律则有其共性。本文仅就费城三起三落中的第二次起落，即19世纪费城的发展，做一粗略的考察，试图说明费城工业化的进程、特点，希能发掘出一些规律性的现象，以就正于海内专家、读者。

工业化以前的费城

　　坐落在美国东海岸德拉华湾内的费拉德尔菲亚城是英国教友派成员威廉·宾（William Penn，1644—1718）于1683年创建的。这座彪炳于史册的名城在美国工业化正式揭幕前（1840年以前）就其经济功能而言是一座典型的商业港口城市。海外的、沿海的和内陆的商业活动是费城最主要的经济活动，是该城经济生活的命脉所在。"欧洲城市往往是作为民政和宗教管理中心而发展起来的，到19世纪初则作为工业生产中心而迅速扩展。但，波士顿、纽约和费城则主要作为欧洲和非洲移民登陆点和内地居民的商城而发挥作用。"④烟波浩渺的大西洋是沟通新旧大陆的天然通衢大道，港口城市则是连接宗主国和殖民地的人工纽带。作为输送欧洲剩余劳动力和吸吮当地原料的管道，这种带有殖民地经济色彩的功能在工业化以前基本上没有发生变化。

　　"所有美国城镇的规模是同它们的贸易，特别是它们经营的腹地成比例

---

　　① Neal R Peirce and Jerry Hagstrom. *The Book of America: Inside the Fifty States Today*. New York: W W Norton & Co Inc.,1983: 107.

　　② Sam Bass Warner. *The Private City, Philadelphia in Three Periods of its Growth*. Philadelphia: University of Pennsylvania Press, 1988: 11.

　　③《马克思恩格斯全集》第23卷，第8页。

　　④ Gary B Nash. *The Urban Crucible*. Cambridge Harvard University Press, 1977: 3.

的"。①在铁路时代到来之前，费城内陆商业活动仅限于宾夕法尼亚东部、新泽西西部、德拉华河谷地带和马里兰北部。②费城的商人从这块素有面包殖民地之称的富庶的农业地区收购农林牧业产品：小麦、燕麦、玉米、蔬菜、水果、肉、木材、皮革，在费城稍加加工，一部分在当地出售，大部分运往北美其他地区（主要是南部）、欧洲南部、西印度群岛。他们从英属加勒比海地区的种植园购得糖蜜和甜酒，主要依靠同加勒比地区贸易顺差获得的利润（现金、期票）来支付从英国进口的数量不断增加的工业品。③据 18 世纪 70 年代初期的统计资料：从 13 个殖民地驶入费城港口的船只占全部进港船只的37%，吨位的 25%；从费城出港的船只驶往 13 个殖民地的数目和吨位则分别占全部出港船只和吨位的 41%和 29%。④这说明费城在独立战争前夕是一个主要从事海外贸易的港口城市。费城最老的家族潘伯敦、诺里斯、摩里斯、吉拉德都是靠海外贸易起家的，⑤在教友派勤劳致富教义的鼓舞下，他们远涉重洋不畏艰险不择手段（走私、海盗）在费城积累起最早的一笔财富。独立战争，特别是 1812 年战争前后，费城的海外贸易抵不住纽约和巴尔的摩的竞争，呈现出衰落的趋势。⑥然而同远东，特别是同中国的贸易则有较大发展。据估计 1783—1846 年间费城控制了美国对华贸易的 1/3，占西方世界对华贸易的 1/9。⑦为了弥补对华贸易的逆差，费城商人故伎重演，从事新的三角贸易。阿姆斯特丹、安特卫普、直布罗陀是采办货物的必经之地，瓦尔帕莱索的皮货、士麦拿（土耳其）的鸦片、巴达维亚或马六甲的锡矿石、马拉马尔（印度）海岸的檀香木都是他们用来换取中国的丝、茶和瓷器的物品。⑧在国际鸦片贸易中他们扮演了英国小伙伴的不光彩的角色。然而，利润就是一切，

---

① Eric Foner. *Tom Paine and Revolutionary America*. New York: Oxford University Press, 1976: 20.

② Eric Foner. *Tom Paine and Revolutionary America*. New York: Oxford University Press, 1976: 21.

③ Russell F Weigley ed. *Philadelphia, A 300-year History*. New York, W W Noton 1980: 20.

④ Bureau of the Census of the United States. *Historical Statistics of the United States, Colonial Times to 1970*. Washington D. C.: U.S. Government Printing Office, 1975: 1180-1181.

⑤ Edward D Baltzell. *Philadelphia Gentlemen, The Making of a National Upper Class*. Chicago: Papamoa, 1958: 71-72, 92.

⑥ George R Taylor. *The Transportation Revolution 1815-1860*. New York, Oxford University Press, 1977: 7-8.

⑦ Jonathan Goldstein. *Philadelphia and the China Trade, 1682-1846, Commercial, Cultural and Attitudinal Effects*. Unicersity Park: Pennsylvania State University Press, 1970: 67.

⑧ Russell F Weigley ed. *Philadelphia, A 300-year History*. New York, 1980: 211.

对华贸易的利润率一般可达 25%。[1]

　　费城的手工业久负盛名。据 1697 年记载，该城已有 51 种不同的手工业，[2]酿酒、马车制造、面粉加工、制帽、皮革、制鞋、制绳、制糖、纺织、木材、烟草、木石瓦工应有尽有。1774 年费城中区的统计资料表明：全区人口为 1401 人，自由成年人 692 人从事 70 种不同的职业。[3]据 1790 年的统计，全城人口 43000 人，其中的 2200 人（占成年男子的 1/4）从事手工业。[4]这些手工业大致可划分为四类。第一类是直接为转口贸易服务的加工工业，包括粮食加工（磨面）、制革、制糖、烟草等原料加工业。我们手头没有费城转口加工工业的综合数字，据麦克兰的波士顿制造业报告，转口加工工业在 1832 年占该城全部工业生产的 20%。费城转口工业的比重与波士顿相仿佛。[5]第二类是为商业活动服务的工业，主要是造船业、印刷业（印刷广告）和制桶业。费城的造船业在 18 世纪中叶有较大发展，1754 年在德拉华河沿岸 1 英里就有 12 个船坞，[6]19 世纪初期有所衰落，随着铁壳船和轮船的广泛使用，在 19 世纪 30—40 年代又有所发展，并以制造拖轮著称。[7]第三类是为城市本身服务的工业，包括建筑业、玻璃制造、制钉、油漆、家具和食品加工（烤制面包和肉食品加工）。第四类是新兴的独立发展的工业，如机械制造、纺织、机车制造等。1840 年前这些工业也有所发展，但尚处于襁褓阶段。从投资情况看，商业与工业比较，商业投资仍占主导地位，1840 年费城投资总额 23,222,600 美元。商行的投资占 8%，零售贸易占 65%，制造业占 23%，

① Jonathan Goldstein. *Philadelphia and the China Trade, 1682-1846, Commercial, Cultural and Attitudinal Effects*. Pennsylvania State University Press, 1970: 30.

② Victor S Clark. *History of Manufactures in the United States, 1607-1914, Vol.I*. New York, McGraw-Hill, 1929: 164.

③ Sam Bass Warner. *The Private City, Philadelphia in Three Periods of its Growth*. Philadelphia: University of Pennsylvania Press, 1988: 14-16.

④ Roland M Baumann. "Philadelphia's Manufactures and the Excise Taxes of 1794, the Forging of the Jeffersonian Coalition." *The Pennsylvania Magazine of History and Biography*, 1982, 106(01): 33-39.

⑤ Allan Pred. "Manufacturing in American Mercantile City, 1800-1840." In Stanley K Schultzeds. *Cities in American History*. New York: Knopf, 1972: 129.

⑥ Russell F Weigley ed. *Philadelphia, A 300-year History*. New York, 1980: 75.

⑦ Russell F Weigley ed. *Philadelphia, A 300-year History*. New York, 1980: 270.

建筑业雇工占 3%。[①]

费城工业化的进程和特点

如果我们把现代化工厂的首次出现作为工业化开始的标志，费城工业化的起点可以追溯到 18 世纪末。著名发明家奥利弗·伊文斯（Oliver Evans）早在 1783 年就在费城设计并建成了一座自动化的面粉加工厂；[②]费城也不乏工业化的鼓吹者，汉密尔顿制造业报告的起草者之一特伦奇·考克斯（Trench Coxe，1755—1824）在 1787 年就主张引进阿克莱特纺纱机，十多年后得以实现。[③]1810 年阿尔弗莱德·琼克斯在费城建立了第一家现代棉纺厂。

倘若以为费城的工业化从此就走上了迅猛发展的康庄大道，在内战前就完成了自己的历史进程，那将是绝大的误会。费城工业的蓬勃发展是在 19 世纪 40—50 年代间才开始的，经过内战直到上一个世纪的 80 年代最后完成，为了叙述方便，可以划分为两个大段落：从 1783 年埃文斯建立第一座自动化面粉加工厂到 19 世纪 40 年代中期，共 60 年，可称为工业化准备阶段；从 1844 年费城里丁铁路的运输量第一次超过费尔芒克船闸运河的运输量到 80 年代，[④]为工业化阶段，共 40 年。前期主要是发展交通运输事业，开拓市场和原料产地，通过引进和创新发展自身的技术力量，积累资金，大量吸收国外劳动力，为此后的工业发展铺平道路。后期则是以原有的小型多样化的生产为基础，各个工业部门根据自身的特点实现了全面的技术改造，完成了从手工生产向机器生产的过渡。现代工厂逐渐取代了手工作坊，手工工场和厂外生产制，在各个工业部门占据了统治地位，为 90 年代工业生产的集中和兼并创造了条件。费城本身则完成了从商业城市到工商业城市的转变。

19 世纪初期，费城作为一个商业港口城市在东海岸的地位由于毗邻的纽约和巴尔的摩的竞争而显著下降。阿尔比昂曾经总结过纽约战胜其他港口城市的四项措施：①建立了吸引进口、转卖货物的拍卖制度；②组织了横渡大

① Allan Pred. "Manufacturing in American Mercantile City, 1800-1840." In Stanley K Schultzeds. *Cities in American History*. New York: Knopf, 1972: 116.

② Nathan Rosenberg. *Technology and American Economic Growth*. New York: Harper and Row, 1972: 108.

③ Edward D Baltzell. *Philadelphia Gentlemen, The Making of a National Upper Class*. New York, 1958: 94.

④ Russell F Weigley ed. *Philadelphia, A 300-year History*. New York, 1980: 322.

西洋的定期货运航班；③发展沿海贸易特别是把南方的棉花运至纽约出口；④修筑了沟通五大湖的伊利运河。①与此同时，巴尔的摩的商人则建造了飞剪式快速帆船，往返于沿海和拉美国家的港口之间，而且控制了弗吉尼亚、马里兰和萨斯奎哈纳河流域（宾夕法尼亚中部）的烟草和粮食市场，②构成了对费城的严重威胁。为了应对南北的挑战，费城把注意力转向国内市场，发展沟通内陆的交通运输事业。

从修筑美国第一条收费公路兰开斯特大道开始（1792—1794）经过近 30 年的努力，到了 1821 年从费城通往纽约、里丁、哈里斯堡、特伦顿、切斯特、威尔明顿的公路网形成了，共 85 条公路，耗资 640 万美元，其中 2/3 要靠私人集资，约 1/3 由州政府资助。从费城到威尔明顿的运费从每英里 30 美分 1 吨，到 1822 年降至 12 美分。③

修筑伊利运河的消息传开后，费城商人害怕纽约垄断同西部的贸易，倡议修筑连接俄亥俄、匹茨堡、费城的水路系统。这一建议遭到车主、旅馆主的反对，也有人强调阿勒格尼山横亘其间造成的施工困难。几经周折于 1826 年开始动工，到 1834 年完成了被称作"主线"的长 395 英里的连接费城与匹茨堡的水陆联运网。这个水陆联运网的最高点是霍利戴斯堡附近的波特奇铁路，海拔 2300 英尺（伊利运河最高点海拔 650 英尺），共修建了 174 个船闸（伊利运河 84 个），全线耗资 1200 万美元。④就其经济效益而言则仍较伊利运河逊色。

使费城内陆交通发生转折性变化的是铁路的修建。费城第一条铁路于 1832 年 6 月建成投入使用。这条铁路实际上是市区铁路，经济意义不大。连接费城与哥伦比亚、特伦顿、威尔明顿、巴尔的摩、纽约的铁路迄于 1838 年先后完成。1839 年费城与里丁铁路通车，这是一条通往无烟煤矿地区的线路，使费城与宾夕法尼亚北部的交通为之改观。1854 年直达匹茨堡的铁路竣工，与此同时匹茨堡与密西西比河之间的铁路通车，1858 年延伸到芝加哥。经过长时间的努力，费城在内陆交通方面终于能同拥有伊利运河的纽约市相抗衡了。⑤

---

① George R Taylor. *The Transportation Revolution 1815-1860*. New York, 1977: 7-8.

② George R Taylor. *The Transportation Revolution 1815-1860*. New York, 1977: 8.

③ George R Taylor. *The Transportation Revolution 1815-1860*. New York, 1977: 133.

④ George R Taylor. *The Transportation Revolution 1815-1860*. New York, 1977: 44.

⑤ George R Taylor. *The Transportation Revolution 1815-1860*. New York, 1977: 78, 90, 167; Russell F Weigley ed. *Philadelphia, A 300-year History*. New York, 1980: 322, 368.

交通运输革命对费城的影响是深远的，它大大提高了原料、商品的运输效率，缩短了运输时间，密切了费城同内陆市场和原料产地的联系。1812 年从费城乘驿车去匹茨堡至少需 6 天，1854 年乘火车只需 15 小时；①1816 年从费城乘轮船前往魁北克需用 5 天半，旅费 47 美元，1860 年乘火车只需 31 小时 15 分，旅费 18.69 美元。②宾夕法尼亚出产的无烟煤和烟煤源源不断运至费城，除供费城消费外，还转运至其他城市和港口。1822 年费城首次用船只向其他城市出口煤，1837 年有 3225 艘船只运出 35 万吨煤，从向国外出口农产品到向国内港口城市输出工业原料，这不能不说是一个很大的变化，"城市经济有赖于对外贸易这种殖民时期的旧观念一去不复返了"。③

同纽约、巴尔的摩的竞争不仅刺激了内陆交通运输的发展，也对费城制造业技术的改造起到了推动作用。正如我们在本文第一节中所指出，费城是一个手工业相当发达的城市，才能出众、技艺超群的手工工匠一直是费城的骄傲。早在殖民地时期和共和国建立之初，费城就出现了两位手工工匠出身的科学家和发明家，一位是本杰明·富兰克林，他是电学和热学的先驱，也是富兰克林火炉、计里邮车和双光眼镜的发明者；另一位是戴维·李顿豪斯（1732—1796），他走过了一条从白铁匠、钟表匠到天文学家和平行光管发明者的漫长艰苦的道路。④正是在这两位工匠兼科学家和其他热心人士的推动下，费城建立了美国最早的一批促进科学技术和企业发展的机构：美国哲学学会（1769）、宾夕法尼亚鼓励应用技术和秘造业学会（1787），进入 19 世纪又成立了自然科学院（1812）、费拉德尔菲亚学院（1814）。对费城工艺流程的改进影响最大的要推 1824 年成立的富兰克林学会，该学会从成立之日起就致力于应用技术的发明、革新和推广，1825 年开始设置资金，鼓励技术革新，1826 年开始出版《富兰克林学会杂志》介绍欧洲先进技术，并多次组织科学技术人员对重要课题和技术事故进行调查。⑤除了我们上面提到的机械化面粉厂以外，费城技术人员对 19 世纪美国工业生产还做出了两项重要贡献，一是埃文斯于 1804 年设计的垂直往复式高压蒸汽机。这部蒸汽机比瓦特

---

① Thomas C Cochran and William Miller. *The Age of Enterprise, A Social History of Industrial America*. New York: Harper, 1961: 7.

② George R Taylor. *The Transportation Revolution 1815-1860*. New York, 1977: 141.

③ Russell F Weigley ed. *Philadelphia, A 300-year History*. New York, 1980: 269.

④ John W Oliver. *History of American Technology*. New York: Ronald Press Co., 1956: 104-106.

⑤ Harold W Chase. *Dictionary of American History*, *Vol. 5*. National Urban League-Quasi-Judicial Agencies, New York: Scribner, 1976: 99.

发明的蒸汽机水温高 30 度（华氏），产生的蒸汽力超过 100 倍，作用力超过 16 倍。这种蒸汽机制造工艺简单，操作方便，维修容易，唯一不足之处是耗费燃料多。埃文斯于 1807 年在费城建火星铁工厂，它所生产的蒸汽机很快就畅销大西洋沿岸各州，广泛地应用于轮船和火车作为牵引动力。[①]费城对美国工业生产的另一个重要贡献是塞勒斯创建的螺纹螺姆标准化系统。塞勒斯出身手工工人，21 岁成为机械师，1864 年成为富兰克林学会主席，同年在该学会宣读了关于螺纹螺姆标准化的论文，他所设计的螺纹螺姆系统 1868 年为美国全国机械工具制造所接受，1898 年为国际螺纹标准化大会所采纳。[②]费城的技术发明与革新当然并不限于以上所介绍的，其他如约翰·费奇设计的轮船推进器，萨缪尔·威瑟里尔（1812—1890）发明的直接从原矿中提取氧化锌的方法，小约瑟夫·哈利逊（1810—1874）于 1859 年设计的安全锅炉，都在美国工业的技术改造中发挥过自己的作用。

必须指出的是，费城从手工生产过渡到大机器生产的过程，各个行业之间和各个工业部门之间的发展很不平衡。费城虽然是高压蒸汽机的发明地，是蒸汽机制造的中心，但是在制造业中蒸汽机和水轮机取代人力的过程，大约经历了 80 年。参见表 1 及表 2。

表 1　在使用动力的企业中工作的工人数目百分比[③]

工业部门	工人数目百分比		工业部门	工人数目百分比	
	1850 年	1880 年		1850 年	1880 年
燃料	88.3	98.5	木材	19.0	55.5
钢铁	85.4	95.1	服装	10.3	52.9
食品加工	61.8	93.4	家具	9.6	44.9
造船	2.5	91.2	食品	15.4	44.5
防治	54.0	87.9	玻璃	3.9	37.2
机械工具和五金	62.5	86.5	制帽	3.3	35.8
化学	62.8	86.0	靴鞋	0.1	28.1
印刷出版	30.5	74.5	建筑	19.7	26.1
造纸	61.6	64.1	铁匠	2.1	7.4
传统金属制品	32.2	56.8	其他	32.0	57.7
			总计	27.6	63.5

① Carroll W Pursell, Jr. *Readings in Technology and American Life*. New York: Oxford University Press, 1969: 31-32.

② Joseph Wickham Roe. *English and American Tool Builders*. New York: McGraw-Hill, 1916: 239-260.

③ Theodore Hershberg eds. *Philadelphia: Work, Space, Family and Group Experience in the 19th Century*. New York: Oxford University Press, 1901: 49. 数字有误，原书如此。

表 2　使用蒸汽机和水力的企业占该工业部门全部企业的百分比[①]

1850			1880			1850			1880		
1.	钢铁	76.3	1.	钢铁	79.1	8.	家具	4.6	8.	家具	6.2
2.	纺织	50.6	2.	纺织	67.4	9.	服装	2.2	9.	服装	4.6
3.	机械和工具	47.8	3.	机械和工具	57.8	10.	烘烤面包	1.2	10.	烘烤面包	4.0
4.	五金	17.6	4.	五金	39.2	11.	制鞋	0.2	11.	制鞋	3.2
5.	印刷	15.1	5.	印刷	38.8	12.	马具	0	12.	马具	2.6
6.	金属制品	7.4	6.	金属制品	12.3	13.	肉食加工	0	13.	肉食加工	2.5
7.	房屋建筑	5.5	7.	房屋建筑	8.7	14.	铁匠	0	14.	铁匠	2.4

　　这两个统计表告诉我们，在工业化的初期，蒸汽机和水轮机只在少数新兴工业部门占据优势，绝大部分传统工业部门则为手工生产所统治。到1880年虽然就全部工业生产而言机械动力已取得支配地位，但仍有为数不少的工业部门手工生产仍占优势，直到 70 年代制鞋工业有许多工厂甚至没有脚踏机械。

　　向大机器生产过渡的不平衡性不仅表现在动力的使用上，而且在工艺流程中也有反映，例如：机械制造、五金和钢铁在以下统计数字中使用动力的比例都很高，但在这些工厂中，手工操作到处可见。19 世纪中叶费城最大的一家机械制造厂阿尔弗莱德·津克机械厂总面积 16 万平方英尺，包括翻砂车间（13×50 英尺）、铁工车间（120×50 英尺）、铸钢车间（190×32 英尺）以及三层楼的机械车间（225×30 英尺）。这些车间既有现代化的汽锤，也有老式的铁砧，车床与砂轮并列，吊车与手绞车争妍。到了 19 世纪下半叶，金属加工厂的机器海洋中仍然留下了手工操作的岛屿。翻砂车间是保留手工操作最多的地方。[②]

　　不仅技术发展的水平不平衡，生产组织形式的发展和生产单位的规模也显示出很大的差异。费城社会史研究的专家们把生产组织形式按照生产程序机械化的程度和雇佣工人数目划分为四类：第一类为手工作坊，平均雇佣工人 6 人，完全采用手工操作方法进行生产活动；第二类血汗车间，没有机械动力，雇工在 6—25 人之间；第三类手工工厂，雇佣工人在 25 人以上，没有

---

① Theodore Hershberg eds. *Philadelphia: Work, Space, Family and Group Experience in the 19th Century.* New York: Oxford University Press, 1901: 97.

② Theodore Hershberg eds. *Philadelphia: Work, Space, Family and Group Experience in the 19th Century.* New York: Oxford University Press, 1901: 57-58.

动力设备的工场；第四类有动力设备（蒸汽机或水轮机）的生产单位。从 1850
年到 1880 年，这四类生产组织雇佣工人数目及其占全部工人百分比变化情
况如表 3 所示。①

表 3　1850—1880 四类生产组织雇工人数及其占全部工人百分比变化情况

类型	1850 年		1880 年	
	人数	百分比（%）	人数	百分比（%）
手工作坊	4699	16	8209	6
血汗车间	10034	21	13295	9
手工工场	18968	30	29400	20
现代工厂	13155	33	94320	65
总计	46856	100	145224	100

1850 年现代工厂雇工人数百分比最高的工业部门是燃料工业和钢铁工
业，分别为 88.3% 和 85.4%；百分比最低的是制鞋业和铁匠业，分别为 0.1 和
2.1%。1880 年现代工厂雇佣工人百分比最高的仍为燃料工业和钢铁工业，分
别上升到 98.5% 和 95.1%；百分比最低的为铁匠业和建筑业，分别为 7.4% 和
26.1%。其中变化最大的是造船业，从 1850 年的 2.5% 增至 1880 年的 91.2%，
净增 88.7%；增加幅度最小的是铁匠业，仅增 5.3%。②总的看来，在现代工业
中工作的工人从占全体工人的 33% 增至占 65%，这说明现代工厂制已在费城
占主导地位。

就企业的规模而言，1850 年费城的中小企业占统治地位，在 50 人以下
企业中工作的工人占工人总数的 56.9%，50 人以上的工厂占 43.1%。30 年后
情况有了变化，在 50 人以下企业中工作的工人降到占总数的 34.1%，在 50
人以上企业中工作的工人增加到 65.9%，在有些工业部门如食品工业、木材
工业、建筑业、玻璃工业、金属制品工业等部门，50 人以下的工厂仍占统治
地位。③

无论是从技术发展水平、生产组织性质，还是从企业规模来看，费城在

---

① Theodore Hershberg eds. *Philadelphia: Work, Space, Family and Group Experience in the 19th Century*.
New York: Oxford University Press, 1901: 59.

② Theodore Hershberg eds. *Philadelphia: Work, Space, Family and Group Experience in the 19th Century*.
New York: Oxford University Press, 1901: 59.

③ Theodore Hershberg eds. *Philadelphia: Work, Space, Family and Group Experience in the 19th Century*.
New York: Oxford University Press, 1901: 59.

工业化的过程中始终保持了小型、多样的特点。在手工业时期，产品多样，没有哪一个行业独占鳌头就已经引起了史学家的注意。埃里克·方纳写道："殖民地时期的费拉德尔菲亚是美洲手工艺的中心，费城生产的产品之多超过了任何其他北美城市。但没有任何一个工业部门统治该城。手工工匠最集中的建筑业占全部手工工匠不过 1/5；其次是各种各样的服装业（裁缝、织工、制帽工等）；然后是皮革业、食品工业（屠夫和面包师）、造船和金属制造。"方纳引证了两位殖民地史专家雅各布·普莱斯和加里·纳什的统计数字，如表 4 所示。

表 4　1774[①]

	普莱斯		纳什	
全部有工作的男性	4407		3251	
全部手工业工人	2121		1618	
建筑业	433	20.4%	343	21.2%
服装业	407	19.2%	278	17.1%
皮革业	313	14.8%	208	12.9%
食品加工	304	14.3%	194	12.0%
造船	257	12.1%	227	14.0%
金属品制造	190	9.0%	124	8.6%
家具	74	3.5%	67	4.1%
其他	143	6.7%	177	10.8%

我们只要把上述统计数字同一百年后的统计数字稍加比较就不难看出两者之间的继承性，见续表 4。

续表 4　雇佣工人情况[②]

工业部门	人数	百分比	人数	百分比	百分比变
	1850		1880		
食品	1494	2.6	5366	3.1	259
食品加工	696	1.2	1321	0.8	89
靴鞋	6249	10.8	8362	4.8	34

① Eric Foner. *Tom Paine and Revolutionary America*. New York: Oxford University Press, 1976: 280.

② Theodore Hershberg eds. *Philadelphia: Work, Space, Family and Group Experience in the 19th Century*. New York: Oxford University Press, 1901: 45. 此表数字有误，原书如此。

续表

工业部门	人数	百分比	人数	百分比	百分比变
	1850		1880		
制帽	1837	3.2	2940	1.7	60
服装	10532	18.2	34548	19.8	228
纺织	10422	18.0	37741	21.6	262
钢铁	1203	2.1	3657	2.1	204
机械与五金	3920	6.7	12549	7.2	220
木材	2357	4.1	4878	2.8	107
家具	1417	2.4	1661	2.4	158
建筑	3884	6.7	12914	7.4	232
造船	949	1.6	2739	1.6	189
燃料	198	5.1	3328	1.9	1017
化学	629	1.1	3283	1.9	422
玻璃	465	0.8	535	0.3	15
造纸	323	0.5	3216	1.8	896
印刷出版	2096	3.6	7710	4.4	268
铁匠	569	1.0	509	0.3	-11
传统金属制品	546	0.9	2259	1.3	314
其他	8073	13.9	23248	13.3	188
总计	57958	100	174764	100	202

　　该表说明，一个世纪以来生产技术的水平、生产组织的性质和雇佣工人的数目发生了很大变化，但是企业的多样性没变，没有一个行业占压倒优势，雇佣工人的百分比最高不超过 21%，只不过从建筑业变成了纺织业。这个百分比在 100 年间竟然没有发生变化，这种特殊的现象的确耐人寻味。不仅整个工业生产的发展具有小型多样的特点，在同一个工业部门内，也可以看到类似的情况。纺织工业一直是费城最重要的工业部门，也是美国最大的多样化纺织工业中心，棉、毛、丝、纺、织、染俱全。坎兴顿的毛织，曼尼扬克的棉纺织，基斯顿的针织，豪斯特曼公司的丝织，约翰·斯特斯尼的大檐帽，芬顿的丝织礼帽，应有尽有。[①]1890 年生产了价值 2200 万美元的毛纺织品，价值 2200 万美元的地毯，1500 万美元的针织品，1500 万美元的精纺毛织品，

---

① Russell F Weigley ed. *Philadelphia, A 300-year History*. New York, 1980: 481-482.

800 万美元的丝织品。①这种小型多样的情况同美国东北部的纺织工业中心马萨诸塞的洛维尔形成鲜明对照。

费城纺织工业的这种多样性和分散性一直持续到 19 世纪末。1882 年动力的使用更加普遍，工厂的规模变得更大了，但业主经营方式仍占统治地位。企业数增加到 800 个，20 世纪初增加到千家。洛林·布洛德格特在总结 1880 年费城纺织业特点时认为，尽管这时改进的情况随处可见，但原有的主要特点并没有改变。

费城工业特点持续存在的原因

费城工业化的过程中生产的分散性和多样化何以能长期保存、经久不衰，其原因如下：

第一，费城与洛维尔不同之处在于它的现代工业是从手工业的基础上发展起来的，而不是像洛维尔那样一开始就聚集巨资建立现代化的企业，也就是说，费城走的是一条对手工业进行技术改造的道路。费城手工业原来就具有分散、小型和多样化的特点，费城在工业化过程中继承、发展了这一特点。

第二，洛维尔建厂受地域的限制，只能沿运河系统建厂，费城一开始就能够在斯库基尔河和德拉华河这两条河的瀑布线地带建厂，尔后随着蒸汽机的使用，厂房星罗棋布，遍及全城，由于地域广阔，地价和房租相对较低，创办新厂可以租赁厂房，这样便于减少投资。

第三，费城纺织工业主要集中在西北的德国城、西部的曼尼扬克和东部德拉华河的坎兴顿与法兰克福特。这些地区分别是德国、英国、荷兰、爱尔兰移民的聚居区，依靠家庭纽带办工业，最初使用的劳动力大多是家庭成员，可以大大节省工资方面的开支。

第四，产品的多样性增加了技术改造的困难，延缓了采用新技术的速度，这是手工织机厂外生产制在费城能够长期保存下来的一个重要原因。

第五，在工业资本主义发展的相当长的一段时间里，小工厂的劳动生产率要比大工厂的高，实行多样产品生产比大工厂更容易。费城的小工厂往往

---

① Jonathan Goldstein. *Philadelphia and the China Trade, 1682-1846, Commercial, Cultural and Attitudinal Effects*, *Vol.II*. Pennsylvania State University Press, 1970: 184.

是棉纺、毛纺并举，在一种原料供应发生困难的情况下，仍能用另一种原料继续生产，这是中小企业得以长期存在和发展的一个重要原因。

第六，资金不足，出于对利润和风险的考虑，费城的投资长期集中在贸易和土地投机方面，发展工业的资金主要靠自身的积累。在工业投资方面，自始就处于落后状态，据 1820 年统计，宾夕法尼亚和德拉华地区在棉纺业方面的固定投资占全国投资的 11% 弱，宾州在全国名列第六，德拉华名列第九。[①]

从内战前美国经济发展的全局看，由于美国还是一个农业国，广阔的西部还有待进一步地开发，农业生产正处于不断从宗法小农生产向商品生产过渡的过程中，在工业发展中普遍遇到资金和劳动力不足的问题，散布在大西洋沿岸，阿巴拉契亚山东西两侧和五大湖地区的新兴工业，主要是以手工操作为基础，间或配有蒸汽动力、机械化程度很低的中小型作坊、车间和工厂。大规模的工厂生产，一支有组织的劳动大军，投资的战略中心，标准化产品的广阔市场等，要等到 19 世纪末才成为美国的特点。"整个世界还不是马萨诸塞的洛维尔"。就此而言，费城工业化过程中的小型、分散和多样化特点是具有一定典型意义的。

（合作者：胡晓明）

---

① David J Jeremy. *Transatlantic Industrial Revolution, The Diffusion of Textile Technologies Between Britain and American Society, 1780-1830.* Cambridge: MIT Press, 1981: 164.

马汉的海上实力论①

马克思指出："对于一种地域性蚕食体制来说，陆地是足够的；对于一种世界性侵略体制来说，水域就成为不可缺少的了。"②自从资本主义和殖民主义降生以来，海洋一直是大国激烈角逐的战场。特别是二战时期，美苏两个超级大国对于海洋的争夺也愈演愈烈。

在争夺海洋的激烈斗争中，美国被称为"现代海军之父"艾尔弗雷德·马汉的"海上实力论"者，成为他们海上扩张的思想武器。美国海军研究所强调，在美西战争以来的历次重大战争中，美国海军之所以能够取胜，都应该归功于马汉和马汉的著作。美国前总统肯尼迪认为马汉的学说在空间取得重大进展的时代，仍然有效。③苏联海军元帅戈尔什科夫，更是连续发表论文和专著，宣扬海洋霸权主义。一位日本学者读了戈尔什科夫的论文后说：戈尔什科夫没有直接援引马汉的词句，"然而一仔细阅读"就可以发现，"显然"是把英文写的海上实力论改写为俄文。这就难怪一位美国海军将领索性称戈尔什科夫为"20世纪俄国的马汉"④了。

---

① 原文载《历史研究》，1978年第2期，第72-83页。收录本书时有删节。本文成文于改革开放之初，马汉的海上实力论极少有人提及，该理论译法也具有时代特色，为保留原文的风貌未作改动，文中马汉海上实力论目前学界通用译法为马汉海权论。

② 马克思. 十八世纪外交史内幕[J]. 历史研究，1978（01）：15.

③ John F Kennedy. Remarks aboard USS Kitty Hawk, June 6, 1963. In *Papers of John F. Kennedy, Presidential Papers, President's Office Files*. Washington D.C., 1964: 445.

④ 美海军将领埃利莫·朱姆沃尔特（Elmo R Zumwalt）为《红星在海上升起》（*Red Star Rising at Sea*，Naval Institute Press，1974）一书所写的结束语，见该书第138页。

一

阿尔弗雷德·马汉，1840 年出生于美国的一个爱尔兰移民家庭。1859 年，毕业于美国最高海军学府安纳波利斯海军学院。其后长期在美国海军中任职。内战后，随着美国海军扩张活动范围的逐渐扩大，他先后率舰遍历了拉丁美洲、亚洲和非洲。当时，英国的海军正处于鼎盛时期，殖民地遍于全世界。他对大英帝国殖民势力和海上霸权极为崇拜，成为他把英国称霸海洋的历史作为研究课题的一个重要动因。

1884 年，为了适应对外扩张的需要，美国海军部决定设立海战学院。马汉应首任院长斯蒂芬·卢斯的邀请，于 1885 年以海军上校军衔出任该院讲师，讲授海军史和海军战略。

在广泛研究西欧各国的政治史和军事史，探索大国消长规律的过程中，马汉发现"控制海洋从来就是一个未得到系统了解和说明的历史因素"①，因此，决心把"过去两个世纪的一般历史和海军史放在一起进行研究②"，以揭示二者之间的相互关系。

在资产阶级的强权政治和实力政策思想指导下，马汉于 1886 年用了 4 个月的时间写成了海战史讲稿，又经过 4 年的讲授、修改和补充，于 1890 年 5 月，以《海上实力对历史的影响，1660—1783 年》(*The Influence of Sea Power upon History，1660—1783*) 为题公开出版，从而正式提出了被垄断资产阶级奉为经典的"海上实力论"。1892 年又发表了《海上实力对法国革命和帝国的影响，1793—1812 年》(*The Influence of Sea Power upon the French Revolution and Empire，1783—1812*)。1905 年，《海上实力与 1812 年战争的关系》(*Sea Power in its Relations to the War of 1812*) 问世。这三部书被时人合称为"海上实力论"的三部曲。此外，马汉还写了大量的关于海军战略和国际时事的文章和著作，直到 1914 年 12 月病逝之前，他还在钢铁大王卡内基的资助下，研究美国如何利用海上实力争霸世界的问题。

---

① A T Mahan. *From Sail to Steam, Recollections of Naval Life*. London, 1907: 266-267.

② A T Mahan. *From Sail to Steam, Recollections of Naval Life*. London, 1907: 277.

马汉在他的著作中，用"枯燥的文体，冗长的句子和矫揉造作的语言"①，对"海上实力"及其对历史的影响进行了反复的论证。

马汉把晚期重商主义鼓吹的对外贸易致富论作为立论的出发点，特别强调发展海外贸易和保护海上交通线的重要性，将"没有贸易，就没有繁荣"奉为至高无上的原则，在此基础上论证了海上实力的含义和构成海上实力的各项因素。

在资本主义发展史上，鼓吹海洋扩张者不乏其人。资本主义萌芽时期，英国伊丽莎白女王的宠臣，著名的冒险家沃尔特•雷利就曾对女王说过："谁控制了海洋，谁就控制了世界贸易，而谁控制了世界贸易，谁就控制了地球的财富和地球本身。"其后，弗兰西斯•培根和乔治•华盛顿等新兴资产阶级代表人物也都从不同的侧面论述过发展海上实力和控制海洋的重要性。这反映了资产阶级在上升时期扩大海外殖民地，榨取殖民地人民血汗，加速资本原始积累的迫切要求。但是，在马汉之前还没有人对构成海上实力的各种因素作过系统的分析和考察。

"海上实力"一词本来是一个军事术语，主要指的是海上的军事力量，即海军。但马汉却把这个词所包含的内容予以扩大，变成为"包括凭借海洋或通过海洋能够使一个民族成为伟大民族的一切东西"②。具体说来，不仅包括海军，而且包括商船队、海外殖民地和军事基地，甚至连国家制度、民族性、生产能力也被纳入了海上实力的范畴，这就赋予了这个军事术语以政治的和经济的内容。这反映了进入垄断资本主义时期，垄断资产阶级利用它所掌握的国家机器，动员、组织经济和军事力量控制海上交通，加紧对外扩张，夺取殖民地的强烈愿望。所以，有人说马汉的海上实力的概念，"实际上成了"帝国主义的"同义语"③。

海军，是马汉海上实力论的主体，在他的著作中始终占有重要地位。恩格斯曾说过，近代海军是为了"保护刚刚开辟的殖民地以及与殖民地的贸易"④而建立起来的。对于这一点，马汉毫不讳言，他说："海军的必要性，就这个字的有限含义而言，来源于和平航运的存在。"通俗地讲，就是需要对殖民地贸易的整个航程进行保护，而这种保护"在战争期间必须扩大为武装

---

① Peter Karsten. "Review", Review of *Letters and Papers of Alfred Thayer Mahan*. By Alfred Thayer Mahan, Robert Seager II, Doris D Maguire. *The American Historical Review*, 1977, 82(02): 454.

② A T Mahan. *The Influence of Sea Power upon History, 1660-1783*. Boston, 1903: 1.

③ William E Livezey. *Mahan on Sea Power*. University of Oklahoma Press, 1947: 49.

④ 弗•恩格斯. 海军. 马克思恩格斯全集：第 14 卷[M]. 北京：人民出版社，1964：426.

护航"。他认为海军的这种保护作用，对于国家的经济发展有着重大意义。

马汉还认为，在发生国际争端时，海军是极为重要的力量，它在国际事务中，"是一种较为经常地起着威慑作用的因素，而不是起刺激作用的因素"。①众所周知，所谓"威慑"只不过是"威胁""恫吓"的代名词罢了。这就说明，在马汉的思想中，海军乃是一种侵略弱小国家、进行军事讹诈的工具。

但是马汉并没有忽略海军的"主要活动领域是战争"，而不是平时的海上贸易。"在战争中无论防御是多么正确，海军不是直接防御的工具，而是进攻的武器"②。他认为保持一支海军而"不能首先或最后派出进攻敌人，并对敌人在生命攸关的利益方面予以重创"那就毫无用处。因此他极力鼓吹，为了取得未来的争霸战争的胜利，必须拥有强大的海军。因为有了一支不仅能使"敌方舰队绝迹海上"，而且能使中立国的船只也无法为敌方所用的海军，就能够打破敌人的海上封锁，切断敌人的海上交通，摧毁敌方舰队主力，掌握制海权；就能够制敌于死地，取得战争的决定性胜利。

要完成这样的战略任务，马汉认为必须改变过去以建造巡洋舰为主的老信条，建立以主力舰为主体的远洋进攻性海军。他承认，用巡洋舰破坏商业可以给敌人造成损失，但不能给敌人以致命的打击。"只有用武力控制海洋，长期控制贸易的战略中心，这样的打击才会是致命的"。③ 他举例说，在 17世纪中期的英荷战争中，荷兰的失败，不是由于英国对敌人海上贸易的破坏，而是由于克伦威尔强大的主力舰队打败了荷兰海军，控制了海洋，把它的商船困在港内，才使阿姆斯特丹的大街上野草丛生。

按照马汉的"海上实力论"，一支强大的海军，还必须有一支庞大的商船队作为辅助力量。因为帝国主义吸吮殖民地人民血汗，主要是通过商船队和海上贸易这条管道输入宗主国的。商船队是联系宗主国和殖民地的纽带，是聚敛财富的手段。庞大的商船队不但可以为海军提供必要的供应和补给，而且是海军的直接的后备力量，所以马汉认为商船队是海上实力的重要组成部分。"有了和平的贸易和海运，海军才能自然地、健康地成长，才有牢靠的基础"。④

有了海军的核心，有了商船队为后盾，马汉认为还必须有海外殖民地和

---

① A T Mahan. *The Interest of America in Sea Power, Present and Future*. Boston, 1911: 171-172.

② A T Mahan. *The Problem of Asia and Its Effect Upon International Policies*. London: Sampson Low, Marston & Co, 1900: 181.

③ A T Mahan. *The Influence of Sea Power Upon History, 1660-1783*. Boston, 1903: 539-540, 28, 83.

④ A T Mahan. *The Influence of Sea Power upon History, 1660-1783*. Boston, 1903: 539-540, 28, 83.

海军基地作为支撑点，才可以构成完整的海上实力。

马汉不愧为地缘政治学的思想先驱。他一直强调在争霸斗争中必须控制水域，对水域的控制"主要依赖于占有那些具有决定意义的地点"。正是从这种为美国夺取战略要地的立场出发，马汉把殖民地说成是发展海上实力的必不可少的因素。在他看来，"殖民地为一个国家支持其在国外的海上实力提供了最可靠的手段"。① 为此他打了一个形象的比喻，"如果没有在国外的殖民地或军事基地，战争期间美国的军舰将犹如陆地上的鸟，不能远离本国海岸"。因此，他认为，"为军舰提供停泊场所，使他们能够加煤和修理，是一个旨在发展国家海上力量的政府的首要职责"。②

马汉认为，有了由海军、商船队、殖民地这三大要素组成的海上实力，并采取集中优势力量，在具有决定意义的地区，摧毁敌人舰队主力的作战原则，就能够持久地、牢固地控制全部海上交通线。马汉把这样一种态势称之为制海权。他认为"正是海军力量这种不懈的、逐日的、静悄悄的压力，在它取得了压倒敌人的制海权的情况下——即对于交通线的持续封锁——使得海上实力成为世界历史上真正具有决定意义的因素"。③

为了给这一结论寻找根据，马汉在其代表作中，不厌其烦地广泛引用了1660—1815 年间欧洲各国争霸的历史材料，特别是详细考察了英荷、英法争霸的多次重大战争。

马克思、恩格斯在分析 17 世纪中期到 18 世纪末这一百多年的历史时，清楚地告诉我们：当时英荷、英法之间的战争，乃是强大的工业资本与商业资本之间的战争，是资本主义制度与封建制度之间的战争。因此英国的胜利不是偶然的，而是工业资本对商业资本的胜利，是当时处于先进地位的资本主义制度对腐朽的封建制度的胜利。

马汉当然不会也不可能用这样的观点来考察这段历史和战争，他的资产阶级立场决定了他把有组织的武力看得高于一切，这也就使他必然要信奉唯武器论和推崇黩武主义。因此，他把英国的胜利，完全归结为英国拥有强大的海上力量，从而控制了海洋。特别是在谈到英法七年战争（1756—1763 年）时，马汉更是以无限崇拜的心情来称颂英国的海上力量。他说英国是"靠本

---

① A T Mahan. *The Influence of Sea Power upon History, 1660-1783.* Boston, 1903: 539-540, 28, 83.

② A T Mahan. *The Influence of Sea Power upon History, 1660-1783.* Boston, 1903: 539-540, 28, 83.

③ Charles C Taylor. *The Life of Admiral Mahan, Naval Philosopher.* London: J Murray, 1920: 194.

国政府运用它的海上实力这个可怕的武器的优越性"① 战胜法国的，并使英国从此成为海上霸主。

马汉不仅把海上实力说成是战争胜负的决定因素，而且把它吹嘘为历史发展的决定性力量。他在谈及 19 世纪初的拿破仑战争时，认为当时已经横扫欧洲大陆的拿破仑，之所以没能统治世界，完全是由于英国强大的海上力量对法国海岸的严密封锁，从而使拿破仑不仅不能进攻英国本土，而且"切断了"法国的"资源"，"消耗了它的力量"②，致使法国财源枯竭，终于失败。而英国则依靠海上实力"保持了国家的物质力量和士气"，成为"欧洲的工厂"和"货栈"③，从而夺得了世界霸权。马汉在总结这段历史时，写下了一段诠释其"海上实力论"的名言："这些（英国的——引者）巨舰，经年累月，在法国各地的军械库前，监视守候，沉闷无聊令人厌倦，不见有任何动静。这段时间在很多人看来，一定会感到毫无意义，但它却挽救了英国。这充分表现出了海上实力对世界历史的影响作用，给人印象之深，举世迄未得见有过于此者。"④

综上所述，我们可以用马汉自己的两句话来概括"海上实力论"的主旨。即海上实力"对于世界历史具有决定性的影响"⑤"控制海洋，特别是沿着已被国家利益或国家贸易划定的那些主要路线来控制海洋，是国家强盛和繁荣的纯物质因素中的首要因素"。⑥

二

马汉的"海上实力论"之所以于 19 世纪末出现在美国且风行一时，是由

---

① A T Mahan. *The Influence of Sea Power upon History, 1660-1783*. Boston, 1903: 328.

② A T Mahan. *The Influence of Sea Power upon the French Revolution and Empire, 1793-1812 (Volume II)*. London: Sampson Low, 1892: 382.

③ A T Mahan. *The Influence of Sea Power upon the French Revolution and Empire, 1793-1812(Volume II)*. London: Samps on Low, 1892: 379-380.

④ A T Mahan, *The Influence of Sea Power upon the French Revolution and Empire, 1793-1812(Volume II). London: Samps on Low, 1892*: 118.

⑤ A T Mahan. *The Problem of Asia and Its Effect Upon International Policies*. London Sampson Low, Marston & Co, 1900: 7

⑥ A T Mahan. *The Interest of America in Sea Power, Present and Future*. Boston, 1911: 52.

当时美国历史发展的特点和垄断资产阶级的需要所决定的。

美国经过四年的国内战争，割除了种植园奴隶制这个寄生的赘瘤之后，资本主义经济得到了迅速发展。在不到三十年的时间里，工农业生产便全面超过了其他资本主义国家，跃居世界首位。随着经济的不断发展，生产的集中和垄断程度越来越高，金融资本与工业资本日益融合。到 19 世纪末叶，美国已成为由金融寡头统治的高度发展的国家，全国 10%的人口占有 90%的国民财富，三四千个百万富翁高居社会的宝塔尖上。

垄断资本的特性就是要掠夺，要扩张，要争夺世界霸权。从 19 世纪中期，美国国内市场已经容纳不下现有的生产能力和资本，不扩大市场就一定会使商业和制造业停止发展。①因此，在国会议事堂中关于变中国和拉丁美洲各国为"我们的印度"的声浪越来越高。②从 19 世纪 70 年代末期开始，工人运动、农民运动像燎原烈火般地在美国蔓延开来。美国资产阶级完全懂得，"人民的不满是无法消除的，必须设法把这种对政府的不满转移到别人身上去"。③因此，从 19 世纪末期起，美国垄断资产阶级一再叫嚷要向外扩张，开辟海外市场，以挽救资本主义危机。一个缅因州的参议员便赤裸裸地叫喊："我们必须占有（中国的）市场，否则就会发生革命。"④

但是，19 世纪末，各主要资本主义国家都已经开始了从自由资本主义向垄断资本主义的过渡，海外市场和殖民地已经成为这些国家的生命线。老牌的殖民主义国家英国和法国，死死抱住已占有的殖民地不放手；后起的强国德国和日本正准备在争夺殖民地的斗争中与其他列强一决雌雄；西班牙、葡萄牙虽然腐朽衰败，但百足之虫，死而未僵，不甘心自动退出已占的地盘。因此，美国这个瓜分世界宴席的迟到者，当它踏上争夺殖民地舞台的时候，地球上没有被占据的土地已经所剩无几，要想取得别人的地盘，就不能不和其他列强发生冲突。

当时的美国，虽然经济力量已遥遥领先，但军事力量则不敷所需，特别是推行海外扩张政策的主要工具——海上力量更显不足，军舰不仅数量少、吨位小，而且大多陈旧不堪，与英、法等海上强国相比相差很远。垄断寡头卡内基不无讽刺地说："我们的海军……只适宜于占小便宜。"这样一支海上

---

①　W A Williams. *The Contours of American History*. New York, 1961: 338-339.

②　W A Williams. *The Contours of American History*. New York, 1961: 338-339.

③　列宁. 对华战争. 列宁选集：第 1 卷[M]. 北京：人民出版社出版，2012：315.

④　W A Williams. *The Tragedy of American Diplomacy*. New York: World Publishing Company, 1959: 30.

力量远远不能适应同其他列强争夺世界市场、瓜分殖民地的需要。这就使美国统治阶级的狂妄野心，同它所拥有的军事实力之间发生了尖锐的矛盾。1889年美国与英、德争夺南太平洋重要岛屿萨摩亚。三国军舰麇集阿批亚港，但美国的三艘军舰均系木制帆船，遇到暴风袭击，全部被毁，从而使其欲独霸萨摩亚的企图无从实现，只好接受三国共管的安排。①1895 年，美国现代化海军虽已有所发展，但仍不足以同其他海军强国争锋。所以中日甲午战争后，在三国干涉还辽过程中，美国对我国东北虽早怀觊觎之心，但在列强进行干涉的时候，它却突然偃旗息鼓，默不作声了。当法国驻柏林大使向德国外交大臣马沙尔询及此事，马沙尔说："要知道，他们既无海军，又无陆军。"②正是在争夺殖民地和势力范围斗争中的这种力不从心的状况，使美国统治阶级从 19 世纪 80 年代起，发展海军的呼声越来越高。

阿尔弗雷德·马汉正是在美国从自由资本主义向帝国主义过渡，"分割世界和重新分割世界的斗争特别尖锐起来的时代"③，针对美国经济实力的巨大增长和国内市场瓜分完毕，以及重新分割世界的斗争日益激烈而军事力量却相对薄弱这两对十分突出、十分尖锐的矛盾，适应垄断资产阶级摆脱国内危机，夺取海外市场，牟取高额利润进而称霸世界的需要，而炮制出了他的"海上实力论"的。

马汉的"海上实力论"是以在美国风靡一时的社会达尔文主义作为理论基础。这个由英国实证主义哲学家斯宾塞倡导，经费斯克、伯吉斯、斯特朗等人在美国广为传播的社会理论，将社会现象与生物现象混为一谈，认为生存竞争不仅是生物发展的法则，也是社会发展的规律。在社会斗争和国际斗争中弱肉强食，优胜劣汰，是合乎规律的现象。马汉站在维护资产阶级利益的立场上把它奉为至宝，用以分析和解释美国的社会矛盾。在他看来，国家和人一样，生存和生长是它的首要规律。有机体生长到一定阶段就需要从外界吸取养分，国家生长到一定阶段就需要向外扩张。这就把美国向外侵略和扩张说成是美国经济发展的必然结果，是国家成长的客观规律。

马汉还分析了当时资本主义列强瓜分世界的形势，指出美国对外扩张的

---

① 参阅 Thomas A Bailey. *A Diplomatic History of the American People.* New York: Appleton-Century-Crofts, 1958: 424-425.

② 1895 年 4 月 18 日埃尔贝特致安诺多急电，鲍·亚·罗曼诺夫：《日俄战争外交史纲》，莫斯科 1955 年版，第 170 页。

③ 列宁. 帝国主义是资本主义的最高阶段. 列宁选集：第 2 卷[M]. 北京：人民出版社，2012：684.

主要目标应是亚洲，特别是中国的广大领土。他认为亚洲正处于停滞、静止状态，缺乏更新的能力，是一具失去了生命只能供解剖和食用的尸体，"老鹰群集于尸体之上是自然法则，对此抗议是徒劳的"[①]。唯一的办法就是以武力为后盾去参加争夺。这就必然要与西欧列强，与在远东大肆进行领土扩张，夺取不冻港的俄国发生冲突。而美国与亚洲中间隔着辽阔的太平洋，这就更赋予海军以特殊的重要性。帝国主义的争夺必然要导致战争。马汉一再强调美国的对外扩张，一定要和其他资本主义国家发生利益冲突，而这种冲突如"两条怒狗相遇"，最后只能用战争来解决问题。马汉认为在任何战争中，海上力量都是起作用的因素，因此他极力鼓吹，为了取得争霸战争的胜利，美国必须建立强大的海上力量。

马汉就是这样从所谓美国生存的规律、对外扩张的要求和争霸战争的需要来论证美国建立强大海上实力的必要性，为美国绘制了一幅依靠海上力量，夺取制海权，重新分割殖民地，争夺世界霸权的蓝图。由此可见，马汉的海上实力论正是当时美国国内外各种矛盾发展的产物，它代表了垄断资产阶级的利益和要求，并从理论上和战略上论证了海上实力在争夺世界霸权中所占的地位和所起的作用。

三

"理论在一个国家的实现程度，决定于理论满足这个国家的需要的程度"。[②]马汉的"海上实力论"一出笼，便受到资产阶级首脑人物的狂热欢迎和舆论界的一片喝彩。当时担任文官委员会委员、后来出任第 26 届总统的西奥多·罗斯福在《海上实力对历史的影响》一书出版后几天就写信给马汉，把这本书吹捧为"非常好的书""绝妙的书"，是一部"经典著作"[③]，美国海军和陆军当局也先后下令大量订购马汉的著作供在职军官阅读。在这一片颂扬声中，马汉的身价倍增，很快就进入了美国谋臣策士的行列，成为美国军

---

① A T Mahan. *The Problem of Asia and Its Effect Upon International Policies*. London Sampson Low, Marston & Co, 1900: 16.

② 马克思. 黑格尔法哲学批判：导言. 马克思恩格斯全集：第 1 卷[M]. 北京：人民出版社，1972：10.

③ Elting E Morison eds. *The Letters of Theodore Roosevel. Vol.I.* Harvard University Press, 1951: 222.

政界，特别是海军中举足轻重的人物。他不仅两度出任海战学院院长，而且在 1898 年爆发的第一次重新分割殖民地的美西战争中，被聘为海军作战委员会五名成员之一。1899 年马汉作为美国海军代表出席海牙和平会议。1906年晋升为非现役海军少将。西奥多·罗斯福离开白宫前任命他为改组海军部报告起草委员会的两主席之一。不仅如此，在马汉的周围还吸引了一批诸如本杰明·特拉西、亨利·卡波特·洛奇和约翰·海等在美国政治生活中颇具影响的人物。通过他们，通过马汉所依附的共和党，以及他本人连篇累牍发表的大量著作，对美国的对外政策，特别是海军的发展产生了巨大的影响。

在马汉的著作问世前，美国就开始了现代化海军的建设。但仍以建造快速巡洋舰为主，将攻击敌方商船队作为主要作战目的。随着马汉的"海上实力论"的提出，关于建立以战列舰为核心的进攻性舰队的思想，逐渐为美国军政界人士所接受。1889 年，马汉的密友和崇拜者特拉西出任海军部长，在马汉的直接影响下，他上台不久便提出建造 20 艘战列舰，60 艘快速巡洋舰，这是内战以来最庞大的造舰计划。[1]他企图组成一支装甲舰队，作为进攻力量。第二年，由特拉西任命的六名海军军官组成的专门研究海军发展的海军政策委员会，又提出了建造各类现代化军舰二百艘的更加庞大的海军长远发展计划，虽因过于庞大，美国财力不胜负担，以及广大人民的抗议而未能实现，但 1890 年国会通过的"海军法"仍然贯穿着该计划为争霸世界而建设一支能够控制公海的远洋进攻性海军的基本精神，批准建造排水量在一万吨以上的三艘大型战列舰，这些军舰构成了美西战争中歼灭西班牙舰队的美国海军主力。

美西战争即将爆发时，为了制定对西作战的战略战术，美海军部特地把正在欧洲访问的马汉调回，作为海军作战委员会的重要成员。马汉不仅在制定作战计划中起了重要作用，而且在战后借总结战争经验为名，继续鼓吹扩大海军，为新的争霸战争做好准备。他说："过去几个月的胜利和痛苦已经使人们看到增加武力的必要，这不仅是为了保持海外领土，而且也是为了保证在作战中及时地使用国家所拥有的潜在的军事的和海上的力量。"他认为"西班牙迅速地、不可避免地屈服，无可辩驳地证明了海军决定海外战争结局时所起的首要作用"[2]。因此，他要求限期建成至少由 20 艘一级战列舰组成的

---

① Harold Sprout eds. *The Rise of American Naval Power: 1776-1918*. Princeton: Princeton University Press, 1944: 206-207.

② A T Mahan. "Lessons of the war with Spain". In Louis M Hacker eds. *The Shaping of the American Tradition, Vol.II*. New York: Columbia University Press, 1947: 882.

太平洋舰队，并加速开凿沟通两洋的地峡运河，以利于海军力量的战略集中。

马汉扩建海军的主张深得美国垄断资产阶级的赞赏，在摩根的亲自参与下，美国钢铁公司、克兰普船舶和发动机制造公司等企业于20世纪初发起成立海军联盟，要求美国政府倾全力发展海军。[①]代表垄断财团利益的西奥多·罗斯福在1901年出任美国总统后，立即把马汉的主张付诸实施。他上台伊始便提出建立一支"规模适当""训练有素""其效率与世界上任何一支海军相当"的舰队。[②]要求国会拨款在1902—1905年间，建造十艘一级战列舰、四艘装甲巡洋舰和其他舰只总吨位共25万吨。在执行造舰计划过程中，罗斯福还专门同马汉研究了增加军舰吨位与增加进攻能力的关系问题。到1908年罗斯福卸任前，美国已建成一支拥有29艘新型战列舰总吨位达61.1万吨的海军，实力仅次于英国，居世界第二。[③]马汉梦寐以求建立一支除英国以外不亚于任何国家的海军的夙愿总算实现了。

马汉在为美国海军在广阔的太平洋和加勒比海上建立支撑点，夺取殖民地，建立军事基地方面也费尽了心机。他根据美国濒临两洋一海的特点，早在19世纪90年代初叶就曾指出，控制沟通两洋的地峡运河这个"生死攸关的战略中心"[④]是控制海洋的关键所在。他认为运河开通后，加勒比海将成为"海上的通衢大道，商业就会大大兴盛起来"[⑤]。美国东西海岸的距离将从2.25万千米缩短为8千千米，这就大大减少了商船、舰队的航行时间，增加了海军作战的机动性，加强了美国同欧洲国家争夺亚洲市场的能力，从而大大改善美国的战略地位。所以他一再叫嚷地峡运河是美国两洋海岸的延长，必须夺取运河区，建立美国对运河的绝对控制。

为了确保对运河地区的绝对控制权，马汉要求美国必须在运河两侧的广大海域建立绝对的海军优势。他强调加勒比海是"我国的主要海疆大西洋和

---

① Donald W Mitchell. *History of the Modern American Navy, from 1883 through Pearl Harbor*. New York: Knopf, 1946: 136.

② James D Richardson ed. *A Compilation of the Messages and Papers of the Presidents, Volume 15*. Bureau of National Literature and Art, p.6663, p. 6664, p. 6762.

③ Frank Moore Colby et al. eds. *The New International Year Book: A Compendium of the World's Progress, 1908*. New York: Dodd, Mead and Co., 1909: 479. 此项数字不包括舰龄在20年以上的军舰。

④ A T Mahan. *The Interest of America in Sea Power, Present and Future*. Boston, 1911: 12.

⑤ A T Mahan. *The Influence of Sea Power upon History, 1660-1783*. Boston, 1903: 33.

太平洋两大洋的战略枢纽"①，因此必须把其他国家所控制的战略基地夺到手。同时，"任何其他国家均不得在距旧金山约 4800 千米的范围内，建立加煤站，这应成为我国不容违背的既定国策"②。这就是说要竭尽全力把欧洲列强的势力从运河两侧的广大海域排挤出去。为此，在 20 世纪初叶，美国利用欧洲列强争夺正酣的机会，玩弄策动政变的卑鄙伎俩，首先攫取了巴拿马运河的独占权利。1911 年美国国会又在巴拿马运河区设防问题上展开辩论。马汉给一家美国报纸写信，力主在运河区修筑炮台，并撰写了一篇题为《巴拿马是国耻的一章吗？》的文章，为美国践踏巴拿马国家主权，霸占运河区的侵略行径辩护。

鉴于太平洋不仅是美国同东方进行贸易往来的通途，而且是大国之间搏斗的重要舞台，马汉指出，美国还必须占领太平洋上的战略要地夏威夷群岛，取得对太平洋的控制权。他危言耸听地说，这些岛屿有朝一日将成为抗击"东方侵略浪潮""保卫西方文明"的"至关重要的阵地"③。因此，在美西战争爆发之前，马汉急不可待地写信给罗斯福，建议海军应先行占领夏威夷群岛，然后再作解释。罗斯福以赞许的口吻答称："如果我说了算数，我们将在明天吞并这些岛屿。"④美西战争中，国会辩论夏威夷问题，马汉出席作证，强调夏威夷在美强占菲律宾后战略地位更为重要。那些贪得无厌的扩张主义分子把马汉的证词奉为金科玉律加以援引，促使美国国会通过了臭名昭著的吞并夏威夷的两院联合决议。美国从西班牙手中夺得菲律宾这块"通往中国的踏脚石"后，更刺激了马汉的胃口。他兴致勃勃地写了鼓吹要与沙俄争夺中国这块肥肉的《亚洲问题》一书，同时，竟公然在海军作战委员会提出的一项报告上签字，建议夺取我舟山群岛作为美国的海军基地，以便伙同英国鲸吞中国的长江流域。⑤

有了一支以战列舰为主组成的强大舰队，又有了海外军事基地作为支撑点，美国自认为海军的羽翼已经丰满，可以对外炫耀武力，"宣扬国威"了。

① Allan Westcott, eds. *Mahan on Naval Warfare: Selections from the Writing of Rear Admiral Alfred T Mahan.* Boston: Little Brown, 1918: 112.

② A T Mahan. *The Interest of America in Sea Power, Present and Future.* Boston,1911: 26.

③ 马汉：1893 年 1 月 30 日致《纽约时报》函。A T Mahan. *The Interest of America in Sea Power, Present and Future.* Boston, 1911: 31.

④ Elting E Morison eds. *The Letters of Theodore Roosevel, Vol.I.* Harvard University Press, 1951: 607.

⑤ William Reynolds Braisted. *The United States Navy in the Pacific 1897-1909.* Austin: University of Texas Press, 1958: 76.

所以到了 20 世纪初美国海军便不断演习进行战争恫吓,践踏别国主权,镇压民族解放运动的丑剧。1904 年 5 月,罗斯福派出由六艘战列舰和八艘巡洋舰组成的北大西洋舰队直驶直布罗陀,在那里逗留了三个月之久。这是现代化的美国海军第一次在欧洲水域显示自己的实力。欧洲和美国的一些报刊认为这是罗斯福推行帝国主义政策的新标志。[①] 1907 年罗斯福派出一支由十六艘战列舰组成的舰队,举行了一次绕过合恩角,横渡太平洋,直穿苏伊士运河,跨越大西洋,历时 14 个月,航程 4.6 万英里的环球武装大示威。[②]这是美国称霸世界野心的一次大暴露。

在八国联军入侵中国的行动中,美国的海军陆战队远涉重洋参战,在美国殖民扩张史上写下了血腥的一章。美国在拉丁美洲的侵略活动尤为猖獗。它出动军舰和海军陆战队入侵墨西哥,占领尼加拉瓜和多米尼加,策动海地政变,仅据不完全的统计,从 1898 年起的 35 年中,美国在拉丁美洲犯下的重大武装侵略罪行达 23 起之多。

自从马汉的"海上实力论"问世以来,美国海军得到快速发展,侵略战争和海外扩张活动不断,这不仅给世界人民带来了巨大的灾难,而且也给美国人民带来了更为沉重的负担。从 1885 年起,在三十多年的时间里,美国海军军费增加了一百倍。[③] 美国对外侵略扩张活动不但激起了国内外广大被压迫人民和被压迫民族的坚决反抗,而且也使美国同其他帝国主义国家的争夺更加激烈。作为"金融资本的政策和意识形态"[④],为解决国内外各种矛盾而提出的"海上实力论",非但没有解决这些矛盾,反而"加强了夺取殖民地的趋向"[⑤],使这些矛盾更加激化。

历史已经过去半个多世纪,在风云变幻的世界舞台上,一切妄图控制海洋,欲称霸世界的资本主义国家、军国主义分子都把马汉的"海上实力论"奉为经典。英法德日等国是这样,沙俄也不例外。马汉的著作不仅被俄国军

---

① Seward W Livermore. The American Navy as a Factor in World Politics, 1903-1913. *The American Historical Review*, 1958, 63(04): 863-879.

② William Reynolds Braisted. *The United States Navy in the Pacific 1897-1909*. Austin: University of Texas Press, 1958: 205-213;Joseph Bucklin Bishop. *Theodore Roosevelt and His Times, Vol. II*. New York: Scribner, 1920: 64-68.

③ Jean Baptiste Duroselle. *From Wilson to Roosevelt: Foreign policy of the United States, 1913-1945*. London: Charro & Windus, 1964: 9.

④ 列宁. 大国瓜分世界. 列宁选集: 第 2 卷[M]. 北京: 人民出版社, 2012: 647.

⑤ 列宁. 大国瓜分世界. 列宁选集: 第 2 卷[M]. 北京: 人民出版社, 2012: 647.

界奉为"海军的圣经",而且由于沙俄的海军理论家,尼古拉伊·克莱多(1861—1919 年)把它应用于俄国而在宫廷和政界得到了广泛传播。克莱多关于俄国必须拥有一支战列舰舰队的主张,很快为尼古拉二世所采纳。在称霸世界的野心驱使下,俄国也迅速建成一支"真正的"远洋进攻性海军。[1]到20 世纪中期,苏联更是为了攫取海底资源,控制海外石油和其他原料产地,霸占军事基地和重要港口,在未来的争霸战争中切断美国的海上战略通道,重新以海上实力论当作全球战略的重要理论依据。戈尔什科夫极力鼓吹"不掌握海军力量,一个国家就不能长期保持其大国地位"[2],苏联海军应以"完全控制海洋"[3]为目的,"现代海军的基本素质之一是它的万能性"[4]等论调。

正是在这种思想指导下,苏联当局以巨额金钱大力扩建海军,发展海上武装力量,建立了一支在强大的水面舰只掩护下,以导弹核潜艇为主要突击力量,"能够担负攻击性战略任务的远洋舰队"。据《简氏战舰年鉴》的统计,1976 年苏联拥有的潜艇数为美国的三倍,配备有远射程导弹的水面舰只的数量也遥遥领先,即使还处于落后状态的航空母舰方面,近几年来,由于苏联大力发展此类舰只,差距正在缩小。总之,苏联已经把过去那种近海防御性的海军,建设成了一支远洋进攻性海军,其拥有的实力已能同美国相抗衡。

然而,历史毕竟已经前进了半个多世纪,全世界五大洲、三大洋反帝反霸斗争正蓬勃发展。国家要独立,民族要解放,人民要革命,已成为历史不可抗拒的潮流,无论是马汉的"海上实力论"还是戈尔什科夫改头换面的"海军万能论",都挽救不了它们必然失败的命运。

（合作者李元良）

---

[1] Donald W Mitchell. *A History of Russian and Soviet Sea Power*. London: A Deutsch, 1974: 198-119.

[2] Gorshkov. *Die Rolle der Flotten in Krieg und Frieden* (German Edition). Munich: J F Lehmann, 1975: 12.

[3] Gorshkov. *Die Rolle der Flotten in Krieg und Frieden*, p.516.

[4] Gorshkov. *The Sea Power of the State*. Pergamon Press, 1979.

60 年代美国青年的反主流文化^①

20 世纪 60 年代是风雷激荡的年代。太平洋彼岸的北美大陆卷起了民权运动和反主流文化的风暴，欧洲、大洋洲、非洲的学生运动风起云涌，一下子全球都进入狂乱的年代。事隔三十年，历史学家还未能以确凿的事实告诉我们这些事件之间是否有必然的联系，但在日常生活中我们却不难发现这场风暴留下的印记。其中，发生在美国的青年反主流文化具有独特的魅力。

反主流文化（Counter Culture）所"反"的是第二次世界大战后在美国流行的美国生活方式。这种生活方式的核心是获取和保持美国中产阶级的政治自由和舒适的生活。冷战期间，经历过大萧条和战争的老一代美国人，以同政府保持一致为代价，来换取他们的安全和稳定。二战后成长起来的年轻一代，再也不能容忍这种一致性了。为什么会出现这种情况呢？我们还得从第二次世界大战后美国的社会状况和 50 年代中期开始的民权运动说起。

二战期间和二战后，大批美国黑人从农村进入城市，从南方来到北方。这一方面是美国南部农业机械化，特别是摘棉机的广泛使用取代人力造成的；另一方面，也是战争期间大公司和国防企业招募劳动力的结果。美国是一个标榜"民主"、自由的国家，同时又是一个有过黑人奴隶制的历史和种族主义猖獗的国家。大批黑人进入城市后，备受种族歧视之苦，奋起反抗。1955 年 12 月亚拉巴马州蒙哥马利市爆发了黑人反对乘坐公共汽车种族歧视的斗争，揭开了民权运动的序幕。黑人青年牧师小马丁·路德·金（Martin Luther King JR., 1929—1968）在这次斗争中崭露头角，后来成为民权运动的著名领导人。1960 年在南方的一些城市爆发了反对餐馆中种族歧视的"静坐示威"运动。1961 年又爆发了反对在公共交通设施中种族歧视的"自由乘客"运动。黑人的这些斗争吸引了不少白人青年特别是青年学生参加。他们在实践中对于美

---

① 原文载《读图时代》第三辑，百花文艺出版社，1999 年。

国民主制的阶级实质有了认识，建立了"学生非暴力协调委员会"与黑人一道进行斗争。1963 年 8 月 28 日，在首都华盛顿举行有 28 万人参加的"自由进军"把民权运动推向高潮。小马丁·路德·金牧师在大会上发表的《我有一个梦想》的演说，成为民权运动一份纲领性文件。他所参加的"南方基督教领袖会议"是民权运动最有影响的黑人组织之一。他所鼓吹的非暴力主义为一大批追随者所接受，产生了广泛的影响，以致他本人成为 1964 年的诺贝尔和平奖获得者。以马尔克姆·爱克斯（Malcolm-X，1925—1965）为代表的激进的黑人领袖，认为美国社会是一个暴力社会，黑人必须以暴抗暴。从 1964 年起，美国城市中不断发生警察暴行和黑人抗暴事件。1968 年 4 月 4 日小马丁·路德·金牧师在田纳西州孟菲斯城遇刺殒命，激起了席卷全国的抗暴斗争。西海岸的黑人创建的黑豹党，主张黑人有权决定黑人社区的命运。要求黑人根据美国宪法第二条修正案赋予的携带武器的权利，组成黑人自卫组织，与种族主义的警察力量周旋。最终被美国联邦调查局以软硬兼施的手段镇压了下去。

争取黑人平等权利的民权运动带动了美国的学生运动。激进的学生组织"学生争取民主社会"自 1961 年建立之日起，就卷入了民权运动。1962 年 6 月该组织在密歇根州的休伦港召开全国代表大会，通过了著名的休伦宣言。宣言对战后居于主流地位的自由主义意识形态提出了挑战，尖锐地批评了美国社会存在的弊端，指出黑人在美国南方和北方大城市中的生活状况说明，"人生来就是平等的"是一派空言。美国所宣布的和平愿望同冷战的经济、军事投资的事实背道而驰。宣言认为在美国出现的贫困与利润同时增长的现象是军事—工业复合体一手造成的。宣言要求美国政府改变对苏联的冷战外交政策，缓和国际紧张局势，主张美国单方面裁军。宣言认为新左派学生的任务是在学校中推进改革，在全国唤醒公众，这样就可以建立一个以分享民主制为基础的新社会。"学生争取民主社会"1963 年发表的第二个宣言，题为"美国与新时代"，揭露肯尼迪政府是由公司自由派的政治精英人物组成的，同时也批评了共产党的不民主。宣言声称，工人阶级已不能完成变资本主义为社会主义的使命，主张用全体人民参加的民主制代替工人的反抗斗争。他们还提出了新工人阶级的概念，认为受过教育，从事专业技术和管理工作的人员构成了新工人阶级，将在今后的斗争中发挥主要作用。"学生争取民主社会"与其他组织于 1965 年起，投入了反对美国侵略越南战争的活动，从组织声势浩大的反战示威游行到组织校园的反战活动，抵制征兵，与美国权势集团直接发生对抗。1968 年发展为占领学校办公楼、实验室的校园暴动，在华盛顿、伯克利、麦迪逊等城市还发生了街头枪战。1970 年 4 月 30 日，尼克松总统悍然宣布入侵柬埔寨，使学生的反战运动达到高潮。在侵柬后的 6 天内，每天平均有 20 所新学校参加罢课。5 月 4 日俄亥俄州肯特学院 4 名学生被国民警卫队杀害，消息传开，当天就有 100 所院校参加罢课。到 5 月中旬，参加罢课罢教的学校超过 500 所，5 月底达 900 所，占全国 2872 所高校的 1/3。全国大学生 800 万人，教师 35 万人，有一半积极参加了这一斗争。

与民权运动、学生运动、反战运动风暴同时而来的是一场文化的急风暴雨——青年一代的反主流文化粉墨登场。它的成员，易比士（Yippie）和嬉皮士（Hippie）绝大多数来自美国白人中产阶级家庭，与民权运动的活动分子与虽然并不完全重合，但反主流文化却代表了一个时代——60 年代一整代人的风尚，是这一代人对社会不满，向现行社会制度和现代价值观念提出挑战在文化上的表现。如果说新左派和他们所发起及参与的社会运动代表着年轻一代积极的反抗精神，那么反主流文化则主要反映了他们的消极遁世思想。辍学，过公社群居生活，鼓吹并实行性解放，反常的发型、服饰和外表，跳摇摆舞、吸毒、开大型摇滚音乐会、朗诵狂嚎乱叫的诗歌等，构成了反主流文化的主要特征。

罗斯扎克（Theodore Roszak，1933—）的《反主流文化的形成，对技术社会及青年反抗的反思》（1969）是反主流文化的一个纲领性文件。此书开章明义，强调青年人与成年人之间的抗争是西方社会的一个明显的特点。当前所发生的一切，主要是青年一代在政治、教育、艺术、社会关系（爱情、家庭、社区）等方面所作出的与他们的父辈相异，具有挑战性的创造，以及那些为青年一代写成的著作所引发的。从这个基本命题出发，作者详尽地考察了对于青年反主流文化最具影响的一些作者的著作，包括：社会思想家赫伯特·马尔库塞（Herbert Marcuse）、诺曼·布朗（Norman Brown）、保尔·古德曼（Paul Goodman），宗教哲学家爱兰·瓦茨（Alan Watts），诗人艾伦·金斯伯格（Allen Ginsberg），幻觉剂实验研究者梯莫西·里瑞（Timothy Leary）。该书特别详细地说明，每位作者如何对于科学界的常规观点质疑，从而破坏了技术决定论的基本信念。罗斯扎克认为，新左派是用参与性的民主制来解决技术专家专政的问题，嬉皮士认为，这并不能解决问题。只要客观意识（objective consciousness）的观念还在控制社会，技术专家对社会的控制就永远不会消失。嬉皮士崇尚老庄的"绝圣弃智，天下大治"的思想，认为只有

"无为而治"的社会才能使公民的个人尊严得到保证。罗斯扎克明确指出，我们所面临的问题不是如何认知，而是将如何生活。反主流文化的主旨是试图寻找一个新的奇妙的广大天地，在那里对技术专业知识的需要，在人类生活中将退居从属和边缘地位。

这是一种奇特的激进主义，号召回到史前时期，从中取得精神力量。嬉皮士们离开城市和郊区，到偏僻的农村组织"群居村"，体验乌托邦的生活方式。出身于中产阶级家庭的莉萨和汤姆·劳（Lisa and Tom Law）夫妇原来与艺术界的一些友人住在洛杉矶一栋被称作"城堡"（Castle）的宅第里，积极参加了多种反主流文化和反对美国侵略越南战争的活动。1968 年，他们前往新墨西哥州的阿罗优·洪都，在那里参加了 1967 年建成新布法罗公社。自己动手建造住房，开荒种地，收割作物。在那里生下了他们的第一个孩子。他们集体练习印度的瑜伽功（yoga），洗温泉浴，巡回演出反战的街头剧，向周围的印第安人部落解释他们的生活方式。沉思冥想，他们把信奉犹太—基督教以外的宗教，追随东方神秘主义，吸食产生幻觉的毒品作为扩展个人意识的重要途径。莉萨写道："我们 15 个人住在一起，每个家庭有一间房屋、一间厨房和公社活动的房间。我不能说我很欣赏这种生活。看起来，妇女总是比男人干更多的杂活。男子们玩乐器、抽烟、砍木头、修理车辆。无隐私可言，这是一个考验。"1968 年 4 月，在马萨诸塞州莱顿的农村，有 7 名辍学的大学生建立了"莱顿公社"。他们的生活很简单，实行男女分居制。从自制木屋旁的小溪中取水，食品主要是马铃薯、玉米、大豆。用烧木柴的灶取暖做饭。工作与闲暇自行安排，穿插进行。他们的格言是"团结"。类似的群居村主要建于旧金山的衿树岭地区、洛杉矶的日落带和纽约的东村。到 1970 年，全国各地建成了 200 多个群居村，成员达 4 万人。群居村实行财产、子女乃至性爱的公有制，注重教育和环境保护，群居村的活动一直继续到 80 年代。

反主流文化的另一代表作是雷希的《美国的年轻化》这本书认为"我们应该要求意识上的变化"，要有新的头脑、新的生活方式和新人。雷希认为美国现代社会有三类不同的意识：第一类是美国农民、小企业主和想向上爬的工人的传统的世界观，经过一系列的社会改革运动，这在事实上已经成为不可能的了。该书称之为丢掉了的现实。第二类代表着有组织社会的价值观，是罗斯福"新政"的产物。它相信美国的问题有可能通过个人和私人企业对公共利益承担更多的责任来解决。最重要的是，要采取更坚定的政府行为去计划、管理。结果是人在有组织的社会中丢掉了自我。第三类是新一代的意识。这种意识来源于一种"背叛"感，来源于对现存一切事物的怀疑。它从自我开始，最重要的概念是个人负责。这是一种新的生活方式和新文化的创造过程。 在衣着方面，它要求的不是奢华而是方便，能适应一切场合，能表现民主观念和个性。在人生观方面，它不像老一代人那样，以个人在社会阶梯上升为目的。新一代人把人生看成是一系列的目标和选择，是一种自我实现。在现代社会里，能达到自我实现标准的工作为数寥寥。在音乐、文学、艺术等方面，新一代希望的是交流、沟通。他们喜欢的是披头士、摇滚乐。在音乐会上服用毒品，引起幻觉，台上台下，载歌载舞，融为一体。雷希认为，意识最深刻的根源在于自然，在海滨，在森林，在高山。新一代意识最本质的东西是自我的重新发现。新意识最重要的功能在于创造一个适合人需要的社会。

音乐与诗歌确实能够比较直接地说明反主流文化的特点，摇滚乐与 60 年代的青年结下了不解之缘，而且这种密切的关系一直继续了下来。摇滚音乐兴起于 50 年代，是美国南部黑人音乐与西部白人乡村音乐的一种混合。前者包括带有伤感性有节奏感的布鲁斯、福音音乐，后者指来源于英国乡村的民间音乐和美国西部音乐。1955 年歌星哈雷（Bill Haley）的一首歌《昼夜摇滚》（Rock Around the Clock）以它的激情、重节拍、殷切的舞蹈要求和抒情动作引起轰动。由于纽约市广播电台的唱片音乐主持人小亚兰·佛里德（Alan Freed Jr.）将曲名简称为"Rock"意思是"摇动"，同时在黑人俚语里又有"跳舞""性爱"的含义，摇滚乐的名称由此传开。摇滚乐的歌词大多与学校生活、年轻人的恋爱和汽车有关。英国的披头士乐队（亦作甲壳虫乐队）60 年代到美国表演，被称为"英国入侵"，他们演出的《昨日》（yesterday）、《随它去》（let it be）等歌曲征服了美国青年，对摇滚乐的推广起了重要作用，使它成为 60 年代青年文化的通用语言。美国的滚石乐队（Rolling Stones）、金斯顿三人演出小组（Kingston Trio）、玛丽三人组（Mary Trio）、歌星鲍勃·狄伦（Bob Dylan）以他们高昂的情绪，震撼人心的节奏，震耳欲聋的打击电子乐器和节奏奏出了青年一代的心声，发泄了他们积郁经年的苦闷。其中，旧金山的杰弗逊·埃尔普兰乐队（Jefferson Airplane）在唱词中讴歌毒品，号召青年尝试麻醉致幻剂，借以发泄他们对社会的不满，表达他们的抗议，被称为疯狂的摇滚乐。1969 年 8 月 15—17 日在纽约州伍德斯托克（Woodstock）附近举行的有 50 多万人参加的艺术音乐会，把摇滚音乐推到了顶点。这三天，大雨滂沱，场地泥泞，与会者赤身裸体，狂歌乱舞，自我放纵，乱交，喧嚣，大量吸食毒品。这次大会使数以千计的青年人体验到所谓的公社精神，他们第一次感受到人群数量的力量。服装和乐器制造商与政客们则注意到正在成长的青年一代的市场。四个月后在旧金山举行的滚石乐队的音乐会则以四人死亡告终，其疯狂可见一斑。

　　跨了一代的代表人物金斯伯格（Allen Ginsber，1926—）的诗作是反主流文化的先声。他出生于纽约市，1948 年毕业于哥伦比亚大学，1955 年到伯克利攻读研究生，在一次诗歌朗诵会上，他在光天化日之下脱光衣服朗诵他的长诗《狂嚎》赢得了狂热的喝彩，从此名声大噪。他的诗赞美毒品，提倡同性恋，对物质文化表达了极度的蔑视，非常适合嬉皮士的口味。金斯伯格本人于 60 年代参加反战运动而且是 1968 年民主党全国代表大会抗议活动的组织者。诗人辛德尔（Gary Snyder，1930—）出生于西雅图贫苦农民家庭，在印第安纳大学学习语言学，后到伯克利学习东方语，与金斯伯格结识。1956—1964 年间在日本一修道院钻研禅宗。他说，"作为一个诗人，我掌握了世间最古老的价值观。这些古风可以追溯到旧石器时代：土地的肥力，动物的魔力，权力观落落寡合，恐怖的加盟和再生仪式，心醉神怡的爱情舞蹈，部落的共同劳作"，这些价值观体现在他的诗作《神话与经文》《隐逸的乡村》中。小说家诺曼·梅勒（Norman Mailer，1923—）《白色黑人》被看作嬉皮士运动的宣言。

　　按照反主流文化的逻辑，清教和维多利亚时代两性关系的道德准则，正常的婚姻关系理所当然地在他们的反对之列。性解放、同性恋的闸门一经打开，人欲横流，一发不可收拾。吸食毒品是酗酒和吸烟的继续。麻醉意志，摆脱苦恼；追求快感，沉溺于幻景，是吸毒的两大动因，它成为音乐演奏和诗歌创作、朗诵不可或缺的伴随物。毒品的非法性，更增加了对青少年的吸引力。毒品泛滥是反主流文化带来的一个严重后果，已成为西方社会难以医治的社会病。一位英国作家在总结反主流文化时说得好："这并非一场革命，只不过是娱乐行业的表演。在当时，年轻的一代对于他们从未参加创造的世界产生了周期性的厌烦，感到孤独、愤慨。这些第二代的超级儿童和他们的双亲一样，并不要求这个世界做多少改变。伯克利市的电报大街（反主流文化的象征）的确只是纽约麦迪逊大街（美国企业文化的象征）的孩子。"

美国的历史从这里开始

——詹姆斯敦和威廉斯堡露天博物馆[1]

美国是一个年轻的国家，有文字记载的历史还不到五百年。来自英国的殖民者在这块大陆上定居不到四百年。1607 年是美国小学生都记得的重要年代。这一年的 5 月 13 日从泰晤士河起锚的三艘帆船，在弗吉尼亚的詹姆斯河口抛锚，英国殖民者在这里登陆，建立了詹姆斯敦。美国历史由此发端。这三艘帆船的残骸已经找不到了，詹姆斯敦的遗址也因河流改道荡然无存。为了缅怀前辈创业维艰，根据有关历史记载，弗吉尼亚文物保护协会和美国联邦政府在约翰·史密斯船长率领 105 名男性移民登陆处原址（已被河水淹没）附近修建了一座露天博物馆，使当年披荆斩棘的情景再现于观众面前。应美中关系全国委员会的邀请，我们在美学习、访问的十几位史学工作者于 1982 年 12 月参观了这个著名的美国历史遗址。

露天博物馆的一个重要组成部分是观众中心。它提供游览信息，向观众介绍露天博物馆的全貌。最使人感兴趣的是经过历史学家考订的一份第一批登上美洲大陆的英国移民名单。名单说明了由于饥饿和疾病，这 105 人只有 32 人幸存下来。幸存者的后裔分布各地。

詹姆斯敦是以英王詹姆斯一世的名字命名的，组织殖民开发的弗吉尼亚公司也是詹姆斯一世批准建立的。因此，观众中心展出了王室成员的肖像和服饰。为了说明弗吉尼亚在美国历史上的地位，展厅内还悬挂着九位生于或祖籍弗吉尼亚的美国总统肖像。他们是：华盛顿、杰弗逊、麦迪逊、门罗、威廉·亨利·哈里逊、约翰·泰勒、扎卡里·泰勒、威尔逊及祖籍弗吉尼亚的第 23 届总统本杰明·哈里逊。最使观众向往的当然是那三艘把第一批移民

---

① 原文载《外国历史知识》，1986 年第 9 期。

运到新大陆的船只了。船只复原物停泊在河湾里，最大的一艘"苏珊·康斯坦特号"，排水量不过 100 吨，"幸运号" 40 吨，最小的"发现号"仅 20 吨。解说员穿着 17 世纪英国水手服，向人们介绍船只的结构和船上生活情况。

　　詹姆斯敦是由詹姆斯堡发展起来的。这是一座呈三角形的城堡。但与其说是城堡，不如说是有木制栅栏作为防御工事的庄院。清一色的茅草顶、泥板墙的房屋说明早期移民的生活异常艰苦。北美大陆并非他们原来所设想的那样是盛产金银的乐土，而是一片疟疾猖獗的不毛之地。他们靠印第安人种植的那两种作物玉米和烟草生存下来，并得以发展。玉米使他们免遭饥饿的折磨，烟草使他们的经济繁荣。当时最需要的是有专门技术的工人，以及木匠、石匠、铁匠、园丁和有经验的农民。而第一批移民主要是没落的绅士和被释出狱的罪犯，真正的手艺人寥寥无几。1608 年底，纽波特船长带来八名能够制造玻璃、沥青、焦油和钾碱的技术工人，他们是波兰人和德国人。意大利的吹玻璃工和德国的锯木工接踵而至。同年，北美大陆上第一个玻璃作坊建成。复原的玻璃作坊坐落在离詹姆斯堡不远的地方，一位现代美国人手持 17 世纪的工具，按照当时的工艺过程制作玻璃器皿。观众可以观看，也可以向他提出感兴趣的工艺问题。

　　在那艰苦的岁月里，宗教生活起着精神支柱的作用。在詹姆斯堡内有一个用茅草和泥板盖成的简陋的教堂，约翰·史密斯说它"像一个家用的谷仓"，所有的宗教仪式都由伦敦派来的英国圣公会的罗伯特·亨特牧师主持。1608 年 1 月，这座茅草教堂建成不久就被大火化为灰烬。殖民者在寒冷的冬天，又动手修建起一座新的茅草教堂。詹姆斯敦保存下来的唯一砖砌建筑物则是建于 1639 年的爬满常青藤的教堂塔楼，占地 18 平方英尺，基墙厚 3 英尺，原高 46 英尺，共三层；顶层有 6 个窗户，既可使室内光线充足，又足以使塔楼的钟声传播四方。1907 年在塔楼后面建成一座纪念性的教堂，1617 年建成的第一座教堂的鹅卵石和砖砌房基就在教堂里面，罩以玻璃，作为文物陈列。北美大陆上第一个代议制议会（1619 年 7 月 30 日至 8 月 4 日）就是在这座教堂里举行的。美国历史学家大多认为弗吉尼亚议会的召开，与五月花号公约的签订具有同等重要的意义，它们都标志着美国民主制度的诞生。教堂东是约翰·史密斯船长的塑像，右手持圣经左手抚剑柄，神态威严，使人能够想象出他临危不惧、指挥若定、团结土著居民渡过难关的情景。教堂的西面耸立着美国政府为纪念首批移民登陆三百周年而建立的尖塔式的纪念碑。教堂南侧有一尊印第安女子波克洪塔斯的塑像，她是印第安酋长波哈坦的女儿，相传是史密斯船长的救命恩人，曾帮助白人移民度过饥荒。

在早期美国历史上有两件大事就是在詹姆斯敦发生的。第一件是 1619 年一艘荷兰商船从西印度群岛运来了 20 多名黑人，作为奴仆出售，这是北美奴隶制的开端。另一件大事是 1675 年的培根起义，出于对总督的仇恨，起义者纵火焚毁了詹姆斯敦。这两件事虽在旅游指南中提到了，但并没有通过实物得以反映。1699 年，弗吉尼亚首府迁往威廉斯堡，揭开了新的一页。

和詹姆斯敦一样，威廉斯堡因英王威廉三世（1650—1702）而得名。从 1699 年到 1787 年，威廉斯堡一直是弗吉尼亚的首府。许多著名的美国革命领袖，如乔治·华盛顿、托马斯·杰弗逊、佩特里克·亨利、詹姆斯·麦迪逊，都在这里留下过他们的足迹。今日威廉斯堡的人口（包括威廉玛丽学院的学生在内）只有 1.1 万人，但它却因为经过 30 多年的努力，在 170 英亩土地上，以大量的文献资料为根据修复和重建了 500 多幢 18 世纪的公私建筑，把二百年前的社会风貌栩栩如生地展现在人们眼前而闻名于世。在这里，人们看到的历史画面是比较完整的，从议会、法院、监狱、总督府、军械库、旅馆、商店、手工作坊、学校、医院、教堂，直到私人住宅、花园，各类建筑物，虽不能说应有尽有，也称得上颇有规模了。论人物，在这里可以见到衣着豪华、气宇轩昂的总督，身着长裙、举止典雅的贵妇人，笑容可掬、彬彬有礼的店员和侍者，技术熟练、答问如流的手工工人，头戴黑色帆船帽、身穿棕色长坎肩的狱卒。当然，所有这些人物都是由露天博物馆的工作人员扮演的。这里的环境、气氛，人们的谈吐、举止都是 18 世纪的样式，尤其可贵的是还恢复了多种手工业品制作的工艺过程。旅馆、饭店、商店的陈设和供应，也都遵照 18 世纪的格局。为了保持时代的气氛，所有暴露于外的现代设施如电缆、电线都埋入地下，管道、龙头也都隐蔽起来。为了恢复历史的本来面貌，殖民地威廉斯堡的经营者真可谓煞费苦心。

这一切是怎样开始的呢？修复威廉斯堡的设想最早是由一位名叫古德温的牧师提出来的。这位醉心于美国早期历史和文化的饱学之士，经过细心的观察，发现威廉斯堡有许多年久失修的 18 世纪建筑，有些虽已是断壁残垣，但基础犹存，且有资料可查，修复并非难事，问题在于经费来源。他曾写信给亨利·福特，希望这位兴建春田露天博物馆的汽车大王能够提供资助，但信如石沉大海，一直没有回音。古德温没有泄气，又给约翰·洛克菲勒二世去信。这位热心艺术事业，为维修凡尔赛宫、枫丹白露宫曾向法国政府捐赠过 285 万美元巨款的石油大亨概然应允。他授权古德温用"戴维神父"的名义把地皮买下来。修复和重建工程于 1928 年开始，根据从哈佛请来的专家们的建议，把时间下限定在 18 世纪 90 年代。第一步工作把 1790 年以后建成的 720 栋建筑物统统拆掉，并且尽可能清除一切现代痕迹，为此原经此地由俄亥俄通切萨皮克湾的铁路也改道而行。第二步是修复未受严重破坏的 88 栋建筑，包括 38 栋住宅，8 栋公共建筑，36 栋附属建筑（如牛酪作坊、熏肉房），2 家酒馆和 4 家商店。第三步是重建只剩下地基的 341 栋房屋。这是最困难的一项工作。专家们翻阅了大量的文献资料、地图、草图、旧照片、日记、遗嘱……最有价值的资料是保存在威廉·玛丽学院由法国人于 1782 年绘制的一张威廉斯堡地图，这幅地图显然是为罗尚博将军的部队驻防用的，标出的建筑物方位比较准确。研究人员玛丽·古德温在牛津大学博地来安图书馆发现的一个铜盘子，也是一件重要的文物佐证。盘上刻有议会会堂，总督府和学院大楼，铜盘藏于马萨诸塞历史学会。杰弗逊任弗吉尼亚州长时亲手绘制的总督府平面图，则为修复总督府提供了非常宝贵的资料。除了搜集大量文献资料外，还对詹姆斯河沿岸的旧建筑作了仔细的勘测、测量照相。工程进行期间，洛克菲勒二世每年都要在威廉斯堡住上两个月。他手持皮尺，亲自参加丈量，力求做到方位准确无误，耗费资金也在所不惜。一次，建筑师们发现一座已经竣工的建筑偏离原址 6 英尺，洛克菲勒二世立即命令拆掉重建，他说："不能让任何一个学者在我这里挑出毛病来。"每当我和美国友人谈起威廉斯堡，特别是提到洛克菲勒的这句话，往往引起一番讨论。大家都同意应该按照历史的本来面貌修复历史遗址，问题在于什么是历史的真实。位置不差毫厘，形式照原样复原是历史的真实。然而，看了威廉斯堡，走在平坦整洁的大街上往往使人产生一个疑问：当年的威廉斯堡果真是这样的吗？没有污秽，看不到垃圾和泥泞的小道？人们甚至会问那里黑人仆役、在种植园里辛勤劳动的奴隶哪里去了。听说当地史学工作者正在作出努力，解决这个问题。

　　修复和重建的公共建筑比较重要的一幢是总督府（独立后是州长官邸），一共有七位皇家总督、两位州长在这座乔治式的楼房中居住过。其造型酷似英国土地贵族的乡村宅邸。有栏杆的屋顶和两端的灯塔显然是受威廉三世带来的荷兰建筑风格的影响。府前正面的花园整齐、规则，具有文艺复兴的风味。主建筑两旁的洗衣房、井栏、熏肉房、盐库告诉人们这是一幢只有在南部殖民地才能看到的种植园主宅第。有趣的是观众在参观总督府前要学习一下谒见总督的礼节。妇女两手提裙微微下蹲；男子左臂拦腰右臂后摆行鞠躬礼。访问者先由司阍通报，出来接见的副总督身着白色绣花衬衣，罩以圆领蓝色外套，口操 18 世纪英语，神态严肃。

议会会堂在公共建筑中的重要性并不亚于总督府。它是美国早期民主的象征。从 1704 年到 1780 年弗吉尼亚议会一直在这里举行会议。乔治·华盛顿曾在这里得到议员们的喝彩，他自己也作为一名议员在这里度过了十六个春秋。帕特里克·亨利曾在这里慷慨陈词，痛斥印花税法。乔治·亨利·麦迪逊起草的《弗吉尼亚权利宣言》是在这里通过的。这座著名的建筑历经磨难，1747 年、1832 年两度毁于火灾。1934 年按 1753 年模式重建，落成典礼时弗吉尼亚州议会参众两院在这里举行联席会议以示庆贺。

作为法律和秩序的象征，法院和监狱是地方政权的重要组成部分。值得玩味的是这两幢 18 世纪的建筑全都完好地保存下来。1770 年建成的弗吉尼亚法院原址由威廉斯堡和詹姆斯敦法院使用到 1932 年；1704 年就开始关押犯人的公共监狱则沿用到 1910 年。殖民地时期暴力机关的矛头主要指向印第安人、黑人奴隶、逃亡的契约奴和杀人越货的海盗。刑罚是残酷的，包括鞭打、烙火印、断肢、绞刑。监狱前摆着的一排刑具，一种固定的木枷，可以把犯人的双臂和领部枷住，两腿则跪在木橛上。为了体验受刑的滋味，好几位同行旅伴把头、臂伸进木枷，拍照留念。我也如法炮制了一张。无奈站在旁边的狱卒笑容可掬，每当把这张照片向友人出示，总不免引起一阵哄笑。独立战争期间，这个监狱关过英国官兵、效忠派、间谍、叛徒。英国西北领地的总督亨利·汉密尔顿也在这里尝过铁窗滋味。

整个威廉斯堡给人留下的印象是，两百年前的殖民地社会已经渗透着"民主""法治"的精神。对于威廉斯堡露天博物馆的评价各有千秋。激进派的史学家批评威廉斯堡的修复者企图把管理现代大公司的那种有条不紊的气氛硬塞给威廉斯堡，为了现代而美化过去。自由派的史学家认为威廉斯堡的不幸之处在于被冷战的鼓吹者用作了宣传工具。洛克菲勒家族的成员则鼓吹威廉斯堡的重要性在于它给人们上了一课，让美国人懂得"先辈们为了公益事业而表现出来的爱国主义、高尚的目的和无私的献身精神"。

美国高校图书馆的信息共享空间建设[①]

近来，国外大学图书馆 Information Commons（信息共享空间）的建设引起了国内同行的关注[②]。事实上，Information Commons 在国外图书馆发展已有十余年的历史，早在 1992 年，美国爱荷华大学哈定图书馆（University of Iowa，Hardin Library）投资 75 万美金建立了名为 Information Arcade 的 IC[③]，此举得到了国际范围的热切关注，并因此赢得了美国图书馆协会 1994 年未来奖[④]。

Information Commons（简写为 IC，或 ICs），一般译为信息共用，以信息共用理念引导在图书馆中设置的 IC 一般译为信息共享空间。

在图书馆，IC 是一部分规划空间，在这里，信息存储、处理、输出与通信设施、资源、信息分析工具、文件管理工具及提供全程服务的咨询人员被有机地整合为一体，为用户提供从获取信息到形成最终产品的持续性的一站式服务。IC 为图书馆提供了一种以服务创新辅助知识创新的解决方案。

IC 对图书馆的挑战是，设计一种服务于完整的学术过程的连续体，将培训读者的信息检索、信息识别与分析处理能力、使用相关软件及设备设施、对信息进行加工处理技能、知识的表达展示等整个信息获取与知识创造的过程连接起来。

美国研究图书馆协会 2004 年公布的调查报告表明，在其成员馆中开展

---

① 原文载《现代情报》，2007 年第 4 期，第 76-78+82 页。

②李平. Information Commons：一种新的研究型图书馆服务模式[J]. 图书情报工作，2005，49（04）：40-43；邬宁芬. 信息共享空间：大学图书馆的机遇与挑战[J]. 图书馆杂志，2005，25（11）：30-33；毛军. 以 Commons 的名义：数字图书馆的发展与实践[J]. 图书情报工作，2005，49（09）：107-109；吴建中. 开放存取环境下的信息共享空间[J]. 国家图书馆学刊，2005（03）：7-10.

③ Laurie A MacWhinnie. The Information Commons: The Academic Library of the Future. *Portal: Libraries and the Academy*. 2003, 3(02): 241-257. [2006-06-20] Project Muse: http://muse.jhu.edu.

④ Barbara I Dewey. "Beyond the Information Arcade (TM): Next Generation Collaborations for Learning and Teaching at the University of Iowa." [2006-06-22] http://eric.ed.gov/ERICDocs/data/ericdocs2/content_storage_01/0000000b/80/11/62/e4.pdf

IC 服务的已达 30%[1]。

1. IC 的典型实例

2003 年，麦克温尼（MacWhinnie）对北美 20 所大学 IC 建设情况做了综合性调查评述[2]。我们对这些大学的 IC 进行了跟踪访问，下面的简表选取了资料较为详细的 14 所大学 IC 变化后的情况。

学校名称	IC 名称	创建时间	网址	电脑座机/手提（台）	*培训教室/群体研究室/学习室（个）
科罗拉多州立大学（Colorado State University）	EIC-Electron Information Center	90 年代末	http://lib.colostate.edu/eic/	250/20	2（10）/3（28，30，12）
乔治梅森大学（George Mason University）	John Center	1995	http://ulcweb.gmu.edu	100	1（35）/14/32
堪萨斯州立大学（Kansus State University）	Infocommons	2001	http://infocommons.ksu.edu/	200/13	
俄勒冈州立大学（Oregon State University）	Informaion Commons	1999	http://osulibrary.orst.edu/computing/	105/有可借	2（24,15）//2
亚利桑那大学（University of Arizona）	a.ILC-Integreted Learning Center b.Information Commons	2002	http://dizzy.library.arizona.edu/library/teams/ilcst/ilcsthp.html http://aquarius.library.arizona.edu/ic/	332	1/25
卡尔加里大学（University of Calgary）	a.Information hub b.Information Commons	1999	http://www.ucalgary.ca/IR/infocommons/	250	2/13（8）

① Leslie Haas, Jan Robertson. "SPEC Kit 281: The Information Commons." [2006-8-3]. http://www.arl.org/spec/SPEC281web.pdf

② Laurie A MacWhinnie. "The Information Commons: The Academic Library of the Future." *Portal: Libraries and the Academy.* 2003, 3(02):241-257. [2006-06-20] Project Muse: http://muse.jhu.edu.

学校名称	IC 名称	创建时间	网址	电脑座机/手提（台）	*培训教室/群体研究室/学习室（个）
印第安那大学（University of Indiana）	a.Information Commons 1/2	2003, 2005	http://ic.indiana.edu/	330/	4（24-27）/5（8）/
艾奥瓦大学（University of Iowa）	Informaion Commons	1992	http://www.lib.uiowa.edu/commons/	100+/7	2（26）//1
密苏里-堪萨斯市立大学（University of Missouri-Kansas City）	Informaion Commons	2000	http://www.umkc.edu/lib/mnl/about/info-commons.htm	30	//3
内华达-拉斯维加斯大学（University of Nevada，Las Vegas）	Informaion Commons	2001	http://www.library.unlv.edu/media/	87/有可借	/2
南加利福尼亚大学（University of So.California）	Informaion Commons	1994, 1998	http://www.usc.edu/libraries/locations/leavey/spaces/#info commons	180	/2（20,25）/22
得克萨斯-奥斯丁大学（University of Texas-Austin）	a.EIC-Electronic Information Centers b.21stCentury Study	2000	http://www.usc.edu/libraries/locations/leavey/spaces/#info commons	150/有可借；41/25	
华盛顿大学（University of Washington）	Uwired：Center for Teaching, Learning and Technology	1994	http://www.washington.edu/uwired/	350/	3
温欧那州立大学（Winona State University）	Information Callery	1999	http://www.winona.edu/library/ig/index.htm	50/6	

注：* 括号内数字为计算机数。

2. IC 的使命

美国图书馆协会前主席南希·克拉尼奇（Nancy Kranich）认为："信息共享空间确保对各种观念的公开访问和利用他们的机会，它以价值、法律、组织、物理的交流设施、资源和社会实践等内容为特征，促进信息共享、共有和信息自由，鼓励人们在民主讨论中学习、思考和参与。"①

各校对 IC 的使命和愿景陈述都把帮助教师、学生和研究人员将信息技术和各类资源与他们的学习和工作结合起来，引为己任。

华盛顿大学将他们的目标具体化为三个方面：（1）提供使用工具和资源的条件；（2）帮助师生熟练地掌握技能和技巧；（3）在教学中通过技术的应用培养创新能力，并强调坚持以人为本、提倡合作、鼓励实验三原则。

卡尔加里大学的建议书强调要让信息共用的理念为图书馆工作人员、用户和利益相关机构所接受，并将他们的意见和需求综合起来进行分析，与此同时还应充分考虑投资和设施所能产生的效益。

密苏里堪萨斯大学认为 IC 最重要的是资源、技术支持、合作与制作集合于一定的空间，以便满足教学和科研的需要。

3. IC 的资金

美国大学 IC 建设的资金来源并无固定模式。它主要取决于学校的性质（公立、私立）和 IC 的规模。

堪萨斯大学认为，资金投入必须考虑到三个方面：实施、维持和扩充。新设施必须有新资金的注入，不能依靠学校图书馆和技术部门的预算。事实上堪萨斯大学 IC 建设资金的来源有三个方面：家具的购置和线路铺设由学校修缮基金拨款，电路和网络升级的资金来自修缮基金和图书馆，购买计算机软硬件的费用由学生技术基金划拨。

其他院校的资金来源各有千秋。新墨西哥大学动用总图书馆的储备金100 万美元和地区研究中心 50 万美元购买设施，其他资金来源包括该校学生费用评审委员会 20 万美元加上福特汽车公司 40 万美元贷款供四年内基础设施建设之用；乔治梅森大学的资金依靠弗吉尼亚州发行的债券来支持；州议会的 200 万美元拨款支持了亚利桑那大学图书馆新馆（含 IC 扩建）的部分建设费用（总投入 1300 万美元）；利亚得基金会 1500 万美元的捐助和内华达州

① Nancy Kranich. "Librarian and the Information Commons: A Discussion Paper Prepared for The ALA Office of Information Technology Policy." Dec 3,2003. http://www.ala.org/ala/washoff/oitp/icprins.pdf

4100 万美元拨款解决了内华达-拉斯维加斯大学新图书馆和 IC 建设的资金问题。艾奥瓦大学哈定医学图书馆 IC 人事、软件和前 3 年的运行费用共支出734905 美元[①]。

ARL2004 年的调查关于 IC 建设资金来源数据显示：45%为上级专项拨款，41%为接受社会捐赠，19%的馆设专项运行资金，平均预算为 110 万美元[②]。

4. IC 的空间与设施

IC 的空间规划和软硬件设施的配备有很大差异，它主要取决于资金投入多少、占有空间大小、用户的需求、分散使用还是集中使用等因素。

（1）IC 的空间

首先，IC 物理空间的规划与利用，因校而异，但也具有共性。共性之一是信息咨询台的设置。在信息共享空间环境下的信息咨询台，地位尤为重要，是 IC 的核心。

其次，IC 通常把为各种各样的学习形式（课堂教学、小群体教练、个别谈话、临时帮助）提供场所引为己任。这包括功能灵活的网络教室、为小群体使用的研究室、学习室，供个人访问的信息台以及设在附近便于进行个别咨询交谈的办公室。IC 教室与学习室的设立力求适应多种用途：一是合作学习和研究；二是师生培训；三是跨学科研究。印第安纳大学在 2003 年建立了IC 后，又于 2005 年建设了倾向于安静的 IC 二代，以满足与适应使用者的不同需求。

第三，新的 IC 建设在条件许可情况下，尽可能同关系密切的校内其他组织整合或相毗邻，如教学设施整合中心、教师教学中心等。亚利桑那大学图书馆的 IC 是该校整合学习中心（ILC）的一部分。华盛顿大学的 Uwired（联网）是由 10 余个相关部门合作的全校性整合建设项目。

（2）IC 的设施

多数 IC 都强调提供从文献资源的检索、收集、整理直到写出和打印论文的一条龙服务，每一个环节都有相应的软硬件的支持。大多数设备是在馆内无偿使用，少量可以出借，有的则需要付费。

---

① Laurie A MacWhinnie. "The Information Commons: The Academic Library of the Future." *Portal: Libraries and the Academy*. 2003, 3(02): 241-257. [2006-06-20] Project Muse: http://muse.jhu.edu

② Leslie Haas, Jan Robertson. "SPEC Kit 281: The Information Commons." [2006-8-3]. http://www.arl.org/spec/SPEC281web.pdf

IC 通常配置百余台计算机。为满足用户的多种需要，IC 一般都提供两种计算机：PC 机和苹果机，并为解决多媒体的制作问题专门提供多媒体工作站，大部分提供手提电脑供读者出借使用。

IC 为读者配置的计算机外围设备通常包括：激光打印机与彩色打印机、扫描仪、投影仪、数码照相机、数码摄像机、光盘刻录和录制音像设备等。

几乎所有的 IC 均提供无线上网服务，提供带有网络接入端口的学习台，以满足使用笔记本电脑读者的需求。

有些图书馆还提供虚拟现实工作室和地理信息系统（GIS）以及各个学科的专用软件。

通常配置的工具软件包括通用软件和专业软件，通用软件主要有：Microsoft Office 系列软件、Adobe 系列软件、压缩与解压缩软件、文献管理软件（如 EndNote 等）及 Dreamweaver、Flash、Fireworks、Freehand 等；各种学科专业软件，如 GIS Software、ArcView 9.0（ArcGIS）等。

其他设施还有储物柜、供残障人士使用的资源室等。南加大利维（Leavey）图书馆的 IC 还是被授权可以接受全球快递要求的场所，以开展馆际互借和文献传递服务。

5. IC 的人员与服务

建设一个成功的信息共享空间需要具备多种条件和因素，IC 人员的配置及其服务能力是最终决定性因素。

IC 提供一种协作服务环境，需要计算机人员的技巧，参考咨询人员的信息检索技术与媒体人员的制作技术间的合作。在 IC 环境里工作，要求专业人员了解整个信息技术系列，熟悉读者使用他们的方式，善于与个人和群体合作。所有的工作人员都需要将他们的联合经验适应需求变化迅速、要求很高的用户群体的需要。这预示图书馆将越来越趋向于成为以情景化信息（contextualization information）方式为用户服务的场所。情景化将信息检索从旧的模式引导到正在出现的知识管理模式①。

一些高效的 IC 是由计算机专家、图书馆工作人员和学生共同负责的。实际上，并不是所有大学的 IC 都设立在图书馆并由图书馆管理的。如印第安纳大学的 IC 就是由图书馆和该校的 Information Technology Service 合作管理的

---

① Donald Beagle. "Conceptualizing an Information Commons." *The Journal of Academic Librarianship*. 1999, 25(02): 82-89.

项目。堪萨斯州立大学的 InfoCommons 是由 CNS（Computing Network Service）和图书馆等四个部门共建共管的。乔治梅森大学的 John Center 是全校性的信息资源与设施技术服务的整合。

亚利桑那大学建在主图书馆、科学图书馆和美术图书馆的 IC 是学校整合学习中心（ILC）的一部分，在实践和调研的基础上他们提出了在人员配备方面的几点建议：IC 的培训内容应该包括信息和技术两个组成部分；在 IC，用户应该时时刻刻都能看见和找到所需要的工作人员；参考咨询台的工作人员值班时间应该在 8 小时以上，以保证咨询服务的连续性；必须雇佣夜班的值勤人员和学生；IC 需要有自己的市场战略以保证所有用户（包括新生、高年级学生、研究生和教师）的需要；IC 应该成为整个学校的智性中心。

下表是亚利桑那大学 IC 的人员配备情况。[①]

时间	工作人员和图书馆员					学生				总计	
	IT人员	多媒体人员	图书馆正式馆员	图书馆一般人员	小计	IT学生	多媒体学生	其他学生	小计		
工作日*	1	2—3	1—3	1—2	5—9	1	2—3	1—4	4—8	9—17	
周末*	1			2—3	4	1	1	2—3	3—5	6—9	
暑期	1	1—2	1—2	1	4—6	1	1—2	0—2	2—3	6—11	
寒假	1	1—2	1—2	1	4—6	1	0—2	1—2	0—2	2—5	

注：*工作日自周一早 8 点至周五下午 6 点，周末自周五下午 6 点至周一早 8 点，每学年 37 周。

很多图书馆的 IC 24 小时开放，一些学校在期末考试期间 IC 提供 24 小时开放。如卡尔加里大学、南加利福尼亚大学、得克萨斯-奥斯丁大学等。卡尔加里大学提供了 IC 建立后的统计数据：图书馆一般参考咨询增加了 12%，计算机技术咨询增加了 100%，信息素质教育的参加人数增加了 148%，其 IC 的建设备受师生好评[②]。

6. 结语

进入网络数字时代，有一个问题一直困扰着我们：如果师生能够随时随

---

① "IC Reference Information/IT Staffing Model." [2006-08-03] http://dizzy.library.arizona.edu/library/teams/ilcst/staffmodel2.htm.

② Susan Beatty, Alix Hayden. "The Information Commons at the University of Calgary: Strategies for Integration." IT and ILit 2002, First International Conference, Glasgow, March 2002.

地以任何格式获取信息，那么作为物理场所的图书馆如何在大学的学术创新和大学教育提升中发挥重要作用？

数字化校园建设已经成为我国高校新一轮校园建设的共有内容，在数字化校园建设中图书馆的位置在哪里？使命是什么？如何整体规划，如何为着使命的实现将资源、技术、空间与设施及服务有机地整合在一起？

图书馆一直被视为体现知识公平和信息自由的场所，数字时代的图书馆该如何坚守和实践自己的社会使命？

美国高校的 IC 建设应该能对我们的这些思考提供一些有益的启发和诸多可资借鉴之处。

（本文合作者：李秋实、温宇龙）

中 美 文 化 交 流

中国与北美文化交流的历史回顾[1]

中国和北美的文化交流是一个时空跨度大、内容丰富多彩而又十分复杂的研究课题。在中国文化发展和长期对外文化交流的过程中，北美文化作为世界现代文化的重要组成部分，同中国文化的交流开始较晚，但产生的影响与日俱增。从物质文化到精神文化，从科学技术到日常生活，都可以看到北美文化在中国文化生活中的影响。随着中国文化的不断发展，北美公众也不能不正视这个古老而又年轻的文化对世界的影响，注意它的新发展并从中吸收养分。

一、文化交流的开端

近代中外文化交流与古代和中世纪不同，它是在资本主义文明向全世界各地扩张的过程中发生的。北美文化晚于欧洲文化进入中国。在中国和北美之间发生直接接触前，欧洲探险家、传教士、商人和他们留下的记载、著述、译作是相互了解的主要来源。中国是在明清之际，通过耶稣会士的史地著作得到有关北美的信息的。具体情况如下表所示。

---

[1] 本文节选自冯承柏《中国与北美文化交流志》，上海人民出版社，1998年，第一章"导言"，第二节"中国与北美文化交流的历史沿革"，第10-31页。

表　来华耶稣会士的学术著作对北美情况的介绍①

编　者　名	书　名	对北美的描述
利玛窦（Matteo Ricci, 1552—1610 年）意大利人	《万国图志》（1601 年刊印）	天下分为五大洲，亚洲为五大洲之一
庞迪我（Jacques de Pantoja, 1571—1618 年）西班牙人	《万国图说》	同上
艾儒略（Giulio Aleni, 1582—1649 年）意大利人	《职方外纪》书首有一幅《万国全图》（1623 年刊印）	第四卷亚墨利加、墨瓦拉尼加，介绍美洲地理及龙阁（哥伦布）发现美洲历史
汤若望（Jean Adam Schall von, Bell 1591—1666 年）德国人	《坤舆全图》	同上
南怀仁（Ferdinand Verbiest, 1623—1688 年）比利时人	《坤舆全图》及图说（1674 年刊行）	上卷总述自然地理，下卷分五大洲叙说

　　这些耶解会士的著述，被当时中国人贬为"所述多奇异，不可究诘"。乾隆年间的学者庄廷敷在其所著的《地图说》（乾隆五十三年，1783 年）中肯定了利玛窦、南怀仁等"分舆地为五大洲"的说法，并指出，"亚墨利加者是中国后面之地，全是海围，亦有数大国……分南亚墨、北亚墨二洲"。1820 年（嘉庆二十五年）航海家谢清高口述、杨炳南笔录的《海录》在广东出版。该书简略地介绍了美国和南美各国。这是中国人根据自己的远航见闻叙述美洲的最早记录。

　　在欧洲启蒙运动的影响下，北美的知识界自 18 世纪中叶以后开始对东方发生兴趣。本杰明·富兰克林这位著名的学者和政治家在旅居法国期间，从沙龙的闲谈中获得了有关东方的知识。他曾在《宾夕法尼亚公报》（Pennsylvania Gazette）上刊登过孔子语录，并在英国福音主义者怀特菲尔德（George Whitefield, 1714—1770 年）面前称赞过这位东方圣人的教导，而且希望北美的知识界认真研究中国。富兰克林注意到中国的土壤和气候与北美近似，引进中国的产品和生产技术有益北美的经济发展。"如果美国能够成功

　　① 中美关系史丛委员会. 中美关系史论文集：第一辑[M]//陈胜瞵. 鸦片战争前后中国人对美国的了解和介绍. 重庆：重庆出版社，1985：78；沈福伟. 中西文化交流史[M]. 上海：上海人民出版社，1985：415-416；许明龙. 中西文化交流先驱[M]. 北京：东方出版社，1993；中国社会科学院近代史研究所翻译室. 近代来华外国人名辞典[M]. 北京：中国社会科学出版社，1981，编著者原文姓名根据 *Webster's New Biographical Dictionary*, Springfield, Mass, 1983 订正。

地引进中国的工业、生活艺术并改进耕作技术，美国将会同中国一样成为人口众多的国家"①。1783 年，富兰克林还发表过一篇介绍中国造纸技术的文章。总的说来"18 世纪时美国人对中国的看法是欧洲人对中国看法的移植和翻版"②。北美人能够获得有关中国的资料也极为有限。著名的哈佛大学魏得纳图书馆从 1700 年到 1809 年间所藏有关东亚的图书仅一种，1830 年以后才逐渐增加。③

　　1801 年，美国女作家汉娜·亚当斯（Hannah Adams，1755—1831 年）所著《宗教观》一书出版。该书对亚洲的宗教有所介绍。这位女作家对未曾谋面的儒家学说颇有好感。她写道："这一种发自内心深处尊崇上帝或天帝的宗教，在实践上以德行为指导。儒教既无庙宇也无传教士，每个人都以自己喜爱的方式尊崇上帝。"④汉娜所在的新英格兰地区是北美的学术活动中心。著名的学术刊物《北美评论》（North American Review）于 1815 年在波士顿出版。这是一家与哈佛大学和当地唯一神教派有密切联系的文史杂志。19 世纪上半叶该刊发表了一批关于中国的文章。早在 1823 年，该刊编辑亚历山大·埃弗雷特（Alexander Everett，1790—1841 年）就力主吸收中国文化成果。他指出，中国占世界人口的一半，形成了另一个文明世界。从事人文学科研究的学者不研究中国，就是只研究了问题的一半。该刊的另一位编辑，马萨诸塞唯一神教派的牧师安德鲁·皮博迪（Andrew Peabody，1811—1893 年）所写的《中国》一文，高度评价中国文化取得的成就。逐一列举了中国在科学、技术、水陆交通、教育制度、政府机构取得的成果之后，他得出的结论是，在中国可以看到"在基督教文明之外独立达到的文明最高阶段"⑤。超验主义作家爱默生（Ralph Waldo Emerson，1803—1882 年）通过直接阅读东方文献的欧洲文字译本认识到东方文化的重要性，这在 19 世纪的美国学

① Carl T Jackson. *The Oriental Religious and American Thought, Nineteenth-Century Exploration*. Westport, Connecticut: Greenwood Press, 1981: 14.

② 欧内斯特·梅，小詹姆斯·汤姆逊. 美中关系史论[M]//费正清. 十九世纪中叶的美国与中国. 北京：中国社会科学出版社，1991：23.

③ 欧内斯特·梅，小詹姆斯·汤姆逊. 美中关系史论[M]//费正清. 十九世纪中叶的美国与中国. 北京：中国社会科学出版社，1991：24.

④ Carl T Jackson. *The Oriental Religious and American Thought, Nineteenth-Century Exploration*. Westport, Connecticut: Greenwood Press, 1981: 18.

⑤ Carl T Jackson. *The Oriental Religious and American Thought, Nineteenth-Century Exploration*. Westport, Connecticut: Greenwood Press, 1981: 16.

者中是比较罕见的。他仔细地阅读了戴维·科里（Davie Collie）翻译的《中国古典：通称四书》和詹姆斯·莱格（James Legge，1815—1897年）译注的《中国古典》，并作了认真的摘录。爱默生对于中国文化的整体印象并不好，但对孔子的评价很高。他把孔子同苏格拉底、柏拉图、穆罕默德相提并论，誉之为人类精神的领袖。他特别重视孔子在思想史上所起的"调节者"的作用：努力在理想和现实之间保持平衡。他写道："孔子，各国的光荣。孔子，绝对主义东方的圣人。""他是哲学上的华盛顿。"①

二、中国与北美文化交流的发展及其特点

中国与北美的直接文化交往自18世纪末叶以来大致经历了五个阶段。

（一）早期接触（1784—1860年）

中国与北美大陆的直接交往是从北美人参与的探险事业和商业活动开始的。文化交流关系也随之开始。中国与北美大陆的直接交往始于18世纪下半叶，要比同南美的来往晚一个多世纪。一般认为探险家约翰·莱德亚尔德（John Ledyard，1751—1789年）是第一位亲身访问中国的美国人。他生于康涅狄格的格罗顿城，曾就读于达特默斯学院（Dartmouth College），1774年投身航海事业，参加了1776—1779年间詹姆斯·库克（James Cook，1728—1779年）船长领导的勘查太平洋航行。1776年的航行途经广州。莱氏对广州物美价廉的皮货留下了深刻印象，回国后鼓吹开展对华贸易，著有《库克船长最后一次太平洋航行历程》（*Journey of Captain Cook's Last Voyage to the Pacific*，1783）。虽然他未能说服本国商人立即开始对华贸易，但他的宣传活动对于早期中美贸易无疑起了促进作用。美国独立战争后，在财政家罗伯特·摩里斯（Robert Morris，1734—1806年）的倡议和支持下，载重360吨的"中国皇后号"（Empress of China）于1784年2月22日驶离纽约港，8月25日抵达广州。1785年5月10日回到纽约。"中国皇后号"首航成功开辟了中美交往的新纪元。从1784年到1812年间，有400艘美国商船来到广州。中国和加拿大之间的贸易开始得更早，18世纪初叶，加拿大的法国移民就把当地生产的

---

① Carl T Jackson. *The Oriental Religious and American Thought, Nineteenth-Century Exploration.* Westport, Connecticut: Greenwood Press, 1981: 55-56.

人参运到中国。18 世纪末，中加之间进行了大量皮毛、木材贸易。19 世纪 20 年代以后，北美向中国出口的工业制造品的数量急剧上升。迄于 19 世纪 30 年代，北美向中国出口的大宗商品是人参、皮毛、棉花、木材。北美的商人在广州卖掉皮毛等商品后，从中国购进的商品是茶叶、丝绸、土布、瓷器。

最早到达北美大陆的中国人是华工。据研究，早在 1571—1746 年间，西班牙人就在南加利福尼亚雇用华人作造船工。美国国家档案馆保存的材料说明，1785 年，有三名华人水手阿新、阿全和阿官受雇于"智慧女神号"（Pallas）。因船长约翰·奥顿奈尔（John O'Donnell）弃舟结婚，三人与其他水手流落巴尔的摩街头。他们向邦联国会申请生活费，后来得到一位专营中国货的商人的照顾。1788 年，英国东印度公司的英籍船长约翰·米尔斯（John Mears）在广州招募了一批造船工、木匠、铁匠和水手到温哥华岛上建造船只。1789 年，美国船长梅特卡夫又带来了 29 名华工移民。这就是说，在刘易士（Meriweather Lewis，1774—1809 年）和克拉克（William Clark，1770—1838 年）的探险队到达北美西海岸之前，华人已经开始在那里定居了。有关记载还告诉我们，两名在西班牙探险队中工作的华人先后于 1774 年至 1793 年间在加利福尼亚的蒙特雷受洗皈依天主教。1818—1825 年间，五名华人青年就读于康涅狄克州的康沃尔学校。其中一名叫作廖阿希的皈依新教，据说这是北美华人中第一个新教徒。

中国和北美之间的直接交往增进了相互之间的了解，而且为此后扩大交往和文化交流奠定了基础。然而，在当时相互的了解是很有限的，带来的社会影响更是微乎其微。原因之一在于往返的人数有限。1837 年，在广州的外国商人人数为：英国人 158，美国人 44。同期，在北美的华人不会超过百人。其次是语言障碍，1828—1830 年间，在广州的外国人只有三人懂得中文，其中一人是传教士。他们在中国的活动范围有限。中国传统文化轻视商人，北美商人对中国文化缺少兴趣，更削弱了双方的文化交往。中国劳工，无论是造船工还是家庭佣工均限于文化水平，同北美社会的接触范围有限，也没有留下文字记载。

1840 年以前，清王朝对北美的认识是相当模糊的，往往将英国人和北美人混为一谈，因为他们的相貌、语言、服饰相似。只有个别有经验的中国商人，才会提出"你不是英国人吧？"或称美国人为"新国民"。美国人到达广州十年后，清朝官员还不能区分英、美，以致英国商人不得不抗诉，指出美国人"另有旗号"，不要把英国人和美国人混为一谈。受理抗诉的两广总督长麟还算是个明白人，答称"今后遇有事件，自应查明旗号办理，不致牵混影射"。1804—1805 年间，美国商船来到广州已达 34 艘之多，美英在广州的矛盾开始尖锐。美国驻粤领事和商人要求广州当局行使权力，主持公道，中国政府拒不受理。美国总统杰弗逊（Thomas Jefferson，1741—1826 年）曾向中国政府传递信息，希望中国政府了解"我们和英国人之间的不同"，从而在政策上有所区分，但没有产生任何效果。

　　在此期间，北美对中国的认识也很有限，且有不少偏见。美国首任总统乔治·华盛顿（George Washington，1732—1799 年）于 1785 年得知中国人不是白种人竟然大吃一惊。早期来到广州经商的北美商人中有不少人对中国的印象不佳。曾任美国第一任驻广州领事的山茂召（Samuel Shaw，1754—1794年）在日记里用"不诚实""偶像崇拜"等字来描述他对中国人的印象。他认为"在世界上的文明国家中难以找到比中国政府更暴虐的政府"，对百姓层层盘剥，搜刮的钱财全落入官僚与皇帝之手；在宗教方面盛行偶像崇拜；婚姻生活实行多妻制；艺术缺乏创造性。山茂召对中国商人的观感颇佳，说他们"坦率""随便"，能控制自己的感情，对别人的观察很仔细，讨价还价很顽强①。除了贸易之外，18 世纪末到 19 世纪 40 年代这一段时间里，中国和北美虽然有了直接来往，但各自对对方社会生活的影响甚微。在北美方面，就物质生活而言，少量建筑受到中国模式的影响。有些家庭藏有中国工艺美术品，受到中国造型艺术影响的艺术被统称为"中国艺术风格"。东印度公司的一位雇员，后定居美国，于 18 世纪 90 年代在费城东北的克劳伊顿建造的住宅，以"中国式的隐居处"闻名于世。该住宅除了有一个中国式的圆顶外，看不出别的受到中国建筑影响之处。1838 年，费城商人和收藏家南森·邓恩（Nathan Dunn）举办了一个东方展览会，又称中国博物馆，展品包括身着中国服装的人物肖像、街道模型、手工艺制品。这个博物馆仅维持了三年，后房屋被卖掉，展品运往欧洲，下落不明。②

　　这个阶段北美人在中国活动的范围集中在沿海的开埠口岸，来华人员主要是商人和传教士。早期中国移民集中在北美西部，务农采矿，参与铁路建设。因双方直接接触的人数和地域有限，交往不深，相互的影响甚微。

---

① Samuel Shaw. "Knavery and Idolatry." In Benson Lee Grayson ed. *The American Image of China*. New York: Ungar, 1979: 72-77.

② William J Brinker. "Commerce, Culture, and Horticulture." In Thomas H. Etzold ed. *The Beginning of Sino-American Cultural Relations Since 1784*. New York, 1978: 12.

（二）初步发展（19 世纪下半叶）

19 世纪下半叶是基督教传教事业在中国得到长足发展的时期，也是中国与北美文化交流向纵深和横广两个方向发展的时期。北美来华的传教士大多属于新教各差会。从皈依基督教的中国信徒的人数看，新教传教事业的成就远远不如天主教。1900 年，中国天主教徒总数为 70 余万人，新教教徒只有 10 万多人。天主教的传教人员则要比新教少得多。1870 年到 1900 年间，天主教神父的人数从 250 人增加到 886 人，新教传教士的人数在 1864 年至 1904 年间则从 189 人增至 3445 人①。从传播西方非宗教的文化科学知识角度来观察，新教的影响相对要大得多。其原因恐在于新教传教士更注重教育和医药等非传教性质的事业，以及参与救荒、赈灾、残障人士教育等社会福利事业。基督教文化，特别是新教文化同中国传统文化是格格不入的。基督教在明清之际传入中国时，就被视为异端邪说予以排斥。利用不平等条约深入中国传教的北美新教传教士举步艰难，只能在中国社会的下层活动。他们对中国崇尚祖先、迷信偶像的攻击和指责，更激起了中国传统文化的顽强抵抗。如果说宗教文化之间的冲突和民族主义心理的反抗使新教传教事业进展甚微，而非宗教文化方面，则是另一番景象。这里所说的非宗教文化主要指新教传教士带来的政治文化和科学文化。由于这两种文化适应了中国社会变革的需要，它们与中国文化中相应的成分相结合，逐渐在中国的大地上生根、发芽。19 世纪下半叶，美国传教士李佳白（Gilbert Reid，1857—1927 年）、林乐知（Young John Allen，1836—1907 年）和英国传教士李提摩太（Timpthy Richard，1845—1919 年）等人著书立说、出版报刊、组织社团，宣传在中国进行政治社会改革的必要性和迫切性，对康有为、梁启超倡导的戊戌变法产生过积极的影响。他们在学校里开设外国史地、国际法、数学、自然科学课程，翻译和编纂教材，"使整个一代中国人"对"外部世界获得了一些初步的概念"。②

派遣幼童赴美留学是中美两国通过政府关系进行教育文化交流的一项重要内容。这次留学活动在进行了几年之后虽然夭折，但播下了留学生运动的种子。19 世纪下半叶的另一项政府间的重要来往就是交换出版物。自 1867 年起，美国政府的三个官方机构——史密森博物院、农业部、土地总局先后

---

① 费正清. 剑桥中国晚清史（1800—1911 年）：上卷[M]. 北京：中国社会科学出版社，1996：596-600.

② 费正清. 剑桥中国晚清史（1800—1911 年）：上卷[M]. 北京：中国社会科学出版社，1996：624-625.

提出与中国交换出版物的要求。美国政府将 50 份有关农事、机器及旧金山地理方面的官方文件赠给中国政府，希望得到中国户籍、税收方面的资料。中国方面并未根据美国要求提供相应的资料，而是将《皇清经解》《农政全书》《本草纲目》《针灸大全》等十种图书及植物种子回赠。这些书籍于 1869 年运往美国，成为美国国会图书馆的第一批中文藏书。1876 年美国在费城举办美国建国百周年纪念国际博览会，清政府派代表团参加，带去的中国客厅陈设、手工艺品（包括风筝）成为史密森博物院最早的一批中国藏品。风筝则是该博物院最早的一件航天藏品。

文化交流是双向的。19 世纪中国文化对北美社会的影响不像北美对中国的影响那样明显。认真分析一下历史事实，就可以发现新英格兰、大西洋中部地区和加拿大商人使用"飞剪船"（clipper ship）贩运中国丝绸、茶叶、瓷器、漆器和鸦片取得的高额利润是北美原始资本积累的一个重要组成部分。这些资本于美国内战前后投入北美交通、工业建设。在北美西海岸矿山、农田、铁路修建中付出血汗的华工为北美西部的经济发展打下了基础。可以毫不夸张地说，中国人对创造 19 世纪北美工业文明做出了自己的贡献。美国著名的中国史学家范力沛教授（Lyman Van Slyke）说得好："我们没有察觉到这些贡献是因为飞剪船和中国贸易完全掌握在美国人手中，而且因为华工只是使现有的铁路和采矿技术付诸实施，而没有影响到它们的形式。"①

（三）交流的扩展（20 世纪上半叶）

20 世纪上半叶的中国与北美文化交流出现了一些新的特点。在维新、变法失败之后，中国对外来文化采取了主动吸收的态度。为了自强，从西方文化中吸取了更为激进的内容——从民主主义到马克思主义，作为解决中国问题的理论武器。辛亥革命、五四运动、中国共产党领导下的新民主主义革命就是主动地有选择地吸收外来文化的表现。在这个前提下，一方面，已经在中国存在的北美基督教文化，继续有所发展，到 20 世纪 20 年代中期，在 8300 名新教传教士中，美国人占 5000 人，与此同时，也受到不少挫折。经过 20 世纪 20 年代中国的非基督教、非宗教运动和反对帝国主义的高潮，20 世纪 30 年代美国在华传教士的人数降至 3000 人。另一方面，贸易、外交、军事方面的交往大大增加，美国商人的人数在 30 年代增加到 8000 人。美国在华

---

① Lyman P Van Slyke. "Culture, Society, and Technology in Sino-American Relations." In Michel Oksenberg and Robert B Oxnam, eds. *Dragon and Eagle, United States-China Relations: Past and Future.* New York: Basic Books, 1978: 138.

的军政人员的人数也在不断增长，二战期间和战后初期达 6 万人之多①。这就是说，世俗文化的交流加强了。值得注意的是，北美传教士为了适应中国发生的变化，也越来越多地卷入了中国的社会经济改革。

由于北美国家采取排斥华人入境的移民政策，中国向北美的移民在数量上有所减少。在种族主义的高压下，北美的华埠成了华人逃避迫害的避难所。华人融入北美主流文化的趋势减弱了。另一方面，中国留美学生则因美国政府决定将部分庚子赔款用于教育交流人数显著增加。作为文化交流的媒体，中国留学生通过华美协进社之类的民间友好组织和其他有组织的和个人的活动使中国文化得以在北美传播。与此同时，也把北美文化中科学和民主精神带回祖国，为中国社会的现代化作出了贡献。

耐人寻味的是，现代主义作为一种文化倾向，第一次世界大战后在北美文化中崭露头角。它是以从中国古典文化中吸取养分为特点的。英美意象派的诗人不仅从"诗中有画，画中有诗"的意境中得到意象的启示，而且从中国古典诗歌的凝练、含蓄、精美中学到了创作方法。很可能也是在现代主义艺术思潮和文化相对主义的影响下，审美的情趣和标准有了变化，中国的艺术品继日本的艺术品之后受到北美收藏家和博物馆的垂青，成为他们的收藏对象。

20 世纪上半叶文化交流中的另一个新现象是美国学术界对中国的兴趣增加，一批专业工作者通过不同途径来华讲学和从事科学考察，如下表所示。

表　20 世纪上半叶北美来华知名科学技术工作者

姓　名	生（卒）年	来华时间、途径	主要业绩	备　注
亚当斯·乔治（Adams, George I）	1870—1932 年	1908 年应聘来华	1908—1910 年北洋大学地质学教授、1915—1920 年北京大学教授	1920 年以后在美国亚拉巴马大学任教
窦维廉（Adolph, William Henry）	1890—1958 年	1915 年来华在齐鲁大学任教	1915—1926 年在齐鲁大学任化学教授，1926—1948 年在燕京大学任教，1948—1951 年任协和医学院生化教授，1946—1948 年曾任燕京大学代理校长	主要从事有关中国人营养化学和营养生理方面的研究

　　① Lyman P Van Slyke. "Culture, Society, and Technology in Sino-American Relations." In Michel Oksenberg and Robert B Oxnam, eds. *Dragon and Eagle, United States-China Relations: Past and Future*. New York: Basic Books, 1978: 139-140.

续表

姓　名	生（卒）年	来华时间、途径	主要业绩	备　注
安德斯（Andrews, Roy Chapman）	1884—1960年	1916年首次来华，旅行西藏	作为美国自然博物馆研究人员于1916—1930年间曾七次率队来华考察，1928年在张家口因收集中国文物触犯刑律被扣	著有《穿过蒙古大草原：一个博物学家对中国大西北的报道》（1921年）等书
卜凯（Buck John Lossing）	1890—1975年	1915年通过美国长老会国外传道会来华在安徽从事农业传教活动	1920年在金陵大学农学院建农业经济系，任该系主任、教授迄于1934年，1935—1940年任美国财政部驻中国代表、中国财政部顾问，1940—1944年回金陵任教，其前妻即美国作家赛珍珠	著有《安徽芜湖附近120个农家的社会经济调查》（1924年）《中国的土地利用》（1929—1933年）等专著多种
葛德石（Gressey, George B）	1896—1963年	1923年来华任教	1923—1929年在上海沪江大学任地质地理学教授，同期曾在中国进行田野考察	著有《中国地理基础》（1934年）《五亿人民的国家：中国地理》（1955年）
晏文士（Edmunds, Charles Keyser）	1876—1949年	1903年来华	1903—1907年任广州基督教学院（岭南大学前身）物理学教授，1908—1924年任岭南大学校长	著有《中国人中间的科学》（1911年）
祁夫锡（Gee, Nathaniel Gist）	1876—1937年	1901年来华	1901—1915年任苏州东吴大学自然科学教授；1915年创办生物系，为我国最早的生物系，任该系教授、系主任迄于1920年；1922年起在洛克菲勒基金会的中国医学委员会任职，常驻北平；1932—1935年任燕京大学美方校长	著有《植物学教程》（1915年）《被社会遗弃的阶级——略记中国的乞丐》（1925年）

姓　名	生（卒）年	来华时间、途径	主要业绩	备　注
葛利普（Grabau, Amadeus William）	1870—1946 年	1919 年由地质研究所所长丁文江聘请来华（因亲德，为哥伦比亚大学所不容）	1919 年任地质研究所顾问，主持古生物研究工作，1920 年起任北京大学教授并主持古生物调查工作。二战期间被日方拘留	著有《中国地层学》（1923 年）
格拉汉（Graham, David Crockett）	1884—1961 年	1911 年由美国浸礼会海外传教会派遣来华	1911—1948 年在四川宜宾地区传教，1919—1939 年间曾 14 次率领夏季考察队至川藏边境考察，1929 年为史密森博物院收集到最早的一张大熊猫皮	著有有关四川宗教、少数民族专著多种
兰安生（Grant, John Black）	1890—1962 年	出生于宁波加拿大传教士家庭	1922—1933 年任协和医学院公共卫生学系教授、系主任，1918—1960 年在洛克菲勒基金会国际公共卫生部中任职	
格里弗因（Griffing, John B.）	1885—1962 年	1919 年来华	1919—1927 年在金陵大学任农学教授，1922—1927 年任农业技术推广部主任，1920—1922 年主持改进植棉的研究项目	
格罗福（Groff, George Weidman）	1884—1954 年	1907 年来华	1907 年起任岭南大学园艺学教授，组建岭南大学农学院，1921—1924 年任院长，1937 年曾率领美国国家地理学会——岭南考察队到广西西北考察	著有《美中农业的交互作用》（1911 年）

续表

姓　名	生（卒）年	来华时间、途径	主要业绩	备　注
哈克纳斯（Harkness, Ruth）	1901—1947 年	随夫动物学家威廉·哈克纳斯来华，1935 年其夫因追捕熊猫负伤在上海去世	哈克纳斯决心完成其夫遗愿，组建一支考察队于 1936 年在川藏边境捕捉大熊猫。其本人捕获一只刚出生的大熊猫运回美国，1938 年，又获得一只大熊猫标本	著有《淑女与熊猫历险记》（1938 年）
胡恒德（Houghton, Henry Spence）	1880—1975 年	1906 年来华	1906—1911 年任芜湖总医院医师，1912—1917 年任上海哈佛医学院主任，1918—1928 年任北京协和医学校代理校长、校长，1937—1944 年任协和医学院院长，1941—1945 年为日军囚禁，1946 年回国	
胡美（Hume, Edward Hicks）	1876—1957 年，生于印度美国传教士家庭	1905 年通过雅礼会来华	1906 年参与建立雅礼传教医院，1906—1923 年任高级医师，1914 年在长沙组建湘雅医学院，1914—1927 年任院长，1923—1927 年任雅礼学院院长	著有《道一风同——一个美国医生在中国的生活》（1946 年）《中国式医学》（1940 年）
娄德尔·米克（Lowdermilk, Walter Clay）	1888—1974 年	1922 年来华	1922—1927 年任金陵大学林学教授，1942—1944 年在重庆政府任职	著有《中国、以色列、非洲、美国的土壤、森林和水土保持》（1969 年）
莱曼（Lyman, Richard Sherman）	1891—1959 年	1931 年来华	1931—1932 年任国立上海医学校神经病学副教授，1932—1937 年任北平协和医学院神经病学副教授，在职期间组织了首次汉语失语症测试	编有《中国神经精神病学的社会心理学研究》（1939 年）

姓　名	生（卒）年	来华时间、途径	主要业绩	备　注
麦克卢尔（McClure, Floyd Alonzo）	1891—1970 年	1919 年来华	1919—1927 年在广州基督教学院（岭南大学前身）讲授园艺学，1928—1932 年任植物学教授，1936—1940 年任经济植物学教授，1924 年以后建竹子标本室，成为世界研究竹子的权威	著有《对竹子的新看法》（1966 年）
莫尔斯（穆尔思）（Morse, William Reginald）	1874—1939 年，生于加拿大	1909 年经美国浸礼会国外传道会来华在四川叙州府（今宜宾）	1914—1938 年任成都华西协和大学解剖学和外科学教授，1919 年任医学院院长，1935 年任医学和牙科学院院长	著有《中国的医学》（1934 年）
罗克（Rock, Joseph Francis Charles）	1884—1962 年，出生于奥地利	1920 年来华	多次率探险队来华进行生物学考察（1920—1921 年，1923—1924 年，1924—1927 年，1927—1930 年，1930—1932 年，1932—1933 年），卜居云南迄于 1949 年	除生物学论著外，还著有《中国西南部的古代纳西王国》（1947 年）并发表了关于纳西族论著多篇
陶德（Todd, Oliver Julian）	1880—1974 年	1919 年来华	1919—1921 年在山东勘查大运河，任华洋赈济会工程师迄于 1935 年，曾参与治理黄河工程，在西北建设灌溉系统，在汉口组织防汛工作	著有《在华二十年》（1938 年）
塔克·玛格丽特·埃莫莱因（Tucker, Margaret Emmelin）	1907—1975 年，生于山东	1935 年通过联合美以美会全球牧师委员会来华	1935—1941 年在福州医院工作，1945—1950 年在成都华西协和大学任放射学、医疗物理学教授	

续表

姓　名	生（卒）年	来华时间、途径	主要业绩	备　注
魏利斯·贝莱（Willis, Bailey）	1857—1949 年	1903 年来华	作为美国地质调查团成员于 1903—1904 年在中国进行地质考察	著有《友好的中国，在中国人中步行两千英里》

资料来源：中国社科院近代史研究所翻译室. 近代来华人名辞典[M]. 北京：中国社会科学出版社，1981；David Shavit. *The United States in Asia, A Historical Dictionary*. New York: Greenwood Press, 1990.

第二次世界大战中形成的结盟关系使中国和北美国家之间的关系空前密切，文化交往更加频繁。1943 年，英美政府宣布废除不平等条约，取消在华的治外法权，美国开始大规模援华。美国军官、士兵、军用物资、药品和其他商品（如尼龙袜）飞越"驼峰"到达大后方。无论是物质上还是精神方面（美国电影大量涌入）的交往都是空前的。但事情还有另一个方面。作为盟友和战友美国的形象在普通的中国人心目中失去了昔日的光辉。这首先同罗斯福总统制定的"先欧后亚"方针有关。这一战略原则使包括蒋介石在内的中国人都感到不舒服。直接来往多了，双方的文化差异变得愈益明显。美国式的傲慢无礼，使中国人难以忍受。这种情况在过去的来往中屡有发生。中国留美学生对此感受最深。美国人往往并无恶意地发问，中国是否需要让日本将中国完全征服后才能实现统一和复兴？林语堂在回答同类问题时气愤地说："这根本不可能！"（They won't get a Chinaman's chance）盟友关系、大国地位并没有使文化交往增值。费正清对战争期间和战后初期的中美关系有一段中肯的评述：在中美签订新的平等条约"不到 5 个月，另一个协定达成了，使美国在中国的军队不受中国法庭的刑事管辖。不久，美国基地、供应和运输部门、无线电网、航空线和陆军邮政局在中国领土上执行任务，其规模之大和行动的放肆是中国西南各地即使在不平等条约下也从来没有见过的。战争结束时，上海马路上有许多个月充满了美国士兵和酗酒闹事的水手，这些也都是通商口岸时代所未有的情景。对中国的新的大国地位来说，这非常不得体"。①

---

① 费正清. 美国与中国[M]. 孙瑞芹，陈泽宪，译，北京：商务印书馆，1971：262.

（四）从对抗到解冻（20 世纪 50 年代到 70 年代）

中美之间在五六十年代出现的对抗从文化角度观察有其必然性。如前所述，中国向西方寻求真理的先进知识分子曾寄希望于美国，不仅把美国看作科学、民主社会的楷模，而且指望从美国得到对中国革命的支持和帮助。这个希望在 1919 年的巴黎和会上落空了。威尔逊总统没有让公理战胜强权，而是在强权面前退缩，允许日本继承德国在山东的权益。对美国幻想的破灭使包括孙中山在内的先进的知识分子把希望转向刚刚取得十月革命胜利的俄国。当美国政府全面执行扶蒋反共政策，用美国的飞机大炮屠杀中国无辜平民的时候，在普通中国人的心目中，美国的科学就成了杀人的武器，而美国的民主就成了一块越剪越小的遮羞布了。朝鲜战争更加强了这种印象。中美之间出现了从政治、经济、军事到社会思想文化的全面对抗。

实现现代化是中国人民一个多世纪以来所孜孜不断追求的目标，所以就是在全面对抗的情况下，中国也没有忘记通过第三方吸取北美国家的先进的科学技术，争取留学人员回国服务，同时还长期聘用了一批同情中国革命事业的北美专家。中国的台湾和港澳地区由于众所周知的原因与北美的文化交流非但没有削弱反而有所加强。在北美方面，学术界并没有因为全方位的对抗而停止对中国问题的研究。一批高质量的研究成果就是在这个时期问世的（如费正清的名著《美国与中国》）。他们为增进北美对中国的了解，促成中国和北美国家关系的正常化做出了贡献。最沉重的一页是双方都有一批在改善中美关系、促进文化交流方面做出过努力的官员、学者和专家受到政治迫害。有的人流落他乡，有的人含冤辞世。

由于国际形势的变化，中美两国的外交政策均进行了有利于关系缓和的调整，双方终于走到谈判桌前来了。在此过程中体育交流发挥了意想不到的作用。毛泽东巧妙地开展乒乓外交，用小球推动大球，化干戈为玉帛，化宿敌为朋友，多年的坚冰终于化冻了。

（五）新时期（70 年代末至 90 年代）

20 世纪 70 年代，中国与北美关系正常化以来，双方的文化交流进入了一个新时期。其特点之一是双方政府都非常重视这方面的交流，而且直接参与了交流，签订了不少政府间的合作与交流协议，并以政府拨款的形式支持交流，因此交流的规模扩大了，持续性也大大增强了。中央政府的行为带动了地方政府和民间，形成了全国上上下下，各行各业的多层次、多渠道、多种方式的大交流。从交流的内容看，文化教育交流紧紧围绕着经济的发展和增长以及大家共同关心的其他全球性问题展开，堪称丰富多彩。这种全方位的交流，不可避免地影响到中国大众文化的异质化和多样化。只要看一看我国城市和乡村流行的电子游戏机、激光唱盘、影视盘、摇滚乐、牛仔裤、T恤衫、可口可乐、麦当劳快餐、好莱坞电影和时装模特儿的表演，就可以了解到北美的大众文化有多强的穿透力了。随着信息技术的飞速发展，北美大众文化的渗透力必将更不可挡。我们当然不能因噎而废食，再走闭关锁国的老路，然而，在发展同北美地区教育、科学、文化交流的过程中，注意继承和发扬优秀的民族文化传统，提高全民族的整体文化素质和鉴别能力，则是应该着重强调的。

中国与北美之间的文化交流属于不同质文化之间的交流。所谓不同质，是指两种文化是在不同的时间和空间里形成的，没有直接的血缘关系。价值观、社会经济、政治制度、表意系统、社会习俗不同之处远远超过相似之处。中国与北美之间的文化交流不同于中国与日本、朝鲜、越南之间的文化交流，因为后者交流的双方均属于东亚儒家文化圈。它也不同于北美与欧洲国家之间的文化交流，因为交流的双方同属于基督教文化范围。中国文化与北美文化不仅有着不同的起源和传统，而且有着社会性质和发展程度上的差异和差距。就整体而言，北美文化是一种现代文化，基本上没有封建的成分。中国则不然，恰恰以自己的古老文化自豪，以漫长的封建文化著称。当中国从封建社会沦为半殖民地、半封建社会的时候，北美已经摆脱了殖民主义的枷锁，完成了工业革命，逐渐步入发达国家的行列。当中国的经济开始起飞，步入现代化的进程，初步实现工业化时，北美社会已经进入后工业社会。这种社会性质和发展程度上的差异和差距造成了文化交流中的矛盾和冲突：互补和兼容、不平衡和曲折。

中国与北美的文化交往是从冲突和对抗开始的。这是由北美文化的进取性、扩张性和中国文化的保守性和封闭性所决定的。当北美传教士凭借不平等条约深入中国传教与中国文化有了更直接、更深入的接触和碰撞之后，中国文化的封建性质和北美文化的资本主义性质就暴露得更为清楚。崇奉圣父、圣子、圣灵三位一体的一神教与崇敬祖先儒、道、佛合一的多神教的冲突，自由、民主、平等观念与封建专制等级观念的冲突，以个人为核心的功利主义价值观同以家庭为本位的社会伦理观之间的冲突，崇尚科学与耽于封建迷信之间的冲突渐次展开。中国现代文化诞生后，在内部出现的保守主义、自由主义和激进主义之间的论争是中西文化冲突的反映和内化。在这里应该指出的是，北美文化中绝少封建主义的残余和它与生俱来的资本主义性质同有较多封建主义痕迹的西欧文化相比，同中国以封建主义为主体的传统文化的反差更大、冲突更尖锐。中国的君主立宪派宁可以英国和日本的"虚君共和"为楷模，而不愿接受美国式的民主共和制就是一个很好的例子。

文化交往中的冲突与对抗，是相对的，不是绝对的。在一定条件下可以转化为兼容与互补。中国在开始现代化进程之后，有识之士认识到北美文化中的民主精神和科学精神对中国文化有积极意义。中国留美学生为中国现代化事业做出的最大贡献恰恰在"民主"与"科学"这两个方面。五四运动高举"德先生"和"赛先生"这两面大旗，至今仍不失其实效。从北美社会文化演进的历程看，当它面对着高科技发展和经济发达所带来的负面效应：失业、贫富不均、犯罪、吸毒、艾滋病、环境污染而感到束手无策时，就不得不转向东方，在古老的东方文化中寻求答案。克林顿总统在一篇重要讲话中引用老子"治大国如烹小鲜"的名言来说明大政府不可能解决一切问题，要减少政府干预①。在北美的书店中，《易经》《道德经》以及其他儒、道、佛经典的英译本琳琅满目。图书馆中这类著作的出借率很高，而且留下了读者仔细阅读的标记。近年来，北美国家从政府、企业到教育部门，都在强调家庭本位、合作、伙伴关系和团队精神。所有这些都可以看作是东西方文化、中国与北美文化互补的表现。

社会性质不同、发展阶段和发展程度的差距对文化交流的另一个影响是交流的不平衡性。既然是交流，理应是双向的。可以观察到的事实告诉我们，中国与北美的文化交流中存在着势差。大量的科技知识、信息及其各种载体：书籍、报刊、影片、电视片、磁带、光盘和各种仪器设备从北美源源不断地流入中国，而从中国流入北美的文化商品数量有限、品种不多，主要是中国的动植物标本、古典艺术品、工艺美术品。近年来，因中国工业化水平提高，情况才有所改变。在人员交流方面，中国赴北美的留学人员主要是理、工、农、医等领域的专业人员和学生。北美来中国的留学人员大多来自人文、社会科学领域。就广大公众而言，普通中国人掌握的有关北美的知识要比普通北美人掌握的有关中国的知识多得多。从交流的后果看，通过交流引起的社会变迁，在中国也要比在北美表现得更为明显。

---

① Remarks by President Clinton. at the Asian Pacific American Caucus Dinner Sheraton Washington Hotel. Washington D.C. Thursday, May 16, 1996. *Foreign Policy Background*, May 21, 1996.

正因为如此，干预文化交流的现象屡屡发生。它往往起着激化矛盾的作用，造成了文化交流中的一波三折，这就是我们所说的中国与北美文化交流的曲折性。如果我们将中国现代化的进程视为一个长波段，在一百年间至少经历了三次大波折。北美的排华运动和中国义和团反帝运动是第一次大波折；20 世纪 20 年代中期的反帝高潮是第二次大波折；1949 年以来中美的全面对抗是第三次大波折。一位美国的中国史学家将美国人对中国的看法变化过程划分为五个阶段：（1）服从时期（1784—1841 年）；（2）藐视时期（1841—1900 年）；（3）家长制作风时期（1900—1950 年）；（4）心怀畏惧时期（1950—1971 年）；（5）尊重时期（1971 年至今）。著名美籍华人哲学家杜维明用六个字总结了中国人对美国的看法：羡慕、矛盾、对峙①，也可以用闯进来、赶出去、请进来来概括这一波三折。最严重的波折会使正常的文化往来为之中断。这当然是人们不愿看到的。然而从全局看，从文化交流的全部历史看，有波折不仅是必然的，而且在某些方面有助于双方更全面地了解对方。

人类社会已经进入了信息时代。中国与北美之间的文化交流也随之而步入了一个新的时期。中国与北美的文化交流迄于 20 世纪 90 年代，参与其事的人数之多、涉及的方面之广、渠道之多样、层次之深入、影响之广泛，都可以说是前所未有的。信息技术革命的直接后果是它可以克服过去难以逾越的时、空障碍，通过计算机联网进行文字的、语言的、声音的、动静图像的单项与综合的直接交流。它对于文化交流已经带来了很大的便利，长远的影响难以估量。加拿大、美国都是信息技术发达的大国，从技术知识、技术装备、管理制度到信息社会的理论，中国可以吸取的养分很多，与此同时北美方面也可以通过现代信息手段更多更好地了解中国的古老文化和中国现代化的进程。交流的广泛性和深入性一定会大大加强。

---

① Warren I Cohen. "American Perceptions of China." Du Weiming. "Chinese Perceptions of America" in Michel Oksenberg and Robert B Oxnam, eds. *Dragon and Eagle, United States-China Relations: Past and Future*. New York: Basic Books, 1978: 55, 92-106.

中国与北美文化交流研究评述[①]

中国与北美，特别是中美关系一直是国内外学术界研究工作的热点，成果累累，不胜枚举。相形之下，文化关系方面的论著为数有限，总的情况是专题研究多，综合性论著少。像罗荣渠的《论美国与西方资产阶级文化输入中国》[②]和范力沛的《中美关系中的文化、社会和技术》[③]，这样的文章是较为罕见的。中国台湾学者汪一驹用英文发表的专著《中国知识分子与西方》（*Chinese Intellectuals and the West*）很可能是迄今为止比较全面论述中国知识界与西方关系的专著，取材相当丰富，分析也有独到之处，可惜作者站在国民党当局的立场上观察问题，未免失之于偏颇。美国学者韩德（Michael Hunt）著《一种特殊关系的形成——1914 年前的美国与中国》（*The Making of a Special Relationship: The United States and China to 1914*）、迪安（Hugh Deane）的《善行与炮舰，美中邂逅两世纪》（*Good Deeds & Gunboats，Two Centuries of American-Chinese Encounters*），主题虽然是美中一般关系，但是作者在文化关系方面落墨不少，很有参考价值。沃伦·科恩（Warren Cohen）著《美国对中国的反应：美中关系史》（*America's Response to China: A History of Sino-American Relations*）一书也应作如是观。费正清（John King Fairbank，1907—1991）的《美国与中国》（*The United States and China*），他主编的《剑桥中国史》第 12—15 卷都有不少篇幅涉及西方国家，特别是美国与中国的文化交往关系。他的最后一部著作《中国史新编》（*China A New History*）较充分地吸收了西方学者研究中国历史的最新成果，对于美国基督教和慈善机构介入中

---

① 本文节选自《中国与北美文化交流志》，上海人民出版社，1998 年，第一章"导言"，第三节"本课题的研究范围和研究状况"，第 33—37 页。

② 罗荣渠. 论美国与西方资产阶级文化输入中国[J]. 近代史研究，1986（02）.

③ Lyman P Van Slyke. "Culture, Society, and Technology in Sino-American Relations." In Michel Oksenberg and Robert B. Oxnam, eds. *Dragon and Eagle, United States-China Relations: Past and Future*. New York: Basic Books, 1978: 124-159.

国的改革有颇为中肯的论述①。最值得称道的是费正清夫人威尔玛女士（Wilma Fairbank）的专著《1942—1949 年美国在中国的文化实验》（*America's Cultural Experiment in China*，1942—1949），是一部美中文化交流史的断代专著，根据大量档案资料写成，作者本人又是当事人，有切身经历可作佐证。

专题研究发展很不平衡。讨论思想文化、制度文化交流的论著汗牛充栋，关于物质文化交流的研究成果为数寥寥。传教士是西方文化传入中国的重要媒介，西方学术界一向注意这方面的研究工作，耶鲁大学教授赖德烈（Kenneth Scott Latourette，1884—1968）著《基督教在华传教史》（*A History of Christian Mission in China*），虽然出版于 20 世纪 20 年代，但该书取材丰富，史料翔实，至今仍有较高参考价值。哈佛大学于 1966 年出版的论文集《美国传教士在华言行论丛》（*American Missionaries in China*，*Paper from Harvard Seminars*），对北美传教士参与二三十年代中国的社会改革，传教士对于反帝爱国运动的反应有较深入的研究。美国亚洲高等教育联合委员会组织专人为北美新教差会在华创办的 13 所大学一一树碑立传，于 50 年代至 70 年代间在美国出版。其观点有可商榷之处，资料有较高价值，是研究中美教育文化交流不可或缺的专著。汤姆森著《当中国面向西方：美国改革者在民族主义的中国》（*While China Faced West: American Reformers in Nationalist China*）和史景迁的《改变中国：中国的西方顾问 1620—1960》（*To Chang China: Western Advisers in China*，1620—1960）勾画了美国人对中国近代化所作的贡献。近年来，我国学者发表了不少关于传教士在华活动的论文和专著。这些文章与五六十年代批判美帝国主义，指责传教士是侵华急先锋的论著不同，基本上肯定了传教士促进中外文化交流的作用，同时也指出了传教士对中国现代化所起的误导作用②。顾长声著《传教士与近代中国》和《从马礼逊到司徒雷登——来华新教传教士评传》③是比较有分量的两部专著，引用了大量教会文献。宋家珩等编的《加拿大传教士在中国》，利用了加拿大的档案资料，并在河南进行了调查，是一部填补空白之作④。留学生运动也是近年来我国学

---

① John King Fairbank. *China A New History*. Cambridge: Harvard University Press, 1992: 260-262.

② 梁碧莹. 美国传教士与近代中西文化交流[J]. 中山大学学报，1989（03）；王维俭. 丁韪良和京师同文馆[J]. 中山大学学报，1984（02）；陈绛. 林乐知与中国教会新报[J]. 历史研究，1986（04）；王立新. 美国传教士与晚清中国现代化[M]. 天津：天津人民出版社，1981.

③ 顾长声. 传教士与近代中国[M]. 上海：上海人民出版社，1981；顾长声. 从马礼逊到司徒雷登——来华新教传教士评传[M]. 上海：上海人民出版，1985.

④ 宋家珩. 加拿大传教士在中国[M]. 北京：东方出版社，1995.

术研究的一个热点，李喜所的《近代中国留学生》《近代留学生与中外文化》是这方面的代表作①。美国学者更注意当代留学生问题与教育文化交流。兰普顿等著《一种关系的恢复：美中教育交流的趋势，1978—1984》以留学人员为主体全面研究了中美关系正常化以来，两国教育交流的状况。利奥·奥林斯著《中国学生在美国，政策、问题和数字》是《一种关系的恢复》的续篇，根据美国移民局的统计资料和没有正式出版的调查报告对 80 年代中国留美学生的情况进行了细致的分析②。卡尔格伦与西蒙合编的《关于中美教育交流经验论文集》对于了解美国方面对中美教育交流的看法及其历史根源很有帮助③。加拿大学者许美德女士（Ruth Hayhoe）研究中国教育多年，著有《中国的大学与开放》（*China's Universities and the Open Door*），其中有关中国留学生和美国、加拿大政策部分颇具参考价值④。此外，关于美洲和美国华侨史的研究近年来也有长足的进步，不少论著和译著陆续问世⑤。用英文写成的美国华侨史很多，Shih-shan Henry Tsai 著《中国人在美国的经验》是其中较好的一种⑥。中美文学的相互影响是文学工作者深感兴趣的一个课题。围绕着马克·吐温、海明威、奥尼尔在中国，中国文化在美国流传和影响等课题都发表了一些有一定质量的研究成果⑦。从文学研究引发出来的形象研究也被应用到中美文化关系上来。华裔学者杜维明和陈依范均撰有《中国人心目中的美国形象》的论文。美国学者以《美国人心目中的中国形象》为题的论著也屡有所见。如戈里森（Benson Lee Grayson）编《美国人心目中的中国形象》、伊萨克斯著《心上搔痕：美国人心目中的中国和印度形象》、沃伦·科恩（Warren

① 李喜所. 近代中国留学生 [M]. 北京：人民出版社，1987；李喜所. 近代留学生与中外文化 [M]. 天津：天津人民出版社，1992.

② David Mand Lampton eds. *A Relationship Restored, Trends in US-China Educational Exchanges, 1978-1984*. Washington D.C.: National Academy Press, 1986; Leo A. Orleans: *Chinese Students in America, Policies, Issues, and Numbers*. Washington D.C.: National Academy Press, 1988.

③ Joyce K Kallgren and Denis Fred Simon eds. *Educational Exchanges, Essays on the Sino-American Experience, Institute of East Asian Studies*. Berkeley: University of California Press, 1987.

④ Ruth Hayhoe. *China's Universities and the Open Door*. M E Sharpe, Inc, 1989. A publication of the Ontario Institute for Studies in Education.

⑤ 李春辉，杨生茂. 美洲华侨华人史 [M]. 北京：东方出版社，1990；宋李瑞芳. 美国华人的历史和现状 [M]. 北京：商务印书馆，1984；陈依范. 美国华人史 [M]. 北京：世界知识出版社，1987.

⑥ Shih-shan Henry Tsai. *The Chinese Experience in America*. Indiana University Press, 1986.

⑦ 常耀信. 中国文化在美国文学中的影响 [J]. 外国文学研究，1985（01）；龙文佩. 奥尼尔在中国 [J]. 复旦学报，1988（04）；钱满素. 爱默生和中国——对个人主义的反思 [M]. 北京：生活·读书·新知三联书店，1996.

Cohen）的论文《美国人的中国观》。本志第十一章就是在这些著作启发下写成的。此外，还有一大批中国与北美文化交流中重要人物的传记、自传、回忆录，比较重要的如容闳的《西学东渐记》（My Life in China and America）（1909）、祁兆熙《游美洲日记》（1874.9.19—1875.1.8）、梁启超的《新大陆游记》《胡适留学日记》、汉密尔顿的《斯诺传》（John Maxwell Hamilton: *Edgar Snow，A Biography*）（1988）、孟志（Chih Meng）的《中美理解，六十年之追求》（*Chinese American Understanding，A Sixty Year Research*）（1981）、蒋梦麟的《西潮》（*The Tide from the West*）、司徒雷登（John Leighton Stuart，1876—1967 年）的《在华五十年》（*Fifty Years in China*）（1954）、费正清的《对华回忆录》（*Chinabound*）（1982）、拉铁摩尔的《中国回忆录》（*China Memories*）（1990）等。这些传记作者和当事人的观察、体验，以及所进行的综合、概括，不仅是珍贵的史料，也应看作专门的研究成果。

英美来华传教士的早期活动①

一、初到中国

19 世纪初，基督教新教开始传入中国。最早的是公理宗（Congregationalists）。他们热衷于把《新约》译成中文，经多年努力于 1811 年完成。全部《圣经》是在 1822 年至 1823 年间译成中文的。伦敦传教会（London Missionary Society）于 1805 年起筹划在中国的传教事宜。1807 年派罗伯特·马礼逊（Robert Morrison，1782—1834）经纽约，越过太平洋来到广州，1814 年吸收了第一个新教徒蔡高。美国国外布道会（American Board of Commissioners for Foreign Countries）步伦敦传教会的后尘于 1830 年派裨治文（Elijah Bridgman，1801—1861）等人来华传教。这是 19 世纪初美国东北部兴起的宗教复兴运动的产物。这个运动的目的之一是在基督教影响未到的地区传播福音。早期派到中国的传教士都是在虔信主义影响下成长起来的。他们深信原罪说，把自己看作上帝旨意的工具，肩负着使异教徒皈依基督教的使命，具有一种坚韧不拔的奉献精神。广州的美国传教士花了七年时间，才赢得了第一个信徒。1847 年来到我国福建传教的美以美会（属卫斯理宗）则用了十年时间。这种情况促使他们探索新的有效的传教方法。

通过办学校，向青少年灌输基督教义自始就是新教各差会扩大其影响的一个重要手段。马礼逊学校是英美传教士在中国境内最早创办的学校，1839 年 11 月建于澳门，其宗旨是"让当地青少年受到中英两种语言的教育，以此

---

① 本文节选自冯承柏《中国与北美文化交流志》，上海人民出版社，1998 年，第二章"传教士——文化交流的开拓者"，第一节"早期活动"，第 38-52 页。

为手段使他们接触到西学的各个领域。圣经和基督教的书籍应作为学校的课本"。①耶鲁大学毕业生萨缪尔·布朗（Samuel Brown，1810—1880）受聘为专任教师。学校开设的课程除中英文外，还有算术、代数、几何、生理、地理等。布朗认为学校教育应使学生在德、智、体诸方面都得到发展，成为一个"完人"。这所教会学校存在的时间不到十年。中国最早的一批留学生，最早的西医和训练有素的英语翻译人员都是该校的毕业生。继马礼逊学校之后，美国长老会先后在宁波、广州创办崇信义熟和寄宿学校。美以美会、圣公会则分别在福州和上海创办主日学和女塾。

行医治病、创办医院是北美传教士扩大在华影响的另一个重要途径。纽约长老会传教医师伯驾（Peter Parker，1804—1889）于 1834 年来华，在商界的帮助下于 1835 年 11 月在广州开办了一家眼科医院。3 个月内就有 925 名患者求诊，其中妇女 270 人②。伯驾通过做外科手术，诊病治疗，广泛结交各界人士，乘机进行宗教活动。至 1837 年底，接待病人累计达 4575 人，年开支 1692.24 美元。为了取得美国和欧洲教会的援助，伯驾与公理会传教士裨治文（Eligah Coleman Bridgman，1801—1861）于 1838 年 2 月 21 日共同组织"广州医务传教会"（Canton Medical Missionary Society）。有了充分的资金来源，医疗事业得到长足的发展，到 1844 年 7 月来院就诊的患者累计达 3 万人，包括清政府的一些高级官员。林则徐的小肠疝气就是靠伯驾用疝带治愈的③。1853 年，毕业于杰弗逊医学院的北美长老会传教医师嘉约翰（John Glasgow Kerr，1824—1901）来华，在伯驾创办的医院中工作。伯驾出任美国驻华外交官后，眼科医局的工作全部由嘉约翰负责。传道活动与医疗活动逐渐分开。医局毁于第二次鸦片战争。

出版书刊是北美传教士开展传教活动的又一重要方式，如下表所示。

表　19 世纪上半叶英美来华传教士出版主要书刊

年份	编著者	书刊名称	宗旨及内容
1815	马礼逊、米怜	察世俗每月统纪考（中文）	灌输知识，阐扬宗教，砥砺道德

---

① George H Danton. *The Culture Contacts of United States and China*. New York: Columbia University Press, 1931: 52-53.

② *Chinese Repository*. 1836: 409.

③ George H Danton. *The Culture Contacts of United States and China*. New York: Columbia University Press, 1931: 51.

年份	编著者	书刊名称	宗旨及内容
1832	裨治文、卫三畏	中国丛报（英文）	报道中国政治、经济、社会、文化情况以及中外关系
1833—1837	郭实腊、裨治文	东西洋考每月统纪传（中文）	介绍世界地理知识，特别是西方各国在亚洲的殖民地
1834	裨治文	广州市及其商业介绍	
1834	裨治文	美利哥国志后改名为亚美利格合省国志略第三版（1861）定名联邦志略	全面介绍美国史地及政治制度
1842		中国广东话注解文选	分 17 目用中英文相互注解
1842	卫三畏	简易汉语教程	
1844	卫三畏	中国地志	
1848		中国总论	

在这些报刊中，《中国丛报》（Chinese Repository）连续出版近二十年，颇具影响。裨治文在该报第一期中说，尽管西方国家与中国的交往时间很长，但在智性和道德方面的交流甚少。《中国丛报》出版的目的就是要填补这一空白。他指出，"中国提供了世界上最广泛和最有兴趣的研究领域"。从这个基本认识出发，该报刊登了大量介绍中国历史、文化、政治、经济、社会和风土人情和自然地理的文章与资料。比较有代表性的文章包括裨治文的《中国的刑法》，伊拉·特拉希（Ira Tracy）的《中国妇女状况》，卫三畏（Samuel Well Williams，1821—1934）的《中国的农业》《中国的祖先崇拜》，摩理逊的《中国政府的结构》，劳瑞（Lowrie）的《中国诗歌》，爱德温·斯蒂文斯（Edwin Stevens，1802—1837）的《中国的神学》等[1]。其他像中国妇女缠足的历史、中国的军事技术、中国的对外关系也都有专文论及。

二、北美传教士与太平天国

传教士同太平天国起义领袖洪秀全的直接接触发生在 1836 年。当时洪

---

① *Chinese Repository* 2(November 1833): pp. 310-312; 18(July 1849): pp. 363-384; 1(July 1832): pp.102-103; and 2(November 1833): pp. 318-324.

秀全正在广州参加乡试。他走出考场，碰到一位传教士向他说教并把教会出版的由英国伦敦会的华人助手梁发执笔编写的《劝世良言》送给他。洪秀全七年之后才认真阅读此书，从中得到启发，自行"洗礼"，成立"拜上帝会"，在广西境内传教。洪秀全于 1845—1847 年间先后撰写了《百正歌》《原道救世歌》《原道醒世训》三篇文章，为后来太平天国制定政治纲领奠定了理论基础。

1837 年 3 月，洪秀全、洪仁玕同往广州，从美国浸礼派传教士罗孝全（Issacher Roberts，1802—1871 年）学道两个月。浸礼宗是新教的一个教派，1608 年在流亡阿姆斯特丹的英国分离派教徒中成立。美国浸礼宗由罗吉林·威廉姆斯（Roger Williams，1603—1683 年）于 1639 年在罗德岛普罗维登斯创立。1814 年成立"美国浸礼宗宣教协会"，1826 年又组成"美国海外布道会"。1836 年该宗传入我国。该宗认为，实行全浸是洗礼的合法形式，符合圣经原则，教会应是教徒的自治团体，实行公理制；主张信仰自由，父亲亦不能强迫儿子入教。坚信教徒可以与上帝直接沟通，不承认圣礼，否认神职人员和教会的中介作用。罗孝全于 1837 年自费来华，后成为浸礼传道会正式成员，1842 年迁至香港，1844 年转至广州。1846 年开始与洪秀全通信。1847 年，洪秀全、洪仁玕应罗孝全的邀请来到广州，住在罗的寓所。洪秀全在罗处首次接触到基督教文献——《圣经》的汉译本，阅读了传教士写的劝世文，参加了礼拜，对基督教的礼仪和组织有所了解，但并未受洗。1847—1848 年洪秀全继续在广西传道，又先后编写了《原道觉世训》《太平天日》。他把基督教的"十诫"改为"十款天条"，确定自己是上帝之子，耶稣基督之弟，下凡人间，拯救人世，杀灭阎罗妖。

太平天国于 1853 年定都南京。罗孝全闻讯后由广州赴上海打算去南京会见洪秀全，为当时在上海的美驻华公使马沙利（Humphrey Marshall，1812—1872 年）以不符合中立国侨民身份为由劝阻。接替马沙利的麦莲（Robert Milligan McLane，1815—1898 年）于 1854 年在裨治文陪同下乘军舰由上海至南京访问，准备执行美国国务院关于承认既成事实的训令。麦莲的访问被太平天国当局看成是"效忠"的表现。太平天国的代表对他说："如果你们真正尊敬上天和承认我们天国的主权，那么视天下为一家，将各国联为一体的天国政府可以肯定你们的忠诚，允许你们年年朝贡，从而成为天国的臣民。"①

---

① Kenneth S Latourette. *A History of Christian Mission in China*. New York: Macmillan, 1929: 293; John W Foster. *American Diplomacy in the Orient*. Boston: Moughton Mifflin Company, 1903: 210-211.

这种以天朝自居的傲慢态度使麦莲大为失望，他在一封信里写道："无论世界各文明国家对太平天国运动的期望是什么，他们显然并不相信也不懂得基督教义。无论他们的政权是以何种真实的判断为基础建立的，毋庸置疑的是，同他们的交往无法建立在平等的基础上。"①故而麦莲认为：对造反者不宜给予事实上的承认②。随同麦莲访问天京的裨治文在回上海后写的一份报告认为，太平天国的宗教信条虽也承认《圣经》全部或大部分教义，但由于无知或刚愎自用，或者兼而有之，因而错误甚大。报告认为，也许他们只是名义上的基督教徒。③

　　1860 年 10 月 13 日至 1862 年 1 月 20 日，罗孝全应洪秀全的邀请在南京住了 15 个月。罗孝全被封为义爵，任外务大臣，辅佐洪仁玕。罗在一封给差会的信里说：洪秀全"要我到这里来，但不要我宣传耶稣基督的福音，劝化人民信奉上帝。他是要我做他的官，宣传他的主义，劝导外国人信奉他……我相信在他们的心目中，他们是实在反对耶稣福音的，但是为了政策的缘故，他们给予了宽容。可是我相信，至少在南京城内，他们是企图要阻止其实现的"。④罗孝全认为洪秀全精神已混乱，并说任何传教士如果在天京不承认洪是上帝的代表就会有绝大的危险⑤。他在《北华捷报》发表的文章对太平天国不许外国传教士传教极为不满，攻击太平天国只宣传"政治的宗教"。

　　在众多访问过天京，或在华的美国传教士当中，丁韪良（William Alexander Martin，1827—1916 年）一直对太平天国持肯定态度。1856—1857 年间曾三次写信给当时任美国司法部长的顾盛（Caleb Cushing，1800—1879 年），主张承认太平天国政权。在他看来"这个革命运动的成功，对于基督教是大有用处的；反之，它的消灭却是大有害的"。对于太平天国的"基督教"不同于西方，丁韪良为之辩护说："或谓他们的基督教是假的，因之形势不同，然而基督教在开始时期，其形象几时不是假的呢……今所指为假的基督教，又有谁敢说它将来不会极有助于真正的基督教的发展呢？"太平天国运动失败后，他还在为西方列强失去了变中国为基督教国家的这一次"千年不可再

　　① John W Foster. *American Diplomacy in the Orient*. Boston, 1903: 211.

　　② 欧内斯特·梅. 美中关系史论[M]. 齐文颖，等译. 北京：中国社会科学出版社，1991：80.

　　③ 顾长声. 传教士与近代中国[M]. 上海：上海人民出版社，1991：79.

　　④ 顾长声. 传教士与近代中国[M]. 上海：上海人民出版社，1991：75.

　　⑤ Kenneth S Latourette. *A History of Christian Mission in China*. New York: Macmillan, 1929: 293; John W Foster. *American Diplomacy in the Orient*. Boston: Moughton Mifflin Company, 1903: 293-294.

得的好机会"感到惋惜。①

传教士和基督教义在太平天国起义中究竟起了什么样的作用？对于这个问题有两种趋于极端的回答：一种回答过分夸大了传教士的作用，认为没有英美传教士在两广地区的传教活动就不会有拜上帝会和金田起义。另一种回答完全否认北美传教活动的作用，强调没有清政府与农民之间日益尖锐的矛盾就不会有太平天国起义，"并不是基督教俘虏了洪秀全，影响了中国的革命农民，而是洪秀全按照中国农民革命的需要利用了基督教的某些形式"。②从太平天国奉《圣经》为要典，肯定上帝与教徒直接沟通，反对崇拜偶像，允许成人受洗，废除传统丧葬仪式，每七天有一个安息日等规定，至少说明基督教特别是新教对之有一定影响。

在太平天国起义的全过程中，天主教损失惨重。这是因为太平军和清军双方都把天主教会当成敌对势力。天主教堂的神龛因被太平军视为偶像崇拜而遭到破坏。仅 1853 年在南京、扬州、镇江等地被处死、逮捕和失踪的天主教徒有 600 人。传教士被杀的也时有所闻。清军认为太平军渊源于天主教，对传教士抱怀疑态度，经常将他们投入监狱。清政府还命令北京南堂将屋顶的十字架拆掉，在广西曾将一名传教士以通匪罪名处以极刑。③

三、"新天定命运"在中国

（一）"新天定命运"

19 世纪末，随着美国西进运动的完成，边疆地区的消失，美国扩张主义的目光从北美大陆转向海外。19 世纪三四十年代为美国囊括北美大陆目的天定命运（Manifest Destiny）说，以新的面貌出现，被称为"新天定命运"。其特点是以社会达尔文主义为理论基础，鼓吹安格鲁—萨克逊种族优秀论，主张美国向海外扩张，以完成上帝赋予的"使命"。在这股扩张主义势力的影响下，宗教界也出现了向海外传教的新浪潮。

在此期间，北美的新教差会发生了几件引人注目的事情。首先是基督教

---

① 顾长声. 传教士与近代中国 [M]. 上海：上海人民出版社，1991：93–94.

② 胡绳. 从鸦片战争到五四运动：上册 [M]. 北京：人民出版社，1981：103.

③ Kenneth S Latourette. *A History of Christian Mission in China*. New York: Macmillan, 1929: 293; John W Foster. *American Diplomacy in the Orient*. Boston: Moughton Mifflin Company, 1903: 300.

青年会运动的兴起，并由英国扩展到美国，在美国大学校园中纷纷建立分支机构，向海外传教是它们所关注的一项重要活动。其次是 1866 年在美国开始的海外传教学生志愿运动，数以千计的学生奔赴海外投入传教事业。"为了让上帝的王国占领中国人的心灵"，传教士把办学校、建医院、参与中国的社会改革（办洋务，维新、变法）作为传播福音的重要手段。由传教活动和办洋务的需要所引发的留学生运动也开始影响中国的文化生活。

（二）北美差会深入中国内地

1844 年中美签订的《望厦条约》为美在华传教活动提供了保障。条约使传教士获得建立礼拜堂的合法权利，并责成中国政府保护包括教士在内的所有美侨的身家安全。有关领事裁判权的条款使教士不受中国法律的制裁。这就为以美国为首的新教传教活动大开方便之门，使 19 世纪下半叶成为新教差会在中国的影响迅速扩大时期。

1856 年只在南方四个沿海省设有传教站，到 1898 年传教站遍及十八个省和东北地区。北美传道会与英国传道会的扩展路径不同，后者沿长江而上，自东而西，深入内地。美国传教士则是由南而北，从广东、福建北上至山东、河北，分别在北京、通县、保定、烟台、登州、济南等地建立了他们的传教站。随后，以上海为基地，步英国传教士的后尘，沿江而上，在武汉建立传教站，进而在四川立足。加拿大传教士进入中国是在 19 世纪 70 年代以后。他们先在台湾北部地区传教，然后进入河南。90 年代抵达四川。从传教士的人数看，美国来华传教士 1845 年 20 人，1848 年 44 人，1855 年 46 人，1858 年 55 人[1]。1872 年以后增至 150 人，1898 年 967 人，1900 年超过 1000 人，1930 年达 3000 人[2]，85 年间增加了 150 倍。这些传教士来中国前大多学过中文，但对中国社会状况和文化传统所知甚少，相当一批人对中国文化抱怀疑、批判态度。当他们在中国住了一段时间之后（据统计，传教士在中国居住的时间平均为六年半至七年半）[3]，对所在地区的生活有了较多的了解，有的对中国古典文化产生了兴趣，成为北美地区最早的一批中国通。

---

① Hosea Ballou Morse. *The International Relations of The Chinese Empire*. London: Longman, Green and Company, 1910(01): 565.

② Kwang-Ching Liu（刘广京）. *American Missionaries in China: Papers from Harvard Seminars (Harvard East Asian Monographs)*. Cambridge: Harvard University Press, 1966: 1. 欧内斯特·梅. 美中关系史论[M]. 齐文颖，等译. 北京：中国社会科学出版社，1991：100.

③ Kenneth S Latourette. *A History of Christian Mission in China*. New York: Macmillan, 1929: 293; John W Foster. *American Diplomacy in the Orient*. Boston: Moughton Mifflin Company, 1903: 409.

　　传教士与本国商人和政府之间的关系既有相互支持、通力合作的一面，也不乏相互攻讦的例证。有些商人和官员并不支持传教事业，认为传教是经商的障碍，因为传教活动经常激发民变，且传教士偏狭狂热。传教士则因遵循清教禁欲主义的传统，对商人、官员的奢侈生活颇有微词。

　　（三）传教站

　　传教是教会的基本活动。传教站是差会的基层组织，通常由布道堂、教会建筑、附属医院或学校及住宅组成。其造型往往取西方的建筑形式。传教站的对外宣传联络点是临街教堂，设于通衢大道。新教差会对中国教徒的要求包括：承认圣经是信仰的最高准则，信徒不分民族，只要信仰教义就可以得救，即所谓"唯信称义"，以区别于天主教的"圣礼得救"和"善功赎罪"。新教差会还反对偶像崇拜（包括祖先崇拜），反对占卜迷信；反对多妻制、赌博、吸食鸦片（包括种植鸦片），要求教徒严守安息日制（星期日不得劳动）；禁止早婚，不得休妻，不识字者要努力学会阅读，识字者应坚持阅读圣经和其他基督教文献。因此，如果成为基督教徒实际上就要同许多中国传统的文化和习俗决裂。

　　培育和组织中国人自传、自治、自养的教会组织是部分北美教会的一贯主张。尽管在如何实现"三自"方针方面的看法不尽一致，中国教会机构自19世纪70年代起数量确有显著增加。1877年有18个教会完全自治，243个教会部分自给。1893年有137个教会完全自治，490个教会部分自给。在筹集资金方面，以厦门为例，1882年750名教徒捐赠1877.32美元，1886年804名教徒捐赠2076.29美元，1892年1008名教徒捐赠3894.80美元[①]。实行"三自"方针中的一个重要问题，是必须有一支中国自己的传教队伍。1866年，英国长者派在厦门建神学院，十年后，中国境内已有20所神学院，学生231人。倪维斯（John Nevius，1829—1893年）早在1862年就向美国长老会建议在中国成立神学院。1864年长老会教士狄考文（Calvin Wilson Mateer，1836—1908年）创文会馆于登州，以培养传教士为该馆创办宗旨之一。美国圣公会于1879年在上海创建圣约翰书院，第二年附设的神学院就有了13名学生。

　　重视直接阅读圣经和大量散发宗教文献一直是新教差会传教的一个特

---

① Kenneth S Latourette. *A History of Christian Mission in China*. New York: Macmillan, 1929: 293; John W Foster. *American Diplomacy in the Orient*. Boston: Moughton Mifflin Company, 1903: 424.

点。圣经中译本的出版和发行长期受到教会的关注。到 1856 年已有多种版本问世。1877 年有 11 种方言的圣经译本。用书面语言翻译的圣经有 1860 年译出的《使徒行传》，1862 年翻译的《马可福音和使徒行传》，1850—1866 年间译成的《新约》，1870 年译出的《使徒书》，1874 年译出《约翰福音》，1875 年译出的《诗篇 1—40》《克罗西安人书》和《希伯来人书》等。这些译本都不尽如人意，直到中国人自己的传教队伍成长起来在他们的参与下才有了较好的圣经汉译本。英美传教士在出版罗马拼音与汉字对照本方面做出了他们的贡献。

（四）教会学校的发展

教会学校在此期间也有长足的发展。自马礼逊学校成立以来，沿海城市都陆续有各种类型的教会学校出现。1877 年在上海举行的第一次传教士大会是教会办教育的一个转折点。来自山东的狄考文在会上发表《基督教教会与教育的关系》的讲话。他认为教会办教育的目的是"培养土生土长的专业传教人员和师资""通过他们使中国接受西方优越的教育制度，以便把西方文明中的科学和艺术引进中国"。狄考文认为，"这是同中国上层接触的最好办法，因为西方科学在中国上层中有很高的声誉，他们渴望把它学到手"。这样做就可以使中国教会自力更生，对内防止迷信，对外防止受过教育的怀疑派的指责。狄考文认为，为了实现这个目的，必须提高办学层次，不能停留在只办中小学的水平上。狄考文的讲话是有所为而发的。1840 年以来，新教差会把宣传福音看成是教会头等重要的任务，办教育被视为俗务。狄考文企图扭转这种趋向，但大会对他的讲话反应冷淡，只有两人在会上发言表示支持，有四位传教士坚持办教育是俗务的观点。尽管观点不一致，1877 年以后教会学校的发展还是加快了。1876 年在教会学校上学的学生共 5917 人，1889 年增至 16836 人①。开设的学校较著名的有 1864 年在山东登州创办的蒙养学堂，1876 年改称文会馆，1877 年杭州的育英义塾，1879 年上海圣约翰书院，1882 年上海中西书院，1888 年北平汇文书院等。

教会创办的学校与中国的传统教育机构大不相同。首先，办学的目的不同。中国旧式学堂基本上是科举制度的一部分，教育目的是为封建统治培养人才。教会学校以培养教士和新式教师为目的。其次，课程不同。旧式学堂

---

① Kenneth S Latourette. *A History of Christian Mission in China*. New York: Macmillan, 1929: 293; John W Foster. *American Diplomacy in the Orient*. Boston: Moughton Mifflin Company, 1903: 442.

"读孔孟之书，学尧舜之道"。教会学校则按照西方近代教育的模式设置了数学、物理、化学、天文、地理、音乐、体育、美术等课程，要比只学四书五经的中国学堂课程内容丰富得多。英语课在多数教会学校是必修课。最后，教会学校在教学方法上重讲解，重练习，注重启发学生独立思考，使学生从死记硬背的传统模式中解放出来。除了正规教育外，教会还办了盲人学校、聋哑人学校和职业学校。教会在办学校方面取得的成果对清政府官办的教育事业产生了不小的影响，同文馆的创办就是一个突出的例证。

（五）同文馆

建于 1862 年的同文馆是清政府为了培养外语翻译人员而设的，是官办新式学校的开端，是洋务运动的一个组成部分。为了培养外语翻译人才，清政府不能不借助于传教士的力量。经海关总税务司赫德的推荐，美国北长老会教士丁韪良于 1869 年出任同文馆总教席，兼授国际公法。丁韪良出生于美国印第安纳州的一个长老会传教士家庭，自幼受到正统的古典语言训练，入大学后，对自然科学的重要学科均有所涉猎，经过三年神学院的严格训练，于 1850 年来华，先在宁波传教，用罗马拼音从事扫盲教育颇见成效。太平天国起事后，他一直以同情的目光注视其发展。第二次鸦片战争期间，出任美国驻华公使列维廉（William Bradford Reed，1806—1876 年）的译员。丁韪良在同文馆任职的 25 年中，延聘合格的教师，制订新的教学计划，编译教科书，增添教学设施，改进招生办法，使同文馆的教学工作步入正轨。在原有的语言课程之外，丁韪良坚持增设自然科学方面的课程。他认为进行系统的自然科学教育是改变中国决策层迷信天人感应，把天象与人事牵强附会地联系在一起的有效措施①。经过一番努力，同文馆陆续开出数学、天文、地理、各国史略、化学、格物、富国策（经济）、公法等课程。在他的建议下，同文馆还设立了天文台、化学实验室、物理实验室、科学博物馆和图书馆。以西方高等学校为样板的高等教育机构在古老的中华大地上出现了。同文馆为我国培养出一批最早的翻译人才和自然科学人才。1898 年，北京大学的前身京师大学堂成立，丁韪良又被任命为总教席。应该指出的是，传教士办教育首要目的是传教和培养宗教人员，但他们传播科学知识、建立新式学校客观上推进了近代教育的发展。

---

① William A Martin. *A Cycle of Cathay*. New York: Fleming H Revell Company, 1896: 313-314.

（六）医疗事业和医学教育

举办医疗事业一直是新教传道活动的一个组成部分。西医的诊断和治疗是以解剖学和生理学的知识为基础。传教士中的医师是通过治疗人的病痛来传播宗教思想，让医疗工作服务于传教事业。在客观上也起到将西方医学科学移植到中国来的作用。1856 年以后，传教士中医师的数目稳步增长，1874 年 10 人，1878 年 19 人，1881 年 34 人，1887 年 60 人，1890 年近百人[①]。医院的数目 1876 年有 16 家，诊所 24 个，就医患者 41281 人。1898 年增至医院 61 家，诊所 44 家，就医患者约 35 万人。这些医院规模不大，设备有限，诊治与传道活动掺杂在一起。具体情况如下表。

表　1900 年以前北美传教士在我国建立的医院

年份	地点	医院名称	创办人或差会
1859	广州	博济医院	嘉约翰、黄宽
1867	上海	同仁医院	美国圣公会
1881	汕头	盖世医院	大美浸礼会
1883	苏州	博习医院	美国监理会
1885	上海	西门妇孺医院	美国公理会
1886	通州	通州医院	美国公理会
1892	南京	彭楼医院	美国基督会
1892	九江	生命活水医院	美国美以美会
1894	成都	成都男医院	加拿大联合会

一些专门医院如麻风医院、戒烟医院也在此期间陆续出现。

为了培养中国医务人员，医院最早承担了医学教育的任务。1877 年有 30 名中国学生在教会医院中学医。这种学徒式的医学教育是从广州和天津的教会医院开始的。1866 年，博济医院成立附设在医院内的"博济医校"，是中国最早的西医学校。山东文会馆由聂会东（James Boyd Neal，1855—1925 年）创办医学系，是为齐鲁医学院的前身。此后上海（1880 年）、天津（1881 年）、登州（1883 年）和香港（1886 年）均建成医学院。到 1890 年学习西医的中国学生人数达到 100 人。

为了满足专业教育的需要，一批西方医学文献被译为中文，包括普通医

---

① Kwang-Ching Liu（刘广京）. *American Missionaries in China: Papers from Harvard Seminars (Harvard East Asian Monographs)*. Cambridge: Harvard University Press, 1966: 103-104.

学、解剖学、外科学。专业组织"中国医学传道会"（The China Medical Missionary Association）也于 1886 年成立，由克尔医师（John Glasgow Kerr，1821—1901 年）出任首届会长。该会宗旨是在"全中国传播医学科学"。翌年开始出版刊物，1890 年召开首次代表大会，1925 年更名为"中华医学会"（China Medical Association）。"一切合格的医师不分种族和信仰均可入会"。①

传教士还在不同程度上倡导和参加了反对中国传统社会陋习的活动。早在 1867 年汉口的一所教会女校就要求学生不得缠足。北平的美以美女校和温州女校也于 1872 年和 1874 年先后作出了同样的规定。1874 年传教士和中国妇女在厦门成立反对缠足协会②。北美传教士还参加了戒烟、禁赌、救灾、济贫、反对纳妾等方面的社会改革活动。

传教活动深入内地和介入中国社会生活，带来的后果是很复杂的。首先，它使相当一批知识分子和少数中上层政府官员在不同程度上接受了部分西方文化（如科技文化），产生了变革的要求：从师夷一技之长，中体西用到维新变法，甚至在一小部分知识分子中出现了民主革命的思想倾向。其次，有些传教士与本国侵华势力沆瀣一气，依仗军事、政治力量收罗华人败类，横行乡里，强占土地，为非作歹，激起了广大农民的愤慨。最后，中国社会中的保守势力、冥顽不化的封建士大夫和清朝统治阶级中的腐朽保守势力，对外国势力深入内地深感不安，他们利用农民对侵略势力的不满，进行抵制。从 19 世纪 70 年代开始，中国民众的排外情绪日益增强，教案迭起。在维新变法失败后终于爆发了席卷华北的义和团运动。义和团是从反洋教开始，失败既因清朝统治阶级顽固派执行"宁赠与国，勿与家奴"投降路线，亦与其自身的愚昧和迷信有关。洋教不但没有被反掉，进入 20 世纪其影响继续增强，文化渗透愈益深入。中国人民只能从西方思想武器库中找出更先进的武器与之对抗。

---

① Kwang-Ching Liu（刘广京）. *American Missionaries in China: Papers from Harvard Seminars (Harvard East Asian Monographs)*. Cambridge: Harvard University Press, 1966: 109.

② Kenneth S Latourette. *A History of Christian Mission in China*. New York: Macmillan, 1929: 293; John W Foster. *American Diplomacy in the Orient*. Boston: Moughton Mifflin Company, 1903: 462.

北美（美国）宗教、世俗团体与中国近代社会现代化改革①

进入 20 世纪，中国现代化的步伐加速了。辛亥革命、五四运动和北伐战争都是中国政治现代化与社会进步的界标。各种各样的思潮和社会改革活动纷纷亮相。北美的一些宗教团体和世俗团体也根据形势的变化和各自的利益与需要参与了当时中国的社会改革活动。

一、基督教青年会

基督教青年会是一个根据青年特点进行宗教宣传和道德教育的组织。19世纪 40 年代建于英国，50 年代传入美国。1876 年在上海成立中国第一个青年会组织。1895 年美国和加拿大的青年会联合组成"北美协会"，派来会理（David Willard Lyon，1870—1949 年）牧师来华，在天津五所官办的学校中建基督教学塾幼徒会，即青年会（以下统称基督教青年会），并成立市会。进入 20 世纪，基督教青年会发展更快。1901 年，中华基督教青年会举行全国代表大会，170 名代表与会，中国人占四分之三。采取由华人担任领导职务的方针，是基督教青年会的一个特点。他们除了在学校中发展组织，还特别注重在外国企业任职的中国青年中开展工作。1901 年，该会分别在天津和汉口建立了市一级的组织。1908 年又派王正廷在东京的留日学生中进行工作。

美国基督教青年会的领导人约翰·莫特（John Mott，1865—1955 年）在

① 本文节选自冯承柏《中国与北美文化交流志》，上海人民出版社，1998 年，第二章"传教士——文化交流的开拓者"，第二节"北美宗教、世俗团体参加中国的社会改革"，第 53-65 页。

塔夫特总统的支持下于 1910 年 10 月在白宫举行了一次有 200 多名企业家和社会名流参加的会议，讨论扩大基督教青年会在海外活动的问题。塔夫特在会上强调指出："有些基督教青年会的会员……在中国和其他国家中……很容易获得重要地位。通过这些人，我们就能使这些落后国家最后接受我们的文明和道德标准。"莫特通过会议募得 200 万美元，用于建造青年会会所，重点放在中国。1912 年 6 月，在上海召开了第一次全国基督教青年会干事大会，成立了"中华基督教青年会干事会"。同年 12 月，在北京召开基督教青年会第六次全国大会，将总机关定名为"中华基督教青年会组合（即协会）"，并得到北洋政府的正式承认。协会下设总务、庶务、城市、学生、编辑（即书报）、体育、演讲各部，以美国的巴乐满为总干事。从此基督教青年会在华活动日益规范化，其组织发展情况如下表所示。

表　在华基督教青年会发展情况

年份	市会	会员	校会	会员
1914	34	10000	120	7000
1920	34	32330	174	15555
1925	43	44550	208	27487
1931	39	36215		
1935	40	37648	122	8424

资料来源：杨富森编著《中国基督教史》，台湾商务印书馆，1984 年，第 277 页。

从 1915 年起，基督教青年会总干事由华人担任，王正廷为第一任华人总干事，只做了一年就由余日章代理，并于 1917 年正式接任。余日章（1882—1936 年）出生于基督教徒家庭，1910 年毕业于哈佛大学研究院。回国后任武昌文华大学附中校长。辛亥革命爆发时，他组织红十字会，自任总干事，并在黎元洪手下任幕僚和英文秘书。1912 年加入中华基督教青年会全国协会，连任总干事达 17 年之久。余日章认为，中国积弱是道德退化造成的，只有皈依基督教才能修养道德，富强国家。中华基督教青年会的宗旨"发扬基督精神，团结青年同志，养成完美人格，建设完美社会"，体现了他的基本思想。青年会的会训是"非以役人，乃役于人"也是基督教精神的具体发挥。

基督教女青年会于 1890 年传入中国。1922 年有市会 12 个，校会 80 余个。1923 年成立中华基督教女青年会全国协会，以丁淑静为总干事，出版《女青年报》和宗教妇幼读物。

基督教青年会之所以能如此迅速和广泛地发展，除了它善于借助官方的力量（袁世凯是该会会员），能够针对青年特点开展活动是一个重要因素。在学校里，青年会主张"学生宜具纯正之道德""应有交谊之乐趣""应有服务社会之工作""宜受宗教之范围"①。查经布道是青年会最重要的活动。各校均设有查经班，组织会员和会外青年利用课余时间阅读英文版圣经，由牧师负责讲解答疑。这项活动因有助于提高英语水平，发展很快，1911 年全国有2732 个查经班②。布道的主要形式是举办布道大会，邀请国内外"布道家"演讲。布道的内容和形式都注意结合青年特点和人们当时所关心的实际问题，如科学与宗教的关系、基督教与劳工问题、恋爱与婚姻、青年道德修养等。大多数布道者口才出众，很受听众欢迎。针对青年长身体、长知识的特点，青年会还从国外引进流行欧美的体育项目，多次在各地举办运动会，同时还建立各种夜校、补习学校，开展平民教育活动。30 年代民族危机加深，有不少青年会的成员参加了抗日救亡活动。值得注意的是，青年会在二三十年代的布道活动中，有过一些反共言论，这显然带有时代和阶级的特点。而当如火如荼的学生运动在中国共产党的领导下开展起来之后，青年会往往成了中共地下党员团结群众和隐蔽自己的场所，这恐怕是基督教青年会创始人所始料未及的吧。

二、中美在医学和医学教育领域中的合作

19 世纪末 20 世纪初是现代医学发展的一个转折点。麻醉技术和消毒技术的发展将外科手术置于全新的基础上。疟疾、黄热病和伤寒的治愈为传染病学、病原学的发展开辟了道路。X 光的发现提供了新的诊断和治疗手段。弗洛伊德的精神分析学开创了心理治疗的先河。现代医学正在开拓化学疗法、免疫学、内分泌学和营养学四个崭新的领域。医学教育面临着新的挑战。美国开始了一场以提高教学质量为中心的医学教育改革运动。朝着现代化方向缓缓前进的中国则因现代医疗机构在各地纷纷建立而面临着急需现代医疗、

---

① 王揖三《学校青年会与学生之关系》《青年进步》1917 年 11 月第七册；李楚材. 帝国主义侵华教育史料——教会教育[M]. 北京：教育科学出版社，1987：356-357.

② Kenneth S Latourette. *A History of Christian Mission in China*. New York: Macmillan, 1929: 293; John W Foster. *American Diplomacy in the Orient*. Boston: Moughton Mifflin Company, 1903: 588.

护理人才的问题。兴办医科院校成了当时的一个热门话题。据不完全统计，迄于 20 世纪 30 年代各地兴办的西医院校达 50 所之多，外国人在中国各地创办的院校占五分之二。其中，由北美教会创办的占半数。具体情况如下表所示。

表　外国人在华设立的医学院校

校　名	地点	开办时间	创办机构主持人	备　注
博济医学校	广州	1866—1870	美长老会	后改为博济医学院，又改名为华南医学院。1886年孙中山曾在该校读书
圣约翰书院医科	上海	1880	美圣公会	1914 年改名为圣约翰大学医学院
广济医学专门学校	杭州	1884	苏格兰安利千会	1926 年停办
香港西医书院	香港	1887	伦敦传道会	1912年并入香港大学，改名为香港大学医学校。1892年孙中山毕业于该校
苏州女子医学校	苏州	1891	美国监理会公会女子部	1991 年停办
广东女子医学校	广州	1899（1901）	美国长老会	1902 年改名夏葛女子医学院
大同医学校	汉口	1903		
协和医学校	北平	1906	英美五教会及伦敦修道会	1916 年洛氏基金会拨巨款资助扩建，改名为协和医科大学
同济医工专门学校	上海	1907	德人宝隆氏	1917 年由国人接办
金陵大学医科	南京	1908	美国基督教会	
青岛特别高等专门学校医科	山东青岛	1908	德国	
共和医学堂	山东济南	1909		
华西协和大学医学院	四川成都	1910	英、美、加拿大 8 教会团体	
协和女子医学校	北平	1911		
南满医学院	辽宁沈阳	1911	日本南满铁路株式会社	后改名为南满医科大学
中国哈佛医学院	上海	1912	哈佛大学校友会	因缺乏资金于 1917 年停办
沈阳医学院	辽宁沈阳	1912	苏格兰长老会	爱丁堡大学承认其毕业生资格

续表

校　名	地点	开办时间	创办机构主持人	备　注
震旦大学医学院	上海	1911	法国耶稣会	中法庚子赔款资助
湘雅医科专门学校	湖南长沙	1914	湖南育群学会与美国雅礼会合办	1916 年设本科，1924 年改为湘雅医科大学
齐鲁大学医学院	山东济南	1916—1917	英、美、加拿大等13 个教会合办	由济南共和医学堂、北平旧协和医校、金陵大学医科、大同医学校合并建立
上海女子医学院	上海	1924	美国女公会、监理公会等	由苏州女子医学院等合并而成
中法大学医学院	北京	1931	法国	以庚子赔款为基金设立
岭南大学医学院	广州		美基督教会	

资料来源：甄志亚. 中国医学史[M]. 北京：人民卫生出版社，1991：511；John I Bowe. *Western Medicine in a Chinese Palace: Peking Union College, 1917-1951*. New York: The Josiah Macy, Jr. Foundation, 1971: 20-25.

　　北美教会兴办的这些医科院校中，特别是协和、齐鲁、华西和湘雅四校培养了一批优秀的医学人才，为中国现代医学的发展奠定了基础。《中国大百科全书》现代医学卷为 48 位中国现代医学的奠基人和著名医学专家立传，其中毕业于国人所建医学院校的共 10 人，其余均毕业于外国教会所办医学院校，或国外学校。其中北美教会在华设立的医学院校培养出来的人才达 24 人之多，占立传总人数的一半。这里我们还没有把曾在这些院校工作过的人计算在内。具体情况如下表所示。

表　中国现代医学奠基人和著名医学家

姓名	性别	生（卒）年	专业领域	毕业年份及学校
伍连德	男	1879—1960	公共卫生	1924 年美国约翰·霍普金斯大学博士
颜福庆	男	1882—1970	公共卫生	1904 年圣约翰大学医学院毕业，1909 年美国耶鲁大学医学院博士
杨崇瑞	女	1891—1983	妇幼保健	1917 年协和大学
金宝善	男	1983—1984	公共卫生	1919 年美国约翰·霍普金斯大学硕士
侯宝璋	男	1893—1967	病理学	1920 年齐鲁大学医学院，1926—1930 年在美国芝加哥大学学习
薛　愚	男	1894—1988	药物化学	1925 年齐鲁大学理学院
胡正祥	男	1896—1968	病理学	1921 年美国哈佛大学医学博士

续表

姓名	性别	生（卒）年	专业领域	毕业年份及学校
汤飞凡	男	1897—1958	病毒学	1921年湘雅医科专门学校，1925—1929年在美从事研究工作
孟继懋	男	1897—1987	骨科	1925年芝加哥拉什医学院
张孝骞	男	1897—1987	内科	1921年湘雅医科专门学校，1926年到美国约翰·霍普金斯大学医学院进修
陈克恢	男	1898—1988	药理学	1922年美国威斯康星大学生理学博士
谢志光	男	1899—1967	临床放射	1922年湘雅医科专门学校，1923年起在协和医学院放射科工作
褚福棠	男	1899—1994	儿科	1927年协和医学院，1931—1933年在美国哈佛大学医学院进修
刘士豪	男	1900—1974	内分泌学	1926年协和医学院，1928年赴美国纽约洛氏医学研究所进修
李涛	男	1901—1959	医学史	1925年北京医科专门学校，1929年到协和医学院工作
林巧稚	女	1901—1983	妇产科	1929年协和医学院，曾赴美芝加哥大学医学院留学
钟惠澜	男	1901—1987	内科、热带病	1929年协和医学院
胡传揆	男	1901—1986	皮肤、性病	1927年协和医学院，1932年赴美进修
毛燮均	男	1901—1979	口腔医学	1930年华西协和大学医学院，1935—1936年，1941-1942年两次赴美进修
聂毓禅	女	1903—1997	护理学	1927年协和医学院护校，1929年在美哥伦比亚大学进修
冯兰洲	男	1903—1972	寄生虫学	1929年齐鲁大学，后在协和医学院工作
谢少文	男	1903—1995	微生物、免疫学	1926年湘雅医科大学，1932—1934年在美国哈佛大学医学院攻读研究生
魏曦	男	1903—1989	医学微生物学	1933年上海医学院，1937年赴美国哈佛大学医学院深造
粟宗华	男	1904—1970	精神病学	1924年入湘雅，1932年上海医学院毕业，1935年赴美国约翰·霍普金斯大学、哈佛大学医学院进修
刘思职	男	1904—1983	免疫化学	1929年美国堪萨斯大学博士
许英魁	男	1905—1966	精神病学	1934年协和医学院，曾在美芝加哥大学学习临床精神病理学

姓名	性别	生（卒）年	专业领域	毕业年份及学校
罗宗贤	男	1905—1974	眼科	1932 年协和医学院，1940—1941 年赴美进修
苏德隆	男	1906—1985	流行病学	1935 年上海医学院，1944 年留学美国约翰·霍普金斯大学卫生学院获硕士学位
方先之	男	1906—1968	矫形外科	1933 年协和医学院，曾赴美国波士顿大学深造
张昌绍	男	1906—1967	药理学	1934 年上海医学院，1941 年哈佛大学留学
黄祯祥	男	1910—1987	病毒学	1934 年协和医学院，1941—1942 年在美国普林斯顿洛克菲勒医学研究院进修
吴英恺	男	1910—2003	胸部、心血管外科	1933 年协和医学院研究生，1941 年美国圣路易华盛顿大学医学院进修
曾宪九	男	1914—1985	外科	1940 年协和医学院
宋鸿钊	男	1915—2000	妇产科	1943 年协和医学院
张涤生	男	1916—2015	整复外科、显微外科、淋巴医学	1941 年中央大学医学院，1946 年赴美国宾夕法尼亚大学医学院进修
吴阶平	男	1917—2011	泌尿外科	1942 年协和医学院，1947 年在美国芝加哥大学进修
祝寿河	男	1917—1987	儿科、微循环障碍性病	1946 年上海医学院，曾在协和医学院工作

资料来源：中国大百科全书. 现代医学卷[M]. 北京：中国大百科全书出版社，1993.

应该指出的是，协和等医学院校的办学模式对我国现行的医学教育也有很大影响。毋庸讳言，教会医学院毕竟是由外国人创办的，未能结合中国国情甚至侵犯中国主权和触犯中国刑律的情况也时有发生。

三、介入农村改革

美国女作家赛珍珠（Pearl Buck，1892—1973 年）于 1931 年出版了以中国农民为题材的长篇小说《大地》（*The Good Earth*），名噪一时，1938 年获诺贝尔文学奖。这在很大程度上反映了美国一些公众对中国农村问题的关注。最早注意到这个问题的要推传教士，他们在 19 世纪末的反洋教运动中就认识到农民是一支不容忽视的社会力量。1917 年华北地区发生大水灾，河北省

103 县被淹。1920—1921 年华北五省旱灾，都得到以美国红十字会为首的慈善机构的捐助。捐款和救济物资主要由在华传教士分发。为此在北京、天津、济南、开封、太原、汉口、上海等地分别成立了救济组织。1921 年，这些组织在上海集会，建立"中国华洋义赈救灾总会"。会址设在北京。由北平中华基督教青年会干事爱德华（Dwlght Edwards）任执行秘书。该会董事多为传教士，各地工作人员也由传教士充任，美国圣公会居主导地位。总会的经费和赈灾费用由中外各方募集。1936 年该会报告 15 年来共收到捐款 5000 万元①。华洋义赈会自始确定了救灾与防灾并重的方针，声明"该组织不是慈善机构而是服务机构"，奉行以工代赈的原则。到 1936 年为止，义赈会在 14 个省共修筑新路 2000 英里，修补旧路 1300 英里，掘井 5000 口，完成大型水利灌溉工程 3 座，修筑排水河道 300 英里。此外，还修筑沿河堤坝 1000 英里②。从 1924 年起，义赈会投入很大精力在农村组织信贷合作社。为此，他们筹集贷款，培训专业管理人员。到 1936 年，有 2 万农民加入信贷合作社，主要分布在长江以北省份。

北美传教士在从事赈灾工作的同时，还介入了中国乡村建设活动。在 1922 年 5 月召开的全国基督教大会上，建立了一个旨在"将福音用于社会问题"的组织——"全国基督教理事会"。大会要求该理事会为教会制定一个在农村地区开展工作的纲领。理事会在首次会议上组成了农村问题和农村教会委员会。委员会在第一年的年度报告里强调了基督教会在农村开展工作的必要性，并就教会如何开展乡村工作提出下列建议：（1）教会和教会学校应改变以西方和城市为中心的态度，以适应农村的需要；（2）提倡在大学生和中学生中组织到农村去的志愿者活动；（3）在神学院和圣经学校成立乡村教会部并开设有关农村的课程；（4）进行乡村健康调查，开展乡村卫生工作；（5）终止鸦片贸易；（6）用拼音系统辅助识字教学。该理事会农村委员会成立后的前几年里，因缺乏资金，开会多，行动少。直到 1927 年在耶鲁和佐治亚大学受过专业训练的张福良出任农委会负责人，农村工作才有了转机。1929 年理事会开始实行在农村的五年活动计划，包括传播福音增加信徒，进行宗教教育，举办识字班和开展青少年活动。同晏阳初（英文名：Y C James Yan，1893—1990 年）在定县进行的平民教育实验相配合，理事会于 1930 年成立

---

① 顾长声. 传教士与近代中国[M]. 上海：上海人民出版社，1991：295.

② James C Thomson Jr. *While China Faced the West American Reformers in Nationalist China, 1928-1937.* Cambridge: Harvard University Press, 1969: 46.

了乡村生活和识字委员会，其目的是通过建立千字文识字班和出版基督教农民报，在五年活动结束时造就一批能直接阅读圣经的信徒。理事会另一项活动是针对中国农村自然灾害频繁、社会动荡、民不聊生的特点，再加上世界经济处于大萧条，求助无门，决定资助农民生产自救，建立工业生产、信贷、市场和消费等方面的合作社。它还先后对北平郊县的羊毛工业、山西的冶铁业以及张伯苓与司徒雷登合办的华北工业服务同盟提供了资金支持。此外，还发放乡村重建贷款。为了协调新教各差会在农村的活动，在理事会倡议下，成立了华北乡村服务同盟和江西乡村服务同盟。选择江苏省江宁县淳化镇作为实施乡村建设计划的试验区，在江西则以黎川县为试验区，与河北定县"实验"形成鼎足局面。此外还陆续在河北的潞河、保定，山西的太原、新德，江苏的唯亭、大场，山东的福山，湖南的汉寿，四川的成都、重庆、璧山、潼南，浙江的上虞以及福州、上海等地设立了"乡村建设"的实验区。实验活动包括采用办报、编书、办学校、办识字班等进行文化建设；从训练农民科学种田与组织合作运动入手开展经济建设；提供多种医疗服务，建立乡村医疗制度；有些地区还与地方当局合作进行县政建设。

乡村建设需要有各种专业知识、热爱农村的人才。早在 1922 年由美国传教士组成的中国教育委员会在一份题为《中国的基督教教育》的报告里就提出了"建立农业教育系统以满足中国农村技术、经济、社会需要"的问题[①]。该委员会建议农业教育应在不同层次的教会学校中进行，包括三所大学、五所中学、各省的初中和所有的小学。高等院校中农科实力最强的是金陵大学农林学院。在美国纽约中国赈灾基金委员会洛克菲勒基金会的资助下，金陵的农林学院有很大发展。到 1930 年，该院设有十个系，覆盖的学科包括：农学、农业经济、林业、乡村教育、蚕丝和农业技术推广，入学学生人数 1914年为 29 人，1930 年增至 163 人[②]。根据农村实际需要，还增设了农村师范班和一年制的农学班，农业技术推广系在全国各地举办了 145 次农业技术推广会议，与会者超过 6 万人。1931 年大水后，该系在农村推广棉花和小麦良种，

---

① China Educational Commission. *Christian Education in China*. New York: Committee of Reference and Counsel of the Foreign Missions Conference of North America, 1922: 207. 转引自 William A Brown. "The Protestant Rural Movement in China (1920-1937)." In Kwang-Ching Liu. *American Missionaries in China: Papers from Harvard Seminars (Harvard East Asian Monographs)*. Cambridge: Harvard University Press, 1966: 227.

② Kwang-Ching Liu. *American Missionaries in China: Papers from Harvard Seminars (Harvard East Asian Monographs)*. Cambridge: Harvard University Press, 1966: 229.

组织修筑灌溉渠道和粮仓的工程。农业经济系则侧重在南京周围地区组织乡村信贷合作社，代基督教理事会的农村委员会发放贷款。该院还从事社会调查和科学研究工作，出版了《中国农村经济》和《中国的土地利用》，成为这些领域的基本参考书。

从 1922 年算起，北美教会介入中国的乡村建设工作约 15 年，大多数实验活动均因抗日战争爆发而被迫中断，处于内地的实验点如四川的璧山，抗战期间还开展过一些活动。北美教会的中国乡村建设活动是基督教"中国化"和"本色运动"的一部分。其本意是力图使基督教文化在中国的广大农村扎根。中国共产党成立后，马克思主义在农村的传播以及在大城市特别是高等院校中掀起的非基督教运动，基督教各差会开始决定与国民党合作、同中国共产党争夺农村，这一点在 1932 年举行的关于"基督教与共产主义"的牯岭讨论会上表现得最为明显。因此，北美的中国乡村建设计划不仅带有浓厚的宗教色彩，而且带有强烈的反共情绪。福建和江西在红军长征后推行的乡村重建计划尤其如此。基督教的乡村建设就整体而言是失败的，因为它未能触及中国农村的根本问题——土地问题。国民党当局无意解决这个问题，传教士们即便认识到了这个问题的重要性也没有解决问题的能力。从主观方面看，北美教会人力不足，资金匮乏，目标不统一，缺少强有力的领导和协调，许多活动又是同一个已经逐渐失去民心的政权联合进行的，以彻底失败告终是不可避免的。从实验活动的内容看，有些是从中国农村实际出发的，也是中国农村现代化所不可或缺的，应该予以相应的肯定。

美国教会大学在华概况、办学条件、特点及效益①

一、概况

　　教会大学是在中国土地上最早出现的一批现代高等教育机构。创办时间可以追溯到 19 世纪 70 年代，其主要目的是培养中国的传教人员。20 世纪初叶，教会大学有较大发展，1920 年达 20 所之多，当时我国国立大学仅 3 所（北京大学、山西大学、北洋大学）、私立大学 5 所。教会大学在中国高等教育史上具有开拓作用。经过 20 年代的非宗教、非基督教和收回教育主权运动，教会院校或收归国有，或由国人出掌校政，面貌为之一变。30 年代是教会大学发展的鼎盛时期，经整顿合并隶属于新教差会的大学和文理学院共 13 所。此外还有天主教创办的辅仁大学、震旦大学、工商学院以及专门、专科院校。抗日战争爆发后，大部分沿海地区的学校西迁，集中在四川成都地区，胜利后返回。13 所院校的基本情况如下表所示。

　　① 本文节选自冯承柏《中国与北美文化交流志》，上海人民出版社，1998 年，第二章"传教士——文化交流的开拓者"，第三节"教会大学"，第 65-81 页。

表　北美新教差会在华创办的大学（含文理学院）

校名	建校时间地点	新教差会背景	办学沿革	1952 年院系调整情况
1. 金陵大学	1910 年，南京	美卫理公会、浸礼会、长老会、中华基督会，由汇文、宏育两书院合并而成	1911 年在美国纽约州教育局立案，得纽约大学认可学士文凭由该校校董会签发。1914—1915 年始办农林科，1917 年医科移交齐鲁，1921 年与美农业部合作编制中国古农书索引。1924 年成立农业推广部，1930 年得美人霍尔资助成立中国文化研究所，设文、理、农 3 学院 21 系 4 个专修科，以农科见长。陶行知于 1910 年考入该校	校名取消，哲学系调入北京大学，经济系调入复旦大学，政治、社会二系入华东政法大学，文、理两院并入南京大学，农科入南京农学院，体育系入华东体院，音乐系入中央音院华东分院
2. 燕京大学	1919 年，北京	美长老会、美以美会、伦敦会、美公理会联合创办，由汇文大学与华北协和大学合并而成	最初男女分校，1926 年迁入西郊新址后合并。1929 年董事会在教育部立案，设文、理、法 3 学院 16 系，另有历史、政治、化学、生物 4 个研究所。哈佛燕京学社专为促进东方学术研究而设，出版《燕京学报》编制我国重要典籍之引得，对我国学术贡献良多	校名取消，工科并入清华大学，心理、教育、音乐并入北师大，经济并入中央财经学院，其余系并入北京大学，新闻、家政二系停办，神学院和 6 个研究所取消
3. 岭南大学，曾用名广州基督教大学	1888 年，广州	长老会	成立时有文、理两学院，1920 年纽约大学承允授该校学士文凭，1921 年建农学院，1922 年设香港分校，1928 年设上海分校，1929 年设海南分校，1937 年设澳门分校，迄于 1938 年共设文理、农、医、工、商、神学 6 学院 20 个系，1927 年收归中国人办理	校名取消，工科并入华南工学院，农科并入华南农学院，文理系科并入中山大学。原岭南大学董事会改名为岭南基金会

续表

校名	建校时间地点	新教差会背景	办学沿革	1952年院系调整情况
4. 东吴大学，英文名苏州大学	1901年，苏州，1938年迁上海	美卫理公会，由博习书院与中西书院合并而成	1900年在美国田纳西州注册，1915年增设法科于上海，1927年更名法学院，1929年立案，共设有文、理、法3学院11个系及法律学研究所	校名取消，社会系并入复旦大学（1951年），中文、物理、化学、生物与苏南文教学院组成江苏师院，化工系并入华东化工学院
5. 沪江大学，原名浸会大学，英文名上海大学	1906年，上海	美南、北浸礼会柏高德等，由浸礼会大学与神学院合并而成	1915年改名沪江，1917年在美国弗吉尼亚州注册，1929年在教育部立案，1931年成立商学院，共设有文、理、商3学院1个专修科	校名取消，文科各系并入复旦大学，理学院、教育系并入华东师大，工学院并入同济大学
6. 圣约翰大学	1879年，上海	美圣公会	前身为圣约翰书院，旨在培养传教士，1906年在美国哥伦比亚区注册，抗战期间，仍在原址上课，设有文、理、工、农、医5个学院17个系，1947年在教育部立案	校名取消，外文、新闻并入复旦大学，经济并入上海财经，政治并入华东政法，理科、教育并入华东师大，工科并入同济大学，医学院与震旦医学院合并组成上海第二医学院
7. 武昌华中大学	1924年，武昌	美圣公会，由文华大学、博文书院大学部、博书学院大学部合并而成	初设文、理、商、图书馆学4科，因武汉政变停办，1929年恢复。湖南雅礼大学、湖滨大学相继并入，将原有4科改为文、理、教育3学院10个系，1931年在教育部立案，1938年内迁桂林。战后返回	校名取消，1953年改名为"华中师范学院"

校名	建校时间地点	新教差会背景	办学沿革	1952 年院系调整情况
8. 华西协和大学	1901 年，成都	美浸礼会、加拿大卫理公会、英美会公谊会	初设文、理、教育 3 科，1913 年设医科，1914 年设牙科，1933 年在教育部立案，1934 年在美国纽约州注册并于纽约大学缔约，凡该校毕业生同时得授对方学位，借谋出国深造之便利，自此毕业或留学返国服务者日众，牙、医两科成绩尤著，共设文、理、医 3 学院 13 系，牙、医 2 科，农业专修科	校名取消，医学院独立改名四川医学院，其他院系并入四川大学
9. 齐鲁大学	1917 年，济南	美长老会、南长老会、信义会、公理会、卫理公会、英浸礼会、加拿大长老会、循道公会行教会	前身为登州文会馆，1917 年在济南建成新校舍，青州之共和医道学堂、神道学堂迁入合并为齐鲁大学，1929 年，神学院脱离，设文、理、医学院，1924 年在加拿大立案，1931 年在教育部立案，抗战期间迁成都，复员后仍设文、理、医 3 学院 11 系 2 个专修科	1951 年中文、史地迁青岛并入山东大学，1952 年天文、数学并入南京大学，物理、化学、生物并入山东师院，制药并入南京药学院，医学院并入山东医学院
10. 福建协和大学	1915 年，福州	美国国外传教委员会、卫理公会、归正会及三家英国教会	1917 年美国纽约州立大学承认该校为合格大学，授予该校毕业生以学士学位，1918 年在美国纽约州注册，1919 年美国洛克菲勒基金会捐助科学馆建筑设备及常年维修费，并设科学讲座 6 名。1928 年得何氏中国文化基金之助，扩充文学院各系，1931 年在教育部立案，1936 年得福建省政府补助设农业及农业经济 2 系，共设文、理、农 3 院 15 系	校名取消，1951 年与华南女子师院合并组成福州大学，1953 年撤销，文理各系并入厦门大学，农学院并入福建农学院，教育系独立，成立福建师范学院

校名	建校时间地点	新教差会背景	办学沿革	1952年院系调整情况
11. 金陵女子文理学院	1915年，南京	浸礼会、南北卫理公会、长老会、使徒会	中国最早的女子高等学府，美国史密斯女子大学认该校为姊妹校，1924年增设附属实验中学，1925年上海体育师范并入，1930年在教育部立案，设文、理2科10系1专修科	1951年并入金陵大学
12. 之江文理学院	1911年，杭州	美长老会，前身为宁波崇信义塾，建于1845年	1920年在美国哥伦比亚区注册，1931年在教育部立案，设文、商、工3学院12系。马叙伦、朱经农曾在该校任教	校名取消，工学院并入浙江大学，文、商两学院解散，文理学院与浙大文理学院组成浙江师范学院
13. 华南女子文理学院	1907年，福州	美卫理公会、妇女服务会、女布道会	1922年美国纽约州立大学特发证书许该校有授予毕业生以学士学位权，1936年在教育部立案，该院设文、理2科6系	校名取消，1951年与福建协和合并组成福州大学，1953年福州大学撤销，文理各系并入厦门大学

资料来源：教育部教育年鉴编纂委员会. 第二次中国教育年鉴[M]. 上海：商务印书馆，1948；David Shavit. *The United States in Asia, A Historical Dictionary*. New York: Greenwood Press, 1990；陈学恂. 中国近代教育大事记[M]. 上海：上海教育出版社，1981；季啸风. 中国高等学校变迁[M]. 上海：华东师范大学出版社，1992；高时良. 中国教会学校史[M]. 长沙：湖南教育出版社，1994.

二、办学条件

兴办高等教育事业必须有一定的物质基础。同中国土生土长的高等院校相比，教会学校有一些优越的条件。第一，外国教会可以依仗不平等条约，用较少的代价取得校园建设所必需的土地。第二，教会能够以在国外传播福音、拯救灵魂为由，向本国的善男信女募捐，筹集资金。第三，20世纪以来，随着大企业的兴起，基金会发展迅速。教育事业是他们捐助的主要对象，有些学校的董事会也采取了经营性基金会的组织形式进行资金管理。第四，欧美各国政府的对外文化政策和文化交流机构形成后，也把资助发展中国家的教育事业作为其工作的重要内容。由于天然的联系，教会院校比较容易从本国政府取得资助。所有这些都为教会学校提供了有利的办学条件，如下表所示。

表　教会院校的办学条件（以 1946—1947 年的数据为基础）

校名	校园与校舍	教职员数	学生数	图书设备	经费
金陵大学	校址在南京鼓楼，面积 2340 亩。教学科研用楼房 15 座，学生宿舍 8 座，教职员宿舍 2 座。住宅 56 座	教员 216人，职员 80人（1947 年）	1084 人	中文 230667 册，方志、丛书占三分之一。外文 177734 册，温室、实习工场各 4 座、大礼堂体育馆各 2 座	169250 万元（1946 年）
燕京大学	校址在北京西海淀，占地 20 余顷。有校园本部、燕东园、燕南园、镜春园、蔚秀园、燕勺园、朗润园、高丽园。教学科研用房数十栋	教职员 267人（1947 年）	901 人	中英文书在 15 万册以上，显微镜近 200 台	抗战前每年经费约合国币百万元，战后每年开支约 30 万美元。其中大部分为基金利息，次为各基督教会捐助
岭南大学	广州康乐校址面积 1800 余亩（校外农场在外），校舍 79 座。有马丁堂（大学教室图书馆）、格兰堂（全校办公处、银行）、怀士堂（礼堂）、十左堂（农学院、博物馆）、哲学堂（工学院）等	教员 140 人，职员 109 人（1947）	1056 人	中、日、西文书 146341 册，自然标本 24 万件，博物馆藏品 2475 种，另有人类学藏品 476 件	1927—1928 年总预算为 32 万美元。1929 年预算百万美元。战后校董事会拨款 3.5 万美元修缮校舍

续表

校名	校园与校舍	教职员数	学生数	图书设备	经费
东吴大学	校址在上海	教员145人，职员45人（1947年）	376人	中外文图书5万册	建筑设备费由美教会捐助，经常开支主要靠学费收入。1947美教会拨校舍修理费国币3.59亿元，行政院拨助4.6亿元，因修理费浩大，收支相抵尚不敷2.8亿元
沪江大学	地址在上海，占地380余亩，有校舍及建筑40余座，体育馆、科学馆、图书馆、医院等	教员67人，专任48人，兼任19人，职员44人（1947年）	1064人	56461册，其中中文34723册，西文21738册	1946年下学期预算为国币8.8亿元
圣约翰大学	校址在上海苏州河右岸，面积240余亩，校舍大小40所，教职员住宅29所	教员156人，职员50人（1947年）	1856人	中文108854册，西文35137册，中西文杂志204种。附设同仁医院	1946年经费为国币23亿元
华中大学	校址在武昌，面积300余亩，校舍20余栋	教员58人，职员20人（1947年）	537人	23780册，其中中文13530册，西文10250册	1946年预算薪金及行政费约7亿元，修缮设备费8亿元
华西协和大学	校址在成都市南门外，面积1000余亩，重要建筑有事务所、图书馆、博物馆、生物楼、化学楼、大礼堂、体育馆等	教员255人，职员110人（1947年）	1784人	中文137199册，其中以四川方志最为完备，新旧志260种。西文7.7万余册，共计24万余册。博物馆藏品2.7万余种，西南民族器物尤为完备。有大学医院、口腔病院、麻风病院、精神病院及耳鼻喉医院各1所	1945年经常费2.2亿元

校名	校园与校舍	教职员数	学生数	图书设备	经费
齐鲁大学	校址在济南新建门外千佛山麓,有地数百亩	教员 64 人,职员(含附属医院)70 人(1947 年)	442 人	中文 103038 册,西文 22943 册,未装订中西杂志 12360 册,医院参考书 13000 余册	1945 年经常费约 3 亿元
福建协和大学	校址在福州魁岐乡,有林场 1000 余亩,农场 150 余亩,园艺场 135 亩,校舍有新式洋楼 30 余座	教员 63 人,职员 51 人(1947 年)	587 人	136857 册	1946 年经费 12 亿元,大部分由美国教会及美国援华服务社捐助,学费收入仅占十分之一
金陵女子文理学院	校址地处南京清凉山与鼓楼之间,主要建筑有中大楼、文学馆、理学馆、图书馆、礼堂	教员 81 人,职员 23 人(1947 年)	440 人	34729 册	1947 年预算 65 亿元,教会经常捐助占 45%,学费约占 20%
之江文理学院	校址在杭州	教员 72 人,职员 32 人(1947 年)	889 人	抗战前中西文书 43602 册,战争期间大部被毁,战后逐渐恢复	1946 年经费近 7 亿,其中教会津贴约占 28.5%,学杂费约占一半
华南女子文理学院	校址在福州	教职员 55 人(1947 年)	222 人	英汉藏书数万卷	多半由美国女布道会捐助,另由教育部补助一部分

　　资料来源:教育部教育年鉴编纂委员会.第二次教育年鉴[M].上海:商务印书馆,1948.

　　教会院校资金的主要来源是教会,世俗捐赠也占有相当大的比重。电解铝法的发明者、美国制铝业巨子查尔斯·马丁·霍尔(Charles Martin Hall,1863—1914 年)的遗赠和洛克菲勒基金会的捐赠在燕京的经费来源中举足轻重,据统计 1936—1937 年,霍尔资产的捐赠占该校所得全部赠款的 68%,占年度预算的 31%。同期洛克菲勒基金会的捐赠占全部赠款的 11%,年度预算的 21%。前者主要用于人文学科,后者主要用于自然科学。具体情况如下表。

表　燕京大学主要世俗资金来源

来源	年份	捐赠（US$）	设备（US$）	年拨款数（LC$）
霍尔基金	1921 年	5 万		5000
	1926 年			
	1928 年	100 万		
		50 万哈佛学社燕京专项		
	1928 —1937 年			哈佛燕京学社各年不同，1926—1927 年 41630，1930 — 1931 年高达128750
洛克菲勒基金会	1921 年	5 万		
		9 万中国医学委员会		22656 中国医学委员会
	1922 年			
	1925 —1930 年			28000CMB（每年）
	1928 —1936 年			US$14 万劳拉 斯佩尔曼 •洛克菲勒基金（7 年）
	1932 年	25 万		
	1934 —1937 年			206300 华北乡村建设委员会（3 年）
中　国	1923 年			5000 个人
	1924 年			11 万个人
	1927 年	LC$32 万，百万美元募捐运动		
	1929 年		宿舍（LC$50000）墙和门，来自私人捐赠	
	1934 —1937 年			约 6 万教育部（每年）
	1934 —1937 年			1.5 万中华教育文化基金会（庚款，每年）

资料来源：Philip West. *Yenching University and Sino-Western Relations, 1916-1952.* Cambridge, Mass: Harvard University Press, 1976: 110-111.

　　学生的学费是私立大学经费来源的重要组成部分。教会学校的学费与中国私立大学相比，一般偏高，而且随通货膨胀而上升。燕京大学的学费在

1927—1937 年间翻了一番，从每年 50 美元增至 110 美元。同期宿费则稳定在 40 美元的水平。与其他院校相比，燕京大学的学费显然贵很多。1930 年北京大学的学费相当于 40 美元，清华大学的学费相当于 20 美元。

三、办学特点

有了校产和资金并不一定能将学校办好。教会院校之所以能够办出些特色，主要是因为有一批高等教育的行家里手。来华北美传教士大部分受过很好的现代高等教育，不少人除神学之外，还以专业知识见长。其中有些人对于中国教育事业的利弊得失有比较中肯的看法。早期有狄考文，他不仅对教会在中国办教育的必要性有较清醒的认识，而且对如何在中国办教育也有自己独特的见解。20 世纪则有燕京的司徒雷登和岭南大学的钟荣光（1866—1942 年）。他们二人的共同特点是在教会大学的中国化上下功夫、做文章。其实，这并非他们的发明，而是有识之士的共识。由美国芝加哥大学教授伯顿（Ernest Burdon）任团长的中国教育调查团于 1921—1922 年间访华，提出了一份长达 450 页的报告，题为《中国的基督教教育》。报告要求教会学校"在性质上彻底地基督化""在气氛上彻底地中国化""把效率提到一个新的高度"，以应对中国的挑战。报告认为："前 15 年中国人设立的学校已在数量上获胜。今后教会学校必须把基础唯一地放在质量上。"中国教育调查团非常重视教会大学，指出教会大学的主要问题是："这些大学从性质上说是由西方传教士所创立，由西方捐款所维持，由西方列强的条约所保护，并以同样的理由容许那些负责者索取任何权利和保持任何标准，而且往往是按照西方的法律在外国注册的。不管过去的真实情况怎样，教会学校正是由于这些状况而阻碍了人们衷心欢迎和予以承认，妨碍了大部分中国人的支持，倒不是因为特殊的宗教性质而不受欢迎。"[1]这份颇有见地的文件为教会大学的发展指出了方向。许多院校根据报告陈述的观点陆续在中国政府的教育管理部门登记立案，改组董事会，由中国人出任校长。只有圣约翰大学校长卜舫济（Francis Lister Hawks Pott，1864—1947 年）坚决不肯让位，任职半个世纪，直到抗战

---

① China Educational Commission. *Christian Education in China*. New York: Committee of Reference and Counsel of the Foreign Missions Conference of North America, 1922: 109-134.

胜利后，董事会改组，聘涂羽卿为校长，该校方才在国民党政府教育部获准立案，这已是 1947 年 10 月的事了。

为了提高效率，教会学校采取了两个方面的措施，一是合并，二是加强校际分工。如前所述，专科以上的教会学校从 20 年代的 20 多所减少到 30 年代的 10 余所就是调整、合并的结果。当然，合并绝不是一拍即合，往往要经过许多曲折和反复，不少教会院校早期的历史就是一部由分到合的历史。凡是以协和命名的学校，都是多个差会与学院的组合。分工表现在学科建设方面。燕京主要发展人文社会科学兼及生物科学（植物、遗传），齐鲁、华西以医科、牙科闻名，岭南的化学在全国居领先地位，圣约翰以英语教育著称，金陵以农学见长。

在提高办学质量方面，教会院校采取的办法是：

1. 加强外语训练，创造一个良好的学习语言的环境，除中文课外，专业课均用英语讲授，要求学生用英语做作业，用英语回答教师的提问。司徒雷登在他的回忆录中说：燕京的学生"一入学就能听懂无论用哪种语言讲授的大学课程，教师们也可以随便讲哪种语言，或两种语言都讲。外来的讲学者从来不用翻译"。[①]

2. 注重师资队伍和课程的建设。主要做法：（1）充分利用同国外交流之便，进行学科和师资队伍建设。例如，燕京的法学院就是在普林斯顿—燕京基金会的支持下建立起来的。普林斯顿的教授或毕业生常到燕京讲课，燕京的优秀生也有机会到普林斯顿攻读学位，然后回校任教。华西协和大学在1910—1952 年间聘用任期在 5 年以上的外籍教职员 118 人，其中有博士学位的 51 人，占外籍教职员总人数的 43%。有硕士学位者 20 人，为外籍教职员总人数的 17%，两者合计，占总人数的 60%[②]。这在我国现有的高等院校中也不多见。（2）教会大学的课程设置，因袭欧美大学培养通才和领导人才的传统，注重基础宽厚。一般地说，这些学校前 2—3 年上基础课，文理并重，第 3 或第 4 年才有系科之别。在专业课程方面，因师资力量充沛，设置较为完备。（3）严格管理，成绩不佳者留级或淘汰。20 世纪 20 年代教会大学中途辍学者在一半以上。

3. 尽力实现中国化。燕京、金陵、岭南、华西等校都非常重视校舍建筑

---

① 约翰·司徒雷登. 在华五十年[M]. 程家宗，译. 北京：北京出版社，1982：62-63.

② Lewis C Walmsley. *West China Union University*. North Newton, Kansas: Mennonite Pres, Inc., 1974: 173-182.

的中国化。他们先从校园环境开始，要让中国人在校园内没有寄寓他乡之感。这同建筑师茂旦（Henry Killam Murphy）的个人爱好有关。茂旦不仅对紫禁城的建筑叹为观止，对中国的园林布局错落有致也赞赏不已①。燕京、金陵、湘雅等校建筑的设计均出自他的手笔。中国古典文化的研究和教学受到许多教会院校的关注。1928 年在美国马萨诸塞州注册成立的哈佛—燕京学社是一个以哈佛和燕京为中心，"在美国兴趣和批判方法的激励下，促进中国东方研究"的机构。"培养中国和其他国家的学生，以利于中国文化的保存和传播"是该机构的一项重要任务。所有这些，都"将在西方学者和哈佛大学教育资源的帮助下完成"②。学社的第一任社长是著名文学家陈垣，继任者是古文字学家容庚。在他们周围聚集了一批国学、西学都很有造诣的学者如陆志韦、聂崇岐、许地山、侯仁之、齐思和等。这批年富力壮的饱学之士利用该社的资金与设施开展研究工作，硕果累累。容庚与史学家顾颉刚合作开展了考古发掘工作。研究成果大部分发表在该社发行的《燕京学报》（1927—1952 年）、《史学年报》与《文学年报》上。在洪业的主持下，自 1930 年起哈佛—燕京学社开始编纂引得丛书。到 1946 年，出版了 64 种重要古籍的引得，大大方便了国学研究工作。学社的另一项工作是资助和接待西方年轻的汉学家来华进修、访问，其中较知名的有李约瑟（Joseph Needham）、顾立雅（Harlee Glesner Creel）、魏鲁南（James Ware）、戴德华（George Taylor）、拉铁摩尔（Owen Lattimore）等人。哈佛—燕京学社还培养了一批能用英语写作的中国学者，如方朝英（1928 年毕业）、施友忠（Vincent Shih，1930 年）、郑德坤（1931 年）、杨庆琨（1933 年）、费孝通（1933 年硕士）、瞿同祖（1934 年）、刘子建（James T C Liu，1941 年）、徐中玉（Immanuel C Y Hsu，1946 年）、余英时（1951 年退学）。学社的资金来自霍尔基金的赠款。该社成立之初，就获得赠款 6 万美元。此后每年所得到的馈赠为 8—9 万美元。霍尔基金后来还扩大到资助其他教会学校的国学研究：岭南 70 万美元，金陵 30 万美元，华西协和 20 万美元，齐鲁 15 万美元，福建协和 5 万美元。③

---

① Dwight W Edwards. *Yenching University*. New York: United Board for Christian Higher Education in Asia, 1959: 222-223.

② Philip West. *Yenching University and Sino-Western Relations, 1916-1952*. Cambridge, Mass.: Harvard University Press, 1976: 189.

③ Philip West. *Yenching University and Sino-Western Relations, 1916-1952*. Cambridge, Mass: Harvard University Press, 1976: 189-190.

4. 与中国政府合作。司徒雷登说，他到北京后不久就努力着手同中国官员交朋友，"让他们了解我们办这所教会学校的目的，同时，在可能的情况下也从他们那里得到捐款，以使他们表明对基督教教育事业的善意"。曾任北洋政府总理的著名外交家颜惠庆长期担任燕京大学董事会的董事，一度当过董事长。燕京的校园是用 6 万大洋从陕西省督军陈树藩手中买来的。为了筹款，司徒雷登还多次前往东北，会见张作霖、张学良父子。1927 年国民党政府成立后，司徒雷登通过孔祥熙与蒋介石建立了密切的关系，这对燕京大学的发展起了重要作用。岭南的发展同中央、地方政府的合作密不可分。1921 年建立农学院得到广东省政府的拨款补助，收用学校周围山地为校产和农场。钟荣光出掌校政后，广东省政府在 1927—1928 年间拨款 26 万元（相当 10 万美元）供日常开支。广州市政府则派警察接管学校警卫工作，每年节约支出在 1 万元以上。1929 年铁道部（部长孙科是岭南的董事长）与岭南合办工学院，为铁路建设培养人才。铁道部拨专款 10 万元兴建教室。粤汉铁路拨助常年经费 6 万元。岭南的科学研究工作注重结合地方实际。社会调查以华南为目标，先从沙南水上居民着手。生物学科从事广东昆虫生活史、闽粤花植物、实用植物及海生藻的研究。

四、办学效益

办学校的目的是培养人才。办学的特点和效益最终也要在培养的人才身上体现出来。教会大学学生在学期间的成绩可以从国民党政府自 1940 年开始举办的毕业竞试结果中有所了解。第一次竞试，甲类（大学一年级）决选录取的 31 人中，教会院校 8 人，占 25%；乙类（二、三年级）50 人，教会院校 12 人，占 24%；丙类（毕业班）29 人，教会院校 9 人，占 31%。第二、第三次竞试，教会学校学生入选的比例都在 20%以上，高出教会学校学生人数在全国大学生总人数 10%的百分比。①

教会大学的毕业生并没有像学校的创办者所希望的那样，都去当牧师和教师。到 1920 年为止，2474 名教会大学毕业生只有 361 人当了牧师或教师，

① 教育部教育年鉴编纂委员会. 第二次中国教育年鉴[M]. 上海：商务印书馆，1948：552-564.

占毕业生总数的 14.8%强[1]。其他大部分进入商界和政界。燕京大学的情况略有不同。1917—1936 年毕业的 1721 人中，从事教育和科研工作的超过半数。从事宗教、社会工作的占 12%—14%，从政者占 9%—16%，进入商界的占 8%—9%[2]。全国解放后，教会大学所培养的人才有不少成为新中国人文、社会科学和自然科学的奠基人和骨干，有的跻身于国家领导人行列。这恐怕是教会大学创办者所始料未及的。

就整体而言，教会大学为中国的现代化事业培养了一批有用之才。教会大学的出版物《燕京学报》《金陵学报》《岭南学报》上刊登的学术论文经常为学者们引用。哈佛—燕京学社所编的各种"引得"至今还是大学图书馆和学者案头必备的工具书。总之，教会大学留给我们的印象是：其所产生的世俗效益要远远大于它的宗教效益。

---

① 费正清. 剑桥中华民国史：第一部[M]. 上海：上海人民出版社，1991：188.

② Philip West. *Yenching University and Sino-Western Relations, 1916-1952.* Cambridge, Mass: Harvard University Press, 1976: 142-143.

早期北美的中国移民[①]

一、劳工潮

1848 年 1 月 24 日，在距离今加利福尼亚州萨卡拉门托东北 36 英里的科罗马地方发现了金矿。这个消息不胫而走，迅速传遍全世界。同美洲和东南亚早就有联系的中国珠江三角洲地区，特别是三邑（番禺、南海、顺德）和四邑（新会、台山、开平、恩平）掀起了"金山热"。十年后（1858 年），加拿大西部不列颠哥伦比亚省境内也发现了金矿，吸引了大批华人前往。一股由中国南部向北美的移民流出现了。它持续了约三十年。成千上万的中国人在北美定居，对中国与北美之间的文化交流产生了重要影响。

从数量看，中国移民要比闯入中国境内的北美商人和传教士多得多。迄于 19 世纪 80 年代，美国境内的中国人达 105465 人，加拿大境内也有 4383 人（1881 年数字）。而在华外国传教士的数目到 20 世纪初才超过千人，其中来自北美的约占一半。从地理分布情况看，早期中国移民大多居住在北美的西海岸。横贯北美大陆的铁路修成后，才开始大量东迁。早期中国移民多数是穷苦的农民和手工工人，商人为数极少。许多人都是只身前往，把妻子儿女留在家乡。他们最初并没有定居国外的打算，而是希望到国外发财致富，然后荣归故里，与家人团聚。这种以家庭为本位的中国文化同以个体为中心的美国文化迥然不同。在传统文化影响下的早期中国移民以其特有的勤劳、刻苦、坚韧不拔的品质为北美大陆的开发和建设做出了卓越的贡献。

[①] 本文节选自冯承柏《中国与北美文化交流志》，上海人民出版社，1998 年，第三章"北美的华人移民"，第一节"早期中国移民"，第 82-87 页。

　　根据美国采矿专家亨利·迪格罗特（Henry Degroot）的统计，1849—1870年间太平洋沿岸贵金属开发总值约为 12 亿美元。1871 年中国矿工开采的进入流通的贵金属即达 2700 万美元[①]。根据美国人口普查资料，华人矿工 17069人，占全国矿工总人数的 11%。在西部各州，华人矿工的比例要大得多，如俄勒冈州矿工总数为 3965 人，其中华人 2428 人，占 61.2%。蒙大拿州矿工总人数 6720 人，华工占 21%（1415 人）。爱达荷州华人矿工 3853 人，占58.6%。加利福尼亚华工 9087 人，占 25%[②]。1871 年一份为国会撰写的关于西部矿业的调查报告指出，同欧洲工人比较，华工在技术上绝不逊色，在忠于职守方面，他们比欧洲工人更为可靠。在调查过的所有地区，华工都因忠实可靠受到广泛赞扬。该报告在结论部分强调中国人不是"苦力"，并断言"中国劳工对于美国来说，不在于价廉，而在于物美"[③]。参与英属哥伦比亚金矿开发的华工占矿工总数一半以上，他们大多来自香港，全都是年轻力壮的男性劳工。1886 年，白人放弃采金业，淘金工作全由华人承担，同美国西部采金业相比，华人在加拿大的贡献更为突出。

　　华工在修筑横贯北美大陆铁路中表现出的吃苦耐劳、不畏艰险的品格举世闻名。1865 年，当承包修建中央太平洋铁路的克罗克公司作出招募华工的决定时，曾遭到监工人员的反对。其理由是华工身材矮小，体质单薄，难以承担如此沉重的体力劳动。该公司的负责人提醒反对者，中国人完成了世界上最伟大的建筑工程——万里长城，而且发明了火药。这个回答使反对者无言以对。中央太平洋铁路公司的工资花名册上的华工人数在 1.2 万至 1.4 万之间，占所雇工人的 70%以上。工人们经过六年艰苦奋战，克服了严冬和地质条件复杂带来的重重困难，完成了 1800 英里的铁路铺轨工作，于 1869 年5 月 10 日与联合太平洋铁路在犹他州的普鲁蒙托里角接轨。据统计，约有1200 名华工为修筑这条铁路献出了他们的生命。不可思议的是，接轨庆典居然不让华工参加。尽管如此，最初反对使用华工的监工斯特罗夫里奇却不能不承认华工是世界上最为杰出的工人。中央太平洋铁路公司的董事长莱兰

---

　　① Henry Degroot. "Mining on the Pacific Coast." *The Overland Monthly*, Volume 2, Aug, 1871: 151-158. 转引自 Shih-Shan Henry Tsai. *The Chinese Experience in America*. Indiana University Press, 1986: 11.

　　② U.S. Bureau of the Census. *Ninth Census, the Statistics of the Population of the U.S.* Washington D.C., 1872: 692-762. Shih-Shan Henry Tsai. *The Chinese Experience in America*. Indiana University Press, 1986: 10-11.

　　③ Shih-Shan Henry Tsai. *The Chinese Experience in America*. Indiana University Press, 1986: 14.

德·斯坦福（Leland Stanford）称赞中国工人说："作为一个集体，他们稳重、平和、勤俭。经过学习能够胜任修筑铁路的各种不同工作。其工作效率与白人工人相比毫不逊色。"

加拿大修筑横贯大陆的铁路要比美国晚十年，有美国的经验可资借鉴。在使用华工问题上也有过分歧。当时的总理约翰·麦克唐纳（John AIexander Macdonald，1815—1891 年）说："我们的选择是要修铁路，就必须有华工。不要华工就没有铁路。"1880 年 6 月至 1887 年 7 月间，有 2.5 万名中国劳工应募来到加拿大，相当于当时卑诗省（即今不列颠哥伦比亚省）总人口的五分之一。直接被铁路公司雇用的华工共 6000 人，有 600 人为筑路而丧生。

农业是中华民族立国之本。在北美西部开发的过程中，华人对农业发展所做的贡献令人瞩目。华人的作用并非仅限于提供了大批可靠的廉价劳动力。他们在开垦荒地、变沼泽为良田、建设排灌系统、种植谷物、嫁接果木等方面的经验、技术和专业知识对开发西部是无价之宝。许多优异的果木品种如"炳樱桃"（Bing Cherry）、"刘橙"、大无核葡萄、晚熟桃和甘甜苹果都是华人园艺家在加利福尼亚的沃土上精心培育出来的。

二、早期华埠特点

"华埠"（Chinatown）亦称中国城、唐人街。韦氏大字典把它定义为"中国以外城市的中国人聚居区"。在北美它是城市化和种族歧视（特别是排华运动）相结合的产物。北美西海岸的华埠出现于 19 世纪 40 年代末、50 年代初，在东海岸华埠形成于 70 年代末、80 年代初。它们都是在排华运动中得到确立、巩固和发展的。早期的华埠（迄于 20 世纪初）具有以下特点：

1. 这是一个旅居者的社区。它在文化习俗上深深扎根于中国传统社会。多数人并无长期定居国外的意愿，而希望赚一笔钱，带回故乡，与家人团聚，颐养天年，因此尽量同国内亲朋好友保持持久密切联系，每年都有一批人回国。他们为生计所迫，又少家庭之累，流动性较强。

2. 男性青壮年占人口多数，女性稀少，文化层次不高（参见下表）。有不动产和富有者为数寥寥（这与美国法律禁止东方人拥有土地有关）。

表　美国华人男性与女性比例

年份	美国华人中每百名女性相对应的男性数（1860—1900）
1860	1858
1870	1284
1880	2106
1890	2678
1900	1887

3. 华埠内的交流工具是汉语——粤语方言。设有中文书店、印刷所，出版中文报刊。商店、餐馆、旅店等均用中文招牌，街名也用中文书写。只通汉语，不懂英语完全能在华埠生活下去。

4. 商店是华埠内人们交往、联系的结点。商店是同家庭联系在一起的，相对而言收入比较稳定，有房屋可供临时食宿，也可以代转邮件和代购物品，有较固定的社会关系。通常有三五亲友忙时在店内帮工，不忙时到外面打工，仍住店内，被称为"房口"。

5. 早期华埠最重要的华人团体是在"房口""会馆"基础上建立的中华公所。会馆是以地域来划分的。1849 年在旧金山成立的冈州会馆是最早的华侨会馆。接着，代表大商人利益的三邑会馆和代表小商贩利益的四邑会馆陆续成立，几经变迁以六大会馆闻名于世。到 20 世纪初又加上肇庆会馆，成为七大会馆。中华公所就是在这几大会馆基础上建立的全体侨胞的代表机构，负责处理有关全体侨胞的事宜：维护侨胞利益，包括慈善救济、移民、调解内部纠纷等。这个组织一直延续至今。

6. 华埠内居住的华人基本上保持着国内的生活方式，饮食、衣着、发式（留辫子）、妇女缠足、节日、喜庆婚丧都同国内一样。传统社会的道德观念——忠孝仁爱信义和平仍居支配地位。

7. 传统社会的糟粕也带到北美。大烟馆、赌场、妓院是华埠生活黑暗面的代表，与此相联系的是走私和犯罪。所有这些都成为排华运动中美国人攻击华人的重要口实。

8. 华埠是一个有阶级的社会。工商业家在华人中只占极少数，占人口多数的是工资劳动者。就整体而言，华人资本力量微弱。1876 年是华人企业繁荣的年代。据税务部门统计，华人个人财产在 5000 美元至 2.5 万美元之间者共 25 人。根据加拿大的统计资料，1884 年，不列颠哥伦比亚省华人共计 10411人。可列入工资劳动者范畴的占 62%。有雇工的商店和餐馆老板仅占华人人口总数的 1.3%。其中较大的商店老板全部来自美国。个体劳动者约占华人总数的 19%。

9. 一般而言，华人很少参加当地的政治活动。由于大多数人都有重归故土的愿望，对中国国内发生的变化比较关心。华人富商多倾向于支持君主立宪派，小业主和独立劳动者大多同情孙中山领导的同盟会。雇佣劳动者则寄希望于国内的改革运动和革命。

10. 许多因素使北美华人很难进入当地社会生活的主流。首先是种族歧视特别是 19 世纪 80 年代掀起的排华狂潮堵塞了华人进入北美社会生活主流的可能。华人社会所坚持的与北美社会相抵触的社会价值观和多数华人并无长期定居的意愿也是一个重要因素。华人富商所从事的经济活动大多与双方的贸易有关，其特点是，既同中国传统经济和北美资本主义经济有联系，又全然不触及两种经济的核心，具有边缘性质。他们能有所发展，在很大程度上取决于这种特殊的地位。小业主和独立劳动者的经营活动范围限制在华埠之内，与白人社会更少接触。工资劳动者虽然有相当一部分受雇于白人雇主，但他们急于将劳动所得用于还债，或寄回国内，这种情况使他们饥不择食，愿意接受劳动条件恶劣、待遇菲薄的工作。这就决定了他们虽然有与白人工人联合起来同雇主进行斗争的可能，但并不具备参加罢工的条件，在有些情况下，甚至被雇主用来作为破坏罢工的手段。他们所参加的秘密结社（洪门、致公堂）和语言障碍更加深了与白人社会的隔阂。

北美华埠社会文化的发展[①]

一、人口结构的变化

北美国家，自 20 世纪以来进入了一个新的历史时期：科学技术飞速进步，经济迅猛发展，社会变迁引人注目。然而，种族关系的改善迄于四五十年代，进展缓迟。种族主义猖獗，少数民族备受歧视的情况时有所闻。从 19世纪 80 年代开始的排华运动一直继续到 20 世纪初叶。排华运动的直接后果表现在两个方面：一是华人人口下降，二是华埠被迫变成相对封闭的社会（参见下表）。

表　美国华人人口及其性别构成

年份	总计	男	女	男女比例*
1860	34933	33149	1748	1858.1
1870	63199	58633	4566	1284.1
1880	105465	100686	4779	2106.8
1890	107488	103620	3868	2678.9
1900	89863	85341	4522	1887.2
1910	71531	66856	4675	1430.1
1920	61639	53891	7748	695.5
1930	74954	59802	15152	394.7
1940	77504	57389	20115	295.3
1950	117629	77008	40621	189.6

[①] 本文节选自冯承柏《中国与北美文化交流志》，上海人民出版社，1998 年，第三章"北美的华人移民"，第二节"北美华埠社会文化的发展"，第 88-93 页。

续表

年份	总　计	男	女	男女比例*
1960	237292	135549	101743	133.1
1970	431583	226733	204850	110.7
1980	812000			
1990	1645000			

资料来源：Historical Statistics of the United States, Colonial Times to 1870. U.S. Department of Commerce. Bureau of the Census 1975. Part I. p.14. Statistical Abstract of the U.S.,1991,1992. Table 24.

*每 100 名妇女相对应的男子数。

加拿大的排华运动和立法对华人人口数量的影响不像美国那样明显（参见下表）。

表　加拿大华人人口及其占全加人口的百分比

年份	数量（人）	占全加人口百分比
1881	4383	0.10
1891	9129	0.19
1901	17321	0.32
1911	27774	0.39
1921	39587	0.45
1931	46518	0.45
1941	34672	0.30
1951	32528	0.23
1961	58197	0.32
1971	118815	0.55
1981	289245	1.20

资料来源：《加拿大人口普查》有关各年人口和按民族划分的分册。

就人口结构而言，北美华人男多女少的情况长期没有改变。加拿大华人的男女比例与美国华人的情况相仿。1885—1923 年间，来到加拿大的华人大多数是男性青年。1921 年全加华人中男性 37168 人，女性 2424 人，男女比例为 100 比 6.5；到 1941 年上升为 100 比 12.7[①]。与 19 世纪相比，北美华人

---

① 李春辉，杨生茂. 美洲华侨华人史[M]. 北京：东方出版社，1990：398-399.

的地理分布有较明显的变化。总的趋势是由西向东迁移，从矿山、农村和小城镇向大中城市集中。这种情况在加拿大表现得尤为明显。1891 年不列颠哥伦比亚的华人占全加华人人口总数的 98%，1951 年降至 49%，1981 年更降至 33.5%。加利福尼亚自 19 世纪中叶起就是美国华人最集中的地区，1980 年的人口普查资料说明，加州华人占全美华人总数的比例已降至 39.99%。1970 年纽约市华人总数超过旧金山跃居首位①。随着华人人口向城市集中，其职业构成同 19 世纪相比也发生了很大变化。由主要从事开矿、务农、修筑铁路等重体力劳动转为从事开设洗衣店、餐馆和杂货店的经营活动，社会经济地位有所提高，生活条件也有所改善。

二、保持民族文化传统

从社会文化角度观察，在北美华人中，保持本民族的文化传统，与逐渐融入当地主流文化的两种趋向同时并存。两峰对峙，双水分流。重视教育既是中国文化传统的一个组成部分，又是保持民族文化传统的一个重要手段。北美华人于 19 世纪末就在华埠按照传统办起了家塾和专馆，进入 20 世纪开办学校蔚然成风。在美国较著名的有旧金山的中华学校（1909 年）、晨钟学校（1918 年），纽约的华侨公立学校（1908 年），檀香山的明伦学校（1911 年）；在加拿大则有维多利亚的华侨公立学校（1909 年），多伦多的华侨学校（1914 年），温哥华的华侨中学（1917 年）。这些学校是华人为了使子女在异国仍能学习中国语言、历史和文化而设的，多在午后 4：00—6：00、晚间或周末上课，便于华人子弟在地方公共学校放学后继续学习。这对于北美华人延续民族文化传统起了重要作用，也是对公共教育的一个补充，北美中文报刊的历史可以追溯到 1854 年在旧金山出现的《金山日新录》。到了 20 世纪，国内政治风云波及海外，康有为、梁启超访美成立保皇会，1908 年在旧金山创办《世界日报》，并在纽约创办《维新报》。孙中山到美国开展革命活动则创办了《少年中国晨报》。该报几经周折，坚持到 1970 年，因财源枯竭被台湾当局购得，变为台湾国民党的报纸。持续时间较长的另一家报纸是国民党

---

① 李春辉，杨生茂. 美洲华侨华人史［M］. 北京：东方出版社，1990：152，400；Diane Mei Lin Mark and Ginger Chih. *A Place Called Chinese America.* The Organization of Chinese Americans, Inc.1982: 175.

为声讨袁世凯而创办的《民气周刊》，后改为《民气日报》，1958 年停刊。《纽约商报》1928 年创刊，1943 年改名《美洲日报》继续出版。在加拿大，保皇会于 1903 年在温哥华创办的《日新报》，是在加拿大出版的第一家中文报纸。辛亥革命后，则有温哥华出版的《侨声报》、维多利亚的《新民国日报》和多伦多的《醒华日报》等。

　　维系华人文化传统的支柱是家庭。早期移民因男女比例失调，丈夫只身在北美，妻儿老小在国内的现象比比皆是，这种状况到 20 世纪 20 年代发生了较大变化，男女比例渐趋平衡，残缺家庭（指夫妻分居异地）的数量随之减少。北美的华人家庭和中国本土的家庭一样，是靠尊老扶幼、男尊女卑、夫唱妇随、孝亲敬上、重视子女教育这些传统的伦理观念来维系的。第一代移民家庭与中国本土家庭在规模、婚姻方式和亲族关系等方面基本相同。在北美社会风气的影响下，第二、第三代人有了一些变化，主要表现为父母对子女的恋爱、婚姻较少干预，男尊女卑的传统有所削弱，妇女在家庭中的地位有所提高。家庭的规模变小，核心家庭增加。美国的统计资料表明，华人家庭中婚配的比例要比全国高，也比其他少数民族高，而无配偶女性户主家庭的比例低于全国和其他少数民族[①]。这从一个方面说明了华人家庭的传统性和相对稳定性。这也是中华文化得以在北美大陆上延续的一个重要因素。这里所说的中华文化并不是经久不变的而是随着时间的推移在不断变化。辛亥革命的成功对北美华人社会产生的影响是巨大的，男人剪辫子，着西装；女子放脚，不再缠足；祭祀祖先、烧香拜佛的活动减少了。

三、逐渐融入当地主流文化

　　华人北美化是一个不可避免的趋势，信奉基督教是其表征之一。早在 1852 年美国长老会就在旧金山华埠设立教堂，附设诊疗所和英语夜校。1912 年华人在旧金山建立了基督教男青年会，1914 年成立童子军，此后又成立了女青年会。青年会的一项重要活动是举办免费的英语补习班。到 1921 年，美国已有 5 个男女青年会。20 年代以前，加拿大境内在华人社区进行传教活动的主要是美以美会和长老会。第一个向华人开放的教堂是维多利亚的美以美

---

① 参阅 *Statistical Abstract of the United States*, 1991, Table 44.

教堂。到 20 年代约有 10%的华人入教，1941 年增至近 30%。据调查，1955 年在美国大陆共有 62 家华人新教教堂，夏威夷有 4 家。华人教堂平均人数为 155 人，粗略估计共有新教徒近万人①。在华人中最活跃的教派是浸礼会和长老会。美国华人天主教堂出现较晚，但发展很快，总人数超过 10 万人。天主教徒多集中在费城和芝加哥地区。北美华人的社会生活入乡随俗，也有不小的变化。由重视本民族的传统节日逐渐过渡到重视当地的节日，在美国主要是感恩节、圣诞节和独立日。他们开始熟悉所在国的历史、文化和社会政治制度，逐渐卷入当地的社会政治生活。1905 年成立的美籍华人公民联盟是一个政治性的组织，其主要活动是帮助该联盟的成员了解美国的法律和政治制度，使自己成为一个好公民，有准备地参加选举活动。第一次世界大战后，华人逐步认识到选举权是反对种族歧视、保护自身合法权利的重要手段。加州华人使用自己手中的选票挫败了州参议员卡米内蒂剥夺华人选举权的阴谋。1932 年华人组成纽约美籍华人投票联盟支持罗斯福当选为美国总统。纽约华埠近四分之三的华人投了罗斯福的票②。华人公民联盟为反对种族歧视、争取平等权利做了大量工作，出版《中国时报》作为舆论工具。50 年代以来，联盟的影响缩小，其地位逐渐为 1954 年成立的美籍华人民主俱乐部所取代。在加拿大，类似的华人组织有华人鹿头会、华埠狮子会。

第二次世界大战是北美华人社会生活的一个重要转折点。由于中、美、加都是同盟国的成员，北美华人有了同仇敌忾的感受。一方面，作为北美国家的公民，他们积极参军，奋勇杀敌，不少人为国捐躯，或在战争中负伤，履行了自己的公民义务。二战期间美国华人有 12041 人参军，伤亡 214 人③，加拿大有 500 华人参加皇家军队。另一方面，他们十分关注祖国的救亡运动和抗日战争，反对美国政府绥靖日本的政策，捐钱捐物支持中国政府坚持抗战。1943 年和 1947 年美国政府和加拿大政府先后废除了排华法和禁止华人入境法，华人在北美的生存条件有了改善，华埠也逐渐从封闭的社区变成开放的社区。融合的趋势有所加强。

① 宋李瑞芳. 美国华人的历史和现状[M]. 朱永涛，译. 北京：商务印书馆，1984：206-207.

② Shih-Shan Henry Tsai. *The Chinese Experience in America*. Indiana University Press, 1986: 97.

③ Shih-Shan Henry Tsai. *The Chinese Experience in America*. Indiana University Press, 1986: 194-195.

第二次世界大战后美国华人移民的特点与贡献[①]

一、新移民

第二次世界大战后，华人向北美移民出现了一些新的特点。最引人注目的是数量大、增长快。1820—1992 年中国移居美国的总人数为 96.8 万人，其中 1961 年以后移居的占移民总数的 47.3%，如下表所示。

表 中国向美国移民的人数统计

时期	1820—1992 年	1961—1970 年	1971—1980 年	1981—1990 年	1991 年	1992 年
人数	968000	34800	124300	298900	24000	29600

资料来源: *The World Almanac and Book of Facts 1994*. New Jersey, 1993: 370.

1993 年仅中国大陆向美国的移民即达 65578 人，加上中国台湾移民共计 79907 人，数量之多，仅次于墨西哥移民。[②]

华人移民中来自中国台湾和中国香港的占有相当大的比重。

在北美国家新移民法（加拿大，1962 年、1976 年，美国 1965 年、1990 年）有关专业技术人员和资金携带者优先条款的吸引下，移民中有产者和专业技术人员的比例较前大大提高。据加拿大 1979 年的移民统计，在 8833 名华人移民中，移民前的职业属实业家和管理人员的 193 人，科学家、工程师 181 人，教师、医疗人员、演员 152 人，一般职员、文秘人员、销售人员、服务业人员 1115 人，加工业、建筑业、运输设备操作人员 243 人。同年，来自

---

① 本文节选自冯承柏《中国与北美文化交流志》，上海人民出版社，1998 年，第三章"北美的华人移民"，第三节"北美华人的新贡献"，第 94-100 页。

② *The World Almanac and Book of Facts 1995*. New Jersey, 1993: 386.

中国大陆的科学家、工程师、教师和医疗人员 59 人。另据美国移民当局的统计，1983 年来自中国大陆加入美国国籍和取得永久居民权的华人移民就业者 6755 人，其中专业技术人员 1495 人，管理和行政助理人员 1438 人，销售服务人员 2432 人，普通操作人员 745 人，生产、手工艺和修理人员 626 人，农、林、渔业工作者 19 人，如下表所示。

表　中国移民地区来源构成（1981—1991 年）

地区	人数	百分比
中国大陆	304000	59.8%
中国台湾	131000	25.8%
中国香港	73000	14.4%
合计	508000	100%

资料来源：Susan B Gall eds. *Statistical Record of Asian Americans*, Detroit: Gale Research,1993. 转引自 Franklin Ng ed. *The Asian American Encyclopedia*, New York: Marshall Cavendish, 1995: 323.

二、北美华人社会的新面貌

新移民大量涌入，使北美华裔人口大幅度增加。据统计，1950 年美国华裔人口为 11.76 万人，1970 年增至 43.15 万人，1980 年为 80.6 万余人，1985 年超过百万人，1990 年更增至 1648696 人[①]，40 年内增加了 14 倍。华人占美国亚裔总数的 23%。已成为亚裔美国人中人数最多、人口增长率最高的少数民族集团。加拿大的华人 1951 年只有 32528 人，1981 年增加到 289 245 人，1991 年达 586645 人[②]，40 年内增加了 19 倍，在加拿大总人口中的比例从 0.23%增加到 2.1%。大城市是华人的聚居地，美国华人中 97%的人口住在纽约、旧金山、洛杉矶、檀香山、芝加哥、华盛顿、圣克利门托、西雅图等大城市里。加拿大的华裔则集中在多伦多、温哥华等地。越来越多的华裔同白人中产阶级一样，定居郊区和大学城，而不是在传统的聚居地——华埠。北美华裔人口中长期存在的男多女少，性别比率失衡的状态随着新移民的大量

---

① Franklin Ng ed. *The Asian American Encyclopedia*. New York: Marshall Cavendish, 1995: 248.

② Franklin Ng ed. *The Asian American Encyclopedia*. New York: Marshall Cavendish, 1995: 292.

涌入，已得到根本改变。美国华裔的男女比例，1940 年为 2.9：1，1970 年为 1.1：1。加拿大华裔的男女比例 1941 年为 100 比 12.7，1981 年的资料表明，两性人数基本平衡。

与此同时，华人的职业构成发生了明显的变化，总的趋势是体力劳动者的比重在下降，专业技术人员的比重大幅度上升，如下表所示。

表　在美华裔的主要职业集团（1940—1970 年）

主要职业集团	1940 年	1950 年	1960 年	1970 年
就业总数	36454	48409	98784	181190
专业技术人员	2.8%	7.1%	17.9%	26.5%
经理	20.6%	19.8%	12.7%	8.9%
销售人员	11.4%	15.9%	6.6%	4.3%
文秘人员	11.4%	15.9%	13.8%	16.8%
手工艺人员	1.2%	2.9%	5.2%	5.4%
操作人员	22.6%	17.1%	15.0%	14.8%
劳工	0.7%	1.7%	1.3%	2.3%
农工	3.8%	2.6%	1.0%	0.6%
服务人员	30.4%	28.8%	18.85	19.6%
家庭佣工	6.2%	2.6%	1.0%	0.8%
不详	0.3%	1.5%	6.5%	—

资料来源：U.S. Census Bureau: *Decennial Censuses*（1940, 1950, 1960, 1970）.

1990 年美国华裔从事管理和专业技术工作的人员占就业总人数的 36%，技术、销售和管理的辅助人员占 31%，服务人员 16%，操作、装配和普通劳工占 11%，精密产品生产者、手艺人、修理工占 6%，农、林、渔从业人员仅占 0.4%。妇女就业领域的变化也很明显。据 1990 年的统计，16 岁以上的华裔妇女就业者占 59%，其中从事管理和专业工作的占 32%，从事技术、销售和管理辅助工作的占 38%，服务人员占 14%，操作、装配和普通劳工占 13%，精密产品生产者、手艺人、修理工占 3%，只有 0.2% 的劳动力在农、林、渔部门。这同 19 世纪下半叶和 20 世纪初叶华裔妇女的主要职业是洗衣工、裁缝、家庭佣工有天壤之别。①

据 1990 年的统计，25 岁以上的美国华裔 1076701 人，获得大学以上学

---

① Franklin Ng ed. *The Asian American Encyclopedia*. New York: Marshall Cavendish, 1995: 236-237.

位的占 40.6%（全国为 21.9%），受过大学教育的占 18%，两者相加达 58.6%。华裔妇女受过中等和中等以上教育的占 70%，有 54%的华人妇女受过高等教育。

职业结构的变化和教育水平的提高直接影响到收入，早在 1959 年，美国华裔中等家庭的收入就超过了美国人中等家庭的收入。1970 年美国华裔 4 口之家的收入为 10610 美元，比全美家庭的平均收入高出 1000 美元。1989 年华人中等家庭收入为 36259 美元，人均收入为 14877 美元。生活在贫困线以下的家庭占家庭总数的 11%，低于全国水平（12%）[1]。在家庭结构的完整性和稳定性方面，华人家庭堪称北美之冠。已婚双亲家庭占 85%（全国 1993 年为 36%），女性家长的单亲家庭占 9%，其他 6%（全国为 30%）。[2]

三、对北美文化作出的新贡献

北美华裔在科学技术和文化艺术领域的人才之多和贡献之大绝不亚于任何一个生活在北美的族群集团。在美国，华裔中的高级知识分子总人数在 10 万以上，一流科学家和工程师达 3 万多人。据调查，早在 1961 年美国的 88 所院校中就有 1450 名华裔任职，有 30 名系主任，130 位教授，300 多名副教授。在美国的 3 所名牌大学哈佛、耶鲁、普林斯顿的教师队伍中，华人就有 98 人[3]。继 1983 年吴家玮教授出任加利福尼亚旧金山大学校长后，田长霖教授于 1990 年被任命为加利福尼亚伯克利大学校长。联系到中国学生遍布美国大学校园，一大批中国留学生取得学位后不断补充美国大学师资和科学研究队伍的情况，用"无华不成校"来形容美国高等院校是再恰当不过的了。

在科学技术方面，最常为人们称道的是 4 位诺贝尔奖获得者杨振宁、李政道、丁肇中、李远哲以及数学界泰斗陈省身。他们不仅出生于中国，大学也是在中国上的。他们在功成名就之后念念不忘养育之恩，经常来往于美、中之间，为两国之间的科学和教育交流作出了重要贡献。被《生活》杂志誉为 20 世纪美国最重要的女性之一的吴健雄，用实验证实了杨、李两人发现的

---

[1] Franklin Ng ed. *The Asian American Encyclopedia*. New York: Marshall Cavendish, 1995: 249; *The World Almanac and Book of Facts 1995*. New Jersey, 1993: 383.

[2] Franklin Ng ed. *The Asian American Encyclopedia*. New York: Marshall Cavendish, 1995: 960.

[3] 宋李瑞芳. 美国华人的历史和现状[M]. 朱永涛，译. 北京：商务印书馆，1984：241.

宇称不守恒定律，1958 年获得哥伦比亚大学第一次授给妇女的科学荣誉博士学位。1974 年被美国科学界授予当年最优秀科学家称号，1975 年当选为美国物理学会第一位女性会长。休斯敦大学的物理学教授朱经武（Paul C W Chu），因在超导方面的研究成果累累，1993 年 10 月 28 日的《时代》周刊称他是"科学领域撑杆跳的冠军"。在生物医学方面，加利福尼亚大学的生化和内分泌学教授李卓浩（Choh Hao Li）因在脑垂体研究上所作出的贡献，1962 年荣获阿伯特·拉斯卡医学研究奖。这是美国基础医学研究的最高奖。几乎在所有的高科技领域杰出人物的名单中部可以找到华人的名字。在宇宙航行方面，王赣骏是第一个进入太空轨道的华人（1985 年）。出生在中美洲哥斯达黎加共和国的张福林是一位职业太空人，1986 年获得为有成就的移民专设的"自由奖章"。同时获奖的还有德裔美国前国务卿基辛格博士。布鲁克林科技学院的朱儒敬（Ju Chih Chu）教授是推引理论和应用方面的专家，多次解决阿波罗登月计划中发动机遇到的种种疑难问题。美国高科技的心脏——硅谷，华人经营的企业上百家，华人技术人员数以千计。其中计算机工业的先驱戴维·梁博士、戴维·李博士和阿尔伯持·于博士（译音）都是 60 年代赴美攻读学位的留学生。此外，在贝尔实验室、美国商用机械公司（IBM）的中心实验室，美国生物医学研究中心，国家卫生研究院（NIH）都有数百名华人科技专家在那里工作。我们可以毫不夸张地说，在北美，哪里有高科技，哪里就有华人。

华人建筑师为北美大都市中林立的摩天大楼、公共建筑、纪念性建筑物增添了色彩，赢得了世界声誉。著名的建筑师贝聿铭（Leoh Ming Pei）1983 年获国际普里茨克建筑学奖金。他参与的法国卢浮宫扩建工程，亲手设计的美国国家艺术馆东翼、肯尼迪图书馆和丹佛市摩天大楼是为人类立下的不朽的艺术丰碑。1982 年，年仅 21 岁的耶鲁大学三年级学生林美雅（Maya Lin），在高手如云的角逐中一举夺魁。她设计的越南退伍军人纪念碑中选。六年后，她的又一杰作，位于亚拉巴马州蒙哥马利市的民权运动纪念广场设计入选。这些公共纪念性建筑物已成为美国人民为总结自己的历史经验教训而沉思、缅怀前人走过的道路、寄托哀思的重要场所。

在文学艺术创作上，华人也展示了自己的才能。发轫于四五十年代、形成于 70 年代的美国华裔文学虽然在定义和范围的界定上还有争议，但它已进入千家万户成为主流文化的一部分。包柏漪的《春月》以出生在苏州的女子春月为主线，描绘了一个旧式中国家庭五代人的悲欢离合，展现了一幅中国社会变迁的画面。该书被美国评论界称之为"中国的《乱世佳人》",在美国十分畅销,而且被翻译成 20 种文字。汤亭亭(Maxine Hong Kingston)的《女战士》(1976 年)叙述了一位美国华裔女性冲破性别、种族和民族障碍成长的过程。一经问世,全美瞩目,立即获全国图书评论界最佳奖、安士费尔德-伍尔夫种族关系奖和女教师杂志奖。1980 年,被《时代》杂志列为 70 年代最优秀的作品之一。她的第二部著作《中国人》(1980 年)也是一部畅销书,获"美国图书奖"。这两部书,展现了少数民族成员融入美国社会主流的痛苦经历,说明了美国华人的真正含义。非华裔读者认为汤亭亭是美国华裔的代表,华裔批评界求全责备,说她对中国传统文化缺少研究,将神话和想象混为一谈。汤回答说:"我就是要写故事,海市蜃楼的故事。"①弗兰克·金(Frank Chin)的剧作《小鸡笼里的中国人》(*Chickencoop Chinaman*)是第一个在主流剧院演出的美国华裔剧本。《龙年》(*The Year of Dragon*)是为庆祝美国独立 200 周年而作。这两个引起争议的剧本企图告诉美国公众,中国的传统文化从来不是消极的,而是积极的、进取的。另一位剧作家戴维·亨利·黄(David Henry Hwang),当他还在斯坦福上大学时,描写美国出生的华裔同在国外出生的华人之间冲突的剧本《离岸价格》(FOB)就被 1979 年在康涅狄格州举行的全国奥尼尔剧作会议看中,1980 年该剧在纽约公共剧院上演,取得很大成功,接着又在旧金山、洛杉矶上演,后被评为全美 1980—1981 年最佳新剧本。

---

① 转引自 Shih-Shan Henry Tsai. *The Chinese Experience in America*. Indiana University Press, 1986: 143.

中国留美学生运动的开端[①]

近代留美学生运动有两个值得注意的方面。它是中国向欧美发达国家寻找富国强兵之道，实现现代化的一种手段，大大促进了文化交流。从北美方面看，扶植留学生运动是推行门户开放政策，扩大其在华影响，从而控制中国发展的需要。早在 1906 年美国伊利诺伊大学校长埃德蒙·詹姆斯（Edmund James）在致美国总统的《关于派遣教育代表团访问中国的备忘录》中就曾指出："中国正濒临革命……世界上的每一个大国都不可避免地要同中国的革命发生关系。各国将自行决定是采取友好、和善的态度还是向它炫耀武力，挥舞拳头。美国应该在这个问题上毫不犹豫地作出抉择。成功地教育中国当代青年的国家，将会是在道德、智性和商业上可能对中国产生最大影响的国家，并对其所作的努力作出最大可能的回报。倘若在三十年前（当时是有这种可能的），成功地将中国学生潮流引向美国，而且保持较大规模，我们就能在今天以最令人满意的和最巧妙的方式——通过在智性和精神上左右其领袖人物来控制中国的发展。"[②]这段文字意味深长至今仍不失其失效。

我国近代留学运动是从留学美国开始的。中国最早的留学生容闳（1828—1912 年）出生于广东香山县。1846 年他毕业于马礼逊学校，1847 年随该校校长、美国传教士布朗赴美留学，1854 年在著名的耶鲁大学毕业，获文学学士学位。他的个人经历使他下定决心"让中国的新一代也享受他所受过的教育，通过西方教育，使中国复兴，成为文明、富强之国"[③]。为此，他多方奔走，广交清廷大员，终于在 1868 年通过江苏巡抚丁日昌提出了选派幼童赴美留学的条陈。但当时并未为清廷采纳。1870 年，容闳设法说服了曾国藩，由

---

① 本文节选自冯承柏《中国与北美文化交流志》，上海人民出版社，1998 年，第四章"留美学生运动——文化交流的桥梁"，第一节"开端"，第 101-105 页。

② Arthur H Smith. *China and America To-day*. New York, Fleming H Revell Company, 1907: 214-215.

③ Yung Ming. *My Life in China and America*. New York: Menry Holt and Company, 1909: 41.

曾国藩和李鸿章联名上奏，派遣留学生的建议才得到批准。1872—1875 年间，清政府分 4 次共派出 120 名学童，为我国近代公费留学生之始（参见下表）。1881 年，清廷以幼童荒废中学、"囿于异学"为由，将他们分三批撤回。首批留美学子回国后，大多在工矿、铁路、电信、海军、教育等部门任职，为传播科学技术、发展我国近代工业作出了贡献。

表　留美学童名录（1872—1875年）

第一批

姓名	籍贯	出国年龄	姓名	籍贯	出国年龄
曾笃恭	广东海阳	16	陆永泉	广东香山	14
黄仲良	广东番禺	15	邓士聪	广东香山	14
梁敦彦	广东顺德	15	蔡绍基	广东香山	14
蔡锦章	广东香山	14	陈钜镛	广东新会	13
黄开甲	广东镇平	13	黄锡宝	福建同安	13
张仁康	广东香山	13	钟文耀	广东香山	13
史锦镛	广东香山	15	詹天佑	安徽徽州	12
钟进成	广东香山	14	曹吉福	江苏川沙	13
陈荣贵	广东新会	14	罗国瑞	广东博罗	12
石锦堂	山东济宁	14	刘家照	广东香山	12
程大器	广东香山	14	牛尚周	江苏嘉定	11
钱文魁	江苏上海	14	谭耀勋	广东香山	11
欧阳赓	广东香山	14	吴仰曾	广东四会	11
容尚谦	广东香山	10	邝荣光	广东新宁	10
何廷梁	广东顺德	13	潘铭钟	广东南海	11

第二批

姓名	籍贯	出国年龄	姓名	籍贯	出国年龄
容尚勤	广东香山	不详	邝景垣	广东南海	13
王凤阶	浙江慈溪	14	黄有章	广东香山	13
苏锐钊	广东南海	14	邓桂廷	广东香山	13
陈乾生	浙江鄞县	14	梁普照	广东番禺	13
丁崇吉	浙江定海	14	唐元湛	广东香山	13
唐国安	广东香山	14	李恩富	广东香山	13
邝咏钟	广东南海	13	卓仁志	广东香山	12
方伯梁	广东开平	13	张祥和	江苏吴县	11

续表

姓名	籍贯	出国年龄	姓名	籍贯	出国年龄
陆锡贵	江苏上海	13	梁普时	广东番禺	11
曾溥	广东朝阳	不详	王良登	浙江定海	13
吴应科	广东四会	14	蔡廷干	广东香山	13
梁金荣	广东香山	14	温秉忠	广东新宁	12
吴仲贤	广东四会	14	张有恭	广东香山	12
李桂攀	广东香山	14	陈佩瑚	广东南海	11
宋文翔	广东香山	13	容揆	广东新宁	14

第三批

姓　名	籍　贯	出国年龄	姓　名	籍　贯	出国年龄
唐绍仪	广东香山	12	祁祖彝	江苏上海	12
周长龄	广东新安	14	梁如浩	广东香山	12
杨兆楠	广东南海	13	薛有福	福建漳浦	12
唐致尧	广东香山	13	沈嘉树	江苏宝山	11
黄季良	广东番禺	13	徐振鹏	广东香山	11
康赓龄	江苏上海	12	吴敬荣	安徽休宁	11
林沛泉	广东番禺	12	宦维城	江苏丹徒	10
袁长坤	浙江绍兴	12	朱锡绶	江苏上海	10
徐之煊	广东南海	12	程大业	安徽黟县	12
曹嘉爵	广东顺德	12	周万鹏	江苏宝山	11
孙广明	浙江钱塘	14	卢祖华	广东新会	11
朱宝奎	江苏常州	13	曹嘉祥	广东顺德	11
邝景扬	广东南海	13	容耀垣	广东香山	10
郑廷襄	广东香山	13	曹茂祥	江苏上海	10
邝贤俦	广东南海	12	杨昌龄	广东顺德	12

第四批

姓　名	籍　贯	出国年龄	姓　名	籍　贯	出国年龄
林联辉	广东南海	15	邝炳光	广东新宁	13
唐荣俊	广东香山	14	梁丕旭	广东番禺	12
陈福增	广东南海	14	吴其藻	广东香山	12
吴焕荣	江苏武进	13	冯炳忠	广东鹤山	12
黄祖莲	安徽怀远	13	陈金揆	广东香山	12

续表

姓名	籍贯	出国年龄	姓名	籍贯	出国年龄
周传谔	江苏嘉定	13	朱汝金	江苏华亭	11
金大廷	江苏宝山	13	沈寿昌	江苏上海	11
陆德彰	江苏川沙	13	周传谏	江苏嘉定	11
沈德耀	浙江慈溪	14	王仁彬	江苏吴县	12
林联盛	广东南海	14	陶廷赓	广东南海	12
唐荣浩	广东香山	13	盛文扬	广东香山	12
刘玉麟	广东香山	13	梁金鳌	广东南海	11
陈绍昌	广东香山	13	潘斯炽	广东南海	11
黄耀昌	广东香山	13	谭耀芳	广东香山	10
邝国光	广东新宁	13	沈德辉	浙江慈溪	12

资料来源：李喜所著. 近代中国的留学生[M]. 北京：人民出版社，1987；Thomas E La Fargue. *China's first Hundred*. Pullman: State College of Washington, 1942: 173-176.

上述幼童当中，最大的 16 岁，最小的 10 岁，十三四岁者占大多数。从籍贯上看，广东 84 人，占 70%；江苏 21 人，占 17.5%；浙江 8 人，占 6.7%；安徽 4 人，占 3.3%；福建 2 人，占 1.7%；山东 1 人，占 0.8%。而广东人中，香山县 40 人，占 33.3%。

庚款与留美学生人数、地区、学科分布[①]

1908 年 7 月 11 日美驻华公使柔克义通知清政府，美国国会参众两院根据西奥多·罗斯福总统的咨文已于 5 月 25 日通过联合决议，将分给美国的庚子赔款减至 13655492.69 美元，将此数与原分给美国之间的差额，计 10785286.12 美元，从 1909 年起至 1940 年止逐年按月"退还"中国，帮助中国"兴学"。1909 年 7 月 10 日外务部、学部会奏，以美国"减收"赔款选派学生赴美留学，先在京师设立游美学务处，并设肄业馆一所。学生名额按各省赔款数目分摊。周自齐为督办，唐国安、范源濂为帮办。同年 9 月 28 日清政府批准所奏，建游美肄业馆于清华园。1909 年至 1911 年间，先后招生三批直接送美国留学，共 180 人。1911 年清华留美预备学堂正式成立。1912 年改名清华学校。全校分为高等科及中等科，毕业期限定为 8 年。1921 年该校改变原有制度，分为三级，最高级与美国四年制大学二年级相当，毕业生可直接插入美国大学三年级或四年级肄业。同时停招中等科，高等科亦于 1924 年停止招生。1925 年起逐步改办为大学，1928 年正式改名清华大学。从 1909 年至 1928 年经清华派出的官费留美学生共 1279 人，领庚款津贴的自费生 476 人、各机关转入清华官费 60 人、特别官费生 10 人、袁氏后裔生 3 人，共 1828 人。[②]

1917 年中美人士吁请美国政府将庚子赔款的余存部分一并退还，得到美国政府的同意。美国国会于 1924 年通过继续退还庚款的决议。决议规定将庚款余额本金利息 12545438.67 美元分 20 年归还中国（1909—1940 年归还庚款总数共 16726614 美元）。同年 9 月成立了中华教育文化基金董事会作为管理退款的专门机构。董事会由政府任命，中国董事 10 人，包括外交部官员颜

---

　　① 本文节选自冯承柏《中国与北美文化交流志》，上海人民出版社，1998 年，第四章"留美学生运动——文化交流的桥梁"，第二节"庚款留美"，第 105-112 页。

　　② 清华大学校史编写组. 清华大学校史稿[M]. 北京：中华书局，1981：68-69.

惠庆、顾维钧、施肇基，清华、南开、北大、北师大、东南大学校长周诒春、张伯苓、蒋梦麟、范源濂、郭秉文，学术界名流丁文江、黄炎培。美方董事为孟禄、杜威、贝克、贝诺德、顾临。其中既有教育界知名人士，也有在银行中和私人基金会中工作的专家。董事会成员每年均有变动。董事长始为颜惠庆，后为蔡元培，其后屡有更迭，但孟禄在董事会成立的 16 年中一直任第一副董事长，握有实权。①

　　董事会的章程规定"使用该款于促进中国教育及文化之事业"。1925 年6 月，第一次年会决定的用款方针是："（1）发展科学知识，及此项知识适于中国情形之应用，其道在增进技术教育、科学之研究、试验与表征，及科学教学法之训练；（2）促进有永久性质之文化事业，如图书馆之类。"②从实施的情况看，与第一次庚款的最大不同在于大部分资金用于资助科学研究与教学，以及文化教育事业的建设。基金会的重点工作之一是设置科学教席。1926—1930 年间，基金会在东南大学（后改名为中央大学）、中山大学、北京师范大学、成都大学、成都高等师范学校（后改名为四川大学）、东北大学、武汉大学聘请著名科学家担任科学教席，涉及的学科为物理、化学、动物、植物、教育心理。据统计，1926 年至 1930 年共设有教席 39 座，其中中央大学 8 座，中山大学 8 座，北京师范大学 7 座，四川大学 7 座，东北大学 5 座，武汉大学 4 座③。在科学研究方面，基金会开展了三方面的工作。一是在高等学校和科研机构中设研究教授。二是资助高等院校的应用科学部门，主要有东南大学的农科、南洋大学的工科和湘雅医科专门学校。1926 年至 1945 年间，共补助了 233 所大学，139 个研究机关，109 个文化学术团体和 38 个其他机构，补助总金额 24250893.65 元（折合 362795.63 美元）④。三是资助科研机构，最为突出的是对地质调查研究所和生物研究所的资助。前者在1926—1933 年间获得资助 13.5 万元，同期后者获得资助 19.5 万元。基金会还与"尚志学会"合办静生生物调查所，并负责该所日常经费开支，迄于抗战时期物价飞涨为止，共拨款 100 万元。为了发展中国的图书馆事业，基金

---

　　① 中山大学历史系.中山大学史学集刊：第三辑[M]//梁碧莹. 中美关系史上的一段插曲——论美国第二次退还庚款与中国教育文化事业. 广州：广东人民出版社，1995：96.

　　② 教育部教育年鉴编纂委员会. 第一次中国教育年鉴：戊编·教育杂录[M]. 上海：开明书店，1934：87，88.

　　③ 教育部教育年鉴编纂委员会. 第一次中国教育年鉴：戊编·教育杂录[M]. 上海：开明书店，1934：92.

　　④ 教育部教育年鉴编纂委员会. 第二次中国教育年鉴[M]. 北京：商务印书馆，1948：1574.

会拨款 130 多万元兴建北京图书馆，聘梁启超、李四光为正副馆长。其所提供的历年经常费用和购置图书的费用直到 1945 年改由国民党政府拨款方才停止。[①]

在资助留美中国学生的奖学金方面，在原有的 2000 个奖学金名额基础上，又提供了 400 个奖学金名额。政府行为带动了私人投资。1920—1949 年间，洛克菲勒基金会在创办协和医学院的同时，提供了 600 个奖学金名额。中国医学委员会（China Medical Board）也提供了几百个奖学金名额（参见下表）。

表　留美学生人数（1847—1953 年）

入学年份	男	女	性别未详	总数
1850	1			1
1874[②]	2			2
1875	1			1
1876	1			1
1878	4		1	5
1879	13			13
1880	12			12
1881	4			4
1883	2			2
1885	1			1
1886			1	1
1892	2			2
1895	1			1
1897	4			4
1898	3			3
1899	1			1
1900	3			3
1901	12			12
1902	7	1		8
1903	4	1		5
1904	18	2	1	21

① 教育部教育年鉴编纂委员会. 第二次中国教育年鉴[M]. 北京：商务印书馆，1948：1574.
② 1872 年、1873 年、1874 年、1875 年各派遣幼童 30 名赴美留学，原表未列入。

续表

入学年份	男	女	性别未详	总数
1905	24		1	25
1906	55	4	1	60
1907	69	1	1	71
1908	64	6	7	77
1909	58	3	8	69
1910	90	6	11	107
1911	77	7	6	90
1912	69	4	6	79
1913	109	14	15	138
1914	155	16	19	190
1915	172	17	24	213
1916	143	19	19	181
1917	136	21	16	173
1918	183	26	20	229
1919	219	20	22	261
1920	322	26	47	395
1921	304	40	43	387
1922	307	49	47	403
1923	351	32	43	426
1924	322	32	29	383
1925	279	37	33	349
1926	266	42	33	341
1927	233	50	19	302
1928	237	43	26	306
1929	286	34	20	340
1930	248	40	28	316
1931	170	33	24	227
1932	121	22	15	158
1933	74	17	13	104
1934	120	29	23	172
1935	147	35	30	212
1936	166	38	26	230
1937	157	38	24	219

入学年份	男	女	性别未详	总数
1938	157	64	14	235
1939	104	48	6	158
1940	140	55	11	206
1941	138	64	18	220
1942	114	32	4	150
1943	158	50	10	218
1944	204	52	14	270
1945	408	82	53	543
1946	422	164	62	648
1947	780	340	74	1194
1948	846	320	108	1274
1949	672	297	47	1016
1950	422	221	20	663
1951	318	205	22	545
1952	317	192	14	523
1953	191	97	17	305
年份未详	3054	603	1472	5129
总计	14274	3692	2670	20636

资料来源：陈学恂，田正平. 留学教育[M]//梅贻琦，程其保. 百年来中国留美学生调查录（1854—1953），上海：上海教育出版社，1994：686-688.

中国留美学生的来源就地区分布而言，大部分来自沿海各省，内地各省所占比例甚小，这种情况一直延续下来，迄今变化不大（参见下表）。

表　中国留美学生来源地区分布（1903—1945 年）

省份地区	年份								
	1903	1909	1910	1911	1914	1918	1921	1943	1945
广东	58.0	38.1	38.0	51.2	47.2	43.0	24.2	36.9	33.6
江苏	4.0	28.5	23.2	22.0	13.9	13.4	21.9	20.9	22.3
浙江	6.0	11.3	11.6	9.2	8.3	9.2	10.8	8.4	7.5
福建	2.0	4.6	5.1	3.7	5.3	8.8	7.8	6.4	5.5
湖南	—	0.4	2.1	1.0	8.0	4.7	5.2	2.6	3.0
湖北	12.0	1.7	3.1	1.6	2.4	3.7	2.8	1.9	3.2

续表

省份地区	年份								
	1903	1909	1910	1911	1914	1918	1921	1943	1945
河北	—	8.4	8.2	4.3	2.2	3.7	9.7	10.6	10.9
安徽	16.0	3.4	4.1	2.0	—	2.8	2.3	2.0	1.6
江西	—	1.3	1.4	0.4	4.1	2.6	2.4	1.5	1.7
四川	—	—	—	1.0	—	1.6	1.8	1.5	2.2
山东	—	—	0.4	2.1	2.7	1.4	2.2	2.2	2.5
河南	—	0.4	0.4	—	—	0.8	3.8	1.2	1.5
山西	—	0.4	0.7	—	—	0.5	0.9	0.8	1.1
辽宁	—	—	—	—	—	0.1	0.9	1.3	1.3
吉林	—	—	—	—	—	0.8	0.1	—	0.4
黑龙江	—	—	—	—	—	—	—	—	—
其他	2.0	1.5	1.7	1.5	5.9	2.9	3.3	1.8	1.7
总计%	100.0	100.0	100.0	100.0	100.0	100.0	100.0	100.0	100.0
人数	50	239	292	490	830	990	679	1191	1972
未知	50		292	650	847	1124	805	1295	3066

资料来源：Y C Wang. *Chinese Intellectuals and the West* 1872—1949. Chapel Hill: University of North Carolina Press, 1966.

表　留美学生学科分布（1905—1952/53 年）

学科领域	分布情况（%）
人文社会科学	25.3
企业管理	8.6
教育	12.2
理、工、农、医	52.4

　　这说明科学技术的现代化一直是留美学生追求的主要目标。讫于 20 世纪中叶，中国留美学生总数约 3 万人，留日学生总人数要比留美学生多 10 倍。但在美取得博士学位者比留日学生多 20 倍，超过在英、法、德三国取得博士学位人数的总和。①

---

　　① Marry Brown Bullock. "Scientific and Educational Relations Between the United States and the Peoples Republic of China: An Historical Perspective." Colloquium Paper, Woodrow Wilson International Center for Scholars, Washington D.C. March 20, 1984. 转引自 *A Relationship Restored*, p.18.

表 中国留学生取得学位的总数（1850—1950 年）

国别（年份）	获得学位者的总数	获得博士学位者的总数
美国（1850—1953）	13797	2097
日本（1901—1939）	12000	100
德国（1907—1950）	3500	678
法国（1907—1950）	3000	527
英国（1911—1949）	2500	250
合计	34797	3652

资料来源：Joyce K Kallgren. *Educational Exchanges Essays on the Sino-American Experience*. Berkeley: Institute of East Asian Studies, University of California, 1987: 30.

表 留美学生取得学位的学科分布（1900—1950 年）

科目	学士（B.A.）%	博士（Ph.D）%
工程技术	28	21
自然科学	12	40
人文学科	17	7
社会科学	13	11
教育	12	5
商业	8	9（含经济）
医学	7	5
农业	3	2

资料来源：Joyce K Kallgren. *Educational Exchanges Essays on the Sino-American Experience*. Berkeley: Institute of East Asian Studies, University of California, 1987: 32.

第二次世界大战期间和战后初期的留美学生^①

抗日战争爆发初期，我国的国际文化学术交流活动几乎完全中断，出国留学人数锐减。国民党政府于1938年6月颁布限制留学暂行办法。该办法对于留学资格作出了较严格的限定。条件之一，需在公私立大学毕业后继续研究或服务二年以上并卓有成绩者，在学科方面则以研究军工、理、医各科学生为限。这是造成留学生数量锐减的又一重要因素。1937年留学生总数为366人，暂行办法公布后，1938年骤降至92人，1939年更降至65人。1942年限制办法取消。翌年10月又颁布自费留学派遣办法，要求一律经过考试，合格者方得出国。同年12月举行第一届自费留学生考试。与试学生751人，均拟赴美留学，结果327人合格，于1944年陆续赴美。美国史著名学者黄绍湘就是其中的一个。1946年7月举行第二次考试，报考人数共3817人，录取自费留学生1216人，加上公费考试落选，成绩符合自费标准者718人，实际录取1934人。由教育部发给留学证书者1163人，其中赴美者1018人。在这批留美学生中，攻读历史的丁则民、蒋相泽、李道揆、施子瑜，攻读教育的滕大春，攻读经济的陶继侃、王继祖等人后来都成为我国各学科研究北美问题的专家。在此期间（1944年），美国麻省理工学院等5所大学提供理工科41名研究生奖学金。美国万国农具公司提供农业机械方面20名研究生奖学金。战争期间，国民党政府还选派理工农医的研究人员和考察人员出国，赴美者46人，赴加拿大者6人。

抗日战争末期，重庆政府为了战后复兴计划选派大批青年学生和专业技术人员赴美。1945年美国经济行政管理部门拨款450万美元列入租借法，专供中国留学人员使用。1945—1947年间共有1200名中国铁路工程师、卫生

---

① 本文节选自冯承柏《中国与北美文化交流志》，上海人民出版社，1998年，第四章"留美学生运动——文化交流的桥梁"，第三节"第二次世界大战期间和战后初期的留美学生"，第113-114页。

部门官员、财政专家、教师和技术人员赴美。美国善后救济总署、美国国务院也为有志在美攻读工程、技术的学生提供奖学金。美国宗教团体和大公司也竞相效尤。凡此种种，使中国留美学生人数剧增（参见下表）。

表　二战期间和战后初期中国留美学生数

学年	中国学生总数（人）
1943—1944	706
1944—1945	823
1945—1946	1298
1946—1947	1678
1947—1948	2310
1948—1949	3914

资料来源：China Institute in America, A Survey of Chinese Students, p.18.转摘自：Shih-Shan Henry Tsai. *The Chinese Experience in America*. Indiana University Press, 1986: 122.

1949 年全国解放后，留美学生因资助来源断绝，一部分人冲破美方设下的重重障碍，毅然回国，一部分人留在美国继续完成学业。为了使这批人才留居美国，美国国务院依据 1948 年的《流离失所人员法》（Displaced Persons Act），准许这些留学生以"政治难民"的身份留在美国完成学业和寻求职业。这些中国留学生得到了美国政府、私人基金会的资助。后来获得诺贝尔奖的杨振宁、李政道便是这批在美定居的中国留学生中最杰出的两位，钱学森则是这个时期回国服务科技人才中的佼佼者。

改革开放后留学北美的新高潮[①]

中国和加拿大建交（1972 年）后，中国就向加拿大派出留学人员，主要是学习语言。1978 年，中国政府决定加大留学人员的数量，把大量派出留学人员作为培养高级专门人才，提高我国科技水平的一项战略措施。中美正式建交后不久，1979 年 1 月 31 日邓小平副总理和卡特总统在白宫签署了两国政府间的一系列协定，包括一个全面的科学技术合作协定、一个文化交流协定、一个关于交换留学生的协定、一个单独的高能物理合作协定，还有一个中国有权购买美国国家宇航局发射民用人造卫星服务设施的协定。这些协定是中美教育、科技、文化交流的基础和出发点。由于美国和加拿大幅员广大、科技先进、教育事业发达，1978 年以来一直是中国留学人员的主要接收国（参见下表）。

表　中国政府向北美国家派出留学人员数量占派出总量的百分比*

年份	派出总数	美国	加拿大	北美合计
1978	314	16.31	10.57	26.88
1979	1277	20.75	4.58	25.33
1980	1862	35.60	9.62	45.22
1981	2925	47.55	5.83	53.38
1982	2801	50.39	3.42	53.81
1983	2821	39.68	8.44	48.12
1984	2913	41.31	9.13	50.44
1985	3246	40.17	7.34	47.51
1986	3224	47.00	8.52	55.52

*不包括中国香港和中国台湾。

---

① 本文节选自冯承柏《中国与北美文化交流志》，上海人民出版社，1998 年，第四章"留美学生运动——文化交流的桥梁"，第四节"留学北美的新高潮"，第 115-117 页。

1987 年以后因政策放宽，自费出国的人数显著增加，美国方面给予签证的情况如下表所示。

表　1988 年以来美国给予中国留学人员签证的数字*

签证种类	1988 年	1989 年	1990 年	小　计
F-1	2000	3300	4000	9300
J-1	3500	2400	1200	7100
小计	5500	5700	5200	16400

说明：F-1 签证发给自费留学人员，J-1 签证发给由美国新闻总署接待的留学人员。

资料来源："Chinese Students in the US." *Reviews of Recent Reports China Exchange News*. Spring, 1991: 22.

*不包括中国香港和中国台湾。

表　中国派往加拿大留学人员数字*

年份	1976	1977	1978	1979	1980	1981	1982	1983	1984	1985	1986	总计
人数	34	15	35	80	210	191	114	288	308	346	400	2021

资料来源：Martin Singer. *Canadian Academic Relations with P.R.C. Since 1970*. International Development Research Centre, 1986, Vol.II.Appendix.

*不包括中国香港和中国台湾。

中国在北美的留学生有如下特点：（1）数量大，据 1988 年的统计，在美国留学的中国人员总数为 2.8 万人（其中公派 2.1 万人，自费 7000 人），仅公费人数一项就超过了 1854—1953 年一百年间留美学生的总和（20636 人），已成为美国外国留学生中数量最大的群体。这个数字也大大超过了 1950—1965 年间中国派往苏联和东欧国家留学人员的总和（约 2 万人）。1979—1987 年间美国发给中国留学人员的签证达 62007 个。由此更可以看出留美人数之多。（2）留美人员主要来自我国沿海城市地区（北京、上海、广州）。（3）学习专业以自然科学和工程技术为主，管理专业呈上升趋势，这反映了我国现代化建设的需要。（4）经费来源由中国政府资助为主转变为以美方各种奖学金资助为主。1978 年，54%的公派留学人员由中国政府资助，1985 年降至 17%。（5）1978 年至 1988 年 1 月，已有 12500 持 J-1 签证和 7000 持 F-1 签证的留美人员回到中国①。留学人员中公派的访问学者几乎全部回国，滞留不

---

① Leo A Orleans. *Chinese Students in America*. Washington D.C.: National Academy Press, 1988: 9-14.

归者多为自费和攻读学位人员。

在中国向北美国家派出留学人员的同时，也有一批北美的学生来中国学习。他们主要是学习中国的语言和文化，有少量人文、社会科学的博士生和研究工作者前来中国从事与中国有关的研究工作。还有一些北美的大学教师前来中国进行讲学活动。前面提到的美中学术交流委员会在上述的学术交流活动中起了重要作用。据不完全统计，1979—1986 年间由该委员会资助来华短期讲学的学者 190 人，其中自然科学和工程技术方面的学者占 53%，人文社会科学的学者占 47%。①

---

① 根据美中学术交流委员会提供的资料：*CSCPRC Visiting Scholar Exchange Program, American Scholars*, 1979-1986.

留美学生的作用和影响[①]

对于留美学生运动在中国近现代史上的地位和作用，学术界既有基本否定的，也有基本肯定的。发展趋势是越来越多的论著倾向于肯定留美学生的积极作用。

第一批留美学童回国参加工作的共 94 人，在工矿、铁路、电信部门就业的人最多，共 30 人。他们为中国的工业化做了许多奠基性的工作，最著名的是为修建京张铁路而驰名中外的詹天佑。从事外交、行政工作者次之，有 24 人，其中有第一任内阁总理唐绍仪，担任过外交总长的梁敦彦。在海军中任职的人数居第三位，有 20 人，徐振鹏曾出任海军次长，他们中的大多数人参加过中法战争和中日甲午战争，技术精湛，作战勇敢，壮烈殉国者不乏其人。从事教育工作的 5 人中有两人出任大学校长，分别为天津北洋大学校长蔡绍基、校长唐国安。

20 世纪上半叶的留美学生，回国后大多在高等学校和科学研究机构中工作，对于我国现代科学各学科的建立和发展作出了重要贡献，如下表所示。

表　中国现代自然科学奠基人

学科	姓名	生（卒）年	毕业学校	备　注
数学	姜立夫	1890—1978	1919 年哈佛大学博士	现代数学早期卓有成效的播种人
数学	华罗庚	1910—1985	1948 年起在普林斯顿大学、伊利诺伊大学任教，获伊利诺伊大学名誉博士学位	中科院学部委员
数学	江泽涵	1902—1994	1930 年哈佛大学博士	中科院学部委员
数学	陈省身	1911—2004	1945 年普林斯顿高等研究所	美国科学院院士

[①] 本文节选自冯承柏《中国与北美文化交流志》，上海人民出版社，1998 年，第四章"留美学生运动——文化交流的桥梁"，第五节"留美学生的作用和影响"，第 117-125 页。

学科	姓名	生（卒）年	毕业学校	备　注
力学	郭永怀	1909—1968	1941 年加拿大多伦多大学硕士 1946 年加州理工学院博士	流体力学，中科院学部委员
力学	周培源	1902—1993	1928 年加州理工学院博士	中科院学部委员
力学	钱伟长	1912—2010	1942 年加拿大多伦多大学博士，在加州理工学院从事研究工作	中科院学部委员
力学	钱学森	1911—2009	1938 年加州理工学院博士	中科院学部委员
力学	郑哲敏	1924—	1949 年加州理工学院硕士	爆炸力学，中科院学部委员
物理	李耀邦	1884—1940？	1903 年留学美国芝加哥大学 1914 年回国	留美学生中获物理学博士第一人，对测定并证实基本电荷作出了贡献
物理	饶毓泰	1891—1968	1922 年普林斯顿大学博士	实验物理，中科院学部委员
物理	胡刚复	1892—1966	1918 年哈佛大学博士	X 射线，最早在北京大学设置
物理	吴有训	1897—1977	1926 年芝加哥大学博士	近代物理实验先驱，中科院学部委员
物理	叶企荪	1898—1977	1923 年哈佛大学博士	1925 年在清华创建物理系，中科院学部委员
物理	施汝为	1901—1983	1934 年耶鲁大学博士	中科院学部委员
物理	赵忠尧	1902—1998	1930 年加州理工学院博士	中科院学部委员
物理	萨本栋	1902—1949	1927 年斯坦福大学博士	"中央研究院"总干事
物理	吴大猷	1907—2000	1933 年密执安大学博士	曾任"台湾中央研究院"院长
物理	吴健雄	1912—1997	1940 年加利福尼亚大学博士	美国科学院院士
物理	胡　宁	1916—1997	1943 年加州理工学院博士	中科院学部委员
物理	洪朝生	1920—2018	1948 年麻省理工学院博士	中科院学部委员
化学	张子高	1886—1966	1911 年入麻省理工学院专攻化学，1916 年回国	曾任清华大学副校长
化学	王琎	1888—1966	1914 年里海大学学士 1936 年明尼苏达大学硕士	化学史学家

续表

学科	姓名	生（卒）年	毕业学校	备　注
化学	庄长恭	1894—1962	1924 年芝加哥大学博士	有机化学家 中科院学部委员
化学	杨石先	1896—1985	1923 年康奈尔大学硕士 1931 年耶鲁大学博士	曾任南开大学校长 中科院学部委员
化学	曾昭抡	1899—1967	1926 年麻省理工学院博士	曾任高教部副部长， 中科院学部委员
化学	纪育沛	1899—1982	1928 年耶鲁大学博士	中科院学部委员
化学	黄子卿	1900—1982	1935 年麻省理工学院博士	中科院学部委员
化学	戴安邦	1901—1999	1931 年哥伦比亚大学博士	中科院学部委员
化学	傅　鹰	1902—1979	1928 年密执安大学博士	中科院学部委员，曾 任北京大学副校长
化学	高济宇	1902—2000	1931 年伊利诺伊大学博士	中科院学部委员
化学	蔡镏生	1902—1983	1932 年芝加哥大学博士	中科院学部委员
化工	徐名材	1889—1951	1909 年留美，获麻省理工学院硕士学位	
化工	侯德榜	1890—1974	1921 年哥伦比亚大学博士	侯德榜制碱法发明者
化工	李寿恒	1898—1995	1920 年留美，获伊利诺伊大学博士学位	曾任浙江化工学院院长
化工	杜长明	1902—1947	1931 年麻省理工学院博士	
化工	张洪沅	1902—1992	1930 年麻省理工学院博士	1925 年在美创建中华化学工程学会
化工	张克忠	1903—1954	1928 年麻省理工学院博士	
生物	钱崇澍	1883—1965	1910 年赴美先后就读于伊利诺伊、芝加哥、哈佛	植物学，中科院学部委员
生物	秉　志	1886—1965	1918 年康奈尔大学博士	动物学，中科院学部委员
生物	马文昭	1886—1965	1920 年留美在芝加哥大学攻解剖学	细胞学和组织专家，中科院学部委员
生物	陈焕镛	1890—1971	1919 年哈佛大学硕士	植物分类、树木学，中科院学部委员
生物	戴芳澜	1893—1973	1918—1920 年哥伦比亚大学研究生	真菌学、植物病理，中科院学部委员
生物	吴　宪	1893—1959	1919 年哈佛大学博士	生物化学和营养学
生物	胡先骕	1894—1968	1923 年哈佛大学博士	植物分类
生物	陈　桢	1894—1957	1921 年哥伦比亚大学硕士	动物学、遗传学，中科院学部委员

学科	姓名	生（卒）年	毕业学校	备　注
生物	张景钺	1895—1975	1925 年芝加哥大学博士	植物形态，中科院学部委员
生物	李汝祺	1895—1991	1923 年普渡大学博士	遗传学
生物	胡经甫	1896—1972	1922 年康奈尔大学博士	生物学，中科院学部委员
生物	蔡　翘	1897—1990	1925 年芝加哥大学博士	生理学，中科院学部委员
生物	李继侗	1897—1961	1925 年耶鲁大学博士	植物学，中科院学部委员
生物	吴韫珍	1898—1941	1927 年康奈尔大学博士	植物分类
生物	张锡钧	1899—1988	1926 年芝加哥大学博士	生理学
机械	石志仁	1897—1972	1925 年麻省理工学院硕士	铁路机械，中科院学部委员
机械	张德庆	1900—1977	1926 年普渡大学机械工程硕士	机械工程，中科院学部委员
机械	周惠久	1909—1999	1936 年伊利诺伊大学力学硕士 1939 年密执安大学冶金工程硕士	中科院学部委员，西安交大副校长
机械	雷天觉	1913—2005	1942 年赴美学习机床与工具制造	机械工程，中科院学部委员
机械	孟少农	1915—1988	40 年代在麻省理工学院获汽车制造硕士学位	东风、红旗牌轿车设计者，中科院学部委员
土木工程	詹天佑	1861—1919	1881 年毕业于耶鲁大学土木工程系	铁路工程先驱
土木工程	凌鸿勋	1894—1981	1915 年赴美在美国桥梁公司实习，并在哥伦比亚大学进修	1948年当选为"中央研究院"院士
土木工程	蔡方荫	1901—1963	1929 年麻省理工学院土木工程硕士	中科院学部委员
土木工程	茅以升	1896—1989	1917 年康奈尔大学硕士 1921 年卡内基工学院博士	桥梁专家，中科院学部委员
土木工程	赵祖康	1900—1995	1930 年在康奈尔大学研究院进修	市政和道路工程学家

　　资料来源：《中国大百科全书》：力学、数学、物理、化学、化工、生物、机械、土木工程卷；王咸昌主编《当代中国自然科学学者大辞典》，浙江大学出版社，1992 年。

　　值得注意的是，这批中国现代科学的奠基人，大多毕业于北美的名牌大学如哈佛、耶鲁、哥伦比亚、康奈尔、芝加哥、麻省理工、加州理工和加拿大的多伦多大学。我们可以毫不夸张地说，北美的最高学府是培育中国科学家的摇篮。这种情况直到中国的高等教育在数量上和质量上都有了长足的进步之后才有所改变。

现代中国科学共同体也是在西欧和北美的影响下形成的。所谓"科学共同体"是指随着科学工作者的数量的增加而出现的专业组织、专业出版物和共同的认知方式和行为准则的总称。如前所述，近代中国最早的专业组织首推"中国医学传道会"成立于 1886 年，后演变为"中华医学会"，其所出版的刊物《中华医学杂志》也是中国最早出版的专业刊物。1914 年中国留学生在美国康奈尔大学建立的"中国科学社"和出版的杂志《科学》是以"美国科学协进会"及其出版物《科学》为蓝本而创办的。该杂志的宗旨为"阐发科学精义及其应用"。1915—1924 年间共出版 9 卷 108 期，发表介绍科学的文章在 1100 篇左右，引进和传播了大量科学知识。该杂志注意介绍当时国外科学的新发现和新成果，对物理学领域的革命，生物学中遗传学说的建立都作了比较完整的介绍。留美学生特别注重提倡科学研究的方法，包括近代科学实证主义、归纳法和演绎法。在确立真正意义的科学观，开创现代科学事业方面，留美学生都作出了自己的贡献①。1922 年秋，中国科学社在南京创办生物研究所，这是中国私人学术团体设立的第一个科学研究机构。在中国科学社的影响下，各种专业组织纷纷成立。据不完全统计，到 30 年代中期已有 20 多个学会，出版的科学刊物达 200 多种。

留美学生不仅给我国带来了西方的科学文化，在传播欧美现代政治文化方面也起到了先锋和桥梁作用。容闳率先引进了"公民政府"的概念。孙中山将"民有""民治""民享"的概念应用到中国实际，创造了三民主义。民生（people's livelihood）的概念来源于亨利·乔治的单一税制说。他还从三权分立说中演绎出"五权宪法"，创造了中国民主政权的一种组织形式。胡适则把西方民主思想的内核——个人主义输入中国，鼓吹"个性解放"。他所倡导的"文学革命"就是以"个性解放"为张本的。北美政治文化对中国影响之大的一个突出例证就是五四新文化运动。主张中国向西方学习的知识分子，大都把美国视为现代社会的楷模。陈独秀向青年陈述的六义：（1）自主的而

---

① 黄知正. 五四时期留美学生对科学的传播[J]. 近代史研究，1989（02）；林文照. 中国科学社的建立及其对我国现代科学发展的作用[J]. 近代史研究，1982（03）.

非奴隶的；（2）进步的而非保守的；（3）进取的而非退隐的；（4）世界的而非锁国的；（5）实利的而非虚文的；（6）科学的而非想象的①。这六义实际上是对美国价值观念，崇尚民主和科学的总结。由德、赛两先生构成的美国形象在相当多的中国知识分子的心目中经久不衰。

20世纪70年代以来出现的留美高潮，对双方都产生了不同程度的影响。中国方面表现得更为明显。最直接的影响是，为了克服交流过程中的语言障碍，中国各级各类学校都普遍加强了外语语言教学，设立专门的教学机构，加强师资队伍的建设，增添先进的语言教学设备，改进教学方法，实行全国统一命题的考试制度，整体英语水平大幅度提高。另一个潜移默化的变化是，学校特别是高等学校的结构正在发生根本性的变革。从前仿照苏联的知识等级化、学科分工过细和理论与实践相分离的结构正在转换为拓宽专业领域、组织学科集团、有利于学科交叉、有利于基础学科与应用学科相结合的体制，一批名实相符的、真正的、北美式的大学正在出现。一些被废置的学科得到恢复，一批新兴学科开始建立。比较突出的例证是社会学、政治学和法学的恢复，管理学科和计算机学科的建立。传统学科的改造在很大程度上也得益于交流。派出留学人员的目的在于培养高级专门人才，缩小我国与发达国家在科学技术方面的差距。种种迹象表明，这个目的是初步达到了。付出的代价是一批有用之才外流，暂时或长期定居北美，其人数之多是始料未及的。对于北美地区来说，交流的一个直接后果就是中国的一批优秀人才成为北美高等学校、科研机构和大公司实验室的有生力量，也可以称之为廉价的高级劳动力。这支队伍是如此之重要，以致北美一些国家的政府不得不修改移民法，以便使他们取得合法身份，成为永久居民。

① 陈独秀《敬告青年》《新青年》创刊号。

中美两国人民诚挚友谊的见证

——记几位热情支持中国革命的美国友人[①]

今年（1979 年）1 月 1 日清晨，在中国驻美国联络处的建筑物前，一面鲜艳的五星红旗迎着波托马克河上吹来的徐徐晨风，冉冉升起，参加庆祝中美建交升旗仪式的几百位中外朋友和华侨代表一片欢腾。它宣告了一个历史时期的结束，标志着中美关系新纪元的到来。在中美人民共同庆祝中美建交这一重大历史事件的时候，使我们想起几十年前，那些为中国革命而奔走，对增进中美两国人民之间的相互了解和友谊作出重要贡献的美国友人。他们作为美国人民对中国人民友好的见证，将永远留在人们心中。

一

1925 年秋天，正当中国工人阶级在中国共产党领导下掀起省港大罢工之际，安娜·路易斯·斯特朗（1885—1970）来到中国。从此，这位深受共产主义运动影响，一生追求进步的女作家和记者，就与中国人民结下深厚友谊。

首次来到中国的斯特朗，立刻被中国共产党领导下的工农运动所吸引，特别是对给予帝国主义以沉重打击的省港大罢工更是十分关心。她冲破北洋军阀的封锁，途经香港进入广州。

她一到广州，就来到省港大罢工委员会，访问了这次罢工的领导人苏兆征同志，听取了关于这次大罢工的起因、经过及工人提出的要求的详细介绍。中国工人阶级的斗争精神，使斯特朗深受鼓舞，她在群众集会上发表了热情

---

① 原文载《历史教学》，1979 年第 2 期，第 46–52 页。

洋溢的演说，表示了对这次罢工的极大同情和支持。

斯特朗第二次来中国是 1927 年 5 月。当时的中国正处于蒋介石发动的"四·一二"反革命政变的白色恐怖之下，她从上海溯江而上，到达武汉，并于 7 月中旬，冒着遭到反动军警迫害的危险，来到湖南，深入到长沙、湘乡等地农村，了解和收集有关湖南农民运动的情况和材料。当她回到武汉时，汪精卫已公开叛变革命，武汉三镇也陷于血泊之中。

离开中国后，斯特朗满怀对中国革命的同情，就这两次访问的见闻，写成了她的第一部关于中国革命的著作《千千万万中国人》。全书以访问记的形式，分别叙述了中国工人运动，妇女运动和学生运动的情况，揭露了蒋介石叛变革命，屠杀中国人民的血腥罪行。书中特别以整整三章的篇幅，介绍了毛主席亲自发动和领导的湖南农民运动。她热情赞扬湖南农民运动建立的"人民政权"，在反对封建礼教、破除迷信、赈济灾民、兴办教育、改革司法、解放妇女、打击帝国主义侵略势力等方面所取得的重大成就。她列举了大量事实，有力地驳斥了反动派对湖南农民运动诬蔑，满怀激情地预言农民运动是"中国未来的希望"，并指出"正是这些农民和工人将会有勇气把他们的国家从封建时代推进到现代世界中去"[①]。

抗日战争爆发后，斯特朗第三次来到中国，并亲赴山西抗日前线，会见了朱德、刘伯承、贺龙等在前线指挥对日作战的八路军著名将领，访问了山西抗日根据地。她亲眼看到，在不到半年的时间里，根据地的迅速扩大和发展，并深为军民之间的鱼水关系所感动，为此她特地访问了八路军政治部主任任弼时同志和各级政工人员，并在《美亚》杂志上发表了《中国军队的政治工作》一文，专门介绍我军的政治工作情况[②]。后来又出版了《人类的五分之一》一书，全面叙述了抗日民族统一战线建立后，我国各阶级各党派之间的关系，介绍了我国人民坚持抗战的情况，向全世界报道了八路军深入敌后，开辟抗日根据地，一面作战，一面组织民众，一面开展文化教育活动的生动景象。

但是，中国的抗日民族统一战线的发展并不是一帆风顺的。抗日战争进入相持阶段后，蒋介石反动派越来越暴露出消极抗日，积极反共的反动嘴脸，不断挑起内战，蓄意消灭日益壮大的八路军和新四军，破坏抗日战争。正当

---

① 安娜·路易斯·斯特朗. 千千万万中国人[M]. 北京：新世界出版社，1965：181.

② Anna Louise Strong. *Amerasia*, August 1938: 304-308.

此时，斯特朗第四次访问中国。她在重庆与我党代表周恩来同志进行了多次长谈，详细询问了当时国共两党的关系和存在的问题，因而对国民党顽固派大搞民族投降主义，坚持反共反人民的立场，有了清楚的了解。在她回国途中，就发生了震惊中外的皖南事变。为了打破国民党的新闻封锁，驳斥国内外反动派对新四军的造谣和诬蔑，斯特朗满腔义愤地发表了《中国的国共危机》一文，一针见血地指出：皖南事变的发生不是偶然的，它是隐藏在国民党高级官员中的亲日派，为实现中日媾和，把中国拉入三国同盟的阴谋而采取的一个严重步骤，这也是蒋介石长期推行反共独裁政策的必然结果。文章以蒋介石自己的言论"日本侵略是癣疥之疾，共产党是心腹之患"，揭穿了他的假抗日真反共的本来面目。文章还公布了皖南事变后，我党提出的十二点要求，表述了我党同国民党顽固派进行针锋相对斗争的原则立场。最后，斯特朗呼吁反法西斯国家联合起来，"制止中国内战，防止暂时的冲突发展为全国性和国际性的灾难"[①]。

这篇文章在当时皖南事变的真相被严重掩盖和歪曲的情况下，对揭露国民党反动派的反共阴谋，扩大我党抗日民族统一战线的影响，争取国际舆论的支持和同情，动员国内外民主力量，粉碎顽固派的第二次反共高潮，都起了有益的作用。

解放战争时期，她又于 1946 年 6 月第五次来到中国，并越过炮火纷飞的战场，到达中国革命的中心—延安，向世界人民报道了毛主席同她进行的那次关于"一切反动派都是纸老虎"的著名谈话，介绍了中国人民打败蒋介石的信心和决心。她热情称赞毛主席的光辉论断是"现时代的伟大真理"，它"照亮了世界大事的进程"。她怀着崇敬的心情称颂毛主席为中国革命制定了正确的战略，是"现代最先进的思想家"[②]。

总之，在我国民主革命时期，安娜·路易斯·斯特朗，满怀对中国人民和中国革命的友好感情，不远万里，先后五次来到中国。她以自己的亲身经历和活生生的事实，向全世界介绍了中国革命的发展进程，戳穿了反动势力所加给中国革命的种种谣言和诬蔑，唤起了世界人民的同情和支援，为中国革命的胜利作出了有益的贡献。正因为如此，她对于用烈士鲜血和艰苦卓绝的斗争换来的新中国一往情深。1958 年，已是 72 岁高龄的斯特朗再次来到

---

① Anna Louise Strong. *Amerasia*, March 1941: 21-23.

② 安娜·路易斯·斯特朗：《毛泽东》，中译文载《人民日报》1948 年 2 月 19 日，第 2 版。

中国，并决定以中国作为她的第二故乡，定居下来。这样直到 1970 年 3 月 29 日在北京逝世，一直住在中国，和中国人民共享革命胜利的喜悦。

二

美国著名记者和作家埃德加·斯诺（1905—1972），是另一位早在我国新民主主义革命时期就同中国革命力量建立了密切联系的老朋友。他在青年时期，就抱着扩大眼界，了解世界的愿望和决心作环球旅行。1928 年夏天，他经日本来到中国。原计划只在中国停留六周，但由于对中国古老文化的爱慕，和当时中国正在发生的震惊世界的事件吸引，使他放弃了原来的计划在中国一住十三年①，与中国人民和中国革命结下了不解之缘。

刚刚来到中国的斯诺，对于这个古老的国家还是一无所知，由于他在当时上海的一家外国报纸上发表了几篇关于中国铁路沿线城市的报道，而引起了当时国民党政府交通部长的注意。为了招揽国外的投资和游客，这位部长请斯诺沿中国全部铁路线作一次广泛的旅行。在这次为时四个月，足迹遍及东北、华北、西北和华南的旅行中，斯诺亲眼看到军阀混战和国民党反动统治下的整个中国民不聊生的景象。特别是在山西的行程中，由于连年的水旱兵匪之灾，又加上蒋介石与山西军阀阎锡山等争夺地盘，置广大灾民于不顾，因此展现在斯诺面前的是赤地千里，饿殍载道的悲惨情景。目睹这种惨象，他深受触动，决定跃出上海那种荒淫无耻的生活圈子，真实地了解中国。正像他后来在《旅行于方生之地》一书中所写的：尽管当时他还没有认识到"留给国民党人履行诺言的时间，已经不多了"，但这次旅行却使他看到了"这个国家远不是统一的，并且疑心真正的革命才开始"②。从这次旅行中也使他认识到：中国南方几省爆发的苏维埃运动正是民不聊生的产物，是各种社会矛盾尖锐化的必然结果③。

"九一八"事变后，由于蒋介石反动派的不抵抗政策和对中国人民抗日爱国运动的镇压，斯诺已接受了这样的看法，"国民党已经成了一个军事独裁者

---

① Edgar Snow. *Journey to The Beginning*. New York: Random House, 1958: 3, 11-15.

② Edgar Snow. *Journey to The Beginning*. New York: Random House, 1958: 5, 10.

③ 斯诺，《布尔什维克主义的影响》《当代史料》1931 年 1 月号。

的私设刑庭"。他相信中国腐败的社会一定会向美好的未来过渡①，但"必须有一个革命的领导"②，这个革命的领导是谁？在哪里？他一时还没有找出答案。

1933年春天，他从上海迁居北京。这座文化古都，使斯诺增加了对中国的兴趣。他一方面继续从事有关中国的新闻报道，同时又在燕京大学任教，并努力学习中文及其他汉学知识。在这期间，他亲身参加了北平如火如荼的抗日救国斗争，接触了大批的中国进步青年。他们的革命热情和追求真理的精神，给斯诺以很大影响。后来他以赞叹的口气写进："这种经历（指参加一二·九运动——引者）教育了我，使我懂得在革命的所有起因中，知识青年完全丧失了对一个政权的信心，是促成革命的一个要素。"③

1936年，斯诺在中国已经八年，他对中国的现状和中国革命的根源也有了较深的认识，他同情共产主义，"不是由于爱它的朋友，而是由于不喜欢它的敌人"。但是，当时已经完成了举世闻名的二万五千里长征，领导中国革命的中国共产党和中国工农红军，究竟是些什么人，他们的纲领是什么，为什么经过那么多的挫折、艰难和困苦，还能坚持下来，对他来说还是一个"未知的领域"④。当时世界上流传着大量的对中国共产党人和中国革命的各种各样的攻击和诬蔑，而中国革命的真相，在国民党反动派长达十年的包围和封锁下，对全世界来说也还是一个"谜"。对这些攻击和诬蔑抱有极大怀疑的斯诺，决心突破包围和封锁，亲身去探索红色中国的内幕，揭开这个举世之"谜"。在宋庆龄的帮助下，得到我党中央的同意，斯诺于1936年6月从北京启程，经西安，进入我陕甘宁边区，开始了他后来轰动世界的中国红区之行。

斯诺是第一个进入我国红色根据地的外国记者。在为时四个月的时间里，他同根据地居民进行了广泛的接触，并先后访问了毛主席、朱总司令和周恩来以及叶剑英、彭德怀、贺龙、徐海东等我党我军主要领导人，特别是同毛主席多次作彻夜长谈，详细询问了我党进行革命的理论、方针和政策，以及现阶段的和长远的奋斗目标。这四个月的苏区生活，对斯诺产生了深刻的影响。他目睹了根据地人民的政治生活和精神面貌及我党我军同广大人民水乳交融的深厚感情，同他生活了八年的国民党统治区相比，使他大有两个中国

① Snow. *Far Eastern Front*. New York: H. Smith & Haas, 1933: 162, 327.
② Edgar Snow. *Journey to The Beginning*. New York: Random House, 1958: 136.
③ Edgar Snow. *Journey to The Beginning*. New York: Random House, 1958: 146.
④ Edgar Snow. *Journey to The Beginning*. New York: Random House, 1958: 138, 152.

之感。活生生的事实使他深深感到红色根据地虽小，却预示了中国光明的未来。

斯诺的这次苏区之行，引起了国内外广泛注意，他的关于红色根据地情况的生动报道，更在世界上引起了强烈的反响。英、美各大报刊，都抢先刊登他的文章和所拍摄的照片。尤其是 1937 年 10 月，他的全面介绍我根据地历史的《红星照耀中国》（即《西行漫记》）一书出版后，更在世界上引起很大的轰动。因为这本书是一个外国记者，根据亲身经历写成的第一部向全世界揭开中国红色政权之"谜"的真实报道。书中除全面报道根据地的政治、军事、经济、文化等各方面欣欣向荣的景象外，介绍了震惊中外的二万五千里长征、毛主席的革命经历和我党抗日民族统一战线的方针政策。

斯诺的这部书驳斥了中外反动派强加给中国革命的谰言，帮助世界人民了解中国革命的真相，这在动员世界舆论支援中国抗日战争方面，起了巨大的作用。

斯诺直到 1941 年才回国，解放后他又多次来我国访问，与毛主席、周总理、朱德等老一辈无产阶级革命家亲切会见，特别是在晚年，他积极为中美关系正常化而努力，在促成尼克松总统访华的过程中，作出了重要贡献。为了缅怀这位对中国人民的革命卓有贡献的美国友人，1973 年按照他的临终遗嘱，将他的部分骨灰，安放在他曾工作过的北京大学校园。

三

20 世纪 30 年代，白色恐怖笼罩中国时，上海有一位为国民党特务机关蓝衣社屡欲加以迫害的外国记者，这就是为中国革命事业奔走呼号一直战斗到最后一息的美国进步记者和作家艾格纳丝·史沫特莱女士（1892—1950）。

史沫特莱是在我国大革命失败后，作为德国《法兰克福日报》的特派记者从柏林来到上海的。这位出身贫寒、富于反抗精神、接受了社会主义思想影响的新闻战士，早就对亚洲的民族解放运动寄以深切的同情。她一到中国就不顾国民党反动派的法西斯文化统治，毫无畏惧地揭露和报道日本帝国主义在中国的侵略和国民党的恐怖专政，积极投身于我国的进步文化活动，为营救被捕的作家到处奔走，报道中国工农红军艰苦卓绝的斗争。正是这种共同的志趣使她同鲁迅先生建立了深厚的友谊。鲁迅祝贺红军长征胜利的电报就是经史沫特莱之手发出的。通过同许多进步的文化工作者和在上海养伤的红军指挥员的接触，她搜集了不少有关中国共产党人和广大工农群众在大革命失败后继续坚持斗争的史料，在此基础上写成了第一批关于中国革命的作品。《中国人的命运：今日中国速写》以素描、人物特写的形式揭露了旧中国统治阶级的荒淫无耻和劳动人民的悲惨生活，刻画了一些富于反抗精神的工人、农民和共产党员的形象①。《中国红军在前进》（又名《红色的洪水席卷中国》）一书记述了从水口山矿工起义到全国第一次工农代表大会召开这一段时间里中国工农武装成长、壮大的战斗历程，生动地描绘了毛泽东、朱德同志领导下的红军在井冈山根据地打土豪、分田地、建立红色政权的情景，介绍了工农红军粉碎国民党反革命军事围剿的经过。这部"至今依然是生动动人的记录"②立刻招致国民党反动派的嫉恨，史沫特莱被迫于1936年从上海脱出到达西安。

当时西安正是新旧两个中国的交点。中国工农红军经过长征已到达陕北，建立了陕甘宁根据地，发出了停止内战一致抗日的伟大号召。与此同时，蒋介石一方面把祖国大片土地拱手让给日本帝国主义，另一方面顽固地坚持"攘外必先安内"的反动"国策"，全力"剿共"。当时驻守在西安的东北军和西北军广大爱国将士，眼看着国破家亡，激起了对蒋介石不抵抗主义的强烈不满。在中国共产党抗日民族统一战线政策感召下，终于爆发了中国现代史上一个重要转折点的西安事变。

史沫特莱是自始至终经历了这一重大事件的唯一外国记者。她热烈赞扬东北军广大官兵和西安人民的爱国热情，高度评价我党和平解决西安事变的正确方针，欢呼从此中国"要面目一新了"③。她没有因自己是一个外国人而置身于事变之外，而是热情地投入了救护伤员、安置出狱的"政治犯"和对外广播工作。正是在这段时间里她第一次见到我党领导人周恩来、叶剑英等同志。她深为他们以民族利益为重，不念旧恶，放眼未来的宽阔胸怀所感动。"觉得他们不是为复仇，而是为准备创一个团结的新局面而来的"④。

西安事变和平解决之后，史沫特莱来到了她向往已久的红色根据地。她

① Agnes Smedley. *Chinese Destinies: Sketches of Present-day China*. New York: Vanguard Press, 1933.

② 引自里奥·胡柏曼、保罗·史威齐为《伟大的道路》所写的序言。艾格妮丝·史沫特莱，《伟大的道路——朱德的生平和时代》，香港：七十年代杂志社，1977年，第6页。

③ 史沫特莱：《中国之战歌》，立融译，展望出版社，1946年，第13页。

④ 史沫特莱：《中国之战歌》，立融译，展望出版社，1946年，第16页。

除了到处旅行进行采访之外，还亲自参加根据地的各项建设，特别是文化、卫生建设。1937 年 10 月她随我八路军总部转战在山西抗日前线，同部队一同行军，一同吃饭，一同休息，艰苦备尝，欢乐与共，与八路军的广大指战员结下了深厚的战斗友谊。她自己曾说，这是她一生中最幸福的时刻。1938 年 1 月，当她由于健康原因不得不离开解放区，前往武汉时，她怀着极为留恋的心情写道："这好像是在向世界告别。"①

1938 年 10 月武汉失守，史沫特莱经长沙进入我长江下游的新四军根据地，在极端艰苦的环境下，随军转战各地。她到处发表演说，表达世界人民对中国抗日战争的声援；她竭尽全力改善我新四军极其简陋的医疗条件；她出生入死在敌人的炮火和敌机轰炸扫射下抢救伤员。由于生活条件艰苦，她的健康状况恶化，终于被迫再次离开根据地就医。重庆的法西斯气氛使她感到窒息。1941 年 6 月，她告别生活了十三年的中国经香港回国。

史沫特莱回到美国后，认为有一项伟大的任务必须完成，这就是"把中国人民过去和现在进行战斗的真实情况告诉美国"②。1943 年她在美国发表了最负盛名的一部著作《中国的战歌》。这部书是史沫特莱根据她收集的大量事实和材料写成的中国革命的忠实记录，也是她同情、赞助中国革命毕生心血的结晶。全书共分十章，四十余万字，生动地记述了中国革命发生、发展、壮大的悲壮历程，深刻地刻画了中国共产党人高尚的革命情操和爱国主义、国际主义精神。这部书对于帮助美国人民了解中国革命，消除国民党散布的反动影响起了良好的作用。

史沫特莱回国后，时刻都在关心着中国革命的进程。她自己常说："我往往忘了我不是一个中国人，中国的问题，中国的强弱对于我来说似乎就是世界上的全部问题。"她把全部收入寄到中国来救济战时孤儿，自己却过着一贫如洗的生活。她抨击美国政府在日本投降后推行的扶蒋反共政策，要求美国军队退出中国。她在贫病交加，疯狂的政治迫害越来越严重的日子里，仍然坚持《伟大的道路——朱德的生平和时代》一书的写作，把她全部的心血都灌注在这本书里。1949 年中国人民解放战争节节胜利，一个团结进步的新中国已经喷薄欲出，史沫特莱按捺不住内心的喜悦，在 1949 年 3 月举行的纽约世界和平大会上以《中国人民的胜利》为题，发表了热情洋溢的演说，高度

---

① Agnes Smedley. *China Fights Back: An American Woman with the Eighth Route Army*. London: V Gollancz, 1939: 272.

② *Amerasia*, October 1, 1943: 311.

评价中国革命胜利的伟大意义。她认为："亚洲各民族的解放运动的前卫是中国人民，胜利的人民解放军已经成为东方所有被压迫民族的光辉火炬。"①

但是，这位为中美两国人民的友好作出了重要贡献的进步作家，却因一小撮法西斯主义分子的迫害而不得不离开祖国，虽几经努力，想要再次来华，但受到种种阻隔，终未如愿，于 1950 年 5 月 8 日患胃癌病逝于英国牛津。她在垂危之际仍然念念不忘中国，遗嘱要求在她的葬礼中奏中国国歌——《义勇军进行曲》，并说明她的全部遗物送交中国人民解放军总司令朱德处理。根据她的遗愿，骨灰运来中国，安放在北京八宝山革命公墓。

四

中国人民的革命斗争，在美国正直的军人中也激起了强烈反响。在抗日的烽火燃遍大江南北的日子里，来到我敌后根据地访问的第一位美国职业军人是埃文斯·卡尔逊（1896—1947），他的活动和事迹给我们留下了深刻的印象。

卡尔逊是美国海军陆战队军官。他曾于 1927、1933 年两度来华，在中国期间一直认真学习和研究我国语言、历史和文化，注意了解民间的风俗习惯。当他于 1937 年 8 月再次奉命来华任抗日战争的军事观察员时，他以极其浓厚的兴趣读了他的好友埃德加·斯诺刚刚完成的《红星照耀中国》一书的手稿。中国共产党的抗日主张和游击战的战略战术，对他产生了强大的吸引力，从而产生了到抗日根据地调查和了解我军作战方针和方法的决心。经美国海军当局批准和我方的同意，卡尔逊于 1937 年 12 月来到我八路军总部所在地。

到达我抗日根据地后，卡尔逊不辞辛劳，身背干粮袋，与我军一起转战在晋察冀抗日前线，行程千里，历时五十一天，第一次亲身体验了我军的艰苦生活，了解了我军开展敌后游击战的情况。1938 年 5 月，卡尔逊怀着更大的兴趣再次来到我根据地。毛主席两次接见他，向他详细说明了我党在民主革命阶段的纲领和我军建军的原则，特别是向他讲述了抗日游击战的战略战术。为了帮助他更深入地了解我军作战的军事原则和战争实践，毛主席还派

---

① 《史沫特莱在纽约世界和平大会上的讲话　中国人民的胜利》《人民日报》1950 年 5 年 14 日，第 5 版。

刘白羽同志陪同卡尔逊前往抗日前线进行实地考察。他曾三次穿过敌军封锁线，走遍了我晋察冀、晋冀鲁豫、晋绥根据地的主要战区，为时三月，行程五千里。[①]

卡尔逊回到武汉后，怀着十分激动的心情，举行了记者招待会，全面地介绍了他在根据地的所见所闻和他自己的切身感受。他高度评价我军的政治工作制度和作战方法，热情赞扬根据地军民英勇奋战的精神，力主美国积极援助中国共产党坚持敌后抗日游击战。他的两次抗日民主根据地之行博得国际上许多主持正义人士的好评，但由于种种原因，却多次受到有关方面的指责，甚至发出不准他向记者发表谈话的禁令。他表示"希望能根据自己的信念自由的谈话和写作[②]"，于 1938 年底愤然辞去军事观察员职务。

他回到美国后，积极支持中国抗日战争，到各地演说，发表文章，要求美国对日本实行禁运，改变对日本的姑息政策。他在《中国的陆军》《中国的双星》《非正统的战争在继续》等著作和文章中，介绍了我国军队的组织、编制、给养、医药卫生和对日作战情况，着重论述了八路军、新四军的政治思想工作和军民一致、官兵一致的原则以及以游击战为主的作战方针。并指出"中国的力量在于人民"[③]，中国共产党是中国工农劳苦大众的代表，由于有了八路军这样一支把人民充分发动起来的抗日武装力量，"继续认为中国是一个大而弱的国家是一种时代的错误"。他还特别推崇我党倡导的全面抗战的方针，认为这是在当时的条件下中国战胜日本侵略者的最有效的办法。

1941 年 5 月，卡尔逊重返海军陆战队。在太平洋战争中，他指挥了一支一千人的海上游击队，屡建奇功。1946 年因病以陆军准将衔退役。

第二次世界大战后，卡尔逊反对美国干涉我国内政，主张美军撤出中国。当国民党统治区爆发了强大的反饥饿反内战的民主运动时，他坚决支持，指出"这是中国人民巨大力量的表现"[④]。1946 年，虽然他的健康状况继续恶化，但他仍然为召开中国与远东大会，发起美军撤出中国而多方奔走。卡尔逊由于病重未能出席，但发表了书面讲话，力主不同社会制度的国家和平共处，反对干涉中国。对于这次大会，我党表示热烈欢迎，大会召开之日，周

---

① Evans F Carlson. *Twin Stars of China*. New York: Dodd, Mead, 1940: 226.

② Carlson's diary, September 19, 1938. Kenneth E Shewmaker. *Americans and Chinese Communists, 1927-1945: A Persuading Encounter*. Ithaca: Cornell University Press, 1971: 105.

③ Evans F Carlson. "The Unorthodox War Continues." *Amerasia*, March 1939.

④ 《新华日报》1945 年 12 月 14 日，第 2 版。

恩来同志曾致电表示支持①。

　　1947 年 5 月 27 日，这位中国人民的忠实朋友病逝于俄勒冈州波特兰市。由于战争的阻隔，数月后我党才得知这一消息，朱德总司令、周恩来立即向其家属发去唁电，表示深切的哀悼，电报说："卡尔逊将军对战胜日本帝国主义、增进中美人民的友谊与争取美国实行进步外交政策的贡献，将永为中国人民所纪念。"②

　　三十年过去，弹指一挥间。在中美两国政府、两国领导人和人民的共同努力下，两国关系中的不正常状态正式宣告结束了。坚冰已经融化，航道终于开通。为中美两国人民友谊和中国革命事业作过贡献的已故的美国友人，泉下有知，该是何等高兴啊!我们怀念过去，更珍视现在和将来，在新的历史条件下，中美两国人民的传统友谊一定会得到长足的发展。

（合作者：李元良）

---

① 《新华日报》1946 年 10 月 21 日，第 2 版。

② 《美卡尔逊氏不幸逝世　朱周两将军唁其家属》《人民日报》1947 年 8 月 15 日，第 1 版。

卡尔逊与八路军的敌后游击战[1]

中国共产党领导的抗日游击战是打败日本侵略者的决定性因素，是世界反法西斯战争的重要组成部分。指导抗日游击战的人民战争思想不仅在中国战场上发挥了它的威力，而且一开始就引起了国际舆论的注意，并对毗邻战场发生过直接、有益的影响[2]。美国海军陆战队的杰出指挥官卡尔逊将军在抗日战争初期不畏艰险，深入敌后，跋涉千里，考察八路军作战实况，著书立说予以介绍，并运用其作战经验，在太平洋战场上取得了辉煌战果。卡尔逊以他的著述和实践证实了抗日游击战对反法西斯战争所做的贡献。

一

埃文斯·福代斯·卡尔逊（1896—1947）是作为美国政府代表来到抗日根据地进行访问的第一个职业军人，也是目睹中国人民坚持敌后抗日游击战争的第一位外国军事观察家。这位身材细高、说话慢条斯理的"大老美"，早年辍学，出身行伍。1937年7月作为美国海军情报官员第三次来到中国时，他在军队中已经服役二十五年。除了热心于毕生所从事的军事工作外，卡尔逊还对中国悠久的历史和古老的文化产生了浓厚的兴趣，并且有机会在乔

---

① 原文载《近代史研究》，1986年第1期，第168-187页。

② 遗憾的是在西方一些第二次世界大战史学家笔下，这一瑰丽多彩、可歌可泣的历史不见了。英国军事理论家享利·利德尔·哈特历时二十年才完成的《第二次世界大战史》对我八路军、新四军抗击日本帝国主义的伟大斗争只字未提。有的著作则因袭了国民党政府的观点歪曲事实，诬蔑我八路军游而不击，扩充实力。Marcel Baudot, eds. *The Historical Encyclopedia of World War II*. New York: Facts on File, 1980: 89-90.

治·华盛顿大学选修国际法方面的课程①。卡尔逊1937年的中国之行不仅负有了解中日军事冲突发展情况的一般使命，还承担了定期直接给罗斯福总统的秘书莉·汉德小姐写信秘密报告中国情况的任务②。这就难怪美国进步作家艾格妮丝·史沫特莱第一次同他见面时就把他看作是"美国大使馆和海军陆战队派来的军事间谍"③，对他存有戒心了。可是，这位怀着自由派梦想的笃诚的基督徒自始就对中国抗日事业寄予深切的同情。在淞沪战争中卡尔逊目睹日本的优势兵力击败国民党军队的实况。有一次卡尔逊在六十码范围内眼看着中国军队在日军炮火和坦克的袭击下伤亡惨重，他真想拿起枪来向日本人开火。他敏锐地觉察到蕴藏在中国普通老百姓之中的巨大的精神力量。他在日记中写道："中国人民坚忍不拔的精神是很了不起的，他们拥有巨大的精神力量的源泉……受伤的人不喊叫……一个不在乎痛苦和死亡的民族是不可战胜的。"④

面对国民党正面战场的溃败，工业基地的丧失，卡尔逊感到中国"要同日本的那种现代化军队作战是不可能的"。⑤同时他对共产党领导的游击队何以能在敌后抗击日军感到费解，"急于想弄清楚，既然共产党掌握的物资甚至比国民党少得多，他们怎么能够在华北支撑一条虽然界线不明确但相当辽阔的战线"。⑥在他看来在中国这样一个幅员辽阔的国土上打游击不是不可能的，但关键要有正确的领导和高昂的士气。他对斯诺《西行漫记》手稿中所描写的情况将信将疑，他对斯诺说："如果他们真正是士气高昂和纪律严明，如果他们的领导人像你所说的那样足智多谋……，那我就会相信未来可能是

---

① 卡尔逊的传记材料本文主要根据 Michael Blankfort. *The Big Yankee, The Life of Carlson of the Raiders*. Boston: Little, Brown and Co.,1947; Kenneth E Shewmaker. *Americans and Chinese Communists, 1927-1945: A Persuading Encounter*. Ithaca: Cornell University Press, 1971; Kenneth E Shewmaker. "The American Liberal Dream, Evans F Carlson and Chinese Communists, 1937-1947." *Pacific Historical Review*. 1969, 38(02): 207-216; *Dictionary of American Biography*.

② 卡尔逊1937年8月14日致莉·汉德小姐的信，Kenneth E Shewmaker. *Americans and Chinese Communists, 1927-1945: A Persuading Encounter*. Ithaca: Cornell University Press, 1971: 102.

③ 史沫特莱致布兰克福特信，Michael Blankfort. *The Big Yankee, The Life of Carlson of the Raiders*. Boston: Little, Brown and Co., 1947: 205.

④ Michael Blankfort. *The Big Yankee, The Life of Carlson of the Raiders*. Boston: Little, Brown and Co., 1947: 184-185.

⑤ 埃德加·斯诺. 复始之旅. 斯诺文集：第一卷（中译本）[M]. 北京：新华出版社，1984：286.

⑥ 迈克尔·沙勒. 美国十字军在中国，1938—1945（中译本）[M]. 北京：商务印书馆，1972：24.

属于他们的。"①因此他想亲自去看个究竟。得到他的上司哈利·E·亚内尔海军中将的批准,经过端纳和斯诺的联系,取得国共双方的同意后,卡尔逊开始了他的华北敌后之行。②

取道武汉、西安、淹关、临汾,卡尔逊于 1937 年 12 月中旬到达山西南部洪洞县境高公村八路军总部。在这里他会见了朱德总司令和八路军的其他将领。卡尔逊问朱德:"你们抵抗日本侵略的作战计划根据是什么?"朱德告诉他:"我们相信,中国能够抵消敌人的现代军事装备和组织优势的,是发展一种包括全民在内的抗战"。"我们优于敌人的是情报、运动、必胜决心,这是我们克敌制胜的法宝。"朱德还告诉卡尔逊,"现在我们希望建立真正的民主制,一种有共产党人参加的与国民党有平等地位的民主政权;以团结全国人民打败日本侵略者"。③为了帮助卡尔逊了解我军的战略战术原则,朱德专门为他召集了连续几天的干部会议。④卡尔逊还同八路军总政治部主任任弼时、副参谋长左权、女作家丁玲等做了个别交谈。任弼时向卡尔逊系统全面地介绍了八路军的政治工作,向他讲述我军官兵一致、军民一致、瓦解敌军和宽待俘虏等基本工作原则。⑤

卡尔逊在八路军总部盘桓了十余天,在此与史沫特莱相遇,结下了深厚的友谊。他还向洪洞县的英国传教士初丁格尔夫妇询问了他们对八路军的看法。圣诞节过后,在卡尔逊的一再要求下,由一支小部队护送他向晋察冀抗日根据地进发,从而开始了他第一次长达 51 天的华北敌后千里之行。⑥

前进途中,卡尔逊巧遇前往总司令部参加会议的刘伯承师长,行至辽县,在 129 师师部又会见了徐向前、张浩、陈赓等 129 师将领。之后由陈锡联团长率领一支小部队继续护送他穿过正太路。⑦这是一次艰苦的行军,不断地翻山越岭之外,还要穿过日军封锁线,一路上敌情十分严重,小部队不时与日军遭遇。为了完成护送任务,他们尽量避开敌人,艰难地在山区行进。卡尔

---

① 埃德加·斯诺. 复始之旅. 斯诺文集:第一卷（中译本）[M]. 北京:新华出版社,1984:286.

② 埃德加·斯诺. 复始之旅. 斯诺文集:第一卷（中译本）[M]. 北京:新华出版社,1984:237;
Michael Blankfort. *The Big Yankee, The Life of Carlson of the Raiders*. Boston: Little, Brown and Co.,1947: 189-194.

③ Evans F Carlson. *Twin Stars of China*. New York: Dodd, Mead, 1940: 75-76,79,82.

④ 史沫特莱:《中国之战歌》,立融译,展望出版社,1946 年。

⑤ Evans F Carlson. *Twin Stars of China*, pp.75-76,79,82.

⑥ Evans F Carlson. *Twin Stars of China*, pp. 65-85, 100-106.

⑦ Evans F Carlson. *Twin Stars of China*, pp. 65-85, 100-106.

逊目睹了日本侵略军烧杀抢掠的暴行。他在 1938 年 1 月 21 日日记中写道：
"路经铜崖陀（译音），日军占领过该地后又离去，留下了被占领过的充分证
据。这个镇已成为一片废墟。所有能拆下来的木头都烧光了，只剩下土墙。
几位老人在埋葬被侵略者枪杀的三个人的尸体。一个人因没有听懂命令，一
个人因拒绝向日本军官磕头，第三个人则是毫无理由地被枪杀。离开铜崖陀
我们进入山区的心脏，今天爬了三座山，人们说明天要爬四座。气温白天是
华氏 35 度夜里 25 度。我们身着蓝色服装，长长的队伍在山区小路盘桓上下，
很中看。今天因为人们虐待驮骡使我很不痛快。谁也没有办法赶它们快走，
它们一直处于困难状态"。①

　　经过一个月的行军，卡尔逊于 1938 年 1 月 29 日到达晋察冀边区政府所
在地阜平，受到聂荣臻和边区政府的热烈欢迎。在晋察冀参观访问之后，卡
尔逊又越过同蒲路到晋西北访问了贺龙的司令部。几天后他在洪洞县的马牧
村再次见到朱德，并于次日送别了迁往太行前线的八路军总部。2 月 28 日，
卡尔逊"怀着奥林匹克运动员的感情"回到国民党政府所在地汉口。②

　　1938 年 5 月 5 日至 8 月 7 日，卡尔逊再次访问我敌后根据地。此行目的
是考察抗日群众运动和国共两党合作情况。他从西安出发，搭乘一辆运送药
品的卡车直奔陕北。卡尔逊在延安停留十天，会见了毛泽东、张闻天，同这
两位中央领导人作了内容广泛的交谈。毛泽东除重申全面抗战的方针外，着
重向卡尔逊介绍了中日战争犬牙交错的形势，阐明包围和反包围、内线和外
线作战的理论以及中国共产党关于抗战胜利后建国的主张。③毛泽东还把刘
白羽等五位青年文艺工作者介绍给卡尔逊，④让他们陪卡尔逊一起踏上第二
次敌后千里之行的征途。在蒙绥地区，卡尔逊先后会晤了邓宝珊、马占山等
爱国将领。卡尔逊赞赏他们的抗日热忱，但也清醒地意识到这些部队属于旧
式军队，沿袭"家长式"的带兵方法，各行其是，缺乏统一指挥。卡尔逊一
行沿黄河河套而下进入晋西北后，立即感到"气氛迥然不同"，续范亭将军与
共产党密切合作，使奇岚地区"生机勃勃，充满了乐观主义欢乐和美好的希

---

① Michael Blankfort. *The Big Yankee, The Life of Carlson of the Raiders*. Boston: Little, Brown and Co.,1947: 217.

② 《抗敌报》1938 年 6 月 27 日，第 6、第 7 版，2 月 10 日，第 3 版；Evans F Carlson. *Twin Stars of China*. New York: Dodd, Mead, 1940: 114-121.

③ Evans F Carlson. *Twin Stars of China*, pp.169-170.

④ 刘白羽. 红太阳颂[N]. 人民日报，1976-12-25（003）.

望"。①在岚县，卡尔逊又一次成为贺龙将军的座上客，并由他派出小分队护送，穿过日军严密设防的同蒲路重登五台山。卡尔逊注意到七个月来发生的变化是巨大的，晋察冀根据地不仅在军事上经受住日军"围剿"的考验，而且在政治上和经济上更加巩固了。卡尔逊高兴地得知边区政府不仅有了自己的银行，还发行"救国公债"，他用美国银行的旅行支票购买了一些债券，以表示对根据地的支持。抗战一周年前夕，卡尔逊一行在定县附近越过平汉线，目睹了广大群众和民兵开展铁道破击战的景象。他们在冀中军区所在地——任丘，从吕正操司令员那里了解到在平原地区开展游击战的方法。得悉徐向前已率所部挺进冀南，卡尔逊赶到南宫与之会晤，恰巧遇到了正在该地检查工作的邓小平。应卡尔逊之请，邓小平讲解了抗日救国十大纲领的主要内容。邓还同卡尔逊畅谈国际形势。正是从邓的谈话中卡尔逊获悉中日战争第一年日本从国外进口的军事物资一半来自美国。这个消息既使他震惊，也使他沮丧。他简直不能相信美国人民竟会对屠杀中国人民的日本侵略者慷慨解囊②。孔夫子的故乡之行使卡尔逊进一步认识到国共两党的根本分歧在于要不要动员人民群众参加抗日斗争。8月初，卡尔逊不得不在郑州车站向同他一起跋涉了五千里路的青年伙伴握手言别。他体会到这次长途行军中建立的亲密友谊是以"人类正义感为基础"的，使"国籍和种族失去了意义"。③

卡尔逊怀着丰富的见闻和十分激动的心情回到汉口。九个月前使他感到困惑的问题解决了。他按捺不住兴奋的心情，逢人便告。正如爱泼斯坦所形容的那样，他没法"把他看到的一切藏在心头"。④"卡尔逊确信他在游击区体验到的才是唯一的真正的'善'。他毫不怀疑地相信，依靠中国共产党人的力量，新的更加美好的世界可以建设成功"。⑤"他已经到过沃丁的殿堂，他要把这一点告诉全世界"。他什么都顾不得了，对于当时云集在汉口的欧美记者的采访，来者不拒。使记者们感到惊讶的是，在记者招待会上他回答一切问题并允许披露他的名字。他对于中国共产党领导下的抗日根据地的军事、

① Evans F Carlson. *Twin Stars of China*, p. 209.

② Evans F Carlson. *Twin Stars of China*, p. 252.

③ Evans F Carlson. *Twin Stars of China*, pp. 267.

④ Israel Epstein. *The People's War*. London: Victor Gollancz, 1939: 200.

⑤ 王安娜. 中国——我的第二故乡 [M]. 李良健, 李布贤, 校译. 北京: 生活·读书·新知三联书店, 1980: 219.

政治制度赞不绝口。显然，他的言谈超出了作为外交官所能够许可的限度。①

　　熟悉中国社会政治情况的卡尔逊并非对中国的一切都抱乐观态度，在他第一次离开山西之前他曾经发出过这样的疑问："当我面向汉口，我想到蒋介石是否愿意向他的下属八路军领导人所倡导的实际的自我牺牲教育？他是否愿意动员人民进行抵抗并向他们提供公民权利和社会平等？只有这样才能使他们具有无条件的献身精神"。②卡尔逊的担心很快就变成为现实。他一回到汉口，便立即渡江到武昌去见蒋介石和宋美龄，希望他们能够在政治上实行民主，向八路军提供物资援助。但是他在武昌受到了冷遇。一位当时在汉口的波兰籍的红十字会会员回忆当时的情景说：卡尔逊把"他的大手放在我的肩上，对我说：让我们到餐厅去喝一杯吧！我冷到了骨髓。他（指蒋介石）和夫人以莫测的、冷冰冰的态度听我讲话。他们不愿意为五台山做任何事情。"③卡尔逊并没有因此而气馁，他继续同人们谈论援助我晋察冀根据地的问题。

　　美国海军部中的保守分子和国民党右派对于卡尔逊的言谈极为不满，9月17日他接到不得在公开场合发表谈话的命令，并要求他立即返国。④卡尔逊并没有对此感到不安和沮丧，相反，他立即向海军部提出辞呈。他说："没有理由不让我发言。我说的句句都是真话，我还要继续说，这是我的义务！"他拒绝了不要轻率辞职的劝告。⑤他说："我希望根据自己的信念自由地讲话和写作"。⑥当年12月底卡尔逊回到美国，"像一个着了魔的人"⑦，继续为援

　　① Kenneth E Shewmaker. *Americans and Chinese Communists, 1927-1945: A Persuading Encounter*. Ithaca: Cornell University Press, 1971: 104-105；王安娜. 中国——我的第二故乡[M]. 李良健，李布贤，校译. 北京：生活·读书·新知三联书店，1980：219.

　　② Michael Blankfort. *The Big Yankee, The Life of Carlson of the Raiders*. Boston: Little, Brown and Co.,1947: 223.

　　③ Ilona Ralf Sues. *Shark's Fins and Millet*. New York: Garden City Publishing Company, 1945: 300.

　　④ Kenneth E Shewmaker. *Americans and Chinese Communists, 1927-1945: A Persuading Encounter*. Ithaca: Cornell University Press, 1971: 105；王安娜. 中国——我的第二故乡[M]. 李良健，李布贤，校译. 北京：生活·读书·新知三联书店，1980：219；迈克尔·沙勒. 美国十字军在中国，1938—1945（中译本）[M]. 北京：商务印书馆，1972：21.

　　⑤ 王安娜. 中国——我的第二故乡[M]. 李良健，李布贤，校译. 北京：生活·读书·新知三联书店，1980：220.

　　⑥ Michael Blankfort. *The Big Yankee, The Life of Carlson of the Raiders*. Boston: Little, Brown and Co.,1947: 225.

　　⑦ Michael Blankfort. *The Big Yankee, The Life of Carlson of the Raiders*. Boston: Little, Brown and Co.,1947: 269.

助中国人民的抗日事业而奔走、游说、写作。

二

　　卡尔逊有关人民战争思想和八路军敌后游击战的论著发表于 1937 至 1941 年间。在此期间，他除了于 1940 年底 1941 年初再次访华，考察中国的工业合作运动外，主要精力用在写作上。1940 年出版的《中国的军队》《中国的双星》两书以及在《美亚》杂志上发表的《非正统的战争在继续》《中国的经济民主》等文章集中地阐明了卡尔逊对中国共产党领导下的敌后人民游击战争的认识。

　　这位圣经不离手，熟读超验主义作家爱默生著作的职业军人并不是一位深思熟虑的理论家。他和许多普通的美国人一样没有从抽象的原则出发考虑问题的习惯，而是凭借自己的直接感受作出判断。当然，这些感受和判断也要受他固有的价值观念——杰弗逊式民主的支配。

　　卡尔逊惯于从日常生活作风，生活细节观察认识问题。共产党、八路军的作风使卡尔逊感到十分亲切。他写道："'不用客气'一语看来是这支军队的格言。它含有说话做事直截了当的意思，避开从孔夫子以来已成为中国官场生活一部分的表面客套。没有一个正统的中国官员会以朱德那种朴素方式出来迎接我。与此相反，我会被那些过分讲究礼节的秘书接待，引我去见某个大人物。然后品茶 20 分钟，直挺挺地坐在椅子上，说些毫无意义的话。但是在这里一切都很随便，毫无保留，彼此都极其坦率"。[1]他同孙夫人宋庆龄相处融洽，是因为孙夫人与中国共产党人一样不注重繁文缛节。[2]他说："八路军在空前程度上破坏了中国的传统。他们提倡实事求是和效率高于一切（高于个人骄傲、面子、声望）。懒散拖延被视为犯罪。"[3]在八路军里从上到下都使他感到了"友好、自信和民主"。他同共产党人在一起比同国民党官员在一起感到熟悉得多，亲切得多。同共产党人说话就像他和美国人一样可以直截

---

① Evans F Carlson. *Twin Stars of China*, p.68.

② Evans F Carlson. *Twin Stars of China*, p.316.

③ Evans F Carlson. *The Chinese Army: Its Organization and Military Efficency*. New York: International Secretariat, Institute of Pacific Relations, 1940.

了当真诚相待，他认为中国共产党人比中国的任何集团都更像美国人。①

卡尔逊对中国共产党八路军的观察并没有停留在待人接物和日常生活作风上。卡尔逊认为中国共产党是最生气蓬勃最进步的政治组织。②他尖锐地指出：中国国家"力量的源泉首先在于中国共产党。"③他们从根本上代表着中国的农民和工人。中国共产党是为深受压迫的农民和工人而斗争的。④他们考虑是否采用某项政策的前提是一看它是否正确、是否有用、是否有利于大多数人。"他们没有外援，但他们已经组织了一支以广大农民的支持为基础的游击队。"⑤这支中国共产党的军事工具现在称为八路军。"高昂的士气和相当好的身体状况，使这支军队在东亚的军事组织中显得别具一格。"⑥

卡尔逊从开始就注意到这支"军队力量的源泉"在于"道德灌输"。⑦道德灌输是卡尔逊用来概括我军政治工作的专门术语，当他在八路军总部与朱德、任弼时谈论我军的政治工作时，他不完全同意"政治教育"或"灌输"的提法。他也不完全赞同周立波建议使用的"军事——政治教育"一词。他认为我军的工作不止于此，"在政治、军事策略、群众精神、自我牺牲之外"还有更多的内容。他认为这就是"伦理道德观念"即"促使人们为社会整体利益而奋斗的意识"。⑧他认为其中最重要的内容是教育军队和人民了解他们在为什么而战，这是保持高昂士气的关键，是中国游击队的秘密武器。⑨在谈到游击队的机动性时，他说"在世界上也许没有任何一个军队组织能够完成这样长途的行军，这种行军简直成了士兵的日常生活，其原因就在于每一个

---

① 卡尔逊 1937 年 12 月 24 日致莉·汉德小姐的信，Kenneth E Shewmaker. *Americans and Chinese Communists, 1927-1945: A Persuading Encounter*. Ithaca: Cornell University Press, 1971: 303-304; Evans F Carlson. *Twin Stars of China*. New York: Dodd, Mead, 1940: 164.

② 迈克尔·沙勒. 美国十字军在中国，1938—1945（中译本）[M]. 北京：商务印书馆，1972：24.

③ Evans F Carlson. "The Unorthodox War Continues." *Amerasia*, March 1939.

④ Evans F Carlson. "The Unorthodox War Continues." *Amerasia*, March 1939.

⑤ 迈克尔·沙勒. 美国十字军在中国，1938—1945（中译本）[M]. 北京：商务印书馆，1972：24.

⑥ Evans F Carlson. *The Chinese Army: Its Organization and Military Efficency*. New York: International Secretariat, Institute of Pacific Relations, 1940: 24, 37.

⑦ Kenneth E Shewmaker. *Americans and Chinese Communists, 1927-1945: A Persuading Encounter*. Ithaca: Cornell University Press, 1971: 194.

⑧ Michael Blankfort. *The Big Yankee, The Life of Carlson of the Raiders*. Boston: Little, Brown and Co.,1947: 202.

⑨ Evans F Carlson. *The Chinese Army: Its Organization and Military Efficency*. New York: International Secretariat, Institute of Pacific Relations, 1940: 75-76, 79, 82.

人都有履行他的职责的愿望"。①另一项重要内容是要求军队了解"人民是他们的同盟者，不要错待他们"②，并且规定了三大纪律八项注意来约束部队的行动，决不允许像旧军阀军队那样践踏人民的权利。再有，就是灌输为社会整体利益而奋斗的意识。他说这种道德观念、这种责任感贯穿于八路军日常生活、战斗和政治之中。由于中国共产党人反复地向军队和人民灌输"乐于服务的精神"，"诚实、人道、无私、如实反映情况的品质"，使每个人都有一种"正直行事"的愿望，懂得"自我牺牲是社会进步所要付出的代价"，因而使人人都能克服困难，"着了迷似的去完成自己的职责"。③

卡尔逊认为，这种道德教育之所以能够奏效是因为干部以身作则，与士兵同甘共苦，实行官兵一致的原则。干部并不高人一等。他们之所以能够有威信，完全是"以道德上的优秀品质为基础的"。在物质生活上"指挥员同士兵是一样的，衣食住都没有多少区别"。指挥员同士兵在社会地位上也是平等的。非值勤期间"士兵能够和指挥官坐在一起聊天"。④道德教育能够实行，还因为共产党的干部信任战士，实行军事民主，让士兵自由地讨论作战方案。在领导者和被领导者之间建立起一种强有力的信赖关系。这种自愿的动因和相互了解结合在一起，加上集体和个人之间的对话，产生了卡尔逊所说的具有高尚精神的优良的作战机体。⑤卡尔逊认为这也是共产党军队与国民党军队最根本的不同之处。国民党军队的"士兵缺乏政治训练"⑥，"他们不知道为何而战，只是消极地执行命令，军官们骑在马上来往驰骋督促行军，缺乏鼓舞着八路军的那种团结一致的精神"。⑦

卡尔逊注意到由于中日两国各自的特点决定这场战争是一场战争史上非常独特的战争，"在任何意义上都不是一场常规的战争"。中国在物质装备上

① Evans F Carlson. *The Chinese Army: Its Organization and Efficency*. New York, 1940: 24,37.

② Evans F Carlson. "The Unorthodox War Continues." *Amerasia*, March 1939.

③ 卡尔逊 1937 年 12 月 24 日致莉·汉德小姐的信，转引自 Kenneth E Shewmaker. *Americans and Chinese Communists, 1927-1945: A Persuading Encounter*. Ithaca: Cornell University Press, 1971: 195; Kenneth E Shewmaker. *Americans and Chinese Communists, 1927-1945: A Persuading Encounter*. Ithaca: Cornell University Press, 1971: 35-37.

④ Kenneth E Shewmaker. *Americans and Chinese Communists, 1927-1945: A Persuading Encounter*. Ithaca: Cornell University Press, 1971: 35.

⑤ 卡尔逊 1937 年 12 月 24 日致莉·汉德小姐的信，转引自 Kenneth E Shewmaker. *Americans and Chinese Communists, 1927-1945: A Persuading Encounter*. Ithaca: Cornell University Press, 1971: 195.

⑥ Evans F Carlson. "European Pacts and Chinese Prospects." *Amerasia*. October 1939: 345-349.

⑦ Evans F Carlson. *Twin Stars of China*, p.120.

处于劣势，就社会发展程度而言是后进的。但是中国人民是为保卫家园和领土完整而战，并且在人口数量和地域广阔上占据优势，这是必须加以考虑的永久性的因素。日本拥有现代化装备的陆海军，然而是为征服而战。卡尔逊认为，中国用来抵消日本现代化军事装备优势的最好办法就是中国共产党倡导的"全面抗战"。①他认为八路军的抵抗是以对军队和人民进行政治训练和军民团结为基础的②，是由正规军、游击队和人民群众（以县为单位）组成相互配合的抗日力量。八路军游击队这种非正规的武装力量给他留下了深刻的印象。他认为，这是对"日本的现代化军事机器挑战的回答"。③卡尔逊十分看重中国人民的作用。他指出："中国人民有多少个世纪以来形成的对家园的热爱和民族自豪感。他们足智多谋、勇敢、热爱和平。""外国的侵略更激起了中国人民的民族主义的感情。因此，今日中国的力量在于人民。这种力量是由对民族的献身精神和对国家的忠诚所凝成的"。人民以县为单位组织起来，有商会、工会、农会、妇女会、儿童团等。"通过这些组织人民受到文化和政治教育。他们被教以为什么而战，如何自治和怎样对抗日斗争做出贡献。县被划分为区，区由地方政府管理"。④　"在全部抵抗运动计划当中很重要的因素是村自卫队，这是由各村的老年人组成的。它的主要作用是搜集敌人情报和采取措施对敌人封锁消息，运送伤员"。⑤　"全体人民的努力就这样明智地同军事方面的努力协调起来"。⑥

　　卡尔逊认为，八路军的游击战是使日军的装备优势得不到发挥的最有效的作战方式。这种作战方式的成功，在很大程度上是由于准确地掌握了敌军兵力和运动的情况，避免同强大的敌人进行阵地战，飞向敌后挺进，击敌侧翼和后方，切断其交通线，夜间骚扰敌军营地，从而削弱敌军的力量和效能，大大增强了自己的实力。⑦卡尔逊在听到陈锡联讲述夜袭阳明堡的经过后，在

---

① Evans F Carlson. "The Unorthodox War Continues." *Amerasia*. March 1939.

② Evans F Carlson. "European Pacts and Chinese Prospects." *Amerasia*. October 1939: 345-349.

③ Kenneth E Shewmaker. *Americans and Chinese Communists, 1927-1945: A Persuading Encounter*. Ithaca: Cornell University Press, 1971: 194

④ Evans F Carlson. "The Unorthodox War Continues." *Amerasia*. March 1939.

⑤ Kenneth E Shewmaker. *Americans and Chinese Communists, 1927-1945: A Persuading Encounter*. Ithaca: Cornell University Press, 1971: 38.

⑥ Evans F Carlson. "The Unorthodox War Continues." *Amerasia*. March 1939.

⑦ Kenneth E Shewmaker. *Americans and Chinese Communists, 1927-1945: A Persuading Encounter*. Ithaca: Cornell University Press, 1971: 40.

他的心目中出现了一幅图画，"侵略军像一只大象正在嘎吱嘎吱地向前走，但是这只大象总是受到成群的大黄蜂的折磨，昼夜不停地被刺伤，它的给养有时被大黄蜂切断。在这种情况下，这只大象还能生存多久呢？"①因此卡尔逊说："八路军深入敌人的后方发挥游击战争，到处予敌人以重大威胁，这是争取胜利的最大条件。"②

卡尔逊同意我党关于抗日战争是持久战的观点。他说："只要人民继续保持团结，没有任何举足轻重的集团对日妥协，这种非正规的抵抗就会使日本在东亚大陆上的冒险归于失败。因为第一，中国的人力储备和自然资源远远超过了日本，第二，日本没有足够的兵力占领全中国；第三，日本在中国大陆维持驻军的开支大大超过了对华战争的开支"。在持久战的第二阶段里，中国的作战目标是：使日本不可能以政治手段控制中国，不可能开发中国的自然资源，不可能沿交通线运送给养，迫使日军撤往沿海地区。到了这时中国的反攻阶段就开始了。③

在敌后旅行当中，卡尔逊访问了八路军建立的所有抗日根据地，对于抗日根据地的政治、经济制度产生了浓厚的兴趣。卡尔逊认为，共产党八路军独特的行政管理原则"在政治上可以称之为代议制政府，经济上是一种完善化了的合作社会，在社会方面则是公社式的"。他说：各区人民经过一段时间的代议制政府的基本训练后，选举村、县政权以及边区议会的代表。"在该地区之内有绝对的出版和言论自由，参军是以自愿为基础的"。④在卡尔逊看来，"延安是自由主义精神的化身"，"五台山是新中国的试管"，"而代议制的政府是晋察冀边区的脊梁骨"。⑤"地方经济制度是以合作思想为依据，工农业生产合作社成员在其中取得的利润多少视每人在生产过程中的技术水平和占有的股份而定。每个社员至少三股，可以靠信贷取得，最多不得超过二十股。产品的分配在很大程度上由边区政府控制，以便满足每个成员的急需"。"事实上由十个或十二个县组成的一个区经济自给。困难和粮秣军民分担分享。领导人不得以权谋私。良好的关系增强了抵抗的效率"；"所有的个人在社会上都是平等的，军政官员根据不同的级别受到尊重，但在选拔时是根据任人

① Evans F Carlson. *Twin Stars of China*, p.101, 102.

② 卡尔逊在耿镇军区后方医院参观慰问时的讲话，《抗敌报》1938 年 2 月 10 日，第 3 版。

③ Evans F Carlson. "The Unorthodox War Continues." *Amerasia*. March 1939.

④ Evans F Carlson. "America Faces Crisis in the Orient." *Amerasia*. February 1940.

⑤ Evans F Carlson. *Twin Stars of China*. p.176, 216-217.

唯贤的原则"。在军队中士兵与军官"在平时，他们的交往没有任何社会障碍"。①卡尔逊指出："这场中日冲突迫使中国正卓有成效地进行一场在正常情况下，到下一个世纪也难以奏效的社会革命"。②他断言中国共产党"在教育政府和经济组织方面的实验在当前的冲突结束之后是注定要影响到整个中国的"。③ "巨人在行动，中国有了成为世界伟大强国的前景。"④

卡尔逊非常注意观察八路军领导干部的特点。经过九个月的了解，他的结论是："八路军的高级领导人以他们的诚实、坦白、人道和智慧著称。他们是一批抛弃了舒适生活和物质享受的人。因为他们立志要为受苦的无权的大众去争取一个较好的社会经济制度"。⑤他们"非常正直，具有高度的爱国主义和彻底的忘我精神"。⑥在军事上经过长期的国内战争，他们已经总结了一套如何依靠人民群众集体的力量，采取游击战的方法"去战胜物质上优越但机动性很差的敌军"。⑦在八路军高级指挥员中，他最推崇朱德。他第一次见到朱德后在日记中写道："我立即直觉地感到我找到了一位热情豁达的朋友，一位人民的真正领袖。"⑧他说，朱德是一位杰出的组织家和战术家。他对朱德身上所体现出来的道德力量十分钦佩。他曾对史沫特莱说："以前我只见过一位身体力行的基督徒，就是我父亲，他是公理会牧师。朱德应当算第二个"。史沫特莱抗议："朱德不是基督徒。"卡尔逊回答说："我指的不是那些只会唱赞美歌谢主恩的基督徒！""我指的是那些献身于解放以及保护穷人和被压迫者的人——他并不自私自利，也不抓钱抓权。他力行的是兄弟之爱。"⑨卡尔逊在总结他对八路军和朱德的观察结果时说："我得出结论，他具有三种杰出的品格。把它翻译成美国的个性我觉得他有罗伯特•李的仁慈，亚伯拉罕•林

① Evans F Carlson. "America Faces Crisis in the Orient." *Amerasia*. February 1940.

② Evans F Carlson. "The Unorthodox War Continues." *Amerasia*. March 1939.

③ Kenneth E Shewmaker. *Americans and Chinese Communists, 1927-1945: A Persuading Encounter*. Ithaca: Cornell University Press, 1971: 42.

④ Evans F Carlson. "The Unorthodox War Continues." *Amerasia*. March 1939.

⑤ Kenneth E Shewmaker. *Americans and Chinese Communists, 1927-1945: A Persuading Encounter*. Ithaca: Cornell University Press, 1971: 39-40.

⑥ Evans F Carlson. "The Unorthodox War Continues." *Amerasia*. March 1939.

⑦ Evans F Carlson. "The Unorthodox War Continues." *Amerasia*. March 1939.

⑧ Michael Blankfort. *The Big Yankee, The Life of Carlson of the Raiders*. Boston: Little, Brown and Co., 1947: 108.

⑨ 艾格妮丝•史沫特莱. 伟大的道路——朱德的生平和时代[M]. 北京：生活•读书•新知三联书店，1979：421.

肯的谦虚和尤利塞斯·格兰特的坚韧。"①对于所见到的八路军将领，卡尔逊都有所评论。他认为周恩来"具有高尚的品格和人道精神"。②他赞赏彭德怀每顿饭都和农民一样吃的是小米饭和具有朱德一样的民主作风③，说他的"性格中充满了能动的和生机勃勃的品质，他讨厌因循拖延、办事不彻底不周密"。④他说，贺龙、徐向前、徐海东"是一些有思想的人，计划周密，执行计划行动迅速和彻底。"⑤"徐海东农民出身，有充分证据能证明他的指挥才能，他身材魁梧，脸上透露出朱德所具有的慈祥，他是内森·贝德福特·福雷斯特型的指挥官"。⑥"透过贺龙锋芒毕露的外表可以觉察到他对被压迫者的深切同情，我可以把他描绘为中国的劫富济贫的罗宾汉。"⑦刘伯承"性情严肃"，"是全军最杰出的战术家和军事史学家"。⑧"聂荣臻身材瘦小""但两眼射出智慧的光芒，嘴一边的纹理显示出他是一个果断的人"。⑨

卡尔逊认为，日本的现代军事机器，是无法战胜这支由杰出的将领指挥的，士气旺盛、训练有素、经得起艰苦考验、准备战斗到底，在行军速度、耐力和谋略上都胜过他们的，实行持久的人民游击战争的人民军队。他说，日本要想征服中国就好像在海洋上耕作，中国的抵抗则起着填平犁沟的作用，犁杖走过背后又连成了一片。⑩

三

卡尔逊是一位实践家，他对八路军敌后游击战经验的认识和总结并没有停留在理论上。他奔走呼吁，反对美国政府继续向日本提供军事物资，要求有关当局改变片面援华的做法，力主向中国共产党领导下的敌后根据地提供

---

① Evans F Carlson. *Twin Stars of China*, p.66.

② Evans F Carlson. *The Chinese Army: Its Organization and Efficency*. New York, 1940: 42.

③ Evans F Carlson. *Twin Stars of China*, p.74.

④ Evans F Carlson. *The Chinese Army*, p.42.

⑤ Evans F Carlson. *The Chinese Army*, p.42.

⑥ Evans F Carlson. *Twin Stars of China*, p 113；内森·贝德福特·福雷斯特（1821—1877）美国内战时期南部同盟骑兵军官，自学成才，以骁勇善战著称。

⑦ Evans F Carlson. *Twin Stars of China*, p.118.

⑧ Evans F Carlson. *Twin Stars of China*, p.91.

⑨ Evans F Carlson. *Twin Stars of China*, p.114.

⑩ Evans F Carlson. *Twin Stars of China*, p.121.

援助。太平洋战争爆发后，卡尔逊重返海军陆战队，组织了一支精干的海上游击队驰骋在太平洋战场，把他学到的八路军的作战经验付诸实施。

1942 年 2 月，卡尔逊以中校军衔着手组建海军陆战队第二突击营，罗斯福总统的儿子詹姆斯·罗斯福少校被委派为他的助手。卡尔逊完全按照中国游击队的模式组织起一支用无线电通信工具和大量自动武器装备起来，能在敌后进行机动作战的突击部队。在挑选士兵时卡尔逊不但注意身体素质和对炎热气候的适应能力，而且非常重视他们的政治素质。他要求每个士兵都能懂得为什么而战。只有那些作战目的明确，有吃苦耐劳决心的士兵方能入选。卡尔逊从七千名候选者中挑选了一千人，绝大部分来自美国西部和南部各州。对于军官的挑选更为严格，卡尔逊要求他们有民主理想、机智、有应变能力。在部队训练期间，卡尔逊建立了"公开谈话制度"，对士兵进行政治教育并接受士兵的批评建议。军事训练是艰苦的。每天全副武装行军 40 英里，还要学习游泳爬山，练习用刺刀和匕首与敌人格斗。此外，还得锻炼忍受饥渴的耐力。在官兵关系上，卡尔逊要求军官们放弃传统的特权，取消在服装、吃饭、装备等方面的差别，与士兵同甘共苦。他强调军官要以身作则，以自己的人格和能力来证明作为领袖的资格。[1]卡尔逊还提倡发扬军事民主，把作战计划交给士兵讨论，鼓励士兵提出自己的意见。

这支海上奇袭队于 1942 年 8 月 17 日派出一支 220 人组成的小分队由珍珠港乘潜艇出发在吉尔贝特群岛的梅金岛登陆突袭在该岛驻防的日军。卡尔逊身先士卒与他的副手詹姆斯·罗斯福一同指挥了这次战斗。这次突然袭击的任务是摧毁岛上的军事设施、收集情报、分散瓜德尔卡纳岛日军的注意力，借以测定突袭的效能，鼓舞国内的士气。[2]这一仗打得很漂亮，摧毁了岛上日军水上飞机根据地，破坏无线电台 3 处、飞机汽油 1010 桶，击沉炮舰、运输舰各 1 艘，击毙敌军 350 人，本身仅损失 30 人。[3]这场战斗规模虽然不大，但在日军节节取胜的 1942 年起到了鼓舞人心的作用。美国许多报刊都予以报道。

---

① 波顿士，《中国游击队的学生——卡尔逊和他的突击队》，（美）PM 报 1944 年 1 月，引自《新华日报》1944 年 5 月 18 日，第 3 版。

② Richard Wheeler. *A Special Valor: The U.S. Marines and the Pacific War.* New York: Harper & Row, 1983: 56.

③ 《新华日报》1942 年 8 月 31 日报道；《中国游击战的学生——卡尔逊和他的突击队》，（美）生活杂志 1943 年 9 月 20 日，引自《新华日报》，1943 年 11 月 23 日，第 3 版。

　　瓜岛战役是太平洋战场上美军从防御到反攻的转折点，卡尔逊率领的第二突击营在这场打得十分艰苦的战役中又一次大显身手。1942 年 11 月初，突击队被派入瓜岛为陆军登陆打先锋。他们于 11 月 4 日由护航队护送在瓜岛登陆后，受命由海滨深入内地。突击队仅带四天的干粮迅速向西插入敌后，开始了他们在日军工事间穿插 30 天的游击作战。由当地居民带路，他们向北穿过热带丛林且战且进，不断消灭敌人，破坏其工事和补给站，先后于 11 月 10 日、24 日两次建立临时基地，多次打退日军的进攻，在 11 月中旬的一次战斗中，出奇制胜，全歼正在洗澡的 120 名日军。突击队这次敌后作战最重要的一项收获是破坏了日军的一个隐蔽的炮兵阵地。几个月来，日军一直从这里向美军汉德森机场射击，造成很大威胁。美海军炮兵和空军俯冲轰炸机反复轰击投弹都没有能够摧毁它。卡尔逊的部队在当地居民的帮助下找到了它。突击队员从背后的山峰上冲下来，用手榴弹消灭了这个大患。由于没有粮食来源，士兵以捕猎野猪、野牛，采集香蕉、椰子为生。12 月 4 日返回岛上美军总部所在地。在历时一个月的战斗中，卡尔逊所部在丛林山地行军 450 英里，伏击敌人 30 次，歼敌 500 人（一说 800 人）。①一位海军陆战队史学家称之为"海军陆战队史上最重要的一次作战巡逻"。②卡尔逊因战功第三次获海军十字勋章。③

　　美国报刊在当时发表的评论文章一致指出，卡尔逊的突击营之所以能够取得这样辉煌的战果，除了个人具有丰富的作战经验和个人品质上的一些特点以外，主要得益于中国游击队。美国新闻处于 1942 年 11 月 15 日在纽约发表铁尔曼·窦尔登的《美国海上奇袭队》一文说："卡尔逊奇袭队的战术取法于中国有名的 X 路军的游击战争。他们把游击战术水陆两用，把秘密的突击和极端迅速的行动结合起来，在太平洋岛屿上的丛莽之中和辽阔的洋面上进行着游击战"。④以亲蒋著称的卢斯先生主编的《生活》周刊也以《中国游击

　　① Samuel B Griffith. *The Battle for Guadalcanal*. Philadelphia: J B Lippincott Company, 1963: 189, 211, 212; Richard Wheeler. *A Special Valor, The U.S. Marines and the Pacific War*. New York: Harper & Row, 1983: 116.

　　② Robert D Heinl Jr. eds. *Soldier of the Sea: the U.S. Marine Corps 1775-1962*. Maryland: United States Naval Institute, 1962: 327.

　　③ Samuel B Griffith. *The Battle for Guadalcanal*. Philadelphia: J B Lippincott Company, 1963: 189, 211, 212; Richard Wheeler. *A Special Valor, The U.S. Marines and the Pacific War*. New York: Harper & Row, 1983: 116.

　　④ 译文载《新华日报》1942 年 11 月 28 日，第 3 版。

战的学生卡尔逊和他的突击队》为题，介绍了卡尔逊作战思想形成的过程。文章说："卡尔逊随 X 路军行动达二年之久。他对于这支忍受任何艰难的、机动而自给自足的军队深为感动。他喜爱那支军队的将领们，因为他们丝毫不自私，不带军阀传统的自大作风。他对军官们的关心士兵安全这一点印象颇深"。①刊载在 P.M 报上的波顿士的《中国游击队的学生——卡尔逊和他的突击队》一文说："卡尔逊在中国游击队中差不多有两年光景，进军与撤退共走过两千多英里路。学习着那些后来被应用到训练海军陆战队的教训"。②

那么，卡尔逊从八路军那里学来的并应用到美国海军陆战队的训练和作战中的"基本原则"是什么呢？这些评论文章的看法虽然不尽相同，但他们大多数都指出"卡尔逊特别要求他的部下明白他们为什么而战"。③而这一点恰是他在中国学到的最主要的东西。和中国军队在一起行军生活的经验使他认识到"这种教育的价值"。④卡尔逊在《中国的双星》一书中讲过一个他和六百名中国游击战士不眠不休完成了五十八英里急行军没有一个人掉队的故事。他写道："我先前想：什么东西能够鼓励六百个人完成这样艰巨的任务呢？没有别的，只有每一个人有完成这个事业的愿望和意志……他们知道他们是为什么而战……那么，他们的努力将是自发的，主动的和持久的"。⑤卡尔逊从中国游击队学到的另一点是"保护老百姓"。波顿士的文章说："中国游击队的军事情报比日军灵通，因为战区的人民都相信游击队。游击队战士对老百姓的生命与财产非常关切。卡尔逊在所罗门群岛领导作战时也运用这一原则"。在一次战斗中一个本地向导被打死，卡尔逊立即作出决定，今后不许把老百姓带到作战地点。由于卡尔逊对老百姓十分关怀，老百姓对海上游击队态度友善，而且尽量提供援助。卡尔逊运用到太平洋作战中去的第三个原则就是实行官兵一致的军事民主。波顿士的文章说："中国游击队有一个口号'不要客气'，下一级士兵可以随便向长官提供意见，上级长官与士兵共度艰苦。

---

①　《新华日报》1942 年 8 月 31 日报道；《中国游击战的学生——卡尔逊和他的突击队》，（美）生活杂志 1943 年 9 月 20 日，引自《新华日报》，1943 年 11 月 23 日，第 3 版。

②　《中国游击战的学生——卡尔逊和他的突击队》，（美）生活杂志 1943 年 9 月 20 日，引自《新华日报》，1943 年 11 月 23 日，第 3 版。

③　译文载《新华日报》1942 年 11 月 28 日，第 3 版。

④　《中国游击战的学生——卡尔逊和他的突击队》，（美）生活杂志 1943 年 9 月 20 日，引自《新华日报》，1943 年 11 月 23 日，第 3 版。

⑤　《中国游击战的学生——卡尔逊和他的突击队》，（美）生活杂志 1943 年 9 月 20 日，引自《新华日报》，1943 年 11 月 23 日，第 3 版。

作战计划都在事先解释给兵士们听，战争中所犯的错误都于事后共同检讨。"卡尔逊训练他的突击队时也这么做。他强调军官的表率作用身体力行。在梅金岛登陆时他最先一个上岸最后一个离开。一位名叫马哈迈的运输舰炮手说："我曾经赴汤蹈火过，我还要赴汤蹈火，只要我能跟着这个人——卡尔逊中校"。①

卡尔逊把他从中国游击队学到的经验简单地用"工合"（Cung Ho）这两个汉字来表示，后来"工合"则成为突击营的口号。人们把这支部队称作"工合"部队，把发下的夹克称为"工合"夹克，甚至于把每一件新事物都命名为"工合"。卡尔逊对这两个字的解释是"合力工作"（work together），这可以说是他从中国共产党人那里学到的最主要的东西。"工合"这个字眼，他第一次是从在上海的一个民工口里听到的。当时这个民工在回答卡尔逊为什么打仗和为谁而死的问题时说："是为了挽救民族的危亡"，"敌人想要破坏我们的家园，如果我们大家合力工作就能打败他"。"合力工作"这几个字给卡尔逊留下了深刻的印象。②1940—1941 年间卡尔逊自费来中国考察工业合作社运动。这个运动简称"工合"，与合力工作恰好同音。卡尔逊在考察"工合"运动的过程中，特别强调人们之间的"合作"关系和"合作"精神。路易·艾黎说："合作就是对中国未来的回答"。卡尔逊满怀激情地说："这不仅是对中国未来的回答，也是对全世界民主制度未来的回答，让所有地区的人民得到在平等基础上合作的机会，让他们得到受教育的机会，发展他们首创性和智慧的机会，在他们的心里占中心地位的是集体的福利而不是个人的收益。那就有了一个幸福、平等和进步的社会秩序的基础"。③这是卡尔逊对"合作"一词最好的解释。1943 年好莱坞拍摄描写海上突击营在梅金岛作战的电影，卡尔逊任技术顾问，影片取名"工合"，表现了突击营官兵"各自为战，又互相协作，准备为民主制度献身的精神"。④于是"工合"一词不胫而走，成了美国英语的一个词组。我们翻开任何一部第二次世界大战以后美国出版的中型字典都可以找到"工合"（Gung Ho）一词。它变成了美国青年一代喜欢使

① 《中国游击战的学生——卡尔逊和他的突击队》，（美）生活杂志 1943 年 9 月 20 日，引自《新华日报》，1943 年 11 月 23 日，第 3 版。

② Michael Blankfort. *The Big Yankee, The Life of Carlson of the Raiders*. Boston: Little, Brown and Co.,1947: 184-185.

③ Evans F Carlson. "Economic Democracy in China." *Amerasia*. March, 1941.

④ 卡尔逊 1937 年 8 月 14 日致莉·汉德小姐的信，Kenneth E Shewmaker. *Americans and Chinese Communists, 1927-1945: A Persuading Encounter*. Ithaca: Cornell University Press, 1971: 196.

用的形容词之一，原词从协力、合作转义为起劲的、卖力气的、拼命干。①这告诉我们，卡尔逊从中国共产党人那里吸取的养分，已经成为美国语言和美国文化的一部分。这大概也是参议员麦卡锡指责卡尔逊是"国际共产主义运动的英雄""史沫特莱的门徒"②时所未料及的。

卡尔逊当然不是一个马克思主义者，更不是什么国际共产主义的英雄，甚至说不上是一个革命者。这一点，他的友人、他的传记作者和研究人员早就有所说明和论证。③我们在这里想要指出的是，正如我们在本文开头所说的，卡尔逊的著述和实践，不但证明中国共产党领导下的抗日民族解放斗争对整个反法西斯战争做出了重要贡献，而且证明它对其他战场发生过直接的、积极的影响。通过卡尔逊，中国共产党人和中国人民在抗日战争中所表现出来的忘我无畏、一往直前的团结战斗精神和全世界人民在反法西斯战争中所表现出来的英勇、顽强、不屈不挠、同仇敌忾的精神汇合在一起，成为人类精神财富中最可宝贵的一部分。

（合作者：黄振华）

---

① *The America College Dictionary*. New York, 1956; *Dictionary of Word and Phrase Origins*. New York, 1962; *Webster's New World Dictionary of American Language*. Second College ed, New York, 1972; *Webster's Third International Dictionary of the English Language*. Unabridged, Springfield Mass.,1976; *The World Book Dictionary*. Chicago, 1981.

② Joseph R McCarthy. *America's Retreat from Victory*. New York: Devin-Adair Company, 1951; *Dictionary of American Biography*. Supplement Four, New York, 1974.

③ 王安娜. 中国——我的第二故乡[M]. 李良健，李布贤，校译. 北京：生活·读书·新知三联书店，1980：218 页；Kenneth E Shewmaker. "The American Liberal Dream, Evans F. Carlson and Chinese Communists, 1937-1947." *Pacific Historical Review*, Vol. 38, No. 2, 1969: 207-216.

《美亚》杂志与抗日根据地①

抗日战争时期，党领导的抗日根据地远处敌后，缺乏现代化的通信设备，又被日军、国民党军队的重兵包围，敌后作战和根据地建设详情当时很少为外界所知，《美亚》杂志（1937 年在纽约创刊）是西方国家中站在同情中国共产党人的立场上较系统地报道我抗日根据地情况的少数刊物之一，该刊用较大篇幅先后发表了数十篇西方作者亲身访问抗日根据地的报道和文章，有时也转载一些我方的文献。在那风雨如晦的年代里，起到了激励人心的作用。

一

《美亚》杂志第一篇系统报道我抗日根据地的文章是克雷顿·米勒写的《华北仍处于中国控制之下——晋察冀边区政府的军事战略》，作者是在北平攻读历史的美国学生。1938 年，他到冀中根据地进行了三周访问。看到当地军民的抗日爱国热忱，深受感动。他在这篇文章中报道了根据地欣欣向荣的景象，着重说明中国共产党放手发动群众坚持统一战线，实行全面抗战的战略思想。1944 年原燕京大学英籍教师林迈可根据本人实地考察写成《华北战线——行动中的中国游击队研究》一文，全面介绍了晋察冀抗日根据地和八路军的作战情况。作者提出："华北是中国战场的一个重要组成部分"，中国游击队在军火极其缺乏的条件下牵制了大批日本兵力，如 "1942 年 2 月在华北的日军有 11 个师、14 个独立旅以及炮兵、机械化部队和航空部队。尽管太平洋战场迫切需要兵力，这个数字也没有多大改变"。"日本对华北资源的掠夺也由于游击队的活动受到很大限制。"作者还介绍了根据地军民创造的地雷战、地道战、百团大战对日军的沉重打击，他指出："中国军队所以能够在极其困难

① 原文载《历史教学》，1986 年第 9 期，第 24-28 页。

的物质条件下进行抵扰是因为他们有卓越的政治组织保证了群众对他们的支援。"①

最引人注目的是该杂志刊登的署名亚细亚人关于新四军的报道。亚细亚人是著名德国共产党人汉斯·希伯的笔名。他曾于 1939 年 2—3 月间到皖南泾县云岭新四军军部采访。《美亚》杂志 1939 年 6 月号刊载了他寄来的周恩来同志于同年 3 月 7 日在新四军干部会上的讲话《论抗日战争的新阶段》摘要。嗣后他撰写了《长江三角洲的游击战》在该刊 8 月号上发表。希伯指出：沪杭宁地区交通发达，水陆纵横，没有高山峻岭，绝少森林险阻，自然条件对开展游击战十分不利。但是在富有游击战经验，懂得如何组织人民战争的共产党人领导下，取得了人民的广泛支持，建立起能与八路军相媲美的游击作战区。新四军的建立和发展，牵制了日军的大量兵力，沪杭宁地区原来只有两个日军师、两个台湾旅，由于新四军的活动，敌军增兵三倍。而新四军的活动范围已扩展到 9 个县，日军占领区则只有 6 个县。

希伯的另一篇文章《东江游击纵队与盟国在太平洋的战略》，系统地报道了当时鲜为人知的东江游击队的情况。文章介绍了该游击队的起源与发展，高度评价了东江纵队在抗日斗争中的贡献。作者说："这支游击队原在广州香港之间的地区作战，现在以宝安、东莞及东江地区为根据地。""他们自 1938 年以来建立的功绩值得高度赞扬。" 1941 年他们曾成功地应对了日军的几次"扫荡战，并击退了中央军的若干次进攻"。香港沦陷时游击队及时地"将难民、军火与给养运出香港"。迄于 1942 年 3 月他们已营救英美人士、国民党军政官员和文化新闻等各界人士数千人。作者称赞说，"游击队对横跨广九路上的据点防御得这样好，以至于日军虽已控制了铁路两端有两年多，但他们迄今未能让一列火车畅通全线，而游击队员却能随时出入香港城。""游击队已成为经验丰富纪律良好，获得地方居民及国外爱国团体支持的一支强大的军队"。

二

对于国民党顽固派在抗日战争中消极抗日和积极反共，不断制造摩擦，

---

① *Amerasia: A Review of America and the Far East.* December 29, 1944.

杀害我根据地军民，破坏抗日民族的统一战线的罪恶活动，《美亚》杂志也不断予以揭露，呼吁制止反共分裂，增强团结。该刊 1939 年 9 月号刊登的费示德的《中国人还要打中国人吗？》一文，摘要介绍了 6 月 13 日《新中华报》前方特讯《十八集团军彭副总司令谈坚持河北抗战与巩固团结》的主要内容，作者指出"就连那些一向反对中国共产党的人们也承认在抗日战争中……没有任何证据能说明中国共产党人试图破坏统一战线。恰恰相反，为了维护团结，面对着大量的挑衅，他们已经做到令人料想不到的克制和容忍。"作者认为倘若这种挑衅活动，中国人打中国人的活动得不到制止，情况将是严重的，其结果肯定将是"让国内的争论加剧，反共分子得到纵容和鼓励，这只能使中国的解放事业受到损失"。

国民党在南方各省制造反共摩擦的顶点是皖南事变的爆发。消息传到美国时，《美亚》杂志 1941 年 2 月号的稿件已经发排，编辑部临时决定约请太平洋事务委员会的中国问题专家凯特·米切尔赶写一篇专论——《中国的政治危机》作为刊头文章发表，披露皖南事变的真相。文章说中国能够坚持抗战的秘诀在于全国各政党和团体团结一致抵抗日本的殖民奴役。然而，这个克敌制胜的法宝正处于危险之中。"这场危机是由重庆的一个人数虽少但实力强大的亲法西斯集团为投降日本进行准备活动而引起的。这种企图无疑会为强大的有组织的决心为民族自立而战的力量所反对。中国现在确实面临着内战的危险。"同期还发表了亚细亚人为该刊撰写的述评《法西斯轴心与中国的统一战线》，一针见血地指出："日本及其轴心同伙是这次新的破坏抗日团结活动的唆使者和主要受益者。"

从 1941 年 3 月起《美亚》杂志接连刊登了七篇相当有说服力的文章报道皖南事变的背景，揭露反共阴谋。3 月号发表的安娜·路易斯·斯特朗撰写的《中国的国共危机》就是其中的一篇。1940 年 12 月，斯特朗第四次访华，正值皖南事变爆发前夕。在华期间她从周恩来同志处了解到国民党顽固派消极抗日积极反共，制造摩擦，杀害我抗日军民的大量材料。在返美途中获悉皖南事变爆发，抵美后立即草成此文。文章较全面地分析了皖南事变发生的国际环境和国外背景，指出，这是隐藏在重庆政府内嫡和派长期以来实行假战日真反共的投降主义路线发展的必然结果，也是顽固派对于在中国共产党领导下的抗日民主力量不断壮大心怀恐惧的一种表现。斯特朗的文章以大量事实揭露国民党政府军政部长何应钦在抗日战争中与日本侵略者配合默契的丑恶行径，同时还介绍了 1941 年 1 月 22 日我军发言人所归纳的亲日派投降日本的 15 个步骤和我党我军向国民政府提出的 12 条要求，以及中国共产党同国民党顽固派进行针锋相对斗争的原则立场。斯特朗呼吁反法西斯国家联合起来制止中国内战，防止暂时冲突发展为全国性和国际性的灾难。同期还刊载了亚细亚人撰写的《叶挺将军传》，作者在按语中写道："重庆政府为他们最近对新四军的进攻进行辩护，指责新四军军民不仅拒绝将其所部调往长江以北的命令，而且策划反对中央政府。叶挺将军于今年一月初在皖南遭到中央政府的袭击受伤被俘，现被囚禁等候军事审判"。"已于去年 12 月渡过长江抵达苏北和皖北的大部分新四军被官方勒令解散。中央政府从而完成了日本军队未能完成的事业——消灭新四军所成功地建立并保持的华中抗日根据地。"作者指出："叶挺将军的被捕和他的军队受到攻击只能解释为国民党反动派的领导人蓄谋破坏统一战线和中国人民蓬勃增长的民主热情。如果此后他们继续进攻新四军和八路军那就毫无疑义地意味着内战，意味着中国抵抗的崩溃和日本的胜利。""立即释放叶挺，停止一切对新四军和八路军的进攻，是继续抗日和建立一个自由民主中国的最基本的先决条件。"

中外公众十分关心新四军在皖南事变之后的处境。《美亚》杂志陆续刊出亚细亚人的一组文章，报道新四军的近况。《重访新四军》一文说：1941 年 1 月国民政府发布解散新四军的命令以来，一再声称新四军已经"不复存在"，作者最近在新四军地区之行中认识到，倘若这是事实，日本在长江地区的远征军和南京的傀儡将会多么高兴。作者说，事实上"当前新四军仍在江苏、安徽、河南、湖北四省 147 个县，6,300 万人口的地区抗击伪军。大约有 2,500 万中国居民生活在光复的土地上"。作者说，皖南、苏南的延陵等地因新四军被迫北上而重落敌手，但总的说来新四军的力量比以前更壮大了，有正规部队 15 万人，全部活动在敌后。新四军总共牵制了 15 万日军、20 万伪军约占日军在华中兵力的 60%。希伯还指出，"可以毫不夸张地说，数以万计的中国人了解新四军对统一战线事业的忠诚，了解这支军队是如何关心人民，教育和指导人民，以及他们所做的重大贡献，尽管他们缺少衣食和装备。"希伯热情地讴歌了新四军与人民群众的鱼水之情。他说："我在旅途中多次看到人民拒绝接受新四军交纳的住宿费，……当战士坚持交费时，人们异口同声地回答说：'你们为我们打仗，你们是保护我们的。你们没有钱，我们不能要你们的钱。'很少有一支像新四军那样的部队，在人民中享有如此之高的声誉和受到人民这样热烈的赞美和爱戴。"在整个长江流域，再没有比"我们是铁的新四军"更受欢迎的歌词。希伯充满激情地问道："所有的国民党人应该想想，当他们宣布这支司令部设在敌后根据地的军队不复存在的时候，在长江流域人民的心中意味着什么？这对于他们自己的声誉和他们所热衷的抗日战争的领导权意味着什么？"①

三

　　国民党顽固派所搞的新闻封锁、反共宣传、解散新四军的命令并没有帮助他们在国际舆论界赢得什么好评，反而更暴露了他们消极抗日积极反共的真实面目。使人们进一步认识到国民党政府及其统治区的黑暗腐朽，我抗日根据地的政治经济建设则在国际舆论界博得了广泛的赞誉。

　　1943年美国报刊上展开了一场关于两个中国的讨论，一些专栏作家和学者认为国民党统治下的中国是封建的中国，共产党领导下的中国是民主的中国。可以毫不夸张地说这是国民党顽固派倒行逆施给自己带来一个苦果。《美亚》杂志1943年9月号刊登的《关于中国的争议》一文综述了这场辩论的经过。争论是由克里顿·雷西著《中国是民主的国家吗？》一书的出版引起的。作者认为中国的民主制和中国自身一样古老，以此来吹嘘重庆政府的民主性质。此书一出，舆论哗然。著名远东问题专家托马斯·比森在《远东游览》杂志上撰文驳斥雷西的论点，提出了"两个中国"之说。他和许多研究中国问题学者一样，认为国民党政府并没有履行抗战初期许下的进行政治经济改革的诺言，国民党内的保守分子对抗日根据地实行的土地改革和民主建政十分仇视，对于根据地由于采取了正确的政策，而出现的兴旺景象心怀恐惧，唯恐民主改革之风也会吹到他们统治的地区，因而对其进行军事和新闻封锁。于是出现了两个中国：国民党统治下的封建的中国和共产党领导下的民主的中国。比森认为"国统区"由于没有进行土地改革，大地主仍为其经济支柱，政权则掌握在国民党官僚手中，民众处于无权地位。共产党的或民主的中国进行了改革，减轻了封建经济加在农民身上的地租、税收和高利贷负担，实行了工人、农民、地主、商人共同参加的民主制度。比森认为："政治家的责任就在于把两个中国变为一个中国。必须把统一中国的活动放在社会进步和民主改革的高水平上。只有有了这样的统一，中国才能全力以赴地进行战争。"

---

① *Amerasia: A Review of America and the Far East.* September 1941.

　　对于民主的中国——抗日根据地的政治经济建设，《美亚》杂志不惜篇幅予以报道。希伯在《亚洲中部的敌后》一文中特别介绍了新四军苏北根据地宣传组织群众和建设民主政权的情况。作者引用新四军刘少奇同志的话说："我们的斗争是争取民族独立和在政治、经济、文化方面争取新民主的斗争。一个真正的人民共和国，一个统一战线和各个抗日阶级支持的抗日政府。这就是符合三民主义区别于一党专政的新的民主制。"希伯介绍说在新四军地区各级政府都有由工人、农民、商人、地主组成的人民参政会作为咨询审议机构，政府的一切法律、命令都提交参政会讨论。这同国民党统治区仅仅在一些省政府或大城市设置由地主、资本家组成的参政会形成鲜明的对照。希伯认为由工人、农民、爱国的地主和资本家建立的抗日民主政权和新民主主义运动在世界历史和其他国家中找不到先例。这种独特的历史进程只能从现实的中国社会中找到解释。只有靠这种特殊的民主形式中国才能期望赢得真正的民族独立[1]。

　　林迈可的长篇报道：《华北战线——行动中的中国游击队研究》对于晋察冀根据地的政权建设和经济发展做了相当详细的报道。作者指出，日本侵占华北地区后，原来的政府机构大部分不复存在。新的政府机构是在游击队的帮助下，经过各种形式的选举产生的。年满 18 岁的男女都有选举权。在各级参议会中共产党员、进步分子、开明士绅和工商业者各占三分之一。林迈可在介绍了边区的税收政策，工农业生产发展之后写道：1937 年以前华北农村在社会政治方面是非常落后的。在中国共产党的领导下，民主政府进行的改革已经把华北变成了中国最先进的地区之一。

　　《美亚》杂志的编者在《中国，美国经济的新边疆》一文中明确指出：中国抗日根据地对于战后中国经济的现代化前途具有重要意义。他们认为只有一个民主、宪政的政府才能保证中国的政治统一和稳定，只有这样的政府才能使中国的经济在战后得到发展，出现繁荣。而"新中国、新政府的种子已经在抗日根据地种下了"[2]。

---

[1] *Amerasia: A Review of America and the Far East.* June 1941.

[2] *Amerasia: A Review of America and the Far East.* September 22, 1944.

四

在系统报道抗日根据地军事、政治、经济成就的基础上,《美亚》杂志还发表了一些文章论述抗日根据地对于盟军反攻、最后打败日本侵略者的战略意义,呼吁美国政府给予支援,对美国政府的扶蒋反共政策则予以抨击。

《以中国的游击区作为反攻的基地》一文指出:许多高级军事指挥官一致认为中国势必成为太平洋战场进行战略反攻的主要基地。同盟国战略面临的中心问题是怎样尽快地加强这个主要基地的力量。文章指出在讨论这个问题时,很少有人注意到如何增强中国各种抗日力量的团结一致。特别是如何加强对华北敌后中国游击队的援助。然而,恰恰是游击队控制着华北最具有战略价值的地区。在这些地区,日军控制的范围仅仅是大城市和主要交通线,而游击队根据地或边区政府控制的地区约为十万平方英里拥有 2,500 万至3,000 万人口。八路军和新四军及其领导下的游击队杀伤的日伪军占其伤亡总数的一半。敌后根据地"显然是进行战略反攻的极端重要的基地。而且八路军和新四军本身就是中国攻击力量的一个重要部分。文章援引联合国援助南斯拉夫游击队的例子强调指出:"如果边区的游击队能得到充分的帮助,这些区域可以成为缩短对日战争的有力的反攻基地。"①

《东江游击纵队与太平洋的战略》一文在介绍了东江游击纵队建立以来的战绩之后写道:"在广东地区的一万游击队,以及散在华中华南各地的游击队,在力量上与组织上自然都不能与在华北及西北的几十万训练良好的游击军相比,但他们的精神与决心是同样伟大的。而且就潜力方面看,在华南广泛发展游击队的可能性,甚至较华北还大,因为广东省是过去二十五年中支持中国解放战争最积极的军队的大本营。"文章指出:"盟军在中国海岸的登海队,将不仅需要一个友好的人民,而且需要一个受过训练并准备积极参加抗日的人民,这些数量小但组织优良的游击队能够成为这样援助的基础,似乎是确定了的。"立刻承认这些游击队的存在与潜力,包括派遣联络官,提供技术上的援助和军火方向的援助,对于我们将来进攻日本,已具有头等重要性。②

---

① *Amerasia: A Review of America and the Far East.* January 7, 1944.

② *Amerasia: A Review of America and the Far East.* July 1944.

　　鉴于中国抗日根据地的发展受到国民党顽固势力的遏制与摧残，《美亚》杂志编者认为面临的主要问题是采取何种政策才能加强中国的自由民主力量，帮助中国人民摆脱现在的官僚统治，而不至于引起导致外来军事干涉的国内暴力冲突。《美亚》杂志编者指出：只要美国政府愿意，它就可以通过多种途径对国民党政府施加影响，促进中国的政治和经济改革。然而美国政府决策人所奉行的对华政策却背道而驰，完全适应了蒋介石的要求。史迪威将军和驻华大使高斯相继去职，新任驻华大使赫尔利推行的是既定的扶蒋反共政策。《美亚》杂志尖锐地指出赫尔利"无视他的前任仔细制定的政策"，"无视美国人民的最大利益"，不仅给中美关系造成了无法弥补的损害，而且为迅速击败日本设置了严重的障碍①。在仔细地研究了毛泽东在中共第七次全国代表大会上所作的《论联合政府》的报告和蒋介石在国民党六大上的讲话之后，《美亚》杂志发表评论说："如果我们拒绝同中国的抗日民主力量合作，迅速战胜日本的事业就会受到严重的障碍。如果我们继续保持只援助重庆政权的政策，一旦对日战争结束，我们就会发现我们是在支持一个为大多数人民所反对的政权。而且……已经为这个政权提供了发动内战的力量和装备。"评论认为美国必须改弦易辙，"只有一个团结、民主、经济进步的中国作为远东的稳定力量，才能使中美之间互利的经济关系成为可能。"

　　《美亚》杂志在抗日战争时期大量地报道和评论我根据地的情况和美国的对华政策，在国际上具有一定的影响。它不仅使西方广大读者能够比较真实地了解在中国共产党领导下，中国人民抵抗日本侵略者的实际情况和中国共产党的抗日主张，而且也引起了某些政府机构的注意，比如，日本在我国东北的经济侵略机构满洲铁路株式会社就藏有这份发行从未超过两千份的刊物，它也是美国国务院工作人员经常阅读的刊物之一。《美亚》杂志之所以能够做出如此重要的贡献，是同它有一个同情中国革命事业的编辑部和有一支亲身到过抗日根据地、对中国问题作过深刻研究的作者队伍有关，该刊主编菲利普·贾菲从 1930 年起就同美国的左翼运动结下了不解之缘。 1937 年 6 月曾化装穿过国民党封锁线访问延安。会见了毛泽东、朱德、周恩来等领导人。著名经济学家，中共党员冀朝鼎曾经是该刊编辑部重要成员，在作者中，既有人们所熟悉的知名友好人士如埃德加·斯诺、安娜·路易斯·斯特朗、

---

　　① *Amerasia: A Review of America and the Far East.* March 18, 1945.

埃文斯·卡尔逊、汉斯·希伯，也有像詹姆斯·贝特兰、哈·汉森这样的知名记者。还有一些人是燕京大学的教师和学生，尽管他们原来对中国共产党一无所知，但当他们进入根据地后，受到抗日军民爱国热忱和统一战线政策的感染，使他们情不自禁地把自己的见闻和感受公之于众。《美亚》杂志同情中国革命的立场和对美国扶蒋反共政策的尖锐批评，惹恼了美国当局，从而招致了严重的政治迫害，1945 年 6 月 6 日美国联邦调查局以莫须有的间谍罪名逮捕该杂志主编贾菲等六人。迫于进步舆论的压力，美国政府最后不得不将他们释放，但该杂志终于在两年后被迫停刊。

抗日根据地的发展壮大主要是我国人民自己在中国共产党领导下艰苦奋斗的结果，然而，不忘国内外进步人士和进步舆论的同情和支持，是中国人民的好传统，《美亚》杂志对我抗日根据地的道义声援可以载诸史册。

（合作者：黄振华）

求同存异与文化交流

——纪念中美《上海公报》发表 25 周年[①]

  在人类已经看到 21 世纪曙光的时候，我们迎来了中美《上海公报》发表 25 周年的纪念日。1975 年 7 月 2 日，基辛格博士在南开大学作学术演讲时曾回顾了草拟《上海公报》的经过。他特别指出，在谈判过程中，他从周恩来总理身上学到了很多东西。其中最重要的是，求同存异的谈判原则。基辛格博士根据他多年来与苏联打交道的经验，主张中美之间的谈判应从最根本的、分歧最大的地方开始，逐渐缩小距离。周总理告诉他，这样谈，花上几年时间也未必能达成一条协议。应该把双方最接近的、最有共同语言的地方作为谈判的起点，这就会大大缩短谈判的过程和时间。基辛基接受了这个意见，只用了一周时间，具有重要历史意义的中美《上海公报》就签字了。《上海公报》是一个很别致的文件。从阐明各自的立场和态度开始，以双方共同的希望结束。从谈判的过程到公报的内容，都充分体现了求同存异的原则。在学习中美文化交流史的过程中，我体会到，求同存异和求异存同，不可或缺。既要注意到同中有异，也要注意到异中有同。这是在文化交往中应该给予同等重视的两个方面。

  先说求同。两种文化都面对着许多需要共同解决的问题，如环境问题，充分利用高科技成果促进经济发展，新能源、新材料的开发，战胜疾病延长人的寿命等等。在过去的十多年里。中美在高科技领域的交流与合作已经取得不少成果。有几件事情特别值得注意。其中，最为突出的事例是克林顿总统于 1993 年提出了"国家信息基础设施"（National Information Infrastructure）的建设纲领。这个纲领受到中国有关方面的高度重视。1994 年 3 月 20 日在

---

① 原文载《美国研究》，1997 年第 2 期，第 141-144 页。

著名信息科学家叶培大教授的倡议下，邮电部科技委在北京邀请了通信、计算机、自动化等领域的专家，共同研讨"国民经济信息化"和建立中国"信息高速公路"的问题。国家经济信息联席会议召开了国民经济信息发展战略高层次研讨会，会上就我国国民经济发展的规划、原则、总体框架和重点工程等进行了深入的讨论，并提出了建立国家经济信息网的任务。两年后，中国教育和科研计算机网（Cernet）建成，它是以在美国发展起来的互联网为蓝本进行建设的。其规模范围、技术的先进性、网络资源、建设速度都达到了全国第一。（吴建平：《中国教育和科研计算机网 CERNET 的现状和发展》。石冰心主编：《中国教育和科研计算机网的研究与发展》。第一卷，华中理工大学出版社，1996 年版，第 5 页。）这说明，在发展高科技和与科技直接相关的教育方面，求同，占据主导地位。大家都在考虑充分利用科技和教育来促进国家的发展和社会的进步。在具体做法上，因国情不同而各有千秋。

求同只是事情的一个方面。求异也是一个不容忽视的方面。这是因为一种文化最富于魅力的地方在于它的个性，而不在于它的共性；在于它的特殊而不在于它的一般。我们绝不能够因为好莱坞电影、麦当劳的汉堡包和牛仔裤风靡全球，互联网联通全世界，就认为人类已经进入了全球村，不需要别样的文化生活了。这是绝大的误解。《圣经》《论语》《古兰经》《红楼梦》《堂•吉诃德》《浮士德》、荷马、莎士比亚、惠特曼、福克纳因为具有鲜明民族文化特点和个人创作风格，其魅力经久不衰。在中美文化交流以至全球的文化交流中人们非常担心的一个问题就是，美国的通俗文化（popular culture）在全球的扩展影响到民族文化生存和发展的问题。这是一个各国有识之士共同关注和担心的问题。文化的商品化所造成的一个后果就是它的表面化和大众化，人人都可以用钱买到它。这与购买者自身的文化素养无关。它无孔不入，流传极广，无法用法律和行政的手段加以限制和干预。在文化交流中注意寻找最不同于本民族文化中的东西，最不同于一般文化的东西，最具个性的作品，可能会有助于这个问题的解决。美国的启蒙思想家和超验主义注意到中国儒家文化，是因为他们从中发现了不同于欧洲文化传统的东西，可以把它用作改进自身社会的武器。西方象征派的诗人从中国古典诗词中吸收的是西方诗歌中很少有的"意境"。埃兹拉•庞德迷上了汉字，是因为它特有的象形、表意功能。"五四"以来中国知识界从美国文化中发现的最有价值的是"民主"与"科学"精神。

我个人以为文化交流中最大的障碍就是文化人类学经常谈到的族群中心

主义，或民族优越感（ethnocentralism）。它的另一个极端表现就是民族自卑感。族群中心主义可以发展为文化霸权主义，民族自卑感则容易导致民族虚无主义。无论哪一个都不利于文化的交流和发展。毋庸讳言，两种文化中都存在着族群中心主义的因素和成分。美国方面表现得最突出的就是从殖民地时期开始的那种上帝选民（chosen people）说和使命（mission）观。19世纪的"天定的命运"，20世纪的"美国世纪"说，和"二战"以来最为流行的美国负有领导世界的责任的论点，皆源于此。一个民族，一个国家，无论其经济军事实力多么强大，科学技术如何发达，以世界的领导者自居自诩的态度都是无法令人接受的。持有这种态度就很难从其他民族和国家的文化中吸取对自己有益的东西。更有甚者，就是那种非我莫属，强加于人的态度，认为美国的社会制度是世界上最好的制度，最现代化的制度，是全世界的榜样；不跟着美国走，就是保守派，就是原教旨主义，就是不搞现代化，不尊重人权，这就不是族群中心主义而是文化上的霸权主义了。

中国也有比美国长得多的族群中心主义的传统。中国人过去一向认为自己是世界中心，是文明的沃土。中国以外的地方都是教化未及的不毛之地，以夷狄番邦相称。"非我族类，其心必异"的观念深入人心。只是到了近代，这种夜郎自大，故步自封的态度和观念在西方列强的大炮轰击下破了产。于是乎又转向了另一个极端，形成万事不如人的民族自卑心理。当我们的国力逐渐强大时，族群中心主义又有所抬头。甚至把中国说成是"亚洲格局的最强有力的保护神"（席永君等：《超越美国》。内蒙古大学出版社，1996年版，第66页），把中国文化和东方文化说成是世界文化的未来，这是一种片面的认知。中国是个大国，将来强盛了也永远不称霸，永远要向他国学习。抱有这样的气度，才能从其他民族文化中学习和吸取有益的东西。人类文化是在不断地交流中发展起来的。新的世界文化也必将在更健康的交流中诞生。

Conflict and Harmony: A Comparative Study

of Modern Secular Cultural Institutions

in PRC and USA

Currently, I am a visiting scholar doing research in the National Museum of American History, Smithsonian Institution. My research project is "A Social History of 20th Century American Museums". Both my research and the institution to which I am affiliated with frequently reminds me of questions like "What are the similarities and differences between American and Chinese cultural institutions?" "What kind of things can we learn from each other?" I do think the latter tends to be one of the goals for cultural exchange between countries and peoples. In this context comparative studies are consciously or unconsciously going on and on in peoples' mind. As a consequence, the more you think about it, the more interesting questions you raise, the less you are able to answer.

In sociology, three basic aspects of institutions are emphasized. First, the patterns of behavior which are regulated by institutions deal with some perennial, basic problems of any society. Second, institutions involve the regulation of behavior of individuals in society according to some definite, continuous, and organized patterns. Finally, these patterns involve a definite normative ordering and regulation; that is, regulation is upheld by norms and by sanctions which are legitimized by these norms[1]. The sphere of cultural institutions deals with the

---

[1] Shmuel N Eisenstadt. "Social Institutions." *The International Encyclopedia of Social Sciences*. Vol.14, New York: The Macmillan & The Free Press, 1968(14): 409-410.

provision of conditions which facilitate the creation and conservation of cultural (religious, scientific, artistic) artifacts and with their differential distribution among the various groups of a society.

In this paper I will confine my initial study within the boundary of modern secular cultural institutions. I use the term modern here because cultural institutions are compared in a certain period of time. Modern cultural institutions that featured with multi-purpose and multi-function in a mature developed stage are subject to my interest. My focus on secular institutions does not mean religious institutions are not important or unrelated to secular institutions, it only reveals that my personal experience and knowledge are limited. One of the fascinating issues to me is, how did the puritan spirit stimulate the rise of capitalism? Benjamin Franklin probably was a typical representative who injected the religious principle into secular life and created secular cultural institutions such as Library Company, American Philosophical Society, and University of Pennsylvania. Cultural institution in the early modern period tended to distinguish them from each other. Up to now, my work on this subject is still in an initial stage, quite a few points I am going to make in this paper are sort of hypotheses, further investigation is needed.

Viewing cultural institutions historically, there are two basic patterns of their development. One is from the bottom up, it indicates cultural organizations such as learned societies, schools, museums, libraries, cultural centers, grew up from grassroots and were sponsored by individuals. Another is from the top down, it denotes cultural organizations established by political power, or according to acts, laws passed by legislatures or issued by governments. These two patterns always interacted with each other, and sometimes intertwined. They co-exist all the time. It seems to me, the former tended to be the main pattern of American cultural institution formation. Why is that? In my opinion it has something to do with political structure, economic system and cultural tradition. The sanctity of private property, the free-enterprise system, the charity and philanthropically with its roots in evangelical protestant tradition-perfectionism and federalism, all of these factors together may provide a relative rational answer in the American context. Along them, federalism might be more relevant to this issue. It implies "the unwillingness of Americans to give their national government the authority to set national standards of social well-being, let alone to enforce them." The traditional American idea of equality did not reflect national standard according to which communities could measure the quality of education, medical care, treatment of the aged or the unemployed, even from neighborhood to neighborhood in the growing cities, Iet along from state to state."[1] In a word, in terms of educational, cultural activities and scientific research American people intend to do things by themselves in a local or community level." There was never any suggestion that federal government should set operational education policy. That was a task for the local electorate, or at any rate, the leaders of the localities. In cultural affairs, localist sentiment made federal intrusion into the major areas of social policy unpalatable to most Americans."[2] As far as I can understand, this kind of phenomenon can be partially attributed to the fact that resources to support educational and cultural undertakings are available from private enterprises on the community and local level. The American philanthropies, "the right use of riches", "for the common good" and the exemption of income tax are catalysts of turning possibility into practice.

On the other hand, a centralized government has been the dominant Chinese political experience. Historically, the modern cultural institutions were products of the reform movement from the top down. The modern educational system appeared in 1905 and has been characterized by central control which was exercised through the Ministry of Education for the purpose of ensuring both the quality of instruction and the loyalty of those in the system. That is to say inculcating values supportive of various political regimes and their objectives. This kind of guildline was also employed in other cultural institutions. The founding of the People's Republic in 1949 did not change the historical pattern. Taking the Soviet Union education system and cultural administration as its modes, the Academies of Sciences and Social Sciences were established under the direct jurisdiction of the State Council. A certain number of separate research institutes

---

① Stanley N Katz. "Influences on Public Policies in the United States." In The American Assembly. *The Arts and Public Policy in the United States*. Englewood Cliffs, New Jersey: Prentice-Hall, 1984: 25-26.

② Ibid.

were set up under various ministries. School system and curricula are controlled by the Ministry of Education later the State Commission of Education. Museums and other cultural organizations are put under jurisdiction of the Ministry of Culture. The Ministry of Public Health is in charge of the central control of hospitals and medical research. Besides following the Soviet model, the philosophy of "everyone should be provided with a rice bowl" and "the central government has the obligation to take care of everything concerning the people, from cradle to grave", which derived from the idea that the ultimate test of "dynastic legitimacy" was a credible commitment to effectively sustainable welfare for Chinese people throughout the realm, and in turk reinforced the idea of centralism. Apparently, the top down pattern or centralist pattern is based on the theory and practice of public ownership and planning economy. For decades this was the main resources which the cultural institutions could appeal to. By drawing lessons from their own practice and experience, the authorities gradually realized that the concept of "taking care of everything concerning the people" could be implemented only in a short period of time and in a particular situation. For the long run, it is very difficult to put it into practice in the full sense. Particularly during the economic recession, when the government budget has a deficit. They also realized that "in the central government, departments in charge of educational administration were exercising too rigid a control over the schools, and, particularly, over the colleges and universities, depriving them of their vitality. These departments also failed to manage effectively matters that were well within their jurisdiction."[1] In other words, they started to recognize the significance and vitality of another historical pattern, namely, from the bottom up and decentralization.

The trend of cultural instructions in the United States also had been changing dramatically especially in the 1930's & 1960's. The pattern of the top down or centralization was gradually in the ascendant. The federal government has tended to take more responsibilities for setting national standard of social well-being and

---

[1] The Central Committee of the Communist Party of China "Decision on the Reform of the Educational Structure".

social welfare since the New Deal. It was even more so after World War II. Quite a few national cultural institutions have been strengthened, expanded, enlarged and established since then. Federal agencies or semi-federal agencies such as National Aeronautics and Space Administration(NASA), National Bureau of Standards (NBS). National Institutes of Health (NIH), National Radio Astronomy Observation(NRAO), National Sciences Foundation(NSF), National Foundation on the Arts and Humanities (NFAH), Environment Protection Agency (EPA)and Smithsonian Institution (S. I.) have put thousands of scientists, engineers, scholars plus administrators together. Budgets in the billion dollars are under their control. They are in charge of planning, coordinating and conducting research programs, awarding grants, reviewing contracts, ethics investigations, providing services, classifying and diffusing information. The heads and council members of these organizations are appointed by the President of the United States, their resources are mainly from congressional appropriation. Big government, big science, have something to do with big enterprise domination in the economic life.

It is very likely the top down pattern in this country is based on its bottom up pattern. Some of the huge institutions were started from one man laboratory. Their advisory committees and panels were chosen from professionals and laymen. Even though, a lot of resistances toward governmental intervention and regulation are still perceptible everywhere. Cultural institutions need to adjust themselves to meet the changing demands of the public including big enterprises and their employees. It is interesting to notice that during years of economic recessions and serious deficit problems that have occurred in this country, authorities also appealed to the bottom up pattern, namely, its tradition. As President George Bush made it clear in his address: we just began to shape the nation's future "by strengthening the power and choice of individuals and families"[①] The implicit meaning is tax increases and service cuts.

What are the implications of the two historical patterns of cultural institutions? This is a far more interesting question than the two historical pattern themselves.

---

① The Address of the State of Union. Washington Post, A14, January 30, 1991.

(I) Political and apolitical orientation. Stressing political orientation to the guiding principle of cultural institutions which formed in the top down pattern. As I have mentioned above, one of the motivations of central control is to try to inculcate values supportive of political regime. In the Chinese context culture and education are insupportable with political goal. They should step down from the ivory towel and serve the politics and the people. They assumed that the separation of culture, science and education from politics is only a smokescreen for bourgeois ideology. In this sense, all of the cultural institutions are instruments or tools to achieve the general political goal in various ways. The characteristics of different cultural institutions and their functions have been blurred, overlooked, neglected, and ignored. This was what happened in China during the 1950's and 1960's. It reached to its extreme in the so-called great cultural revolution. Things developed toward to the opposite direction when they went extreme. Under the ideological guiding principles of "bring order out of chaos", "seek truth from the facts" and "practice is the sole criterion of truth", which came to view in the late 1970's as a result of drawing lessons from the past, natures, missions, functions, and goals of various cultural institutions have been rediscovered and redefined. The theory on subject which emphasizes the independency and autonomy of sciences, arts, literature, educations as soon as they were established as a profession or discipline has been widely investigated. One of the consequences of this trend is that, the apolitical approach is well-received among academic and professional communities.

It seems to me the separation of scientific, educational and cultural activities from politics is a very popular idea and tradition in this country. It fits in the bottom up pattern because those activities are civil, local, and arsenal, and must be separate from politics. It also has something to do with freedom of thought, of expression and of press. Many people believe that much of the success of science in this country is that it has largely been nonpolitical and nonpartisan. It is most likely the value free or value neutral concept which appeared in the 1920's and disseminated after World War II reinforced the idea theoretically. But implicit in many activities of such "apolitical cultural institutions is a reinforcing of status quo politics of hegemony if not partisan politics." A lot of politics have been involving into the funding and personnel affairs of cultural institutions. More and more scientific and learned societies tended to make political statements for which they claim the authority of their respective professions and of their academic disciplines. I would argue that, the rise of politics in an academic setting is closely related to two things: the change of patterns and the dividing line or alignment of political view points among scientists, artists, scholars and other professionals. The point is that, culture is man-made environments, it can not be disconnected from its social matrix. "Whatever we do in science is ultimately in the context of society; whatever we do in biomedical research must be in the interest of public." "science indeed does not live by and unto itself alone, but in the service of man and womankind."① This is a statement made by Dr. Bernadine P. Healy, the newly appointed director of National Institutes of Health. I must say he is absolutely right. One more thing it might be suitable to add here is that, the various types of political correctness and censorship including self-censorship, which, although, is a threat of academic freedom and the pursuit of truth in an objective way, tends to be inevitable in the top down pattern and centralism in a class society. Even an art exhibit like "the West as America" in National Gallery of American Arts led to Senators who are appropriation members, hinted at funding cuts for "political agenda".② Perhaps, for the same kind of reasons, a portrait of General Douglas Macarthur could not show up in a traveling exhibit in China which was sponsored by the National Portrait Gallery.

(II) Monism and Pluralism. This is one of the most popular topics frequently discussed among cultural institutions and professionals. Following the same line of political and political orientation, monism tends to be the predominated thought among the centralized cultural institutions, In China, philosophically, it derived from the misunderstanding of dialectic and historical materialism. Politically it fits in with the idea of a unified and centralized political system. Ideologically it follows the pattern of one guiding thought. Ethnically, it parallels with the idea of one people, one nation. Historically, it correspondents with the tradition in favor

① The NIH Record, April 2, 1991, Vol. XLIII, No.7, p.7.

② Washington Post, May 16, 1991.

of unification, against divisiveness. All of these made Chinese cultural institutions get used to one harmonious voice. One standard interpretation of Chinese tradition and history and even following one leader's will.

Things have been changing tremendously in the last decade. "Let hundred flowers blossom" and "a hundred of schools contend as a policy for promoting the progress of the arts and the sciences was reaffirmed. Diversity and variety have been emphasized to meet peoples' different needs and special tastes. All of them have to do with the pattern change. An interesting thing is the emergence of private museums in Beijing and Shanghai in the past few years. The variety of them is very impressive, including butterfly museum, furniture museum of Ming and Qing Dynasties, museum of abacus, museum of porcelain carving, museum of miniature carving, clock and watch museum, tea utensil museum, golden keys muse rum and rain-flower stone museum. Local operas, folklore exhibits, and ethnic group museum are also flourishing. A full page of People's Daily (overseas version) was contributed to culture of Yi nationality (distributed over Yunnan, Sichuan and Guizhou) and argued that it is the origin of Chinese civilization. It is really astonishing[1]. In my opinion, all of these not only have to do with cultural policy but also have something to do with the economic reform policy: Let a small of people get rich first, and the emergence of a private sector.

The United States of America is a country that started its history with a name in plural. Unlike China, everyone can hardly traces back his or her family history beyond the country's border, Americans are from almost everywhere all over the world. This is a country of immigration. A nation of nations. From this context, cultural pluralism is a reflection of the reality. However, the national and cultural identity in this country have more troubles in a top down perspective. Once, Americanization was chosen as a solution. But the major legacy of the movement was to make Americanization a bad word, even in its generic sense of assimilation. Because there is a dilemma, between a democratic political system and a cultural monolith and forced assimilation programs. It is interesting to notice that when Horace M. Kallen coined the term of cultural pluralism, he was talking about

---

① People's Daily, Overseas Version, July 15, 1991.

cultural, not political, entities. He spoke of the political autonomy of the individual giving rise to the spiritual (not political) autonomy of the group and portrayed the common political and economic system as furnishing the unitary foundation and background for the cultural realization of each distinctive nation.[1]

Cultural diversity or multiculturalism is a fashionable term and a strategy of cultural institution to cope with the demographic shifts which have occurred in the last decade and will be continued into the next century. The Five –Year Prospectus in fiscal years 1992-1996 of Smithsonian Institution offers a good evidence to illustrate the strategy. It embraces the establishment of a National Museum of American Indian by developing, together with the Indian community; Assure that enhanced pluralism considerations are integrated into all aspects of the Institution's governance, planning staffing, and programming; Commemorate the 500th anniversary of the voyage of Christopher Columbus and the ensuing growth of new civilizations throughout the Western Hemisphere from multi-disciplinary, multi-cultural perspective; Expand and improve African-American programming on the Mall; Initiate and expand collaborative opportunities with colleagues from diverse communities nationally and internationally. All of these are aiming at interpreting the many facets of the nation's social, ethnic, and cultural composition.[2] The school system in this country follows the same line by teaching American history and American civilization in a multicultural perspective.

But voices of resistance and criticism arise from time to time. The point made by dissenters is that they are afraid that a growing emphasis on the nation's multicultural heritage will exalt racial and ethnic pride at the expense of social cohesion. They also claim that this is at the expense of fact and even truth. Professor Arthur Schlesinger Jr. argues that multiculturalism threatens the ideal that binds America, "The U.S. escaped the divisiveness of a multiethnic society by the creation of a brand-new national identity. The point of American was not to preserve old cultures but to forge new American culture"[3] A conservative author even went so far that he attacked multiculturalism educational program as

---

① *Harvard Encyclopedia of American Ethnic Groups*, p.34.

② Choosing the Future, Areas of Emphasis p.7.

③ Time, July 8,1991,p.21.

"subordinated to a political program that is above all anti-American and anti-Western", "as Nazism and Stalinism ever were"[①] The argument sounds very familiar to Chinese audiences. Racial relationship is a crucial or core issue in the United States, It is a peripheral issue in China now. Viewing historically, peripheral issue might be turned into core issue in some circumstances. I would like to argue monism and pluralism are compatible. Both China and United States are a unitary multi-national state. Emphasizing cultural diversity of multiculturalism in a proper way tends to strengthen rather than threaten their political and cultural unity.

(III)Increase and diffusion of Knowledge. This is an universal issue that all kinds of cultural institutions must confront with. Generally speaking, the national institutions tend to take more responsibilities of increase knowledge, that is to say, doing original research. Institutions in grassroots level tend to have more responsibility to diffuse knowledge, which means popular education. Of course there are something matured in between. This sounds like to be a sort of hierarchy system of knowledge. As a matter of fact, these two aspects are blended together every where in various ways. It is impossible to divide or separate them in an arbitrary way. The history of Smithsonian Institution has provided rich evidences for it. In order to carry out the design of the testator, the Englishman James Smithson (1765-1829)who bequeathed half a million American dollars to the United States and coined the phrase "increase and diffusion of knowledge among men", Joseph Henry, the first secretary of Smithsonian Institution wrote:

To Increase Knowledge, It is proposed

1.To stimulate men of talent to make original researches, by offering suitable rewards for memoirs containing new truths; and,

2.To appropriate annually a portion of the income for particular researches, under the direction of suitable persons.

To Diffuse Knowledge, It is proposed-

1. To publish a series of periodical reports on the progress of the different

---

① Irving Kristol. "The Tragedy of 'Multiculturalism.'" *Wall Street Journal*. Wednesday, July 31, 1991: 10.

branches of knowledge; and.

2. To publish occasionally separate treatises on subjects of general interest.[①]

These objectives have continued to guide the activities of the Institution. Since the early 1960's the Smithsonian has expanded its activities particularly in the field of public education. The out-reach program, the Anacostia Neighborhood Museum and the Festival of American Folkife are appropriate examples of them. The last one has been held annually at the National Mall since 1967, and is the formost example of a research-based presentation of various living grassroot culture. "It has enriched the spirits of the people—artists, scholars, government officials and visiting children and adults—who come to meet each other on the nation's front lawn"[②] I was told by the program director Richard Karin, a Chinese folk life exhibit is under consideration. Planning and preparation are going on.

The Smithsonian experience shows that the diffusion of knowledge and the popular education are creative activities, embracing the investigation of audiences and their changing needs, choosing new subjects to attract visitors, the team approach of designing exhibitions, exploring new forms of expression. All of these led them to produce new experiences, new knowledge and even create new institutions. "The increase of human knowledge, by which we must understand additions to its sum, would be of little value without its diffusions, and to limit the latter to one city, or even to one country, would be an invidious restriction of the term mean." Reading this paragraph one hundred twenty-seven years later, it is still fresh, enlightening and inspiring.

（Ⅳ）Public and Private. Cultural institutions formed in the top down pattern usually are run by public sector, generally preceded by "national" or "state". The majority of grassroots cultural institutions are run by private sector usually crowned with endowers' names. In terms of funding, the situation in the U.S. is very complicated. Public institutions may have private endowments, private institutions may have public funding. Both are aiming at the common good of the

---

① Smithsonian Institution. *Tenth Annual Report of the Board of Regents of the Smithsonian Institution.* Washington D. C.: A O P Nicholson, 1856.

② Smithsonian Institution. *1991 Festival of American Folk life*, p.5.

public. It seems to me the key phrase is: for the public, accessible to the public, serve the public. Both private ownership and public ownership might offer excellent services. The reverse is also true. The quality of service and the way to reach the public is very much relied on orientation of one and another institution. In museums, object orientation or people orientation is still a hot point of discussion. Based on scholarship, professional or based on neighborhood, community, serving the elites or serving the masses are also controversial issues. I was told there is an article published in England which argued that libraries in higher educational institutions should serve faculty rather than students. I don't think it is unusual because it is really some-one's thought. The process of professionalization is going on in cultural institutions of both countries. It is good for improving their quality. It also means more professional control of the cultural properties. Occasionally it means some of the materials, archives, objects, books going from public ownership into the realm of private ownership or monopoly by using the excuse of preservation. I still remember that when I asked a librarian "how do you preserve your rare books collection in your library?" I didn't expect that the answer was "I never catalog them".

We are in an information age. Information has become so powerful that the more information one gets, the more possibilities for success. The concept of "sharing information with each other" is the byproduct of information revolution, which has deeply rooted in people's mind in this country. Based on this concept, reinforced by advanced techniques such as computer network and CD Rom, combined with the traditional forms of diffusion of knowledge such as lectures, seminars, and publications, an intramural and extramural circulated system of information has been set up in cultural institutions at different levels. Both members and patrons of them can easily pick up whatever they need from the network to improve themselves. I must say this is crucial for the survival and development of any kind cultural institutions.

The cultural institutions in any country ultimately are a way of institutionalizing and materializing the value system of one or another culture. How to conceive ego or self is one of the fundamental issues in value system. The ego or self is one of the fundamental issues in value system. The ego or self in the

Chinese context usually is a member of his or her family, one element of a larger social network and the natural system. Keeping a harmonious relationship with the outside world tends to be its permanent goal. If the larger system is getting better, he or she as a member of it would be in a better condition. The reverse is also true. If there is something wrong in terms of the relationship with others, the Chinese ego tends to question what's wrong with himself.

The ego or self in American or western context tends to be a kind of dynamic ego or self, always in motion, doing things in the process of operating for the sake of his own interest. In a male dominant society, Westerners and Americans tend to believe that the more achievements made by individuals, the more talent and intelligence can be expressed by individuals the better, the more benefit to the community or society as a whole. The reverse is also true. The community and society would by suffering from the dysfunction of individuals and their volunteer aggregates. But this does not necessarily indicate that the ego in American context has no sense of social commitment, on the contrary, volunteerism and sense of common good are also virtues in the Western and American ethic code.

The Chinese perception of the self as a center of relationships and thus an integral part of a larger human network and natural system is quite different from American belief in the dignity of the individual. No wonder that the American concern for privacy (private property and private enterprise, by implication) has frequently been misinterpreted by the Chinese as an indication of egoistic desires, because this idea could hurt a harmonious relations with others in the Chinese context. As a matter of fact, the distinction between the private and public has never been clearly made in Chinese cultural context. The idea that private morality or personal behavior or style of life is separate from public duty has never been fully developed in Chinese legal thought.

The mission of any kind of cultural institutions is to promote cultural identity at different levels and scopes in order to decrease frictional force and strengthen social cohesion. Institutions in both countries are making efforts to fulfill their commitments in their respective way. As I said at the beginning, I am not intending to make value judgment on cultural institutions. If my initial study can provide some information for a better mutual understanding, I would feel satisfied.

美国的信息社会理论与中国的现代化①

美国是信息技术革命和信息社会理论的发源地。近年来，我国在引进美国先进信息技术的同时，也逐渐接受了信息社会的理论，并把它改造成为指导我国现代化事业理论的一个组成部分。就引进外来理论而言，其速度之快、阻力之小、与中国实际情况结合之好，都是前所未有的。这意味着中美文化交流进入了一个新阶段。在信息高速公路浪潮的冲击下，我国国民经济信息化的进程加快了，信息技术和信息社会理论对于现代化进程的影响正越来越明显地表现出来。本文试图对这一正在展开的社会历史进程，从文化交流的角度做一粗略的考察。

一、信息社会理论的由来和发展

18 世纪中叶从英国开始的工业革命，带来了人类历史上空前的社会变革，人类社会从此由传统的农业社会进入工业社会。然而，人们意识到工业革命带来的如此重大的社会变化为时较晚。工业革命一词直到 19 世纪末才得到广泛的使用。②信息技术革命则不然，它所引起的社会变迁，从一开始就为人们所瞩目，这种情况在美国表现得最为明显。如果说美国自 20 世纪 50 年代中期开始进入信息社会或后工业社会的话，那么，1959 年就有人提出后资本主义社会（post capitalism）之说，③自 1962 年以来，计算机革命、知识

---

① 原文载《美国与近现代中国》，中国社会科学出版社，1996 年。

② Amoald Toynbee. *Lectures on the Industrial Revolution of the Eighteenth Century in England.* New York: Humboldt Pub., 1884.

③ Ralf Dahrendorf. *Class and Class Conflict in an Industrial Society.* Stanford, CA: Stanford University Press, 1959.

产业、后现代社会种种企图说明社会变革的术语不绝如缕。①丹尼尔·贝尔于 1971 年出版《后工业社会的来临》一书，1979 年又发表《信息社会的社会结构》一文，②对于信息社会的特点进行了归纳和总结。其间，波拉特于 1977 年提出了关于测定信息经济的理论和方法，并对美国信息经济发展的规模进行了实地测算。这同人类对于工业社会的认识过程相比，真不可同日而语。

信息技术革命乃是信息社会出现的关键。信息技术是指在微电子学的基础上，把电脑与电讯结合起来，对声、像、文本等数字形态的信息进行收集、储存、处理和传播的手段，包括传感技术、通信技术、信息处理技术（即计算机技术）和控制技术，由于它在现代技术中具有创新功能，潜力极大，通常称之为起动技术（Enabling Technologies）。二战以来，信息技术突飞猛进，一日千里，真令人有应接不暇之感。

如果说以往的科技革命主要发生在物质和能量方面，是人类运动系统——脚、腿和手臂的延长和扩展，那么信息技术革命则是人类神经传导系统和思维器官的扩大和延伸，这种扩大和延伸看来是没有止境的。

信息社会理论问世于 30 多年以前，经历了一个逐渐成熟的过程。1954 年，一位法国教授雅克·埃吕尔（Jacques Ellul）就提出了"技术社会"（Technological Society）的概念。时至今日，技术操作的绝大部分已经不是单纯的体力活动。当今世界上最重要的现象是体力活动的减少。事实上，今天没有什么东西能跳出技术的范围，没有一个领域技术不占统治地位。③

用劳动力的构成和占国内生产总值的比重这两个指标衡量，美国在 20 世纪 50 年代中期进入后工业社会或信息社会。试图对这一社会经济现象进行概括和总结的著作陆续问世。这些论著大致上可分为两大类：

第一类从社会发展的角度出发，对美国社会发展的趋势进行预测；

第二类使用计量经济学的方法，对信息产业和信息经济进行测定，由此产生了信息经济学。

第一类的代表作首推哈佛大学著名社会教授丹尼尔·贝尔的《后工业社

---

① Edmund Callis Berkeley. *The Computer Revolution*. Carden City, N.Y.: Doubleday, 1962; Firtz Machlup. *The Production and Distribution of Knowledge in the United States*. Princeton: Princeton University Press, 1962; Amitai Etzioni. *The Active Society: A Theory of Societal and Political Processes*. New York: Free Press, 1968.

② Daniel Bell. "The Social Framework of the Information Society." In *The Computer Age: A Twenty-Year View*, ed. by Michael L. Dertouzos and Joel Moses, Cambridge, MA: The MIT Press, 1979.

③ Jacques Elful. *The Technological Society*. Translated from the French by John Wilkinson. New York: MacMillan, 1964: 13-22.

会的来临》（1973 年）。贝尔在这本书里把后工业社会的特点归结为：（1）在经济方面，从商品经济转变为服务经济，经济成分以服务性经济为主；（2）在职业构成方面，有专业知识和技术的人员在劳动力中所占比重越来越大；（3）理论知识成为发明创造和制定社会政策的源泉；（4）对技术的发展进行控制、规划并作出评价；（5）智力技术（决策技术）的兴起。[1]贝尔的这些论点在"信息社会的社会结构"一文里得到了进一步的发挥。文章一开始就指出，在下一个世纪里"以电子通信技术为基础的新社会结构的出现，将有可能对于社会经济交往、知识创造和检索方式，人们参加工作和从事职业的方式，起决定性的作用"。[2]贝尔对后工业社会与工业社会、前工业社会的特点进行了全面的比较，得出结论说："后工业社会最关键的变量是信息和知识。"

贝尔认为信息即广义上的数据处理。数据的储存、检索和处理正在成为所有经济和社会交往的不可或缺的资源。具体说来这包括：（1）档案记录的数据处理，如工资单、政府福利（社会保障）、银行结算等等；（2）时间表和其他表格数据的处理，如预订飞机票、生产进度、货单、分析生产的混合信息等等；（3）数据库：由人口普查数据表示的人口特征、市场研究、民意调查，选举数据库等。知识是组织起来的、系统的关于事实和思想的陈述，以一种合理的判断或实验结构的形式表现出来，通过某种系统的形式和传播媒介传递给别人。在分析了知识的生产过程之后，贝尔得出结论："在信息社会里知识而非劳动是价格的源泉。""正如劳动和资本是工业社会的中心变量一样，信息和资本是后工业社会的关键变量。"[3]

继贝尔之后，从未来学的角度研究信息社会，影响较大的主要是托夫勒和奈斯比特。托夫勒于 1980 年出版《第三次浪潮》。此书一经问世，在美国立即引起了轰动效应。托夫勒在这本书里，描绘了人类已经经过的两次文明的洗礼：用了一万年时间，走出了农业文明；又用了 200 多年时间经受了工业文明的考验。第二次浪潮有 5 个基本特点，即群体化、标准化、同步化、集中化和大型化。现在人类社会正在进入一个新的历史时期，他称之为第三

---

① Daniel Bell. *The Coming of Post-Industrial Society: A Venture in Social Forecasting*. New York, Basic Books, 1973.

② Daniel Bell. "The Social Framework of the Information Society." In *The Computer Age: A Twenty-Year View*, ed. by Michael L. Dertouzos and Joel Moses, Cambridge, MA: The MIT Press, 1979: 163.

③ Daniel Bell. "The Social Framework of the Information Society." In *The Computer Age: A Twenty-Year View*, ed. by Michael L. Dertouzos and Joel Moses, Cambridge, MA: The MIT Press, 1979: 168.

次文明浪潮。第三次浪潮的特点是,个体化、多样化和小型化。第二次浪潮使用的能源主要是煤、石油和天然气,第三次浪潮主要是发展风力、地热、核聚变、太阳能、氢能等,实现能源结构的多元化。在工业文明中工厂实行集中式的大规模生产,而现在最先进的生产是由计算机控制的车床和流水作业线,以小批量、多样化的生产来满足多种顾客的需要。在新的社会中,从事制造业的人口比重日趋减少,从事服务业、信息和教育事业的人口比重在加大。第三次浪潮的生产,是以信息和知识为动力和资源,所以这个社会可以命名为信息社会,或者称之为知识智力社会。整个人口需要普遍地接受先进的科学技术的教育和培训。[1]

1982 年奈斯比特采用内容分析法(content analysis),以大量的研究工作为基础,发表新作《大趋势:改变我们生活的 10 个新方向》。此书问世后,引起美国报刊和各国舆论的普遍关注。有的书评誉之为 20 世纪 50 年代以来能准确洞察时代本质的三大名著之一。此书开宗明义:"我们正处于从旧社会向新社会的转变之中",[2]换言之,即处于从工业社会向信息社会的转变过程之中,这就是奈斯比特所说的改变美国人生活 10 个新方向中的第一个。他断定,美国的信息社会从 1956—1957 年间开始,主要根据是:1956 年,在美国历史上从事技术、管理、文秘工作的白领工人的数目首次超过蓝领工人。工业的美国,正在为一个新社会的到来让路。历史上首次出现了大多数人不是在生产成品,而是在从事信息工作。1957 年,苏联发射人造卫星成功,标志着信息革命全球化的开始。奈斯比特认为,人造卫星发射成功的意义往往被看成是空间时代的开始,这是一种误解。更为重要的是,它开创了全球卫星通信的新纪元,使马歇尔•麦克鲁汉所说的"地球村"变成了现实。[3]人们对新的现实往往视而不见,身子已经进入信息社会,观念还停留在工业社会里,恋恋不舍地不愿同过去告别。他明确指出,贝尔所谓的"后工业社会"其实就是信息社会。人们在找不到适当的字眼说明一个时代或一个运动时,往往在既有的词语前冠之以"新(neo-)"和后(post-)"以示区别。后工业社会一词容易造成误解。人们以为,它不同于工业社会之处在于服务业而不是制造业占主导地位。其实服务业也有传统与现代之分,传统的服务业加快餐

---

① 阿尔温•托夫勒. 第三次浪潮[M]. 朱志焱,潘琪,译. 北京:生活•读书•新知三联书店,1983.

② John Naisbitt. *Megatrends: Ten New Directions Transforming Our Lives*. New York: Warner Books, 1982: 1.

③ Marshall Mcluhan. *Understanding Media: The Extension of Man*. New York: McGraw-Hill, 1964.

店的产值和就业人数长期以来停步不前，占劳动力总数 11%到 12%。从事信息工业的人数迅速增加，1950 年只占劳动力总数的 17%，现已超过 60%。绝大部分美国人的时间都用在信息的创造、处理和分配方面。奈斯比特认为信息社会的特点是：

1. 贝尔最早指出的那样，信息社会的战略资源是信息，信息当然不是唯一的资源，但是最重要的资源，以信息为战略资源更容易在经济获得成功；

2. 由此而来的第二个特点是，新的权力的源泉不是少数人拥有大量货币财富，而是多数人拥有信息；

3. 信息社会里，价值的增加，靠的是知识而不是劳动，至少是与马克思心目中不同的劳动；

4. 信息和计算机技术的创新通过减少信息漂流（information float）、开辟新的信息通道、加速信息运转、缩短信息发送者和接受者的距离，从而加快了社会变迁的步伐。如果说，美国从农业社会过渡到工业社会用了 100 年时间，那么，从工业社会过渡到信息社会只用了 20 年。农业社会的时间取向是过去，工业社会的时间取向是现在，信息社会的时间取向是未来。

第二类是信息经济著作。信息经济学（The Economy of Information）的概念最早由斯蒂格勒提出，1961 年他在美国《政治经济学》杂志上发表《信息经济学》一文，被认为是信息经济学诞生的信号。他所谓的信息经济学，主要是探讨信息的成本和价值以及信息对价格、工资和其他生产要素的影响。与之同时发展的另一个分支是用计量经济学的方法研究信息产业的结构，其开拓者是美籍奥地利经济学家弗利兹·马克鲁普，1962 年他出版了《美国的知识生产与分配》一书。在这本具有开创性的著作里，作者首次提出了知识产业即后来的信息产业的概念，这就是将知识的生产、收集、处理、存储、传播、使用、服务诸多环节联为一体的产业集合。

斯坦福大学的马克·波拉特博士根据马克鲁普的基本观点，吸收了丹尼尔·贝尔后工业社会的思想，于 1977 年向美国商务部提交了一份研究报告，题为《信息经济学：定义和测量》。在这份报告里，他首次将国民经济划分为农业、工业、服务业和信息业四个部门。他把信息产业界定为那些内在地（intrinsically）传递信息或直接从事生产、处理和分配信息的产业。然后又把信息产业划分为第一信息部门和第二信息部门。第一信息部门是指所有直接向市场提供信息产品和信息服务的企业和部门；第二信息部门是指政府或非信息企业为了内部消费创造和提供的一切信息产品和信息服务。

波拉特方法的意义在于他首次从国民经济各部门中识别出信息产业，用定量的方法说明信息产业的产值和劳动力在国民经济和劳动力中所占的比重。这就为信息社会的理论奠定了坚实的基础。它令人信服地说明信息社会是一个活生生的经济现实，而不是虚无缥缈的空中楼阁。波拉特方法也有它的局限性，主要是：它对于信息活动、信息产业和信息职业的划分缺少统一的标准；对统计资料的要求很高，计算方法也过于复杂，故在应用时不得不进行修正。

二、信息社会的理论在中国

信息社会理论在中国的命运，同其他西方的社会理论相比较似乎要幸运得多。这主要是时代使然，当然也同一些杰出人物为把它马克思主义化和中国化分不开。从时间上看，它的传入、传播和被吸收、被消化大致上与改革开放过程同步。

我国理论界对后工业社会理论的批评集中在以下几个问题上：首先认定它的理论基础是技术决定论，即把科学技术说成是决定经济发展性质的独立力量，完全撇开了生产关系的作用，把一切社会现象都看成是生产中动用科学技术的直接结果；其次，认为后工业社会的理论的"服务社会"论也是错误的，说它避而不谈资本主义社会服务领域的扩大是同经济军事化、政府官僚机构日益臃肿、资产阶级寄生和腐朽的生活联系在一起的；第三，指出它所鼓吹的阶级划分是以知识和技术为基础而不是以生产资料的所有制为基础；第四，后工业社会的理论关于权利转移到学者手里，从金融寡头统治过渡到能人治国的说法，完全不符合美国资本主义的现实，理论上也是根本错误的。总之，后工业社会的理论是根本错误和十分反动的，它是现代资产阶级经济学关于资本主义"变形"的一种新理论。这一理论集中反映了资本主义经济陷于困境和科学技术革命对资产阶级经济理论的影响，反映了资产阶级传统理论的破产。[①]

比较而言，我国理论界对美国未来学家的著作是要比后工业社会的理论宽容得多。中国人民大学国际政治学系教授高放先生在评论托夫勒的《第三

---

① 傅殷才. 现代资产阶级"后工业社会"理论评述[J]. 世界经济，1984（03）：68-72.

次浪潮》一书时首先肯定这本书值得一读的。高放指出，托夫勒认为第三世界国家也许可以不经过第二次浪潮的发展，而采取全新的路线达到第三次浪潮的文明，这个意见是合理的、可取的，对我们制定长远的社会发展战略有参考价值。托夫勒还分析了资本主义社会存在的十大矛盾，这也值得进一步探讨。①然而，高放并不同意托夫勒的基本观点，认为用"浪潮"来概括人类社会发展的阶段是不准确的。托夫勒没有采用科学的分类方法划分社会形态，而且划分的标准前后也不一致。高放认为信息社会不能构成一个独立的社会发展阶段，只不过是工业社会发展的高级阶段——以电子工业为主的社会。高放承认信息的发展使知识在创造价值的劳动中占有越来越重要的地位，但知识并不是资本，它离开了人的劳动和人的经济活动不能转化为财富。因此，知识价值论代替不了劳动价值论，只是劳动价值论需要进一步发展和补充。使高放最不能容忍的是托夫勒对马克思主义生产资料所有制的批评，特别是从知识即财富的观点出发，否定所有制具有实际意义的看法。高放从上述分析中得出结论说，鼓吹"信息社会"论的要害是为资本主义私有制辩护。尽管高放对托夫勒的基本观点持有异议，但对托夫勒的第四次浪潮说——未来的社会将是生物工程社会的观点表现出极大的兴趣。他认为，这个见解是正确的、深刻的。高放还从托夫勒的这个论断中引出了人类社会发展四形态说。这就是，第一形态，以获取现在自然物为主；第二形态，以增加自然物为主；第三形态，以加工自然物为主；第四形态，以创造自然物为主。②这是一个很有价值的看法，它显然是两种文化碰撞中出现的思想火花。

　　奈斯比特的《大趋势》在中国没有像《第三次浪潮》那样红火，但也走俏一时。总的看来，对它的批评更少一些，肯定更多一些。中译本的译者前言里明确提出该书在信息社会、各国经济发展相互依存、分散化和多样化的趋势、确定长期战略这四个方面带来值得参考的信息。译者认为："本书有关信息社会（尽管这种说法我们认为并不确切）的论述，对于我们加强科学技术工作、更加重视智力开发，进一步贯彻'经济建设要依靠科学技术，科学技术要面向经济建设'方针也许是有所启示的。"③还有文章说："我们是发展中国家，和那些已经实现工业和农业现代化的发达国家不同，我们应该看到

　　① 高放. 评《第三次浪潮》[M]. 北京：光明日报出版社，1986：31-36.

　　② 高放. 评《第三次浪潮》[M]. 北京：光明日报出版社，1986：30.

　　③ 约翰·奈斯比特. 大趋势——改变我们生活的十个新趋向[M]. 孙道章，路沙林，译. 北京：新华出版社，1984：3-4.

新技术革命的发展趋势，迎头赶上，重视信息产业的发展。""物质、能量和信息量构成任何一个现实的复杂系统不可缺少的三大要素，信息是必然有物质和能量作为它的载体的。""我们之所以重视发展信息产业，就是要通过这种产业的发展，促进科学技术的进步，促进劳动生产力的提高。重视发展信息产业，这是落后赶先进，多快好省地发展整个现代经济，必须采取的战略措施。"[①]

关于信息经济和信息产业的理论是信息社会理论的基石。我国情报学界在 20 世纪 80 年代中期将美国和日本关于信息经济和信息产业的学说特别是与之紧密相连的信息宏观测度方法加以介绍，并用来测定我国社会信息化的水平。1986 年 12 月 20—22 日，国家科委中国科技促进发展中心、国务院国际问题研究中心、邮电部规划所等 14 个单位在北京联合发起并召开了首届中国信息化学术讨论会，并出版了会议论文集《信息化——历史的使命》。[②]这本书的出版标志着一门新学科——信息经济学会终于在 1989 年 8 月 8 日在北京成立。信息经济学的经典著作，波拉特的名著《信息经济学》也在此期间被译成中文，出了两种译本。[③]此外，我国学者还编写了两种信息经济学教科书。[④]

采用波拉特信息宏观测度的方法对我国信息经济进行测度的有：

1. 1986 年 3—7 月，中国科技促进发展研究中心首次利用波拉特的方法对我国 1982 年信息经济发展状况进行了系统的定量分析，提交了研究报告，1987 年发表；

2. 1986 年下半年，上海科技情报研究所对上海信息经济情况作了初步测算；

3. 江苏省有关单位以 1986 年为描述对象研究分析了该省的信息经济规模及四大产业部门的就业结构；

4. 北京市有关部门采用 1985—1986 年的有关数据对北京地区信息经济的发展规模进行了测算；

① 罗劲柏. 研究世界新技术革命值得一读的一本书——奈斯比特《大趋势》一书评介[N]. 光明日报，1984-06-30（003）.

② 中国科技促进发展中心. 信息化——历史的使命[M]. 北京：电子工业出版社，1987.

③ 波拉特. 信息经济[M]. 袁君实，等译. 北京：中国展望出版社，1987；波拉特. 信息经济论[M]. 李必祥，等译. 长沙：湖南人民出版社，1987.

④ 葛伟民. 信息经济学[M]. 上海：上海人民出版社，1989；马费成. 情报经济学[M]. 武汉：武汉大学出版社，1991.

5. 湖南省岳阳县对该县 1987 年的信息活动作了分析测算；①

6. 吉林工业大学对吉林省 1990 年信息业进行了分析和测定；②

7. 天津南开大学图书馆学研究生和天津外国语学院国际信息研究生撰写硕士论文对 1992 年天津市社会信息化水平进行了测定。③

对这些个案研究进行综合比较可以大致上看出我国社会信息化的走向，至少可以有一点数量化的概念。更重要的是这些数字告诉人们，中国也有自己的信息产业和信息经济。无论怎样进行理论上的探讨，信息的社会化或信息化的社会是活生生的正在发展中的事实，信息化的程度已成为衡量国际经济发展水平的一项综合指标。据研究，发达国家信息增加值占 GNP 的比例一般为 40%—65%，新兴工业化国家为 25%—40%，而发展中国家一般在 25% 以上，我国 1982 年信息部门的增加值在 GNP 的比重为 15%。④

以钱学森为代表的我国科学工作者一直密切注视着世界科技革命发展的走向和进程，与此同时也十分关心西方国家反映科技革命的新社会理论的发展。他们的着眼点不是纯粹的理论探讨，而是制定一整套符合我国国情的发展战略。《第三次浪潮》出版后不久，钱学森就指出，托夫勒的这本书是想从科学技术的发展中给资本主义找出路，我们也要注重科学技术的发展。他对有关科学技术革命的基本认识问题进行了探讨。钱学森认为，科学革命可以定义为人对客观世界认识上的飞跃，而技术革命是人改造客观世界的飞跃；社会革命则是指社会制度的飞跃；产业革命可以看成是产业结构的飞跃。钱学森主张把社会革命同产业革命分开。在社会制度不变的情况下会有产业革命。"我们的生产力总要不断向前发展，因而生产体系的组织结构和经济结构总要向前发展，会出现飞跃，会有产业革命。"⑤

钱学森认为，从古至今在人类生产发展的历史上，依次出现了五次产业革命：第一次产业革命大约发生在 1 万年以前，火的发现与使用，最终导致农业的出现；第二次产业革命大约是公元前 1000 年，铁器的制作和使用使商品和商品交换得以出现；第三次产业革命发生在 18 世纪下半叶至 19 世纪初，

① 卢泰宏. 信息宏观测度的研究（上）——兼论八十年代我国信息化水平的综合评估 [J]. 情报学报，1992（10）：322-323.

② 靖继鹏. 吉林省信息产业测度分析 [J]. 情报学报，1993（06）：433-444.

③ 杨小兵. 天津市社会信息化水平的测定 [J]. 经图学刊，1996（01）154-156.

④ 马费成. 情报经济学 [M]. 武汉：武汉大学出版社，1991.

⑤ 辽宁社科院新技术革命课题组. 托夫勒著作选 [M]. 沈阳：辽宁科技出版社，1984：184.

始于英国蒸汽机技术革命，以机器为基础的近代工业遍及欧洲各国，创立了第二产业——工业制造业；第四次产业革命，发生在 19 世纪末至 20 世纪初，由于物理学的革命、电磁理论的建立、电动机的发明，促进了电机制造、电灯、通信、广播等的发展及生产社会化，形成了国际市场，从而创立了第三产业——银行、金融、保险、投资、贸易、交通运输业等。

第五次产业革命是从第二次世界大战以后，直到今天。由于相对论、量子力学、天文学等科学革命，首先推动了军事科学的发展，原子能、雷达、通信、航空航天等许多新兴工业出现，特别是近年来，电子技术引起的信息革命促进了一大批高技术的发展，科学技术成为提高生产力的决定因素。第四产业——科技业、咨询业和信息业应运而生。当前，各国的第五产业——文化业正在兴起。①戴汝为、于景元、钱学敏等 6 位科学家在钱学森的指导下，用了一年多的时间，对于信息革命引发的第五次产业革命进行了研讨，就第五次产业革命的特点、信息网络建设、信息经济、思维工作方法及社会文明发展等五个方面的问题发表了系统的看法，在某种意义上可以说是对于信息社会理论讨论的阶段性总结。

戴汝为等认为，第一次产业革命到第四次产业革命的共同特点是使劳动资料的机械的、物理的和化学的属性发生变革。机械革命的核心是机械性劳动资料，也就是可控制的机械加工机。形形色色的加工机能够从事任何形状和形式的加工工作。第五次产业革命——信息革命的核心是信息性的劳动资料，即各种各样的计算机、网络与通信的结合：信息性的劳动资料或劳动资料的信息属性可以称之为生产的神经系统。它所带来的变化是人类思维器官和神经系统的加强和扩大，智力的增加和扩大，这要比机械性生产工具引起的人类体力和技能的增强和扩大更为重要。信息性生产工具在生产中占主导地位，标志着现代化生产由工业化时代进入信息化时代。计算机和网络的结合正在改变着人们的生产方式、工作方式、生活方式和学习方式。"这样，信息革命必将引起经济的社会形态的变革。"②

在谈到网络建设时，戴文强调信息表示和处理的单维性和地域性是劳动资料信息属性增长的瓶颈之一。第五次产业革命的客观需求大大促进着通信技术和多媒体技术的发展，推动着多维化、智能化广域信息网络的发展。此

---

① 钱学森关于五次产业革命的论述参阅钱学敏《论科技革命与总体设计部》，原文载《中国软科学》1994 年第 3、4 期；《新华文摘》1994 年第 9 期，第 178 页。

② 戴汝为. 我们正面临第五次产业革命[J]. 科技文萃，1994（07）：3.

类网络耗资巨大，数以千亿，万亿计，是庞大的基础设施建设。

戴文认为第五次产业革命最直接的影响就是使世界经济从工业化阶段进入信息化阶段。工业化经济是以物质生产为主，信息经济则是把物质生产和知识生产结合起来，充分利用知识和信息资源，大幅度地提高产品的知识含量，提高劳动生产率和经济集约化程度。知识和技术密度型产业将取代劳动密集型产业，成为创造社会物质财富的主要形式：

戴文在最后一节强调，为了学会在第五次产业革命的信息汪洋大海中游泳，我们的思维和工作方法应该有一个飞跃。这个飞跃就是钱学森所倡导的"从定性到定量综合集成研讨厅"体系。戴文认为由于社会主义的性质和根本利益是与信息的共享性完全一致的，我国必将以更自觉、更积极的态度，采取更符合客观发展规律的措施，去实现第五次产业革命。

自从美国克林顿政府于 1993 年提出建设"国家信息基础设施计划"即"信息高速公路"的计划以来，我国新闻媒介和出版界掀起了一个前所未有的宣传、介绍、研究西方信息技术和信息社会理论的高潮。可以名之为理论和发展战略的研讨。在此过程中，边讨论、边规划、边行动，已经初见成效。从中美文化交流的角度来观察，这次浪潮来势之猛、影响之大，见效之快都是空前的。《人民日报》和《光明日报》这两家全国性的大报都先后发表了很有分量的文章。[①]这些文章不仅加以介绍，而且对信息革命的意义和深远影响进行了较深入的探讨。

在讨论的过程中，《中国科学报》以头版头条发表中科院院士何祚庥先生的短文《信息高速公路应该降温！》何文针对在讨论中一些文章认为我国对信息高速公路有巨大的需求，并有足够的技术在 15—20 年内建成国家信息高速网络，提出质疑。何文指出信息高速公路耗资巨大数以千亿美元计，我国难以负担，即使能建成也会有有路无车之虞。美国电话普及率高达 93%，我国还不到 3%，美国家用电脑普及率已达 31%，我国根本谈不上电脑普及率，巨大的需求无从谈起。何先生认为，我国如果能在 15—20 年内建设一个以普及电话为中心的低速的光缆通信网络，如能达到 70%～80%的电话普及率，那就是极大的成就。何文的结论认为信息高速公路离开我国国情太远，应该降温。

---

① 吴季松. 信息高速公路通向何方[N]. 人民日报，1995-01-06（007），1995-01-07（006）；张鸣. 信息高速公路将把我们带往何方[N]. 光明日报，1994-11-02.

《人民日报》于 1995 年 3 月 29 日发表一篇署名文章《信息高速公路并非离开我国国情太远》，文章说，追赶世界先进科技水平是我国长期奋斗的目标，而在网络互联这样的世界性科技信息网络迅猛发展的今天，积极创造条件，加入这类世界性网络已成为追赶世界科技的不可缺少的条件。文章的作者认为，对信息高速公路的迫切需求，是世界所有国家共同的，如果说我国有什么"特殊的国情的话，那只是我们对发展信息高速公路有着更为紧迫的需求。我国信息高速公路建设的一项初始工程或许就是尽快实现与国际信息高速公路接轨，同时应该采取跨越式的方法赶超发达国家"。

信息高速公路的浪潮在促进我国信息事业突飞猛进的同时，也提醒人们对一些理论和现实问题进行深入的思考。

人们到处在谈论信息和信息的重要性，这就促使人们重新探讨信息的含义，以及信息理论和马克思主义哲学的关系问题。信息的本质特征在国际学术界是一个聚讼多年、迄无定论的问题。我国学者在信息革命浪潮的冲击下，提出了包括形式因素（语法信息）、内容因素（语义信息）和价值因素（语用信息）在内的"全信息"概念。随着研究工作的深入，人们也越来越认识到马克思主义哲学是现代信息科学的渊源和基础。

在分析和评价我国信息业发展状况的过程中，不可避免地要触及如何界定信息产业的问题。对信息产业有广义的、狭义的两种理解。广义理解来源于前文提到的美国马克鲁普对知识的定义和波拉特第一、第二产业部门的划分。持这种观点的人认为，一切与信息生产、流通有关的产业，不仅包括信息服务和信息技术，而且包括科研、教育、出版、新闻、广告等部门。我国情报学界已经有人根据这种理解对我国社会信息化的程度进行了测定。狭义的理解认为，信息产业包括两大部分，一是信息技术和设备制造业；二是信息服务业。这种观点来源于日本对信息产业的划分，也有人据此对我国各地社会信息化的水平进行过测定。此外，还有人把信息产业与信息服务业等同起来。界定信息产业的范围和构成，是研究信息产业的理论出发点，是制定政策的前提，研究工作中的一个普遍存在的问题就是忽视各国对信息产业的不同理解，不顾存在着标准方面的差异，将两国的信息化水平进行比较，这样的研究毫无疑问是缺乏科学性的。①

不少文章认为，高新信息技术改变社会面貌的同时，有它的负面效应。

---

① 吴慰慈. 中国信息产业问题研究综述[J]. 图书馆工作与研究，1995（02）.

大而言之，它使人们交往的机会减少，人们终日同计算机终端打交道，会导致人与人关系的疏远，个人也会产生紧张、孤僻、冷漠及其他健康问题。成天与多媒体画面接触而不与现实本身交流，有可能产生心理和社会化方面的问题。[①]已经为人们所熟知或开始感受到的负面效应则有计算机病毒的干扰、无纸办公用纸更多、智能犯罪，以及有害信息的传播等等。[②]此外，信息技术革命还可能造成发达国家内贫富差距的扩大和国际上南北差距的扩大。

三、发展我国信息经济的战略思考

信息高速公路的冲击波使我国上上下下都看到，制定我国信息业发展战略已经刻不容缓。这是加速我国现代化建设事业的关键所在。这涉及两个方面，一是信息现代化与其他几个现代化，特别是农业现代化和工业现代化的关系。二是如何加速我国社会信息化事业，如何发展我国信息产业的问题。我国是一个发展中国家，真正实现农业和工业的现代化还有许多事情要做，还有很长的路要走。我们决不能只抓信息化，不抓工农业的现代化，当然，也不能埋头工农业的现代化，而对信息化置之不顾。这二者不是相互对立，非此即彼，而是相辅相成，相互促进的。"从经济结构的升级看，工业化是农业主导型经济向工业主导型经济的演进。工业化过程中要处理好工业与农业的关系，信息化过程中则必须处理好信息化与工业化的关系，应以工业作后盾，信息业为先导，用工业化培育信息化，用信息化促成工业化。"[③]具体说来，一方面要使产业信息化，另一方面则必须使信息产业化。

根据发达国家的经验，在信息产业的发展战略上，有几条可供选择的道路：一种是以美国为代表的"自然增长"模式；另一种是以日本为代表的"政府干预"模式。有些学者认为，我国宜采取"政府干预"的模式，但不应照搬，应从我国实际情况出发，利用计划手段和市场机制，合理布局，勤俭办事业，走跨越式的发展道路。这就是说，跨越铜缆搞光缆，跨越模拟通信搞数据通信，跨越"单媒体"搞"多媒体"。眼下的当务之急是，加快与国际上

---

① 张鸣. 信息高速公路将把我们带往何方[N]. 光明日报，1994-11-02.

② 王令朝. 高新信息技术的负面效应[J]. 新华文摘，1995（06）：184-185.

③ 王胜颜. 加快经济信息化步伐（国家信息中心副主任乌家培教授访谈录）[N]. 经济日报，1995-03-10（007）.

的互联网连接，实现与国际高速公路接轨。

美国信息社会的理论和实践通过多种渠道传入中国，对中国现代化的进程已经发生了重大影响，必将继续产生影响。其原因不仅在于人类向信息社会迈进是历史的必然，更重要的是我们在现代化建设的历程中，已经总结出可贵的历史经验。这就是，必须从我国国情出发，结合我国的实际情况，走自己的路。信息社会的理论来源于现代信息技术飞速发展的实践。正如西方宏观和微观经济学是西方市场经济活动在理论上的概括和总结一样，信息社会、信息经济和理论是对信息技术发展对社会经济发生影响的描述和总结。当我们的信息技术还没有发展到一定程度，还未能对我国的经济、社会、文化生活发生影响时，我们很难对比较超前的社会理论有起码的了解。如果我们把对于西方经济学理论的认识过程与我们对北美信息社会理论的认识过程稍加比较的话，就不难发现二者之间有一个共同点，这就是，只有当我国的社会实践发展到一定程度，我们才开始认识到相关理论的价值。没有从计划经济向市场经济过渡的实践，就不会认识到西方经济学理论的价值。同样，没有我国自身信息技术和信息产业的发展，也不可能理解北美信息社会的理论对于促进我们与国际信息社会接轨，决心走跨越式的道路，迎头赶上世界先进的科学技术水平是有意义的。

值得我们感谢的是我们的科技工作者，是他们以科学家的敏锐和对尖端信息技术的正确理解，察觉到北美信息社会理论有可取的内容，而且对它们进行了马克思主义的解释。他们认为劳动资料或生产工具具有机械属性和信息属性，这个看法相当深刻，为我们正确地理解第五次产业革命和信息社会的到来奠定了基础。情报学工作者对于信息社会理论特别是信息经济理论的引进作出了自己的贡献。他们大胆实践的精神尤为可贵，没有他们运用波拉特方法对我国各地区信息化水平的测度，就不可能对波拉特的理论和方法能有现在这样的全面了解。一种理论的出现不是偶然的，必然有它产生的社会经济和技术的基础。它的正确与否要由实践来检验。引进外来的理论不仅要了解这种理论产生的背景，而且要吃透本国的国情，不能采取盲目摘取的态度，还必须拿来试一试，看它能否在本国应用。离开我们自身实践较远的理论或超前的理论，会给我们在理解上造成困难，但不要因此就认为这种理论没有用，或者认为是错误的。当我们的实践和理论迈进了一步之后，就有可能对这种理论有新的理解。

取法乎上，适得其中。发展的目标定得高一些，我们前进的步伐就有可能快一些。"工业较发达的国家向工业较不发达的国家所显示的,只是后者未来的景象。"①这句名言用于信息社会的实践和理论以及向现代信息社会迈进的国家,应该也是适用的。

---

① 马克思. 资本论:第 1 卷(上)[M]. 北京:人民出版社,1975:8.

中美大学图书馆比较研究①

一、发展概况

（一）中美高等教育的发展

近代中国高等教育是中西文化撞击的产物。中国古代虽然也有自己的最高学府，如太学、国子监以及后来发展起来的书院，但教学内容没有超出儒家经典的范围，其宗旨是为封建政权培养人才。西方列强用军舰和大炮打开中国的大门后，西方的科学文化和教育模式也随之进入中国。近代中国高等学校大致上可以划分为三种类型：官办大学、教会大学和私立大学。

清政府于1862年建立的"同文馆"是中国自己创办的第一所具有近代高等教育内容的学校，其目的是为清政府培养外语翻译人员。自1869年起，担任"同文馆"总教习的美国传教士丁韪良，对教学内容和教学设施的改进做出了贡献。在他的坚持下，"同文馆"设立了自然科学方面的课程，建立了天文台、实验室和图书馆。从1895起，清政府先后在天津、上海和北京创办了天津中西学堂（1903年改为北洋大学）、南洋公学上院（上海交通大学前身，建于1896年）和京师大学堂（北京大学前身，建于1898年）。20世纪初，官办大学进一步发展，在英国传教士李提摩太的倡议下，山西省创办的山西大学，是中国第一所省立大学，其后各省竞相效仿。到1909年，中国已有官立高等学校120余所，其中大学堂3所，省立高等学堂23所，其余为高等专科学校。1902年，清政府颁布的《学堂章程》规定，高等教育机构有大学堂、高等学堂、高等实业学堂、法政学堂及优级师范学堂。这些官办大学的办学

---

① 原文载《河北科技图苑》，2000年增刊（总第5辑）。

宗旨是培养忠君、尊孔、兼通西学的封建官僚。封建文化仍占主导地位，办学条件较差，与真正意义上的近代大学还有很大差距。经过民国初年的教育改革和五四运动的洗礼，封建性的弊端才逐渐革除。

美国圣公会于 1879 年在上海建立的圣约翰大学是最早在中国建立的教会大学。20 世纪初，教会大学有较大发展，到 1920 年达 20 所之多。在新教方面，除了圣约翰大学之外，还有东吴大学、上海浸会大学（后改名为沪江大学）、金陵大学、华南女子大学、华西协和大学、之江大学（后改为之江文理学院）、金陵女子大学（后改为金陵女子文理学院）、岭南大学、齐鲁大学、燕京大学、华中大学。天主教方面有震旦大学、辅仁大学、天津工商大学。教会大学的办学宗旨，起初是培养高级传教人员，谋求基督教在中国的发展，后来成了培养列强在华高级企业人才、政府官员和社会领袖的基地。经过 20世纪 20 年代的非宗教、非基督教运动和收回教育主权运动，充斥于教会大学的帝国主义气焰才有所收敛。教会大学的办学条件较官办大学略胜一筹，比较重视图书馆和实验室的建设。

在半封建半殖民地的中国，民族资本不能得到充分发展，私人办学举步维艰，私立大学更是屈指可数，主要有武昌中华大学（1912）、北京的中国大学和朝阳大学（1913）、严范孙和张伯苓在天津创办的南开大学（1919）、陈嘉庚创办的厦门大学（1921）。后两所学校教学质量较好，对图书馆建设也比较重视。卢木斋和黄奕在 20 世纪 20 年代的捐赠，为这两所学校的图书馆奠定了坚实的基础，一时传为美谈。

民国时期，曾于 1912 年和 1913 年重定学制，高等教育机构有大学院、大学、专门学校及高等师范学校，各分为预科、本科。1922 年，教育部公布了新学制。其在高等教育方面的最大改革在于：（1）得设单科大学；（2）高等师范学校改为高等师范大学；（3）大学采纳选课制；（4）废止预科。南京国民政府成立后，先后公布大学区组织条例、大学组织法、大学规程及专科学校规程。根据上述组织条例等的规定，高等教育机构分为大学、独立学院、专科学校三种。大学分为文、理、法、教育、农、工、商、医等 8 个学院。具备 6 年学院以上者，方可称为大学；且 3 个学院中必须包含理学院，或农、工、医学院之一。不满 3 个学院者，成立独立学院、修业年限除医学院外，均为 4 年。抗日战争期间，中国高等教育事业受到日本侵略者的严重摧残，沿海地区的高等学校纷纷内迁、有一迁再迁，甚至八迁者。因此，图书设备损失惨重，虽颠沛流离，而弦歌不绝。抗战胜利后，国民政府教育部对国立专科以上的学校地点进行了调整，布局稍趋合理。同时，拨出经费修建校舍。到 1947 年，共有专科以上学校 207 所，在校学生 15.5 万人。

中华人民共和国成立后，中国高等学校按照苏联的模式进行了院系调整。当时中央确定的基本方针是："以培养工业建设干部和师资为重点，发展专门学院和专门学校，整顿和加强综合大学。"具体做法是，根据国家社会主义经济建设的需要，进行全国范围内的院系调整：（1）将原有系列庞杂的旧制大学，改造为培养目标明确的新制大学；（2）将国家建设所迫切需要的系科专业，分别集中或独立，建立新的专门学院，充分发挥师资或设备的潜力，提高教育质量；（3）改变旧大学不合理的布局和结构，增加工科院校的比重，整顿、撤销、归并一批高校；（4）取消旧大学学院一级的建制，改为校系两级管理，普遍设立专业，按专业培养人才。

经过院系调整，革除了旧制高等院校系科设置零乱、师资设备分散、教学脱离实际的弊端；在新工业区和内地新建了一批大学；改变了旧中国工科教育极端落后的状况，基本建成了机械、电机、土木、化工等专业比较齐全的工科教育体系；适应国家急需，增加了工科院校和师范院校的比重。从全局看，这次院系调整是有成绩的，奠定了新中国高等教育的基础。但是，由于在学习外国经验上有很大的片面性，对欧美的经验缺乏历史的、辩证的分析，存在不少缺点，使中国的高等教育走了一段弯路。最大的问题是，将苏联所继承的欧洲大陆的理论与实践相分离的知识等级体制，误认为社会主义体制，加以采纳；而把美国的理论与实践相结合的体制看成是资本主义体制，加以排斥。致使一些办得较有成效的文、理、工、农、医综合大学被撤销或肢解了；保留下来的综合性大学一律改为文理大学，没有应用学科的支持。许多专门学院，缺乏文理学科的依托，学科单一，专业口径过窄。很显然，这种建制违反了现代高等教育发展的趋势。

中国高等教育事业在改革开放之后发展很快，普通高等院校的数目从1978 年的 598 所，增加到 1990 年的 1067 所，在校学生人数也从 85.6 万增加到 130 万。在此过程中，许多文理科大学不能不增设应用学科；许多工科大学不得不重新设置文理学科；规模较大的学校不得不恢复校、院、系的三级管理体制。1949 年后，政府对高等教育的管理因袭了中国高度集中管理的传统，全国高校不论属于何种类型、层次，均由政府出资，国家公办，学校完全根据主管部门下达的经费、人事指标及指令性计划办学，学生由主管计划部门和主管业务部门统招统分。学校基本上没有办学的自主权，事实上成了主管部门的办事机构。这种情况，直到改革开放后才开始改变。1985 年 5 月，发布了《中共中央关于教育体制改革的决定》，其中对于高等教育的战略目标和改革的方向、内容、步骤都作了明确的规定。1986 年 3 月，国务院发布了《高等教育管理职责暂行规定》。这些文件的基本精神都是扩大高等学校办学的自主权。当前，中国的高等教育正处于深刻的变革之中。

美国的高等教育走过了一条与中国全然不同的道路。美国最老的大学哈佛大学建于 1636 年，旨在培养专职牧师和公众领袖。殖民地时期建立的高等学校大多奉行类似的办学宗旨。学习的课程主要是希腊文、拉丁文、希伯来文、逻辑学、修辞学、古代史和数学。同欧洲中世纪晚期的大学颇为相似。后来才缓慢地增添了科学、现代语言和文学方面的课程。为了适应工业革命和西进运动发展的需要，美国在 19 世纪出现了不同类型的大学。托马斯·杰弗逊（Thomas Jefferson）于 1819 年在弗吉尼亚州建立了最早的州立大学。杰弗逊是宗教与国家分离原则的鼓吹者，州立大学与早期大学不同之处在于它不再有宗教的目的，而是为世俗培养人才。马里兰州、宾夕法尼亚州和密歇根州的大学一开始就设置了农业、工程和应用科学方面的课程。哈佛、耶鲁、达特茅斯等学校也增设了理学院。师范学院是为培养中小学师资而建立的。这些师范院校后来发展成为一般院校，有的则并入其他大学。法学院和医学院在 19 世纪也逐渐成为高等学校的重要组成部分。

美国国会于 1862 年通过了《土地赠与学院法》，又称《莫里尔法》（Morill Acts）。这项法令规定联邦政府将一定数量的国有土地拨给州政府，作为建立高等农业院校和农机院校的资源。这类院校遍及全国各州，课程以科学特别是以应用科学为主，包括本科生和研究生教育，对本州居民收费低廉，旨在使年轻一代均能受到大学教育。许多被赠与土地的高等学校，后来发展成为学术水平较高、影响较大的名牌州立大学，成为发展中国家高等教育效法的对象。1876 年，约翰·霍普金斯大学建立于巴尔的摩，这是一所体现德国高等教育思想的学校，注重研究生教育，并将讨论班的形式引入研究生教学。从此，研究生教育就成了美国高等教育的一个重要组成部分。老学校如哈佛大学和耶鲁大学，新建校如芝加哥大学和斯坦福大学都在学术自由和自主的精神指导下发展了它们的研究生教育。与此同时，妇女、黑人和其他少数民族的高等教育也都在不同程度上得到了发展。

20 世纪是美国高等教育大发展的世纪，学校和学生的数量增长很快。1940 年，美国有 1708 所高等学校，在校学生 1388000 人。到 1992 年，高等学校增加到 3587 所，在校学生增至 14359000 人。同大学本科教育相比，研究生教育发展的速度更快。70 年代末，本科生入学总数为 970 万人，1992 年增至 1220 万人，增长率为 26%。研究生的入学人数，从 1978 年的 130 万人增加到 1991 年的 170 万人，增长率为 30%。高等教育的大发展是美国从工业社会向后工业社会发展的需要，同时也是联邦政府和州政府大力支持的结果。1944 年，罗斯福总统签署了《军人重新安置法》（即《美国士兵权利法案》），为退伍军人进入大学提供了有利条件。1958 年的《国防教育法》，从"对付人造卫星的挑战"和"满足国家基本安全的要求"出发，联邦政府加大了对各级教育，特别是高等教育的投入，采取了一系列的措施改革高等教育，加强理工科大学和重点大学的建设。此后，联邦政府还陆续颁布了一些法令，如 1963 年的《高等教育设备法》、1965 年的《高等教育法》、1972 年的《高等教育法》和 1980 年的《教育修正案》。根据这些法令，联邦政府增加了对高等学校的拨款，以改进设施，扩大公民接受高等教育的机会。高等学校学生在 20~24 岁年龄段中所占的比重，1970 年为 56%，1990 年增至 75%，在发达国家中遥遥领先。1982 年以来，联邦政府和州政府对高等教育的资助锐减，90 年代中期以后才略有恢复。

美国的高等学校可划分为三大类：研究型的大学（University）、四年制的学院（College）和二年制的社区学院（Community College）。在四年制的学院和大学中，公立（州立）占少数，私立占多数。大学一般设普通学院四年制本科和研究生院两部分。学院大致可分为文理学院和专门学院。社区学院自 20 世纪 60 年代以来发展很快，据 90 年代初的统计，在 3600 多所高等学校中，公、私立社区学院达 1444 所之多，在校学生占高等学校总数的 40%。

美国政府对高等学校实行分权管理的办法，管理高等学校的责任主要由州议会、教育行政部门承担，私立学校则实行董事会制。这种管理体制有利于发挥地方政府和学校的积极性和创造性，但不利于宏观调控和整体规划。第二次世界大战后，随着高等教育规模的急剧扩大和联邦政府权力的膨胀，联邦政府对高等教育的干预增多了。1979 年，联邦政府建立了教育部，负责反对种族歧视教育法规的执行和联邦对高等教育补助经费的管理与分配。

（二）中美高等学校图书馆事业概况

中国近代图书馆事业兴起于 19 世纪下半叶。"同文馆"在建立之初就注意到藏书建设，通过赠与和交换的方式从国外获取了一批外文图书。1887 年建立了专用的"书阁"。当时有"汉文经籍等书 300 本，洋文 1700 本，各种功课之书、汉文算学等书 1000 本"。1898 年京师大学堂成立，由梁启超起草的《京师大学堂章程》，把藏书楼的建设置于十分重要的地位，强调要设立了大藏书楼"广集中西要籍，以供士林浏览，而广天下风气"。建立之初还对藏书楼的体制和经费作了具体的规定：建设藏书楼费用约白银 2 万两，购中国书费约白银 5 万两，购西文书费约白银 4 万两，购东文书费约白银 1 万两。建校后，原强学会和同文馆的图书并入，成为该校第一批藏书。不幸的是，这批珍贵的典籍大多在庚子事变中被毁。1902 年 10 月，京师大学堂藏书楼正式创立。1903 年清政府颁布的《奏定高等学堂章程》和《奏定大学堂章程》中，明确规定："大学堂而置附属图书馆一所，广罗中外古今各种图书，以资考证"。创立了高等学校必须取法京师大学堂建立图书馆的好传统。

　　1927 年至抗日战争爆发前，是中国高等教育事业和高校图书馆迅速发展的时期。据《第一次中国教育年鉴》的统计，1931 年全国公、私立大学及学院 73 所，其附设图书馆共藏有图书 270 万册，平均每校图书馆藏有图书 4.5 万册。藏书量达 20 万册以上的有中山大学、北京大学、私立燕京大学。藏书 10—20 万册的学校图书馆有 6 所，5—10 万册的有 13 所，接近 5 万册的有 36 所，藏书达 1 万册的有 13 所。抗日战争爆发后，由于日本侵略军的烧杀抢掠，使中国文化教育事业蒙受重大损失。早在 1932 年，商务印书馆创办的东方图书馆就被日机炸毁，46 万余册藏书付之一炬。在大学图书馆中，南开大学的木斋图书馆损失惨重，馆舍被夷为平地，藏书 20 万册，劫后幸存者不足十分之一。其他大学如上海暨南大学（真如）、金陵大学、中央大学、湖南大学等校图书馆也受到很大破坏。

　　1937—1949 年间，中国高等教育事业和图书馆事业受战争和腐败的国民党政府统治，发展速度受到影响。抗战期间，尽管有北大、清华、南开组成的西南联合大学"箫吹弦诵在山城"，谱写了高等教育史上的壮烈篇章，但办学条件的艰苦是人所共知的事实。8 年累计，西南联大共有中文、日文图书 34100 册，西文图书 13900 册（含英国牛津大学、美国哈佛大学和加州大学的赠书），两者合计不过 48000 册。

　　战后，国民党政府教育部采取了一些补救措施，主要是：（1）将历次中美贷款内所获之美元，订购仪器、图书、机械等，分发国立专科以上学校使用；（2）订购美国 1940—1946 年间的期刊 197 种，共 799 箱，分发中央大学等 48 所校馆使用；（3）订购《图书集成》及《四部备要》各 10 部，分发台湾大学等 20 所院校使用；（4）美国图书中心赠送书刊 804 箱，分发岭南大学等校使用，美国图书馆协会赠书 20 箱，其中图书 418 种、期刊 337 种，分发金陵大学、北京大学使用。其他国际赠书单位还有美国联合援华会、印度和日本岩波书店，所赠图书分发各大学使用。这些措施虽然是杯水车薪，难以满足全部需要，但由于战后高等教育机构数量有所增加，1946—1947 年间高校图书馆的馆藏总量与 1931 年相比，有明显增长。公、私大学和独立学院的藏书总量近 600 万册，加上专科学校的藏书近 640 万册，比 1931 年增加了 1.4 倍。按有图书统计资料的 151 所院校计算，平均每个单位藏书 42366 册，依 1948 所出版的《第二次中国教育年鉴》，按馆藏数量排列，情况如下表所示。

表　抗日战争后中国主要高校图书馆藏书量

1. 北京大学	占地 1256m²	742894 册（1948）	1936 年藏书 244440 册
2. 台湾大学		50 万册以上	
3. 华西协合大学		24 万余册	战前藏书 40 余万册
4. 北京师范学院		2088818 册	
5. 中央大学	占地 2328.17m²	18 万余册	战前藏书 40 余万册
6. 中法大学		156828 册	
7. 武汉大学		154455 册	
8. 齐鲁大学		151341 册	战争中损失 2 万余册
9. 燕京大学		15 万册以上	
10. 震旦大学		约 15 万册	
11. 圣约翰大学		143691 册	
12. 复旦大学		140000 册	
13. 福建协合大学		136857 册	
14. 清华大学		136500 册	战前藏书 390000 册
15. 福建学院		10 万余册	

新中国成立后，随着高等教育事业的发展，高校图书馆的建设得到加强。1956 年 12 月颁布的《中华人民共和国高等学校图书馆试行条例（草案）》明确规定："高等学校图书馆是为教育学和科学研究服务的学术性机构。"它的主要任务是："（一）搜集供应教学、科研所需要的书刊资料；（二）以科学的方法统一管理全校的图书工作；（三）通过书刊和资料宣传马克思列宁主义及党和国家的政策；（四）培养图书馆的干部，开展图书馆学的科研工作。"《条例》对高校图书馆的机构设置、人员编制和待遇、经费都有较为详细、具体

的说明，为规范高校图书馆的工作提供了依据。

旧中国留下的高校图书馆只有 151 所，馆藏总量 650 万册。1957 年，高校图书馆增加到 229 所，1965 年发展到 434 所，1980 年更增至 675 所，馆藏量增加到 1.94 亿册。改革开放以来，高校图书馆的发展加速，情况如下表所示。

项目（单位）	1980 年	1986 年	1990 年[2]	1994 年
高校图书馆（所）	675	1053	1075	1080
藏书册数（万册）[1]	19362	31757	38170	41800
人员数量（人）	17297	32779	35180[3]	38162[4]

注：[1]不包括系（所）资料藏书。[2]1990 年只统计了 977 个馆，占应统计馆的 90%；其余年份的数据完整率均在 95% 以上。[3]其中高级职称 8431 人，初级职称 15017 人。[4]其中高级职称 2707 人，占 7.1%；中级职称 11735 人，占 30.8%，初级职称 14505 人，占 33%。

在 1000 多所高校图书馆中，藏书在 100 万册以上的有 35 所，居前 15 所的大学图书馆如下表所示。

校（馆）名	总藏书量（万册）	其中古籍（万册）	订购报刊（种）
北京大学	430	150	7000
四川联合大学	368		4500
复旦大学	345	36	6000
南京大学	331	30	
武汉大学	278	20	
华东师范大学	275	27	
中国人民大学	260	40	
中山大学	258	30	5070
北京师范大学	256	40	
清华大学	250	30	5000
南开大学	220	30	5100
东北师范大学	220	46	3394
吉林大学	218	40	5166
安徽师范大学	214	23	
南昌大学	207		

高等学校图书馆舍建设近 20 年来也有长足的进展，如下表所示。

校（馆）名	馆舍面积（m²）	新馆舍建成时间
北京大学	24500；50000	1975，1998
清华大学	27820	1991
中国人民大学	26000	1992
北京师范大学	22300	1989
南开大学	22310	1990
天津大学	25391	1990
吉林大学	25093	1991
哈尔滨工业大学	23500	1994
复旦大学	20000	1986
上海交通大学	40000	1985
华东师范大学	21774	1990
同济大学	20700	1989
浙江大学	21000	1982
南昌大学	23400	1994
武汉大学	22884	1984
华中理工大学	24520	1990
深圳大学	23000	1986
华南理工大学	21148	1990
四川联合大学	28760	1987
西南师范大学	16000	1988
西安交通大学	24000	1991
西北工业大学	21000	1993

　　高等学校图书馆建筑在设计中注意贯彻美观与实用相结合的原则，从中国经济实力出发，吸收了国外图书馆建筑思想中一些有益的东西，尊重中国读者的阅读习惯，注重发挥图书馆的功能建成了的一批质量较好的图书馆，大大改善了办学条件。自 20 世纪 70 年代末期，中国大学图书馆开始将计算机应用于图书馆管理，20 多年来，取得了长足的进步。中国教育和科研计算机网（CERNET）建成后，使高校图书馆进入了网络化的新阶段，大大缩短了中国大学图书馆与发达国家大学图书馆的差距（详见本文"技术变革"部分）。

　　美国的大学图书馆馆藏是从私人捐赠开始的。1638 年，哈佛学院建立两年之后，在马萨诸塞州定居不久的约翰·哈佛（John Harvard，1607—1638）牧师去世，他的藏书 360 册成为该学院图书馆最早的馆藏，他的一半家产约值 780 英镑也赠给学院。学院因此以他的名字命名。哈佛学院图书馆的第一任馆长是所罗门·斯图达尔德（Solomon Sytodard），1667 年就职，当年就制定了《1667 年图书馆章程》，对于图书借阅的范围、借书期限、赔偿罚款、图书馆工作人员的职责都有明确的规定，沿用达 200 年之久。耶鲁大学也因第一位赠书者埃利胡·耶鲁（Elihu Yale，1649—1721）赠书 417 册而得名。足见美国大学对图书馆藏书的重视。19 世纪上半叶以来，美国大学图书馆徐徐前进，发展缓慢。馆藏内容主要是文学特别是古典文学作品，其次是神学著作、法学和医学著作。馆藏的增加主要依赖私人捐赠，有计划的系统采购较为罕见。1850 年，史密森博物院发表的一份关于图书馆的报告指出，高等学校的图书馆往往是私人慈善机构馈赠的集合，馆藏质量不高，只有少数图书馆经过精心挑选，收藏质量堪称全国之冠。当时共有 119 所高校图书馆，藏书总量 580901 册。高等学校都有学生社团开办的图书馆，藏书内容符合学生一般需要，其中以耶鲁大学学生图书馆的收藏质量最好。这类图书馆全国共有 134 所，藏书 259089 册。大学图书馆馆员（长）多由教师兼任。图书馆开放时间很短，每周只开放几个小时。购置图书经费有限。只有手写的书本式目录。

　　19 世纪下半叶，美国大学图书馆的藏书数量和管理质量有长足的进步，如下表所示。

校（馆）名	建校时间（年）	馆藏数量（册）					
		1776 年	1800 年	1836 年	1849 年	1870 年	1900 年
哈佛	1636	7000	10000	47500	86200	227650	910000
威廉和玛丽	1693	2000	—	—	—	5000	13000
耶鲁	1701	4200	3675	25500	50481	114200	476000
普林斯顿	1746	1200	1200	11000	16000	41000	177449
宾夕法尼亚	1753	2500	4000	2000	92500	25573	282525
哥伦比亚	1754	1500	2249		127400	33590	31000
布朗	1764	500	—	11600	31600	45000	140000
达特默斯	1769	—	3000	14500	21900	52500	112000
乔治敦	1789	—	—	12000	26000	32268	88300
威廉斯	1793	—	1000	6200	10559	27500	47463
包德恩	1794	—	—	12000	24750	35860	67164
南卡罗莱纳	1801	—	—	10000	18400	28250	32783
美国军事学院	1802	—	—	15000	25000	51920	
阿姆荷斯特	1821	—	—	10550	13700	38533	92000
三一学院	1823	—	—	4500	9000	15000	67071
弗吉尼亚	1819	—	—	10000	18378	40000	50473

1876 年，在美国图书馆事业史上是具有里程碑意义的一年。这一年有几件大事发生：美国图书馆协会成立；美国第一个图书馆学杂志《美国图书馆杂志》创刊；《杜威十进分类法》一书出版；卡特《字典式目录规则》发表。许多大学图书馆陆续采用了杜威分类法和卡特的目录规则，图书馆的目录管理逐步规范化。

美国高等学校在 19 世纪最后 30 年中发生的变化，对高校图书馆产生了重大影响。随着科学的发展和满足工业化对专门人才的需要，高等学校增添了许多自然科学方面的新课程，哈佛大学率先实行了选课制。在德国的影响下，研究生教育普遍采用讨论式的教学方法。所有这些，都使得图书馆成为教学工作的重要资源，从而确立了图书馆在高等学校的中心地位。

进入 20 世纪，美国的大学图书馆馆藏发展很快。以哈佛大学为例，1900 年馆藏为 91 万册，1925 年达 250 万册，1940 年更增至近 400 万册。1900 年，该校的总图书馆设在考尔大厅（Gore Hall），1915 年迁至新建的威德纳纪念图书馆，预计可以使用 50 年，但到 1930 年就不敷用了，只得另建霍顿善本书图书馆（Houghton Library）和莱蒙特本科生图书馆（Lamont Library）。此外，哈佛大学在 20 世纪 30 年代约有 70 个系级图书馆，各自收藏数以万计的与本专业有关的书刊，这也减轻了总馆的压力。随着图书馆数量的增加，各馆的服务工作也发生了很大变化。开放的时间延长了，目录工作更加完善，为师生服务的手段更为多样化。在这方面，印第安纳大学图书馆很具代表性，1880 年，该馆只有 1 万册藏书，每周只开放几个小时，专职工作人员仅 1 人。1891 年建立了新馆舍，有一间面积很大的参考阅览室，1900 年馆舍面积为 1875 年的 20 倍。新馆舍的建设和大量图书馆的购置所需要的经费大多来自私人的捐赠，卡内基基金会在大学图书馆的建设中发挥了重要作用。

1929—1933 年的经济大萧条，使大学图书馆的发展受到了严重挫折。但罗斯福总统推行的"新政"，通过"工程进步管理局""全国青年管理局"对高校图书馆的装订、编目、索引、建筑的维修提供了巨大的援助。大批学生在联邦政府的资助下到图书馆工作。"工程进步管理局"所组织的对地方历史建筑的登记、摄影、文献整理工作为图书馆提供了丰富的资源。尤为重要的是，大萧条为高校图书馆提供了总结过去的机会。人们把注意力放在了制定大学图书馆的工作条例、工作人员的道德守则、高校图书馆的评估标准等方面，对于规范高校图书馆的工作，提高服务质量起了重要作用。高校图书馆实现了联合采购，特别对国外出版物的联合采购，著名的法明顿计划就是从这个时期开始的。

美国高等教育在第二次世界大战期间和战后的大发展是图书馆建设的巨大推动力，使 20 世纪 50 年代和 60 年代成为美国高校图书馆的大跃进时期。许多新馆舍都是在这个时期建立起来的。新图书馆建筑大多采用模块式的结构，体现分类开架、藏阅结合的原则，便于读者浏览和阅读。由于高等学校特别是社区学院发展过快，图书馆事业发展严重失衡，不少社区学院仍停留在中学图书馆的水平上，这在美国南部尤为普遍。为了改变这种状况，根据 1965 年的高等教育法由联邦政府拨出巨款，用于图书采购、馆舍建筑和人员培训等各个方面，在第一年内就有 1800 个单位受益。非纸质载体文献，如缩微胶卷、平片、影片、录音录像带，以及 20 世纪 80 年代出现的只读光盘扩大了人们的视野。容纳更多读者和更多馆藏的双重压力使院系图书馆又一次出现繁荣，哈佛大学的院系图书馆到 20 世纪 80 年代初增加到 90 个。经过发展，藏书量超过 100 万册，人员过百，年经费超过百万美元的图书馆遍及全国。

高等图书馆事业的大发展促进了馆际合作。首先是联合保存图书馆的建立，用以解决非常用书刊的储存问题。1942 年，波士顿建成的新英格兰保存图书馆（New England Deposit Library）是由哈佛大学图书馆、波士顿图书馆、马萨诸塞理工学院图书馆等 7 个单位联合管理的保存图书馆，存放过期的报刊、非常用图书和地方政府的档案。设在芝加哥的中西部大学图书馆馆际交流中心（The Middle-Western Inter-library Center）建于 1951 年，能收藏 200 万册图书，它不仅联合储存成员馆非常用图书，而且承担了联合采购稀有文献的任务。随着计算机在图书馆的应用，从 20 世纪 60 年代末起，北美的高等学校先后建立了以 OCLC 为代表的四大联合编目中心。近年来，这些中心的功能随着互联网的发展，成为日益强大的资源共享的中心。除了这四大中心之外，以州为基础的高等学校图书馆地区性的合作也不断加强。

二、技术变革

在图书馆的历史上，信息技术革命引起的变革是空前的。人们通俗地将人类记忆的储存形容为人脑、纸脑和电脑三个阶段，很能说明问题。信息技术使图书馆的业务工作和服务发生了全方位的变化，这种变化还在继续发展，让我们先做一点历史考察。

（一）美国大学图书馆自动化的历程

20 世纪中叶以来美国图书馆计算机应用与网络的发展可以用三个浪潮（主机浪潮 mainframe computing with heavily centralized proprietary data processing and storage、用户／服务浪潮 client/server computing allowing decentralization of data processing and storage、以网络为中心的浪潮 Network-Centric Computing Model）四个时代来概括：

1. 20 世纪 60 年代——主机时代（mainframes era）或整体区域系统时代（the total system）。

在这 10 年里，晶体管取代电子管，销售量增加了 3 倍，集成电路取代晶体管，销售量增加了 40 倍。占统治地位的大公司是：Burroughs，Univac，NCR，Control Data，Honeywell 和 IBM。计算机的主流产品是 IBM7000 系列。系统软件与应用软件有很大发展。图书馆以各自发展馆内系统为主，因价格昂贵只有少数大学图书馆使用计算机。

计算机主要用于批量印制穿孔卡片目录，以 IBM 1401 后来是 360/370 系列（370 于 1970 年推出）为主机。计算机的使用，拓宽了图书馆的馆藏建设范围和服务面，开始了机读目录标准化的过程。美国国会图书馆于 1969 年正式发行 MARC I 型机读目录，开始了世界机读目录正式使用的新时期。由于使用计算机开支太大，促进了图书馆之间的合作，逐渐向大型区域网的方向发展。1965 年的一次问卷调查表明赞成采取措施将计算机用于图书馆的人只有 20%。有 50% 的人认为计算机对图书馆不会有任何帮助。

2. 20 世纪 70 年代——称之为小型机时代（minicomputers era）或集中网络时代（centralized networks）。

1971 年，第一代微处理器芯片问世。超大规模集成电路（Very Large Scale Integration，VLSI）开始取代普通集成电路。1975 年，Altair 公司制成的小型计算机（microcomputer）异军突起，席卷全球，触发了计算技术由集中化向分散化的转变，许多大型机技术移入微机领域。Digital Equipment 和其他公司占据统治地位。

书目中心与机读格式（MARC）的发展，使 20 世纪 70 年代成为图书馆在小型机基础上合作的黄金时代。北美四大书目中心——在线计算机图书馆中心（原名俄亥俄大学图书馆中心 Ohio College Library Center，OCLC，1967 年建，1981 年改现名 Online Computer Library Center）、研究图书馆集团与研究图书馆信息中心（Research Libraries Group/Research Libraries Information System，RLG/RLIN 1978 年建）、多伦多大学图书馆自动化系统（University of Toronto Library Automation System UTLAS，1971 年建）、华盛顿图书馆网络（Washington Library Network，WLN 1975 年建）先后建成，对外开放，初步实现了区域性的书目资源共享。大学图书馆计算机管理系统比较著名的有西北大学的 NOTIS 和斯坦福大学的 BALLOTS。在国家医学图书馆的倡导和支持下，一批医学院校图书馆建立了互动在线连续出版物管理系统（interactive online serials management system），主要有：华盛顿大学医学院的 PHILSOM 系统，明尼苏达大学医学院连续出版物系统，加州洛杉矶大学医学院生物医学图书馆互动在线连续出版物管理系统。尽管计算机的价格有所下降，一台小型机的价格仍在 10 万美元以上，小型图书馆难以问津。整个 70 年代，人们对图书馆自动化的认识还停留在将计算机应用于提供信息服务的具体操作上（如联合编目），图书馆自动化的作用主要是提供当地和远程的书目查询，将其用于整个图书馆管理的想法尚属罕见。

3. 20 世纪 80 年代——称之为个人计算机时代（personal computers era）或多重选择时代（multiple options）。

计算机技术突飞猛进。微型机继续发展，工作站（workstation）取得了长足的进步。个人计算机（personal computer）得到普及。计算机体积小，功能多，价格便宜，许多软件在微型机和个人电脑上开发出来。占统治地位的公司为：微软（Microsoft）、英特尔（Intel）、苹果（Apple）、康派克（Compaq）。图书馆有了更多更好的选择。各大书目中心在此时期，积极开发或更换软件，扩大功能，并发展区域网络。到 1988 年，OCLC 拥有 1,800 万条书目记录，3 亿条地方目录。在美国国内有 8000 成员，还有 25 个国外用户。与 1971 年俄亥俄中心仅有 54 个本州成员的状况相比，取得的进步是巨大的。1986 年开始，OCLC 向客户—服务方式过渡，被命名为牛津项目（Oxford Project），并采用 X·25 协议通讯。

以斯坦福大学 BALLOTS 为基础的 RLG/RLIN 建立了新的联通斯坦福、耶鲁、哥伦比亚三校和纽约公共图书馆的线路：Link System Project LSP。普林斯顿、宾夕法尼亚、密执安等高校加入，弥补了哈佛大学退出的损失。为了加强东亚方面的馆藏建设，RLG/RLIN 购置了传技（TransTech）公司的汉、日、韩文（CJK）软件，并建立了一个含 12000 汉字，51 个日文假名符号和 33 个韩文字符的词库。在终端上配有将汉字分解为 245 个部首、偏旁的专用键盘。到 20 世纪 80 年代中期，该中心拥有书目记录 1200 万条。此外，还有多伦多大学东亚图书馆的 89000 条记录，以及国家医学图书馆的书目记录。自 1987 年起，因书目数据库增长速度很快，要求主机每九个月升级一次。1989 年，该中心改善了通信设备，使通信费用有所降低。

20 世纪 80 年代是局域网大发展的时期。校园网、公司网纷纷建立。1980 年加利福尼亚伯克利大学推出内含 TCP/IP 的 UNIX 操作系统。使众多的计算机和网络能挂在 ARPAnet（美国国防 Advance Research Project Agency, Department of Defense 于是 1969 年为支持国防建设而建立的网）上，共享网上的资源和设施。1983 年该网一分为二，MILnet 成为军事专用网，ARPAnet 为民用网，主要有大学和研究机构组成。1985 年美国家科学基金（National Science Foundation. NSF）决定在全国建立 6 个超级计算机中心。开始各中心通过电话线以 56Kbps 的速率相连。为了便于同大学校园网相连接，建立了局域网。1988 年 7 月，NSFnet 的骨干网实现了 T1 联接，取代了电话网，速率为 1.544Mb/s。1990 年 6 月，ARPAnet 关闭，为 NSFnet 所取代。

4. 20 世纪 90 年代——网络时代（computer network era）。

20 世纪 90 年代是广域网发展的关键年代，发表了 achie。成立了商业交换点 CIX。发表了 WAIS，gopher 和 WWW。NSFnet 完成了主干网从 T1 到 T3 的转化，速率上升到 44.736Mb/s。与能源网（ESnet）、航天科学网（NASnet）和商业网串联起来，总称为 Internet，即互联网。在 Internet 的建设过程中，网络通信技术得到长足的进步。各种类型的计算机均能与互联网（Internet）连接。这就为世界各地图书馆之间的通信和文件传输奠定了良好的基础。1993 年 7 月，克林顿政府提出"国家信息基础设施"行动纲领，大大推进了网络建设，纲领特别强调，要使这些技术上的进步应用于公众、企业、图书馆和其他非政府的实体。1995 年 11 月，在美国拉斯维加斯举行的计算机代理分销业（COMDEX）会上，IBM 公司总裁郭士纳宣布以网络为中心的计算机时代已经到来。网络就是计算机的概念为越来越多的人所接受。局域网的兴起更把网络热推向一个新的高潮。

全球性通信技术、网络技术、信息储存技术（如只读和可擦写的光盘）的发展，增强了图书馆信息获取能力，主要表现为：读者可以查阅世界上主要研究图书馆的目录；获取网上电子出版物的目录、摘要甚至全文；通过电子邮件，在世界范围内进行通信；进行馆际互借和馆际文件传输；在网上获取有关图书馆的应用软件。美国大学图书馆自动化在这个时期取得的进展在相当大的程度上得益于数据处理和应用技术的进一步的标准化。如数据交换的 ISO 2709 格式。国家信息标准组织（National Information Standards Organization NISO）制订的国家标准对图书馆工作影响较大的主要有：Z39.4—索引基本标准 （Basic Criteria for Indexes）Z39.5—出版题名缩写（Abbreviations of Titles of Publications. Z39.50—信息检索应用服务定义和协议：专供开放系统互联用（Information Retrieval Application Service Definition and Protocol: Specification for Open Systems Interconnection）Z39.58—公用指令语言（Common Command Language）Z39.67—计算机软件描述（Computer Software Description）。到 1994 年 1 月付诸实施的标准有 29 个。[1]

美国大学图书馆自动化随着计算机和通信技术的发展，水涨船高，在世界图书馆事业中名列前茅。其基本经验是：

第一，图书馆事业是全国文教事业的一部分，它同国民经济的状况息息相关。一方面对图书馆的投入取决于经济状况，这是不言而喻的。另一方面，图书馆是培养人才不可缺少的机构，馆藏水平和获取文献信息的能力，对于教学和科学研究的水平有制约作用。图书馆作为教育的基础设施必须与国民经济发展的水平和技术发展的水平相适应。在一个信息技术居于主导地位而且处于不断变化的社会里，图书馆必须能适应它的特点。将计算机技术、与通信技术、音像数据化技术、电影、电视技术融为一体，将多种文献信息输送到具有不同需要的各类人群中去，从而为培养符合社会需要的人才提供强大的手段。简言之，先进的图书馆必须由先进的技术来武装。

第二，半个世纪以来的经验表明，任何一个图书馆都不可能做到馆藏包罗万象，巨细无遗。为了满足各类读者的需要，美国大学图书馆一直依靠合作网络、联合采编、馆际互借、实现资源共享。新的出版技术如只读光盘、多媒体互动计算机、Internet 上的机读文本等等，已成为图书馆的重要资源。这些资源需通过专门的检索软件、与 Internet 相连的地区网方能获取。"地区网、提供获取光盘信息的广泛手段和图书馆与 Internet 之间的制度上的连接是现在支撑具有前瞻性图书馆的通信系统。"[2]一个由主机支持，提供技术处理、在线目录和流通的自动化图书馆已不能满足用户的要求。他们已习惯于使用小型机、电子公告牌、和一些 Internet 的服务公司如 FreeNet-based

---

① Audrey N Grosch. *Library Information Technology and Networks*. New York: M Dekker, 1995: 179-180.

② Audrey N Grosch. *Library Information Technology and Networks*. New York: M Dekker, 1995: 354.

systems，CompuServe 或 American Online 所提供的在线服务。不久的将来，有线电视网就会代替计算机网。技术和服务设施的进步对图书馆的服务提出了更高的要求。这种情况将会不断地发生，图书馆必须对此有所准备。

第三，图书馆必须像传播纸质文献那样地积极传播电子出版物。为此，图书馆的组织结构必须进行调整。由专业人员和技术人员组成的小分队将逐渐取代传统的自上而下的分层管理。有学科专长的图书馆工作者在信息技术专家（网络专家、图书馆自动化专家、）的支持下可以帮助用户解决深层次的专业问题。纯粹从事管理工作的人员数量将减少到最低限度。用户不必找遍图书馆的各个部门，只需同一个专业小分队的人员建立联系就可以解决所有需要解决的问题。

第四，为了保持和发展图书馆作为知识中心的生命力，必须将图书馆传统的组织形式与有关通信、战略计划、预算、信息技术的企业取向的经营技术结合起来。在图书馆人才培养上，也正在朝着这个方面努力。

第五，分布式的网络结构可以调动和发挥网络用户的积极性和创造性。例如，Mosaic 是伊利诺大学学生创造的，Internet 的视频工具 CUSeeMe 是康奈尔大学学生创造的。[①]

（二）中国大学图书馆自动化历程

中国图书馆自动化管理起步较晚，于 70 年代末开始。就整体而言，中国滞后 10—20 年。

中国的计算机事业始于 1958 年（第一台电子管计算机诞生）。因"文化大革命"中断了 10 年。70 年代末，重新起步。为了便于同美国图书馆自动化历程进行比较，将其划分为三个阶段：

第一阶段为试验阶段（70 年代末—80 年代初）。在 1976 年和 1978 年中国科学院图书馆和北京图书馆相继设立计算机组后，北京大学、清华大学、人民大学等高校图书馆也成立了自动化组，开展研究活动。1979 年，北京大学图书馆学系与中国科学院图书馆联合举办了"电子计算机情报检索培训班"，为北京地区培训了第一批图书馆自动化专业人员。同年年底，北京图书馆、中国科学院图书馆、北京大学、清华大学、人民大学图书馆和中国图书进出口公司合作，成立了"北京地区研究试验西文图书机读目录协作组"，对

---

① 李星. Internet 的经验和挑战［M］//石冰心. 中国教育和科研计算机网研究和发展：第一卷. 武汉：华中理工大学出版社，1996：8.

美国国会图书馆的机读目录进行试读，利用美国国会图书馆机读目录研制了西文图书目录模拟系统，获取了机读目录利用的知识和经验。与此同时，中国科技情报研究所、上海交通大学、南京大学、武汉大学、中山大学等，也相继进行了情报检索软件方面的研究试验。

　　第二阶段为实际应用阶段（80年代中期—90年代初）。1984年9月邓小平同志高瞻远瞩地提出"开发信息资源，服务'四化'建设"的重要方针。①在这个方针的指引下，中国各界人士认识到信息化是历史的使命，于1986年末聚会北京，提出要为推进中国的信息化而奋斗。1981—1985年的"六五"期间，中国将计算机的应用领域从原来的以国防、科研为主转向以经济管理为主。1986—1990年"七五"期间，中国进入了计算机的大发展时期。开始了邮电通信管理、银行业务管理、国家经济信息、统计自动化等十多个信息系统的建设。计算机在图书情报领域的应用也随之进入实际应用阶段。进入80年代，可供图书情报部门使用的计算机汉字处理技术取得了重要进展。其标志是：编制了《信息交换用汉字编码字符集》（GB2312-80），收汉字6763个；制定了ISO/IEC10646《信息技术—通用多八位编码字符集》。此外，还研究发明了多种汉字输入法，所有这些为图书馆管理集成软件的开发提供了良好环境。《图书馆行业条码》《中国机读目录格式》的制定，为文献资源的自动化管理造了有利的条件。在此期间，通过自行开发和引进图书馆自动化集成管理系统开始在一些图书馆运行。主要有：上海交通大学的《光笔联机多用户实用流通系统》、上海空军政治学院在HP—3000系列机上开发的图书馆管理系统、西安交通大学图书馆与郑州大学图书馆联合开发的"通用图书馆集成系统"、华东师范大学对引进日文版（ILIS）软件后进行改造而成的"图书馆计算机集成管理系统"（HSULCIMS）。使用的机器大多为从国外引进的小型机（福士通M系列、Dec公司Vax系列、CDC4330系列）。在网络建设方面，1990年4月由世界银行贷款资助的"中国计算机与网络设施工程"（The National Computing and Networking Facility of China NCFC）开始施工。这个由中国科学院院网、清华大学、北京大学校园网连接而成的示范性计算机网络于1992年完成。三个单位自身的建设，1993年完成主干网工程。②

　　第三阶段为网络化阶段（1993年以来）。从美国开始的信息高速公路的

---

① 乌家培. 中国在政府管理中促进信息技术应用的战略与政策[N]. 信息市场报，1996-06-12（001）.

② 董功文. Internet——人类最新经纬[M]. 北京：电子工业出版社，1996：302.

浪潮席卷全球。建设全球信息基础设施提上了议事日程。国家主席江泽民提出，"实现四个现代化，哪一化也离不开信息化。"①为了推进国民经济的信息化，1993 年底成立了由邹家华任主席的国家经济信息化联席会议（后改名为领导小组）。1994 年国家教委在国家计委立项，启动了中国教育科研网（CERNET）这对于图书馆的自动化建设是一个巨大的推动。经过一年多的建设，1995 年 12 月 20 日提前一年完成第一阶段的建设任务，顺利地通过了国家级的鉴定和验收。具体地说主要包括以下内容：（1）建成了用 64Kb/sDDN 专线连接全国 8 个地区网络中心的 CERNET 干网，并用 128Kb/s 国际通信线路与 Internet 直接进行连接。现已达到 2Mb/s。正在开通连接中国香港和德国的另外两条国际线路；（2）建成了位于清华大学的 CERNET 全国网络中心；（3）建成了分别设在北京、上海、南京、西安、广州、武汉、成都、沈阳等 8 个中心 10 所院校的 8 个地区中心和两个主节点；（4）建成了一批网络资源和应用系统，并已陆续在网上提供服务。②在 CERNET 建设的带动下，校园网的建设和图书馆自动化管理系统都有较大的发展。进入"211 工程"的前 58 所学校有的已建成 ATM 网，如华中理工大学、厦门大学、华南理工大学、成都电子科技大学。清华大学图书馆为了适应全国网络中心的需要，引进了 IBMG30 型机两台和 INNOPAC 的图书馆集成管理软件，现已投入使用。清华大学还引进了 OCLC 的 Firstsearch 系统供中国高等学校使用。1998 年 11 月，清华大学与 OCLC 之间的专线接通后，大大提高了服务效率，用户称便。

由北京大学牵头的"中国高等教育文献保障系统"（China Academic Library & Information System，简称 CALIS）正在积极建设之中。其总体目标是：在"九五"期间，以"中国教育和科研计算机网"为依托，采取"整体规划、合理布局、相对集中、联合保障"的方针，力争在 20 世纪末，初步建成 CALIS 的基本框架，以此推进中国高等教育资源的合理优化配置，实现信息资源的共建、共知、共享，深化资源的有效开发和利用，提高高等学校教育和科研的文献保障水平。具体的建设内容有两个方面：（1）文献信息服务网络建设。建设"全国中心、地区中心、高校图书馆"的三级保障网络环境，即：建设 1 个 CALIS 全国管理中心；4 个全国文献中心——文理中心（北京大学）、工程中心（清华大学）、医学中心（北京医科大学）、农林中心（中国

①乌家培. 中国在政府管理中促进信息技术应用的战略与政策[N]. 信息市场报，1996-06-12（001）.

② 吴建平. 中国教育科研计算机网 CERNET 的现状和发展[M]//石冰心. 中国教育和科研计算机网的研究和发展：第一卷. 武汉：华中理工大学出版社，1996：1-5.

农业大学）；7 个地区文献信息中心——华东南地区（上海交通大学）、华东北地区（南京大学）、华中地区（武汉大学）、西南地区（四川联合大学）、西北地区（西安交通大学）、东北地区（吉林大学）、华北地区（CALIS 管理中心代行）；（2）文献信息资源及数字化建设。建设一个以"211 工程"立项高校为主体的高校书刊联合目录数据库，有选择地引进一批外文文献数据库，自建一批有中国高校特色的文献数据库和若干重点学科专题公用数据库。

围绕着大学图书馆的自动化建设出现了一批图书馆自动化的专业公司。书目数据库的建设初见成效。全文数据库正在陆续出现。一些以高校为主体的地区性的计算机网络和文献信息服务保障系统正在起动，有的已颇具规模，如由深圳大学承办的广东省高校图书馆信息网，由南京大学牵头的江苏省高等学校图书文献保障系统。整个说来，是一片百舸争流的大好局面。值得一提的是，1991 年 2 月北京图书馆经过 3 年的努力，将中文 MARC 研制成功，开始在全国发行中国机读目录，每年 3 万种左右，至今累计发行近 20 万条，为高等院校图书馆建立标准化的汉字书目数据库提供了有利的条件。北京大学等 29 所高等院校合作回溯 1978—1987 年中文书目已有近 6 万条书目记录。加上地区性和各校的，中文机读书目记录总计在 50 万条以上。[①]

中国大学图书馆的自动化管理和网络建设面临的主要问题是：（1）发展不平衡，沿海与内地，南方与北方之间均有差距。差距不仅表现为投入的力度，更重要的是在认识上有很大差距。相当一批院校和省市领导还没有认识到有无获取信息的现代化的手段是关系到高等院校生死存亡的大问题；（2）资金匮乏。CALIS"九五"期间的投入仅 4000 万元人民币，不及美国一个大学图书馆的投入；（3）人员素质有待提高，技术队伍特别是计算机和网络方面的人才奇缺，流失严重；（4）标准化问题还有待解决；（5）加强各系统、各部门之间的配合与协作迫在眉睫。

（三）个案研究：南开大学图书馆与俄亥俄大学图书馆自动化的历程

南开大学图书馆和俄亥俄大学图书馆同为综合性高等学校图书馆，在馆舍面积、藏书量及工作人员数量等传统的图书馆规模指标方面都非常接近，但自动化的历程和现状却表现出极大的差异，对此进行深入的微观比较研究，无疑对促进中国高等图书馆自动化发展具有非常实际的意义。

---

① 参阅董成泰《中文书目数据库建设概论》《中文文献数据库国际研讨会论文集》《高校文献信息学刊》1994 年第 3—4 期，第 28-31 页。

1. 南开大学图书馆自动化的发展历程

南开大学是一所具有 80 年历史的国家重点高等学校，在国内外有着较高的知名度和较大的影响。南开大学图书馆自动化的发展从某种意义上代表了中国高校图书馆自动化的发展历程。其发展大致可分为三个阶段。

（1）20 世纪 80 年代——图书馆自动化的萌芽、试验阶段

20 世纪 80 年代初期，随着中国计算机应用技术的逐步发展，图书馆应用计算机实现业务工作的管理系统开始出现，南开大学图书馆是较早开始进行自动化系统研究与开发的高校图书馆之一。

最早期的系统是在一台 IBMPC 机上开发的用于西文期刊刊名检索的软件程序。该程序是基于 DBASE III 数据管理系统支持下运行的收录有南开大学图书馆 2000 余种馆藏西文期刊刊名的数据，成为南开大学图书馆第一个数据库雏形。由于程序功能比较单一，其数据格式缺乏标准化规范，因此数据质量难以保证；加之数据量较小，使得检索命中率不高。该系统仅在局部读者范围内进行了为期半年试验应用。虽然该系统最终并未成为一个真正的实用系统，但作为南开大学图书馆自动化系统的萌芽，其实际意义远比它的实用价值要高得多。

第一个真正地投入实际应用的系统当数 1986 年开始在一台 IBM-PC/XT 计算机上开发的图书流通自动化系统。当时，从改变读者窗口服务手段、提高借还书工作效率和质量的目标出发，图书馆领导提出了以图书馆流通管理作为实现管理突破口的设想。在借鉴国内少数高校图书馆（如南京大学图书馆等）开发图书借还计算机系统经验的基础上，基于 DBASE III 数据库管理系统环境开发出南开大学图书馆第一个计算机应用系统。该系统于 1988 年初在藏书仅 1 万余册的中文文科教学参考书书库正式投入运行，系统具有条形码扫描输入办理借还书手续，以书号、读者证号等近 10 万个检索点入口的读者借还书状态检索，办理丢证挂失和补证手续，丢书赔偿、借还书统计以及数据库文档维护等功能。该系统受到广大读者的普遍欢迎，图书借还服务效率得到比较明显的提高。在文科教学参考书书库成功应用的基础上，于 1989 年将系统数据扩充到藏书 4 万册，同时应用范围扩大到理科教学参考书书库。总体来说，这一时期的自动化系统开发尚处于摸索和试验的阶段。系统特点为：（1）系统均为单机运行；（2）系统功能单一；（3）硬件档次较低、系统运行速度慢；（4）数据格式缺乏标准化。

（2）20 世纪 90 年代初期——建立图书馆自动化子系统和 MARC 书目

数据库

　　随着国内外图书馆自动化事业的不断进展，南开大学图书馆越发感到仅停留在这种单机、局部运行的系统和不规范的数据库应用状态，难以实现对日益增加的书目数据的全面管理以及真正实现信息资源共享。

　　1990 年，南开大学图书馆决定引进美国国会图书馆 BiblioFile 光盘编目系统，并开始着手南开大学图书馆 MARC 数据库的建设工程。为此图书馆购置了 4 台光盘驱动器和多台微机作为建立书目数据库的硬件基础。图书馆领导清醒地认识到，数据库建设是图书馆实现全面自动化的命脉，是造福子孙后代的百年大计，更是实现信息资源共享的根本。要完成这样一项意义重大的历史使命，数据的建设质量是至关重要的。因此，系统应用是广泛进行人员培训的基础上开展的。1990 年，南开大学图书馆的西文编目人员利用该系统进行试验，将设在本馆的原国家教委物理学科外国教材中心 2000 余条书目数据进行了回溯转换，建立了南开大学图书馆有史以来的第一个标准化机读书目数据库；同时，向原国家教委所属外国教材中心提交了第一批与其他院校交换的 MARC 数据。南开大学图书馆西文图书编目工作由此掀开了新的篇章。在随后的几年中，西文图书计算机编目建库工作全面铺开、进展迅速。不仅将 1990 年以来入馆的新书全部实现了计算机编目，还完成了 1975 年以后入馆的西文藏书的回溯建库工作。至 1997 年，已建成具有 8 万余种书目数据的馆藏机读书目数库。在此期间，向原国家教委所属文科文献信息中心联合目录提供读书目数据 2 万余条，开始实现书目信息资源共享。与此同时，中文图书的建库工作也紧锣密鼓地开展起来，成为原国家教委所属 20 余所院校的中文图书联合回溯建库项目成员馆之一。20 世纪 90 年代初，北京图书馆 MARC 数据库的软盘版，后又发行光盘版。1996 年，北京图书馆又开始发行 1975 年中至 1987 年中文图书 MARC 数据库，这无疑对加速中文MARC 数据库建设起到了快马加鞭的作用。南开大学图书馆以这两个数据库和其他可获得的源数据库为基础，开始大规模的中文图书回溯建库工作，目前数据量已达 4 万余条，为图书馆全面自动化奠定了一定基础。

　　在馆藏书目数据库建设加紧实施的同时，自动化系统的研制工作也开始有了实质性的进展。尽管最初的单机系统为图书馆自动化事业的发展奠定了一定基础并积累了宝贵的经验，但以其来应付具有 200 余万册藏书和近万名读者的大馆的需要，显然无论在硬件能力、存储容量、软件功能，还是运行速度上，都相差甚远。20 世纪 90 年代初，南开大学图书馆开始进行广泛调研，学习国内外图书馆自动化的宝贵经验，制定了南开大学图书馆自动化集成系统的第一个子系统——NOVELL 环境下的微机局域网图书流通管理系统。该系统无论从硬件环境还是软件功能上，都较原来的单机系统有了很大提高。除对原有系统功能进行完善外，又增加了预约借书、催还图书、分类统计等功能；同时还针对国内高校图书馆的共同特点，对系统初始化和维护功能处理进行改进，使系统具有较强的通用性，先后在多所高图书馆推广应用。

（3）20 世纪 90 年代中期——图书馆自动化系统网络化、集成化

为使图书文献信息资源更好地为高校培养高层次人才任务，1992 年原国家教委决定在北大、复旦、南开等 6 所综合性高校建立第一批原国家教委文科文献信息中心。各中心的工作旨在集中有限的经费投入，充分利用现代化手段实现区域性信息服务和资源共享。中心在原国家教委的统一筹划下，经过国内外大量的调研，于 1994 年底引进了具有开放性和网络通信能力的美国 CD-4330 小型系统和 BASISplus 大型数据库软件包。南开大学图书馆受原国家教委委托，担任该集成系统联合开发组的总体负责。1995 年初，图书馆自动化集成系统的书目数据公共查询子系统正式在小型机系统上投入运行。该子系统的运行成功，使多年积累的书目数据库发挥出明显效益，它吸收了国内外众多同类系统的经验，检索功能完整，除具有题名、责任者、索书号、主题词、ISSN 号、LS 控制号等近 10 个常用检索点外，还具备全文检索和多检索点逻辑组配检索功能，并能够根据读者和编目工作人员对检索层次的不同需求，实现读者和 MARC 两种不同的输出格式界面。另外，由于采用 BASISplus 大型数据系统，使之克服了 DBASE 字段定长的局限，支持 MARC 数据变长字段的格式标准，使外来标准源数据能在该系统中融入，系统内部数据也能按国际标准数交格式输出，为自己的资源共享创造了条件，也为集成系统运用中央数据库的数据提供了保障，使集成系统的实现成为可能。

南开大学图书馆在 1993 年就开始通过中国公共数据分组交换网与世界最大的数据库之一 Dialog 建立了用户关系并开始了对外服务业务。1994 年底，南开大学开始实施校园网络化工程，并在图书馆内建立了校园网络中心。1995 年 5 月，校园网络中心主机 SUN SPARC20 正式获得 NIC 授予的 IP 地址，成为 Internet 上的正式节点之一。同年年底，作为图书馆自动化集成系统子系统的书目公共查询系统正式并入校园网，为所有网上用户服务。1995 年，南开大学图书馆通过中国图书进出口总公司购入了光盘塔及网络设备，同时

购入了多种专业光盘数据库，成立了光盘数据检索网络中心，并通过公共数据公组交换网与国内外数十家信息中心建立了联系。

南开大学图书馆目前能够通过网络实现的服务项目：（1）馆藏书目查询，南开大学图书馆中央书目数据库收录了 1975 年以来收藏的西文书目数据 8 万余条，中文书目数据 4 万余条及西文期刊刊名数据近 2000 条，全部可以上网服务，供国内外网上用户检索；（2）联机检索，通过网络能检索到国内已上网的院校图书馆藏书目数据库，如北京大学图书馆、清华大学图书馆等；还能够与国外图书馆的书目数据库实现联机检索，如是美国国会图书馆书目数据库和其他世界著名高校图书馆的书目数据库；（3）检索国内各种信息资源，如天津市科技信息中心、北京图书馆光盘数据中心、国家信息中心等几十种国内信息资源；（4）检索 Internet 上的资源，通过网络可以实现对 Dialog OCLC 等世界上百余家数据库资源的检索；（5）实现 Internet 网络服务，如 E-mail Telnet、FTP、Gopher、WWW 等。

2. 俄亥俄大学图书馆自动化的发展历程

俄亥俄州位于美国中东部，是世界上最大的书目数据中心 OCLC 的发祥地和所在地，著名的信息数据库化学文献（Chemical Abstracts）也位于该州，在图书馆和信息自动化领域中一直处于世界领先地位，因此有"信息之州"之美誉。有着近 200 年历史的俄亥俄大学图书馆的自动化历史，在美国是有代表性的，大致可分为三阶段，大约每 10 年有一个跳跃式的发展。

（1）20 世纪 70 年代——积极参与 OCLC 的创建

20 世纪 60 年代末期，随着计算机技术的发展和在图书馆领域的逐渐应用，一些图书馆新技术和大型数据库开始出现，其中影响最为深远的当属 LCMARC 格式和 OCLC 书目数据中心的诞生。

OCLC 建立于 1967 年，最初的参与者只是俄亥俄州的一些高等学校图书馆，俄亥俄大学图书馆即是其中之一。1971 年 8 月 26 日，该校图书馆向 OCLC 输入了第一条由成员馆编制的书目记录，首次使联合编目成为现实，在图书馆自动化的历史上写下了重要的一笔。在此之前，OCLC 的书目都是来自国会图书馆发行的 MARC 磁带。此后，OCLC 联合目录数据库迅速发展，1989 年书目数据量为 1900 万条，1997 年 1 月的统计数字为 3400 万条，其中 20% 来自美国国会图书馆、美国国家医学图书馆、美国国家农业图书馆、加拿大国家图书馆和英国国家图书馆，80% 由其他成员提供。如此大型的数据库，大大便利了成员馆的编目工作。目前，成员馆可以从 OCLC 获得所需书目记录的 94%，只需做 6%的原数据编目，不仅节约了编目时间和经费，而且利于提高编目质量。

虽然 OCLC 开发了多项业务，但俄大图书馆只参加了联合目录、联合编目和馆际互借 3 项业务，这 3 项业务是 OCLC 优越性的集中表现。

（2）20 世纪 80 年代——开发本馆集成系统 ALICE

OCLC 虽然能够提供联合编目和馆际互借的便利，但是不能为各成员馆提供采访、流通等局部系统的管理功能，而且缺少主题和关键词的检索途径，使图书馆自动化的功能受到局限。因此，20 世纪 70 年代末至 80 年代初，许多图书馆致力于发展本馆的局部自动化系统。

1978 年，俄大图书馆决定在小型机上开发本馆集成系统。在 5 年的开发过程中，俄大图书馆围绕这一系统开展了全方位的工作。首先，组成专门小组进行充分的调查研究，最终选择弗吉尼亚工业学院 VTLS 系统为基础。其次，是馆藏书目数据库的建设，这对任何一个图书馆自动化系统都是必不可少的，否则等于高速公路上无车行驶。俄大图书馆得最早加入 OCLC 之利，1971 年之后所收藏的文献书目记录绝大部分已进入数据库。1979 年，俄大图书馆开始对 1971 年之前的目录进行回溯转换。到 1982 年，数据库中已有 40万条书目记录。除政府文件以及大部分缩微文献、地图、声像等非纸质资料外，专著和连续出版物已进入数据库。之后，在 1982 和 1983 年两年，俄大图书馆集中大量人力突击在藏书上加条形码。1983 年 7 月，各项工作就绪，公共查询系统开通，卡片目录停止使用。这一系统被赋予一个美丽的名字——ALICE。

ALICE 系统既能与 OCLC 的联合目录数据库连接，又设有本馆的书目数据库；既可以利用 OCLC 实现联合编目，又可以进行本馆的采访、流通和连续出版物控制；设有著者、题名、索书号、主题、关键词等多种检索途径，便于读者不仅可以在遍布图书馆各服务点的终端上进行检索，而且可以通过校园网在办公室和家里的终端上检索。之后，又逐渐建成总校和 5 个分校之间的网络。随着数据库的扩大和系统功能的提高，不可避免地要求硬件和升级更新。从 1982 年使用的 HP3000/40，其间进行了 4 次升级。

图书馆自动化不能仅局限于书目检索等传统功能，还应在更广泛的范围内提高图书馆的信息服能力。俄大图书馆从 20 世纪 70 年代末就开始信息数据库的联机检索服务，目前通过网络能快速检索多种学科的数据库。在 CD-ROM 作为一种新型的高密度信息载体出现之后，俄大图书馆除在本馆局域网上配置了 50 余种综合性光盘数据库之外，还在医学、美术和政府文件等服务部门，分别配置了大量本领域的光盘数据库。

（3）20 世纪 90 年代——全州范围的合作网络 OhioLINK 的诞生

由于馆藏文献的大量增加，许多图书馆馆舍面积日趋紧张。20 世纪 80 年代，俄亥俄州一些州立大学纷纷向州政府要求建立新馆舍。俄亥俄州高等教育管理委员会经过广泛的调查研究，于 1987 年提出一份报告，报告强调指出："当今的学术图书馆具有三种功能，仅作为信息的储存场所，而且是位于任何地点的信息的检索入口和信息教育的中心。"为了实现这三大功能，委员会提出应从三方面解决问题：（1）合作，包括联合采购、联合储存等一系列问题；（2）技术，包括利用高密度信息载体，如缩微型文献和光盘等；（3）储存，包括用适当的办法储存不常用文献，如密集书库等。

该委员会决定，除为全州高等学校建立 5 所联合密集书库外，当务之急是建立一个全州范围的图书馆与信息网络，以解决联合采购、联合查询及馆际互借等产品成本问题，并决定用 5 年时间实施这一计划。该计划由州政府统一拨款，实现统一硬件、统一软件，由专业人员制定计划，由经过竞标选出的承包商实施。该网络最初名为 OLIS（Ohio Library and Information System），后改名为 OhioLINK（Ohio Library and Information Network）。目前，成员馆已逐步发展到俄亥俄州全部 40 所州立高等学校、州图书馆和 11 所私立学院图书馆。

OhioLINK 利用已有的俄亥俄州学术资源网（OARnet）作为通信网，该网络系统分为三层，即校网、全州范围的图书馆与信息网络和全国与国际信息网络。它既具备单一图书馆的局部管理功能，又可以开展全州范围的馆际合作，还可以进行全国以至国际范围的信息检索，其宗旨是实现全州图书馆文献资源共享。OhioLINK 为成员馆提供统一的用户界面，为各馆收藏的同一种文献提供统一的检索点，各成员馆为其他的读者提供免费服务。因此，读者可以像使用本校图书馆系统一样方便地使用其他成员馆的系统。读者面对的不再是一个本校图书馆系统，而是一个全州范围的大图书馆系统，本校图书馆只不过是这个图书馆系统的组成部分。

从 OhioLINK 目前的运行情况来看，已基本实现计划目标。其优越性主要体现在以下几个方面，即：

①目录查询。OhioLINK 的中央目录数据库是俄亥俄州高校图书馆资源共享的基础，它的 600 余万条书目记录反映了 52 所成员馆的 2000 余万册馆

藏。目前这个数据库还在不断扩大。特别值得提出的是，其中的 57.7%是各成员馆独有的馆藏，有些只是少数馆有收藏。读者不仅可以查询中央目录数据库，而且可以利用 Gopher 软件查询各成员馆的目录。OhioLINK 不但极大地扩展了读者可以了解利用的文献范围，而且为各成员馆更合理有效地利用馆藏创造了条件。

②馆际互借。OhioLINK 最大的优越性是提高了成员馆之间的馆际互借速度和可靠性。OCLC 系统虽具有提供馆际互借功能，但其联合目录中并不反映成员馆藏复本流通情况。因此，负责馆际互借的工作人员为了借到 1 本书，有时需要依次向几个馆查询，每个馆的答复周期为 4 天，再加上传递时间，这本书需要两个星期左右才能到达读者手中。随着读者信息需求的提高，他们已不再满足于这样的速度。OhioLINK 成员馆的读者可以利用校园网的任何一个终端，甚至在自己家里，就可以查询 OhioLINK 的书目信息，了解某种图书的流通状况，然后自己发出联机借阅申请，而无须经工作人员办理互借手续。OhioLINK 系统还设有一个专门负责馆际借文献传递的公司 Pony Express，该公司在全州开设了 100 多个传递点。根据 1995 年秋季的统计，文献传递时间 48 小时之内的占 44%，在 75 小时之内的占 71%。1996 年，OhioLINK 又在全国率先开通了期刊文章全文传递服务，在读者提出申请之后的几分钟或几小时内，文章的全文即可递到读者指定的打印机或传真机上。OhioLINK 为读者提供了迄今为止最快捷可靠的联机馆际互借服务，其优越性很快为读者所认识。在联机互借开通之前，各成员馆之间的互借量平均每季度为 4000 件；开通之后，互借量猛增，1995 年第 4 季度互借量高达 85000 件。

③检索各种信息数据库。OhioLINK 系统集中购买了多种专业数据库，用于网上检索，从而节约了各成员馆重复购买这些数据库的费用。OhioLINK 还可以通过 Gopher 软件使读者检索到互联网上各种各样的信息。

总之，在利用先进的计算机网络技术为读者提供便利方面，可以说 OhioLINK 开了图书馆之先河。随着信息技术的发展和读者需求的增加，任何图书馆自动化系统都必须不断提高、完善，才能保持生命力。OhioLINK 系统的开发者们在取得成功之后并没有停止下来，他们又向自己提出了新的挑战：（1）在保证传递速度的同时，争取使馆际互借的满足率达到 95%；（2）更广泛地开发传递文献的类型，不仅传递文件，而且传递声音和图像。OhioLINK 作为一种新型、高效的图书馆和信息系统，代表了图书馆和信息领域的发展方向。在美国的 50 个州中，目前已有 26 个州在开发这种全州范围的合作网络系统。调查数据表明，虽然其经费来源各不相同，但主要动机都是在"信息激增"的挑战面前从合作途径去寻找出路。

　　3. 南开大学图书馆和俄亥大学图书馆自动化之比较及启示

　　总体来看，发达国家图书馆自动化事业已进入到网络阶段；中国图书馆自动化的发展进程与西方发达国家相比滞后了一个阶段，但是与自己本身相比，其发展速度是惊人的，而且计算机应用的广度和深度日益加大。俄亥俄大学图书馆自动化发展历程及趋势对中国图书馆自动化事业的发展有着很好的启示和借鉴意义。

　　（1）图书馆自动化系统模式在向集成化、网络方向发展

　　国外和中国图书馆自动化发展历程虽然不尽相同，但基本上都经过了由单功能系统、单功能局域网络向集成系统发展的过程。在经历数十年的试验、应用和发展后，逐步形成了一种符合现代图书馆功能的系统模式。可以说，俄亥俄大学图书馆的自动化系统 OhioLINK 即为这一系统模式的典范。该模式有以下特点：

　　①系统功能集成化。集图书馆采访、编目、流通、阅览、参考咨询、联机检索等功能于一体的图书馆自动化系统成为现代图书馆自动化系统的理想模式。集成系统按图书管理功能划分为多个子系统，每个子系统之间都是彼此相联系的，都是集成系统不可分割的组成部分。图书馆的用户和读者，可以通过终端或工作站上友好的用户界面和清晰、简捷的屏幕提示，进行各项功能的调用。

　　②集中的数据库管理和资源服务系统。建立集中的、标准化的且可供各子系统公用的公共数据库是集成系统的典型特点，也是实现资源共享的必要条件。现代图书馆自动化系统模式中的数据库，是集图书馆机读书目数据库、光盘数据库、专题数据库、全文数据库以及连接外部信息的数据库等子系统组成。读者通过数据库管理和资源服务系统，使用图书馆内部及外部的数据资源。俄亥俄大学图书馆的自动化系统就集中反映了上述特点。

　　③分层次的信息网络通信系统。网络系统应该说是现代化图书馆进行信息传播的主要手段。现代化图书馆合理的资源配置，应是按照信息资源的分布将网络分为不同的层次结构。图书馆内部信息网络用来实现图书馆内部功能的管理及馆藏资源的检索查询服务；校园网提供校内信息资源，读者可以通过图书馆内的通信服务器与校园网实现连接并获取校园网上的信息资源；读者还能够通过图书馆网络系统及校园网系统出口与地区网、国际网实现通

信。多层次的图书馆系统覆盖了图书馆内外、地区乃至世界范围的信息资源，使读者能够由近及远地获取所需信息资源。

④多方位的信息资源。现代图书馆自动化系统能够提供的信息资源多种多样。内部信息资源包括本馆的馆藏书目数据库和自己开发的专门信息源，外部信息源包括外界的各种信息中心、机读书目数据库及远程网络数据库等。除此之外，信息资源的载体形态也会有所变化。某些印刷型文献将被数字化信息所取代，同时原有馆藏的图片、缩微胶片、录音、录像等将利用多媒体技术转变为数字化信息，以磁盘、光盘等载体形式提供给读者。

（2）机读书目数据库建设是图书馆自动化的基础

机读书目数据库是图书馆自动化的基础，是文献信息资源共享的先决条件。俄亥俄大学图书馆就是把机读书目数据库建设作为图书馆自动化的开端，并取得了令人瞩目的成就。与之相比，中国的机读书目数据库建设起步较晚，相当一部分图书馆领导意识不到馆藏书目数据库的重要性，避难就易，图书馆自动化建设从流通系统起步。在开始图书馆自动化集成系统建设时这些系统往往夭折。在走过一段弯路之后，大多数高校图书馆都先后开始着手馆藏书目数据库的建设。上述经验教训说明，数据库建设在图书馆自动系统中是占有何等重要的位置。

南开大学图书馆和俄亥俄大学图书馆建库的经验都告诉我们，只有走联合建库的道路才能取得最大的成功。联合建库有以下明显的优越性：

①重复少，见效快。若按各自固守"自给自足"的小农经营方式进行书目数据库建设只能造成低水平的重复，劳而无功能够满足信息时代需求的大规模数据库将无望建成。数据库建设必须走合作的道路才有可能减少不必要的重复，加速数据库和建设步伐，使有限的投入发挥出最大的经济效益。

②有利于数据的标准化、规范化。书目数据库是具有永久保存价值的财富，标准化是数据库的生命线，关系到图书馆自动化的百年大计。中国图书馆的标准化水平与国外相比尚有较大差距，忽视数据标准化的现象仍严重存在。一些图书馆为追求建库速度，忽视标准、突击录入的做法后患无穷。联合建库的道路将大大促进读书目数据的标准化、规范化。南开大学图书馆和俄亥俄大学图书馆都是利用已有的书目数据库作为数据源，不仅大大加快了建库速度，而且保证了数据的标准化。

③达到书目数据资源共享。联合建库不仅使数据库建设速度加快，还可以真正达到财富共创、资源共享。一个馆编制的书目记录可以被多个馆使用，

减少不必要的重复劳动。

中国图书馆书目数据库的建设虽然与美国图书馆相比尚有较大差距，但自 20 世纪 90 年代开始，机读书目数据库的建设也呈现出一派欣欣向荣、蓬勃发展的景象，并已经开始了一些极有意义的合作项目的初步尝试。除前面提到的北京图书馆发行的两个中文书目数据库之外，由原国家教委资助、北京大学图书馆主持的"高校中文书目合作回溯建库（1978—1987）"项目，虽然在实施过程中困难重重，毕竟在不停地向前发展。北京大学图书馆主持的另一项目，原国家教委文科文献信息中心所属的 15 所高校图书馆的《西文图书联合目录》原为双月刊，现在已在网上向国内外读者提供服务，其覆盖面已由社会科学和人文科学扩大到理、工、农、医各个领域。此外，还出现了一些地区性的编目中心。这些都为联合编目和馆际互借等资源共享形式的实现创造了有利条件。

（3）合作是图书馆迎接"信息激增"挑战的唯一出路

当今时代，各种类型的文献数量急速膨胀，价格猛增。进入 20 世纪 90 年代，外文社会科学期刊的价格上涨了 56%，自然科学期刊年平均定价已高达 378 美元；中文书刊价格上涨率也高达 50%以上。文献的载体和传递方式也发生了很大变化。大多数图书馆都不同程度地存在着经费紧张的问题，普遍消减了文献购进量。在这种情况下，只有合作才是图书馆的唯一出路。

"资源共享"这一时髦术语，在中国已成老生常谈，图书馆学专业刊物上的有关文章也连篇累牍，但真正实行起来却难而又难，其根本原因就在于传统观念的束缚。各图书馆普遍追求藏书多而全，企图以一馆之藏去满足读者的全部需求。实际上，这不仅在中国不现实，就是在经费比较充裕的发达国家图书馆也是不可能的。一些图书馆常常囿于小单位的利益，不愿以自己的文献和人员服务于外单位的读者，特别是大型图书馆更不愿意与小图书馆合作，担心合作不对等。一方面，拒借率居高不下；另一方面，书库中的一些藏书多年无人问津。这是许多图书馆存在的矛盾现象。俄大图书馆 1993—1994 年的年度报告显示，在馆际互借中，借入量为 9647 册，借出量为 15223 册，从 1979—1980 年度开始，历年的借出量均高于借入量。这些数字很值得中国同行深思。OhioLINK 的成员馆之一，辛辛那提大学图书馆馆长 David F Kohl 一针见血地指出，OhioLINK "是否意味着其成员馆丧失了相当一部分控制力，或者说权利被削弱了？如果权利的定义是自主，那么确实如此，OhioLINK（或任何全州范围的合作系统）相当大地削弱了各成员馆的权利。

就另一意义而言，如果权力的定义是完成使命的能力（即以最有效的方式提供最广泛的服务），那么，OhioLINK 实际上扩大了成员馆的权利）。问题的实质是，应从自主权利的诱惑中剔除利己的因素而代之以服务"。当然，为其他读者服务不应该影响为本单位读者服务，这需要行之有效的措施和制度来协调控制，在这方面有许多成功的经验可资借鉴。

目前，自动化已在中国图书馆界引起普遍重视。但是，图书馆自动化不是目的，而是提高服务质量和促进资源共享的最有效途径，它能使读者更方便地利用图书馆，为读者提供更为广泛的文献资源。因此，推动图书馆的自动化必须立足于资源共享，只有树立了这一观念，才能避免自动化过程中的急功近利，使自动化系统更为标准化，更具有生命力。

合作的模式是多种多样的，既可以是全国范围或局部范围的横向联合，也可以是按系统的纵向联合，还可以纵横交叉按学科进行合作。多种模式的合作才能满足图书馆和读者的不同需要。但在诸多合作方式中，区域性合作应引起我们的特别重视，因为它能使读者在近距离获得所需文献，为读者提供最大的方便。

推动图书馆界的合作不仅需要图书馆界同仁破除传统观念、克服困难，也有赖于有关领导机关对图书馆事业的重视，在组织和财力上给予必要的支持和协调。只有这样，才能缩小中国图书馆事业和发达国家的距离，更好地为中国的经济建设服务。

（4）迈向 21 世纪的图书馆正在迎接信息化、数字化的挑战

在迈向信息社会的今天，国内外图书馆之间加强了解与合作，互相学习新技术、新方法，实现全球信息资源共享的愿望越来越强烈。整个社会都在发生翻天覆地的变化。信息技术的高度发展，为图书馆实现全球范围信息存取提供了技术基础。据有关专家预测，20 世纪 90 年代将是图书馆自动化、网络化高度发展并成熟的时期；图书馆将向信息化、数字化迈进，图书馆正面临着机遇与挑战。

过去，图书馆的传统功能只是收藏文献。进入信息时代，信息存储和查询有了新的形式和定义。一经数字化，众多的文献不再是散布于世界各地孤立的图书馆中，而是通过计算机存储介质永久存储并流动于全球信息网络上，为信息社会提供更为高质量的服务。

图书馆在向信息化、数字化转变的过程中，需要一些关键技术的支持，如内容的创建与录入、存储和管理、访问和查询技术、信息发布和传播，以

及权限管理技术等。随着信息存储技术、压缩技术，特别是网络技术的飞速发展，许多关键技术已经逐步突破。将成熟的技术应用于图书馆数字化、信息化建设，尚需从事图书馆自动化事业和信息技术产业的人员共同努力来完成。

据有关资料统计，目前全球成千上万的图书馆还在信息高速公路旁"站立"，等待着上路。数字图书馆在国际上也刚刚起步，但发展迅速，已引起全球关注。美国成立了由 16 家重要图书馆、博物馆组成的数字图书馆联盟。1996 年 8 月，在北京召开的第 62 届国际图联大会的研讨热点就是"全球信息存取"。中国是有着 5000 年文明史的大国，对世界文明的发展做出过有口皆碑的贡献。虽然目前中国的图书馆自动化事业发展较发达国家迟缓了一步，但只要我们瞄准目标，充分总结曾经走过的路，并吸收借鉴国外先进技术和经验，奋发努力，在迈入 21 世纪门槛之际赶上世界先进水平，实现中国图书馆数字化、信息化、网络化并与国际接轨的目标并非天方夜谭。

三、电子图书馆

电子图书馆是指图书馆的资料是以电子形式储存的。这种出版物是利用大容量光电储存技术生成的，不用纸张载体，体积小，价格低廉，存取信息方便。读者只能通过计算机或终端来使用这些出版物。所需文献可以打印、拍照，也可以通过网上检索、获取。人工借还方式减少到最低限度。其基本特征是：（1）计算机管理；（2）联网；（3）新的储存技术；（4）以用户为中心的服务模式；（5）馆藏的动态性；（6）用户和图书馆管理人员之间的更加密切的合作与交流；（7）信息资源极大丰富，高度体现资源共享。[①]电子图书馆一般由四个部分组成：用户终端；通信系统；信息资源；数据库管理和联机咨询服务系统。[②]其功能为（1）提供传统图书馆馆藏文献的联机目录和索引；（2）提供电子信息服务，包括联机目录和作业系统、全文存储和检索系统、馆内参考咨询服务系统、连接外部信息数据库系统；（3）通信服务，在电子图书馆的建设和发展上，美国处于遥遥领先的地位，下面介绍几个重要

---

① 傅守灿. 电子图书馆及其相关技术问题研究[J]. 现代图书情报技术，1996（03）：3-4.

② 傅守灿. 电子图书馆及其相关技术问题研究[J]. 现代图书情报技术，1996（03）：3-4；杨宗英. 电子图书馆的现实模型[J]. 中国图书馆学报，1996（02）：25-26.

项目：

1. 美国国会图书馆的"美利坚记忆（American Memory）"

该项目始于 1990 年，旨在将多年来国会图书馆收藏积累的重要历史文献、声像资料制成电子出版物提供全国使用。内容包括 1770—1981 年间报刊上发表的关于国会的漫画；大陆会议和宪法会议（1774—1789）的文件；底特律出版公司在 1880—1920 年间印制的 25,000 张明信片；1897—1906 年间纽约市的影片；Mathew Brady 拍摄的 1,000 张有关美国内战的照片；1820—1920 年间印行的关于美国黑人的小册子；有关加利福尼亚早期历史的个人叙述；自然环境保护运动（1850—1920）等。所有这些资料以在线、光盘、录像带等不同方式提供，对于保存和普及美国历史文化资料起了重要作用。

在 American Memory 的基础上，国会图书馆正在与各方面合作，建设美国的国家数字化图书馆。因此，American Memory 被称为国家数字化图书馆的种子项目。

2. 美国国会图书馆全国数字化图书馆项目（The National Digital Library Program，The Library of Congress NDL，LC）

该项目得到凯洛格基金会（W.K. Kellogg Foundation）的资助，于 1995 年 5 月 1 日开始付诸实施。具体内容如下：

（1）与获得国家科学基金（NSF）数字化图书馆研究项目资助的机构合作，与所在单位的用户磋商，哪些资料以电子版式发行最为有用。例如，密执安大学负责用户界面、加利福尼亚大学圣芭芭拉分校负责地理信息系统。

（2）参加单位分工负责某一方面的数字化工作。如，康奈尔大学和密执安大学承担有关美国内战方面的资料数字化，国家农业图书馆、国家医学图书馆、史密森博物院、国家档案馆承担将西进运动的文献数字化的任务。

（3）国会图书馆与研究和教育部门共同研究数字化资料的许可证问题。其中之一为盖蒂艺术史信息项目（Getty Art History Information Program）所发起的为时两年的博物馆现场教育许可证项目。7 个博物馆以电子手段向 7 所大学提供数字化馆藏在校园使用。该项目的研究目的是，教育机构在持有许可证协议的条件下，使用博物馆馆藏的技术与法律程序。

（4）与美国出版商协会合作，在取得集体许可证的条件下，让一些经过选择，有电子版权的多媒体美国历史资料能为学校和图书馆所用。

（5）进行国际合作，建设电子图书馆的全球网。①

3. IBM 公司的数字化图书馆研究项目

计算机公司与大学的合作对于数字化图书馆的发展起了重要的推动作用。以 IBM 公司为例，早在 1983 年，麻省理工学院发起的以大型工作站网络为基础，将现代计算机技术用于教育过程的雅典娜项目（Project Athena）就有 IBM 的参与。20 世纪 90 年代初，伊利诺伊大学发起的以小型机网络和软件技术为基础，使该校几个校园都能从全国各地获取信息源的 IO+Extended OPAC 项目，IBM 是主要参与者。②

1995 年 IBM 公司正式推出其数字化图书馆项目（IBM *Digital Library*）。这个研究项目的指导思想是把信息转化为智能。该公司认为，在信息时代信息和煤、水、石油一样，已成为不可或缺的资源。它们的共同特点是，必须经过加工处理，才能释放出能量。信息技术的基本任务就是将信息转变为智能。在这个转化过程中，必须解决两个关键问题：一是向使用者提供强大的检索能力，包括远程获取信息，对信息进行分析、鉴别与综合的能力；二是使信息资源的拥有者在将其资源数字化的同时能够保持对资源所有权和版权的控制。IBM 的数字化图书馆为这两个问题提供了端对端（end-to-end）的解决办法。

全部技术由 5 个部分组成：（1）权益管理（Rights Management）信息的数字化为信息的复制和分发带来了无限的可能性，IBM 数字化图书馆项目提供了保证获取和分发数字化信息和保护权益的新技术。开发出使用计算机进行认证、版税管理、编制密码、制作电子水印的技术。（2）储存和管理（Storage & Management）为图书馆提供储存和管理大批量数字化形态信息的技术，如能够储存数以千计电影的视频服务器（video servers）、能够支持不同制式多媒体产品的新数据库、囊括全文的文本服务器。（3）分发（Distribution）IBM 的全球网、互动宽带服务、Prodigy 和互联网为传递多媒体信息提供了强大的工具。（4）检索与存取（Search & Access）包括提供自动索引、分卷、导航、图像内容（色彩、形状、结构、位置）检索和过滤工具等等。（5）内容的创造与收集（Content creation & capture）基础设施提供信息生产和设计应用的技术，以及收集不同载体文献并进行扫描、识别、压缩和转换的技术。

---

① 参见 http://lcweb.loc.9...nov-dec.htm1#pilot

② Karen M Drabenstott et al. *Analytical Review of the Library of the Future Council on Library Resources*. Washington D.C.: Council on Library Resources, 1994: 118, 115.

这些技术已经成功地应用于 Case Western Reserve University 的在线、多媒体图书馆项目、科学信息研究所电子图书馆导航项目和梵蒂冈图书馆的收藏①。IBM 在中国的实验室已开始与复旦大学、清华大学合作进行中国历史地图的电子版和全文检索的研究项目。

4. 大学图书馆的数字化图书馆研究项目

在美国大学图书馆的数字图书馆研究项目中，比较重要的有如下几个，即：

（1）康奈尔大学曼图书馆（Mann Library）于 20 世纪 80 年代末开始的"化学在线检索试验"项目（Chemistry Online Retrieval Experiment，CORE）参加此项目的成员有：OCLC、贝尔传播研究所、美国化学学会：化学文摘社。此项目的目的是开发一个能够以电子形式储存、检索和显示化学杂志文献与图像的在线信息系统。

（2）俄亥俄州立大学于 1987 年开始的通往信息之路（Gateway to Information）项目。其目的在于培养学生在线查询，利用电子出版物，发展独立批判性思维能力。

（3）北卡罗莱纳州立大学于 1986 年开始的数字化文件传输项目（North Carolina State University NCSU Digitized Document Transmission Project DDTP）限于农学领域。

（4）哥伦比亚大学法学图书馆的"门神"项目（Project Janus，1993—1996 年）。利用现代技术，将该馆主要馆藏全文（如纽伦堡审判记录、美国政府文件、北美自由贸易协定条约）数字化，每年完成 10,000—12,000 卷。把物理上的图书馆变成虚拟图书馆，以扩大读者使用面，减少文献占用空间。

（5）卡内基梅隆大学于 1989 年开始的"水星"项目（Project Mercury）其目的在于，以现代网络标准和信息技术为基础，建立一个适用的电子图书馆。分两步实施：一是将书目记录与只读光盘全文数据库相联结（如美国遗产字典、美国学术百科全书）；二是将 7 种电子学方面的期刊数字化。

（6）旧金山加利福尼亚大学于 1990 年开始的 RightPage TM 项目和 1991 年开始的"红色哲人"（Red Sage）项目。前者旨在创建电子图书馆，包括将 12 家出版社的 68 种关于人工智能、计算机辅助设计、电子通信、软件工程等方面的期刊数字化，以便于专业读者使用。后者的目的是：考察在知识管

---

① IBM *Digital Library.* special Edition, March 1995.

理环境下，围绕着科学通信的技术、经济、法律和用户等方面的问题。研究范围：斯普林格出版社所出版的分子生物学、放射学方面的杂志，新英格兰医学杂志。①

（7）哈佛大学图书馆系统由 90 多个分馆构成，实际上采用的是联邦制，各馆都可以以自己的独特方式为特定的读者服务。目前，各馆都以校方提供的基础设施为依托，本着分工合作的精神，"用虚拟的砖瓦，建设数字化图书馆"（Building the digital library，brick by virtual brick），包括：①作为哈佛机读总目录（HOLLIS）一部分的回溯机读书目项目（Recon Project 1996 年底完成）这个机读目录含有 325000 条中日韩文书目记录；②与其他大学合作，由卡内基基金会资助的"期刊储存项目"（Journal Storage Project ，JSTOR）；③期刊篇目索引；④多学科合作的环境科学虚拟图书馆，通过电子通信与外界保持联系；⑤由哈佛 Widener Library 犹太部创建的以色列招贴画虚拟数据库，收有 55000 份招贴画；⑥以哈佛地图收藏为基础的大地测量信息系统（Geodetic Information Systems）；⑦得到联邦政府资助的名建筑师亨利·赫伯逊·理查德逊（Henry Hobson Richardson 1838—1886）档案项目，制作缩微胶片与数字化同时完成；⑧人文学科电子文本；⑨寻求援助项目 The Finding Aids Project；i）数字化白皮书（The Digital White Paper），哈佛大学高级图书馆员合作制定一个准备实现数字化的资料选题目录。该白皮书还包括在准备数字化项目时应该注意的经济、技术、组织和法律问题。②

（8）堪萨斯大学加利全文电子图书馆（Carrie，A Full Text Electronic Library）。其服务项目如下：①咨询台（the Reference Desk），字典、词典；书目检索与文件传输；统计报告；档案指南；Internet 查询。②图书（Stacks），按作者姓名字母顺序（A—Z），其他收藏（按语种）：英语、汉语、荷兰语、世界语、法语、德语、意大利语、日语、古典拉丁语、中世纪拉丁语、斯堪的纳维亚语、西班牙与葡萄牙语。③连续出版物部（Serials Department），电子出版物；CICnet E-连续出版物档案；关于电子出版。④文献室（The Documents Room），天主教会、联合国和其他国际组织、欧洲、美国、世界宪法、一次世界大战文件。⑤档案（Archives），皇家委员会手稿、西班牙传教

① Karen M Drabenstott et al. *Analytical Review of the Library of the Future Council on Library Resources*. Washington D.C.: Council on Library Resources, 1994: 113-121.

② Barbara S Graham. "Integrating New Technology: Research Libraries Enter the Future." 62nd IFLA General Conference Book 2, Beijing, China August 28, 1996: 96.

士文件。⑥堪萨斯专藏（The Kansas Collection），包括有关堪萨斯地区的绝版书、书信、日记、照片等贵重资料。⑦每日新闻和信息（Daily News and Information），来自世界各地和各种形式的新闻和信息。其中包括中国新闻摘要。①

（9）加利福尼亚伯克利大学数字图书馆（UC Berkeley Digital Library Sun Site Software Information & Technology Exchange）。该图书馆原藏书 800 万册，现已部分数字化，由以下 8 个部分组成：①加利福尼亚伯克利大学互联网资源主题索引（UCB and Internet Resources by Subject），主要有加利福尼亚遗产（加州档案收藏查询及数千张有关加州历史的照片）、杰克·伦敦收藏、19 世纪文学、在线中世纪与古典图书馆、加利福尼亚伯克利大学档案精粹等。②互联网上的普通参考工具书，包括不列颠百科全书（General Reference Sources on the Internet including：Britannica）、电子版百科全书，只供本校教职工和学生在线使用。③图书馆信息指南（Library Information Guides）。④只读光盘索引指南（Guides to CD-ROM Indexes）。⑤电子杂志与通信（Electronic Journals and Newsletters）。⑥电子文本收藏（Electronic Text Collections）。⑦莫里森图书馆就职演说集（Morrison Library Inaugural Address Lectures）。⑧互联网上的学术团体（Scholarly Societies on the Internet）。

（10）研究图书馆集团的数字化倡议（Digital Initatives of the Research Libraries Group）RLG 包括 150 所大学图书馆、独立研究图书馆、档案馆和历史学会。现在已有 1 亿条来自 250 个单位的图书、期刊、论文在线机读目录，即前文提到的研究图书馆信息网络（RLIN）。在过去 3 年里，RLG 召开了"电子获取信息：一种新的服务范式"（Electronic Access to Information: A New Service，July 1993）；"数字化图像保存技术"（Digital Imaging Technology for Preservation，March 1994）；"RLG 数字化图像存取技术"（RLG Digital Image Access Project，April 1995）"在新信息环境下的学术研究"（Scholarship in the New Information Enviornment，May 1995）等一系列成员馆研讨会，目前正在倡议和发起一项成员馆数字化合作活动。包括：a）馆藏数字化项目（Digital Collection Projects）正在实施的第一个项目名叫"红色研究（Studies in Scarlet）"，该项目旨在将 1815—1914 年间的美国和英国有关婚姻和两性关系的法学研究资料数字化的项目，参加单位有：哈佛大学、纽约公共图书馆、

---

① 参见 http://www.ukans.e...e/carrie-main.html

纽约大学、北卡罗莱纳州档案馆、普林斯顿大学、宾夕法尼亚大学和英国的里兹大学。第二个馆藏数字化的项目将集中在国际移民资料方面。b）档案信息数字化计划（Archiving Digital Information）。c）变形数据计划（Metadata Project）。d）国际数字化计划（International Digital Projects），包括设计计费/许可证服务器以解决使用数字化资料付费问题的 WebDoc 项目。有关单位还讨论了将成员馆在不同储存地点所拥有的相同资源以电子手段变为虚拟馆藏（virtual collection）的问题。支持以上活动的基础设施名叫"Arches"即档案服务器（archival server）。其功能是：经过多种通道与多种资源相联结；解决用户和版权所有者的版权认定、版本控制、向版权所有者付费、暂时的资源标识符（URL）、对储存手段进行有效管理等问题；提供强大的检索工具：获取图像信息和 SGM 译码信息以及在完全是图像的文档中浏览。总之，Arches 为数字信息捕捉与保存的合作调研提供了一个试验床。①

上述事实表明，电子图书馆不再是对未来的憧憬，已经走入了我们的生活，成为图书馆事业发展中的一个强劲的势头。在中国自 1994 年 9 月清华大学图书馆多媒体阅览室开放以来，广州图书馆、北京图书馆、北京大学图书馆也相继建成电子阅览室对外开放。我们应该清醒地看到，中国大学图书馆的电子阅览室与美国大学建设中的电子图书馆之间还有相当大的差距，这不仅表现在通信传输的效率方面，更为重要的是表现在信息资源的开发和建设上，中国大学图书馆的书刊书目数据库还在建设之中，而美国大学图书馆早已经历了这一阶段，正在全力以赴实现文献、图像、声音的数字化。他们在大学图书馆地区性的合作上也远远走在我们的前面。

四、技术变革与大学图书馆的未来

电子图书馆或数字图书馆会不会代替现有的以保存纸质文献为主的图书馆？有墙的图书馆会不会消失？图书馆作为一个社会场所会不会不复存在？图书馆的中介功能是不是会寿终正寝？大学图书馆将走向何方？这一连串的问题需要联系社会发展的趋势，从总体上来回答。

从人类社会生产力发展的总趋势来看，信息技术革命带来的变化是空前

---

① Ricky L. "Digital Initiatives of the Research Libraries Group." http://www.dlib.or...6/rlg/12erway.html

的。以往的技术革命所引发的生产力革命，是使劳动资料机械的、物理的和化学的属性发生变革。也就是说，使能源、动力、可控的机械加工和原料发生了巨大的变化，从而大大地提高了劳动生产率和生产力的水平。信息技术革命的核心则是使劳动资料的信息属性发生根本性的变化。这就是说，使各种各样的计算机、网络和电子通信结合起来，它所改变的是生产的神经系统，造成了生产力中最活跃的因素——人类思维器官和神经系统的加强和扩大、智力的增强和扩大。这要比机械性生产工具引起的人类体力和技能的增强和扩大更为重要。计算机与网络的结合正在改变着人类的生产方式、工作方式、认知方式和学习方式。

图书馆的历史和人类有文字的历史一样久远。作为人类不可或缺的社会文化机构——图书馆，在收集、整理和保存人类文化遗产，促进思想、知识、文化、信息交流，提高社会成员的文化教育道德水平，推动科学技术发展和加速社会进步进程诸多方面都做出了重大贡献，所有这些都是在信息技术革命开始以前发生的。前文我们已经概括地介绍了现代信息技术在图书馆中应用的过程，特别是电子图书馆的发展。种种迹象表明，信息技术一方面大大增强了人类搜集、储存、加工处理、传播和应用信息的能力；另一方面又激起了人类社会对信息的巨大需求。信息技术革命既为图书馆事业的发展提供了空前未有的绝好机遇，也向图书馆事业提出了历史性的严重挑战，图书馆事业正处于一个转折的关头，面临着多重选择。

图书馆在自身历史的发展过程中已经历过技术的重大改变，印刷术的发明和工业革命都对图书馆事业产生过重大影响。对于技术变革采取的态度至关重要。哈佛大学图书馆馆长西德尼·威尔巴说得好："我们的任务不可能用一个简单的公式来完成，我们也不可能靠一个单独通往彼岸的大桥（计划）来实现我们的目标。就此而言，技术的变化太快了，其方向难以把握。我们必须采用许多具有灵活性的计划来解决问题。我们无法控制变化，但如果我们积极地投入，我们就会有助于促成变化。我们在干中学。如果我们对于（新的）开发采取积极的态度，我们就会有准备地利用刚刚出现的新技术。"这是我们对技术变革所应该采取的积极而又稳妥的态度。那种对于技术变革采取视而不见，认为与己无关，或简单、草率从事的态度均不足取。

许多研究都指出，作为社会文化机构，图书馆必将继续存在下去，这似乎是没有疑义的，其基本功能仍然是知识、信息与用户之间的中介，这也不成问题。然而，正如我们在前文中所说，现代信息技术的出现，既造成了信息和知识的激增，也刺激了对信息和知识需求量的空前增加，图书馆的中介功能因此必然会发生质的变化。如果我们认为信息是海洋，图书馆工作者将来的工作将不再是供水，而是驾船航行，值得我们重视的是对信息需求的变化和读者群体的变化。1996 年 3 月，在哈佛大学举办的关于图书馆未来的研讨会上，主要发言人——伯克利加州大学的克利福德·林曲（Clifford Lynch）指出：“图书馆是植根于社会土壤之中，与一定使命相联系，并为某一社区服务的社会结构、社会组织。图书馆的这个定义是不会发生变化的，社区的概念则是会发生变化的，社区的地理意义正在衰落。图书馆要为国际上的用户服务，网联网的社区会跨越洲际。在这种情况下，图书馆的任务变了，它不再是起着信息看门人的作用，而是提供数据增值的领域。人们需要的是，去理解他们在全球信息网上检索的是什么，他们在数据库中找到的是什么。这就是说，图书馆需要培训用户，教给他们检索的方法。无论这项任务看起来是多么令人望而却步，也要找到组织、管理互联网上资源的办法，正如过去为书本馆藏进行编目索引一样。”这段话有两层意思：一是图书馆服务的社区地理意义因通信工具的发达而失去了原有的重要性。图书馆服务的范围，打破了地区和国家的界限，变得更广泛了。图书馆服务的对象更加多样化。不仅要为本社区的读者服务，还要在网上接待远程来访者。二是图书馆服务的方式必须有相应变化，以适应新形势下读者的需求。对于图书馆自身来说，在展望未来时，视野要超越图书馆的墙壁。合作对于图书馆来说，不再是一种选择，而是一种必需。研究型图书馆将追求实现更高的效益，而且意识到他们工作的社会和组织的环境。当研究型图书馆步入未来时，我们必须努力做到像罗马的两面门神那样：一副面孔对着过去，一副面孔朝向未来。换言之，这就要求人们寻求共同立场，在继承和发扬过去优良传统的前提下，创造未来。

　　未来的图书馆的模式是什么样的？这一直是大家所关注的一个重要问题。现实生活告诉我们，纸质的印刷品并没有因为电子出版物的出现而减少，反而呈现出增加的趋势，人们不无讽刺地说，无纸社会纸更多。美国研究图书馆集团的沃尔特·克劳福德（Walt Crawford）认为，未来的图书馆一定都是数字化的。供学者使用的通用的工作站永远也不会出现。如同无线电和内河运输会消失的论调一样，印刷品将会消失，是一种极端夸大的说法。电子出版物和普通出版物将长期共存共荣。这不失为一种比较公允的看法。传统意义上的图书馆将会与新型的电子图书馆或数字图书馆长期并存，第一，是由电子出版物和普通出版物各自的特点决定的。电子出版物有体积小、储存量大、易于检索、可以联机查询、存贮、及时打印的便利，但必须有能源、设备的保障。普通出版物则可以随身携带，不拘场合任意阅读，这些便利条件是电子出版物很难实现的。第二，还应该看到，各国的发展程度不同，通信基础设施的条件各异，在发达国家唾手可得的东西，在发展中国家就可能是很难解决的问题。如电话的普及率、计算机的人均占有率、通信电缆和地面人造卫星接收站的分布状况等。这应该指出的是，因国情不同，对于信息自由交流和存取的看法也不尽一致，所有这些都制约着电子出版物和现代通信手段的发展。第三，传统图书馆是一个充满社会文化气息的人际交往场所。不仅有图书馆工作者和读者之间的交往，读者彼此之间的交往，图书馆之间及图书馆与有关单位之间的交往，还有图书馆组织的种种学术教育文化活动。这些都是不可或缺的，也是不可代替的。无墙图书馆、电子图书馆不过是人们设想理想化的物理概念，没有可能用来代替一个生机勃勃的社会文化活动场地。第四，发生在计算机最为普及、通信基础设施最为发达、最愿意接受新事物的美国的事实告诉我们，在那里兴建大型图书馆馆舍的活动并没有停止，而是一直在继续。纽约和旧金山这两座位于东西海岸的文化名城，近年来分别建成了规模宏伟的新馆舍，力图将现代化的手段同原有的馆藏结合起来。弗吉尼亚州的乔治梅森大学耗资 3000 万美元，于 1996 年 4 月建成一座面积达 8 英亩的新的学习中心。这座学习中心是与学生活动中心连接在一起的。新图书馆由四个部分组成：（1）配有适当设备和服务台的广泛的多媒体收藏区；（2）教学参考咨询区，配有各种信息资源和教学计划，包括有 40 个座位、与网络工作站相连接的、有线互动教室；（3）主要为本科生服务的，以多文化为特点的藏阅合一的书库；（4）由图书馆、学校信息服务中心联合管理的信息服务台，可通过终端查询全校和图书馆的信息和资料。明尼苏达州议会也已拨款 3500 万美元，兴建一座为全州高等学校和图书馆服务的现代化大型图书馆。这些情况说明，传统的图书馆和数字化图书馆之间的关系不是后者取代前者的关系，而是并行不悖、相互补充的关系。把传统的馆藏与现代化的设施有机地结合起来，是通向未来的必由之路。

随着信息社会的到来，图书馆的使命、馆藏、管理、运作、用户教育与服务、工作人员的要求及培训、设施建设等都将有所变化。首先，从图书馆的使命来看，图书馆将不再以图书的收藏和使用为中心，而将以信息的搜集、开发和利用为中心；图书馆将完成由图书馆机构到信息提供者的转变，每一位图书馆工作者都将是熟练的信息专家和优秀的咨询专家，每一个图书馆都将从仅仅提供一馆馆藏飞跃到提供网络上的多种形态的信息资源。其次，从图书馆的馆藏来看，测定一个馆是否居世界前茅的标准可能就不再是藏书的册数、规模，而将是以服务的质量来评定，诸如用户所需文献的查准率和查全率等，将是以其与其他地区和国际互联网的强大性和可通性来衡量。不过，由于文献的可近性原则，由于最小省力法则的作用，尽各自的财政力量满足本地区及本单位需要的文献仍将给各馆起相当的制约作用，仍会促使每个图书馆尽可能多地保持为教学和科学研究所必需的基础馆藏，并努力发展本馆特色。最后，从图书馆的管理和运作来看，图书馆的行政管理要视野广阔、襟怀坦荡、具有创造性、富有组织能力的领导或领导群。他们不仅能描绘出美好的未来，而且能够在员工的支持和帮助下，通过本单位、外单位乃至其他地区和国际间的交流与合作，将理想变为现实。

五、结 论

高等学校的图书馆是为教学和科学研究服务的学术性机构。它和高等学校一样，是近代历史发展的产物。文献的积累，知识经验的积累，体制机构的健全，管理水平的提高，都离不开高校和图书馆自身的发展。中国的历史虽然比美国的历史长得多，由于众所周知的原因，近代大学和大学图书馆的起步却比美国晚 200 年。发展水平的差距、国家综合实力之间的差距，在高校图书馆的馆舍建筑、文献资料的积累、现代化的基础设施等方面，都不能不留下深刻的印记。这是有目共睹的、不容否认的客观事实，必须予以重视，而且应该尽最大的努力缩小差距。

中美两国社会制度不同、高等教育发展走过的道路不同、管理体制不同，这些对于图书馆的发展也有很大影响。美国高等学校中私立大学占据多数，资金来源多样化，私人赞助占有很大的比重，图书馆的投入，情况也很相似。这与中国的情况大不相同，近年来私人的捐赠虽然也呈现出增加的趋势。例如，香港企业家邵逸夫先生捐资修建的大学图书馆馆舍即达 20 所之多，但图书馆的日常经费，主要靠国家财政拨款的情况并没有改变。加之中国至今还没有像美国那样的非营利机构捐赠的减免税政策，这对于图书馆投入的多样化是不利的。

除了物质条件方面的差距和制度的不同外，还有不少属于认识上、价值判断和做法方面的问题。我们认为，这是在比较研究中更值得深入探讨的问题。

1. 关于图书馆在高等学校中的定位。美国在 20 世纪初就提出："图书馆是大学的心脏。"这说明了图书馆在高等学校建设中的关键地位，反映了高等教育事业发展与图书馆的发展之间存在着一种互动关系。从前文的研究中可以得知，19 世纪下半叶，是美国高等教育和大学图书馆取得长足进步的时期。《莫里尔法》的通过，使各州普遍建立了农学院和农机学院，后来发展成为州立大学。适应工业革命发展的需要，大学课程的多样化，选课制的实施，研究生教育中采取讨论式的教学方法……所有这些都是以图书馆拥有丰富的文献资料为前提的。因此，美国大学图书馆在 19 世纪中叶以后发展很快，7 所名牌大学 1900 年的藏书比 1849 年增加了 6.44 倍。图书馆的藏书量对于一所学校能否成为大学有直接的关系。据研究，将美国 1836 年前后成立的 20 所高等学校分为两组，当时各院校图书馆平均藏书量为 6400 册。A 组 10 校决定向大学方向发展，B 组 10 校继续保持学院地位。140 年后，即到了 1976 年，A 组学校的藏书量为 B 组学校的 7.26 倍。中国大学的发展与图书馆馆藏之间同样存在着相互促进和制约的辩证关系。中国重要的综合性大学藏书量多在 200 万册以上，北京大学藏书在 400 万册以上，名列第一，是中国最为著名的综合性大学。这些事实说明，图书馆在大学中的核心地位不是自封的，而是被大学的本质特征决定的。能不能自觉地认识到这两者之间的互动关系和图书馆的地位，对于办好大学和大学图书馆至关重要。中国大学图书馆存在着许多问题，如资金、设备的投入，人员配备和待遇等，都与对图书馆定位的认识有着密切联系。长期以来，中国教育行政部门将图书馆与学校的后勤部门列入同等地位，由条件装备机构统管。图书馆工作人员属于教学辅助人员，地位低人一等。老弱病残充斥，使其难以发挥应有的作用。近年来情况虽然有所改变，但一些根本性问题仍有待进一步明确和解决。

2. 图书馆的收藏是为教学科研服务的，收藏不是目的而是手段。在这个根本性的问题上中美两国因文化背景不同，有不同的传统。美国的开架借阅制度长达百年，第二次世界大战以来，开架阅览便普及到社会公众，除了珍善本书外，所有馆藏均向一切读者开放。中国大学图书馆的开架阅览，于 20 世纪 70 年代末才逐步开始。据统计，至 1995 年末中国 1053 所高校图书馆开架书刊占文献总藏量的 20%，最多的占 50%，个别院校不足 10%，而且对于读者类型有所限制，例如有些书库只对老师或研究生开放。这就大大限制了文献资料的利用率，而且不利于学生开阔眼界。造成这种情况的原因，除了物质条件方面的限制（如旧书库不是按照开架借阅或藏阅合一设计的），更重要的是认识方面的问题。开架借阅容易造成书刊的丢失和破损，增加了管理者的工作量，这是拒绝实行开架制的主要借口。在开馆时间、参考咨询、用户教育、馆际互借以及其他服务手段方面，尽管中国大学图书馆近年来有不少改进，但同美国大学图书馆相比，仍然存在着不小差距。究其原因，主要是我们在"藏"与"用""管理"与"方便读者""封闭"与"开放""为了一切读者"还是"为某一部分读者"等问题的认识上，还存在着明显的误区。

3. 技术变革与图书馆的发展。美国将先进的手段应用于图书馆建设上所取得的成绩有目共睹。克林顿总统在他的国情咨文和讲话中曾多次谈到中小学校图书馆的联网问题，把图书馆的数字化放到了重要地位。从 20 世纪 90 年代开始，中国在图书馆管理的自动化、网络化和文献资料的数字化方面也大大加快了步伐，大有迎头赶上之势。值得我们注意的是，美国大学图书馆在使用先进技术上的高瞻远瞩、创新精神、协作的传统和求实的作风。许多大学图书馆都有自己步入 21 世纪的发展战略，在电子图书馆的发展上，各校所追求的是自身的特色资源建设，而不是跟在别人后面亦步亦趋。地区内与地区之间的合作在加强。原有的四大书目中心特别是 OCLC，雪球越滚越大，已远远超过了本地区的范围，成为美国以至世界的书目中心，而且正在扩大服务范围。对待日新月异、迅猛发展的信息技术和通信技术，他们采取的是从本校、本地区的实际情况出发，择优而用，并不刻意求新。特别是他们持续不断地对用户进行技术培训，以此来刺激需求，值得我们效法。

4. 物质手段、学科内容与人文精神的结合——图书馆工作者的素质与追求。高等学校的图书馆是为教学和科学研究的需要而存在的，是为教师、科研人员、学生和所有用户服务的场所。宜人的馆舍、舒适的环境、先进的设施、四通八达的网络、丰富的馆藏都是不可缺少的。然而，美国大学图书馆给人留下的最深的印象不仅在于它的物质条件，更重要的是图书馆工作人员面对读者时的微笑，和那句"我能为你做点什么"的亲切问话。简而言之，图书馆工作人员的服务精神和素质、丰富的学科和语言知识、娴熟的信息技术、对馆藏深入全面的了解、一切为了读者的献身精神，都是现代图书馆工作者所必须具备的品质。拥有一批高素质的工作人员是办好大学图书馆最重要的一个条件。没有这样一批工作人员，优越的物质条件就无法发挥应有的作用。中国的高校图书馆在队伍建设和提高工作人员素质方面还有很多的事情要做，很长的路要走。

参考文献：

1. American Libraries Association. *World Encyclopedia of Library and Information Science*, Chicago: American Libraries Association, 1980.

2. Kent, Allen, Harold Lancour and Jay E. Daily. Eds. *Encyclopedia of Library and Information Science*. New York: Marcel Dekker, 1993.

3. Goedegebuure, Leo et al. Eds. *Higher Education Policy, An International Comparative Perspective.* Oxford[England]: Pergamon Press, 1993.

4. Harris, Michael H. *History of Libraries in the Western World*. Metuchen, N. J.: The Scarecrow Press, Inc., 1984.

5. Hayhoe, Ruth. *China's Universities and the Open Door*. Armonk N Y: M E Sharp, 1989.

6. Lucas, Chistopher J. *American Higher Education, A History.* New York: St. Martin's Press, 1994.

7. Marsden, George M. *The Soul of the American University, From Protestant Establishment to Established Nonbelief.* New York: Oxford University Press, 1994.

8. Rudolph, Frederick. *The American College and University: A History.* Athens: The University of Georgia Press, 1990.

9. Thompson, James ed. *University Library History, An International Review*. New York: Bingley Saur, 1980.

10. World Bank. *World Development Report 1993: Investing in Health*. New York: Oxford University Press, 1993.

11. 陈学恂. 中国近代教育大事记[M]. 上海：上海教育出版社，1981.

12. 教育部教育年鉴编纂委员会《第一次中国教育年鉴》《第二次中国教育年鉴》。

13. 母国光，翁史烈. 高等教育管理[M]. 北京：北京师范大学出版社，1995.

14. 吴慰慈，鲍振西，刘湘生. 中国图书馆事业发展历程[M]//中国图书馆年鉴. 北京：北京图书馆出版社，1997.

15. 杨威理. 西方图书馆史[M]. 北京：商务印书馆，1988.

16. 邹时炎. 图书馆[M]. 杭州：浙江大学出版社，1994.

17. 吴晞. 北京大学图书馆九十年记略[M]. 北京：北京大学出版社，1992.

18. 萧超然. 北京大学校史 1898—1949[M]. 上海：上海教育出版社，1981.

20 世纪的费城与天津①

　　中美关系正常化以来，两国的一些城市缔结了友好城市的协议，结成了姊妹关系，费城与天津就是其中的一对。我们都是天津的居民，对中美两国城市发展的历史有浓厚的兴趣，而且有机会在费城生活过，费城与天津的比较研究理所当然地成为我们研究工作的应有之义。比较研究是一种认识事物的方法，没有比较就没有鉴别。我们对 20 世纪费城与天津的比较研究是很初步的，有纵向的，也有横向的，目的是鉴往知来。

　　费城的地理位置和自然条件同天津有许多相似之处。费城的地理坐标为北纬 39 度 57 分，西经 75 度 10 分，天津为北纬 39 度 10 分，东经 117 度 10 分，几乎在同一纬度线上。两座城市都是位于河口的海港城市，费城处于斯库基尔河与德拉华河汇合处，天津位于永定河、子牙河等五条河流与海河的交汇点。一个面向大西洋，一个面向太平洋。它们都坐落在冲积平原上，靠近首都。平均气温和日照时间都很相近。具有惊人相似之处的地理位置和自然条件，对这两个城市的发展产生了深远的影响。就人文景观而言，两座城市的早期建筑都是先由河岸向内陆扩展，然后沿河岸向南北延伸。早期的城垣均呈方形，费城东西略长于南北。两个城市都蒙受过殖民压迫的痛苦，都经历了由商业城市向工商业城市的发展过程，工业生产都具有分散性和多样化的特点。② 两座名城，都享受过繁荣与进步带来的欢乐，都有在激烈的竞争中遇到的问题和苦闷，都面临着 21 世纪到来的新的挑战和机遇。

---

① 原文载王旭等主编《城市社会的变迁》，北京：中国社会科学出版社，1998 年。
② 冯承柏，胡晓明. 十九世纪费城工业发展的特点[J]. 世界历史，1987（05）：24-33；谷书堂. 天津经济概况[M]. 天津：天津人民出版社，1984.

人口及其构成

城市是人口在一定空间范围内的集聚。工业化是农村人口向城市集聚的主要驱动力。1800—1950 年这一个半世纪，费城人口从 67,787 人增加到 200 万人。① 天津的人口 1846 年为 442,343 人，1948 年增加到近 200 万人。② 费城人口增长最快的时期是在 1901—1915 年间，居民数从 1,293,000 人增加到 1,684,000 人，增长的主要原因是国外移民大量涌入。费城外国出生人口的百分比 1900 年为 23%，1910 年为 25%（421,000）。③ 在美国移民史上，这个阶段被称为新移民时期，来自俄国、波兰、意大利等东欧和南欧国家的新移民超过了来自北欧和西欧国家的移民数。天津人口增长最快的时期比费城略晚一些，为 1906 年到 1928 年间，总人口从 424,556 人增加到 1,132,405 人，高于全国人口增长的速度。同费城一样，人口增加的主要原因不是自然增加，而是外地迁居。20 世纪初到 20 年代末，每年有 3 万余人迁入天津，占年增人数的 95.86%。据天津警察局的统计，天津新旧城区和三个特区（不包括外国租界）共有 1,067,960 人，其中天津籍 444,973 人，占总人口的 41.6%，非本籍人占 58.4%。④ 他们主要来自河北和山东两省和津浦、京奉铁路沿线。

1950 年以来，费城人口呈现出下降的趋势，1950—1980 年间费城人口减少了 40 万人。总人口数从 200 万减至 170 万人，相当于 1850 年费城人口总数。1982 年更降至 1,665,382 人。以人口计从美国第四大城市退居第五。⑤ 1985 年以来，出现了中心城市人口继续下降，整个城市地区人口数量回升的趋势。费城人口减少的原因很复杂，其中的一个重要因素是一大批工厂外迁和大量的白人人口迁居环境更优越的郊区。同期天津的人口继续呈现出大幅度增加的趋势。1949 年天津的总人口为 399.5 万人，1982 年增长到 774.9 万人，增加了 1.94 倍。天津人口增长的首要原因是自然增长，其次是人口迁移。1951—1960 年间市区和郊区共迁入人口 2,054,301 人，其中市区 1,274,479

---

① Russell F Weigley, ed. *Philadelphia, A 300-Year History*. New York: Norton, 1982: 218, 668.

② 罗澍伟. 近代天津城市史[M]. 北京：中国社会科学出版社，1993：98，770.

③ Russell F Weigley, ed. *Philadelphia, A 300-Year History*. New York: Norton, 1982: 526-527.

④ 罗澍伟. 近代天津城市史[M]. 北京：中国社会科学出版社，1993：460-461.

⑤ John Tepper Marlin et al. Ed. *Book of World City Ranking*. New York: The Free Press, 1986: 53-54.

人，占 82.34%。①

费城人口结构的一个重要特点是，黑人人口的比重大，而且呈增长趋势。故有北方的南方城市之称。1920 年以前，美国其他北方城市中的黑人人口从未超过 2%，20 世纪初，费城的黑人人口就在 5%以上。因此，著名黑人学者杜波依斯在 20 世纪初期就发表了他的名著《费城黑人》。第二次世界大战期间对劳动力的需求增加，黑人人口增长很快，60 年代占人口总数的 10%，1980 年占 37%，1990 年占 39.9%。同期，西班牙裔占 5.6%，亚裔占 2.7%。

住房和城市交通

大量人口涌入城市首先遇到的问题就是住房。费城素有"家庭城市"（The City of Home）之称。由于城市地域有扩展的余地，地价较低，住房问题没有像同时兴起的纽约和波士顿那么严重。在工业化的初期贫民区坐落在费城的西部和南部。许多地区利用地域广阔之便，兴建了租价低廉，居住条件尚可人意，适合家庭居住的联立房屋（row house）。这就成为费城居民住房建筑的一个传统。20 世纪初期，当大批新移民涌入费城，他们大都住在德拉华河沿岸的费城南部和中部，这是全城住房条件最差的地方。几户人家住在同一栋房子里的现象比比皆是，卫生条件恶劣，沿河地区尤甚，"蚊蝇困扰、鼠群出没，夏天如蒸笼，冬季如冰窖的火柴盒房屋"让这些新移民久久不能忘怀。②少数民族的聚居区在此期间陆续形成。费城市政厅以南的意大利市场以出售新鲜的蔬菜和水果闻名，是意大利移民的居住区。东欧的移民卜居费城南部，犹太移民定居市场街以北地区，后为黑人取代。1934 年在美国商业部的倡导下，对费城的住房情况进行过一次调查。调查结果表明，费城当时共有 433,796 栋住房，80%为联立住房。大部分住房都供应冷热水，但仍有 8‰的住房没有自来水，只能靠井水为生。取暖原料主要是煤，有 3000 个家庭没有取暖设施。10%的住房因不具备起码的生活条件无人居住。黑人的住房条件更差，有目共睹。1939 年 WPA（Works Progress Adiministration）的调查表明费城的住房情况有较大改善，总量有所增加，达 515，527 栋，空房率下降到 3.5%，

① 谷书堂. 天津经济概况［M］. 天津：天津人民出版社，1984：453-459.

② Nathan Kusin. *Memoirs of a New American*. New York: Bloch, 1949: 59-60. 转引自 Russell F Weigley, ed. *Philadelphia, A 300-Year History*. New York: Norton, 1982: 527.

然而有 17.5% 的非白人房客的住房条件毫无改善。罗斯福新政是费城住房状况改善的转折点。在此之前，费城关心公益事业的组织把解决住房的希望寄托在私人企业的投资上。他们的这种期待被 1929—1933 年的经济大萧条所粉碎。费城的慈善机构一马当先，在 1934—1940 年间，发起了三个重要的兴建住房计划，都取得了引人注目的成果。1935 年在联邦政府通过 PWA（Public Works Adiministration）项目拨款 180 万美元兴建低造价住房，1939—1940 年间又增加了两个类似的项目，这三个住房修建项目为费城增加了 2,859 栋新住房，月租金仅 14—26 美元，缓解了低收入居民的住房问题，改善了费城居民的住房条件。联邦政府为费城海军码头的职工修建住房，对解决费城的住房问题也不无小补。美国二战前的最后一个 WPA 房屋修建计划（1940—1941 年）又为费城增添了 8,000 栋两层楼住房。[1] 二战期间和以后黑人大量迁入费城使略有改善的低收入居民住房条件再次恶化。由联邦政府发起、市政府和私人参与的中心城市复兴计划，主要由费城住房工程管理局（Philadelphia Housing Authority，1937），费城再发展工程局（Philadelphia Redevelopment Authority，1945）和费城住房发展公司（Philadelphia Housing Development Corporation，1965）三个单位负责规划、执行。虽然取得了一定的效果，如：为低收入的居民新建了一批低租金的高层公共住宅，拆除了一些危房和废弃厂房，购置了一批地产转售或承包给私人房产公司，但并没有能够有效地制止低收入居民住房条件继续恶化的发展趋势。复兴计划仅对改变城市中心公共建筑的面貌起了积极作用。白人中产阶级大量迁往郊区后，居住条件室内装修和陈设都有较大的改善。统计资料表明，20 世纪 80 年代费城住房面积比较宽裕，每个住房单元平均只有不到 2.5 人居住。整个市区房屋的个人拥有率为 68.7%。中心城市房屋的个人占有率为 55.1%。在 13 座美国大城市中居第三位。费城市区单个家庭用房单元的中等价格为 41,800 美元，按美国标准衡量，不在昂贵之列。1982 年平均月房租为 285 美元，在世界 67 个大城市中居第 35 位。居民电话拥有率为 102.4%，在全世界 92 个大城市中居第 10 位。[2]

　　天津的居民住房状况，缺乏比较系统的研究。1949 年以前，住房的占有和使用极不合理，这是众所周知的事实。一般地说，天津旧城的住房条件很

---

① Russell F Weigley, ed. *Philadelphia, A 300-Year History*. New York: Norton, 1982: 635-636.

② John Tepper Marlin et al. Ed. *Book of World City Ranking*. New York: The Free Press, 1986: 55.

差，栉比鳞次，拥挤异常。缺乏现代化的卫生设施和上下水道。租界地区则是另一番景象街道整齐干净，环境幽雅，住宅建筑风格因国而异。天津的传统民宅是三、四合院，或临街的前店后堂。为了满足人口增长的需要，20世纪初叶，一些房地产商纷纷购地建造里弄式住宅，最早兴建的是院落式的里弄住宅，分布在今河北区的三马路与四马路，黄纬路与宇纬路之间。20年代，起中外房地产公司开始为军阀官僚、巨商富绅和中产阶级兴建新式里弄，主要分布在旧英法租界。天津的贫民区分布在城市的边缘地带，如旧城以西和海河三岔口以东地区，北运河两岸，租界边缘或租界与华界交界地区。地道外和南市、"三不管"一带。一座小小的四合院往往要住上3—10户人家。两三代人合居一室的全家合盖一床被的情况司空见惯。一室面积只有8—9平方米，一台炕就占了多半间房。这些住房多由土坯建成，房顶盖以秫秸或芦苇，抹上泥土。雨季到来，泥片脱落，到处漏雨。没有取暖防暑设施，每逢寒冬酷暑，居民备受折磨。① 一些逃入天津的难民只能以破毡旧席搭成窝棚作为栖身之地。1949年初，全市有窝棚5,000余间，居住人口约25,000人。1949年以来，居民住房问题受到政府的重视，到1989年，新建住宅3,788.91万平方米，总投资近71亿元。截至1989年底，天津全市共有住房建筑面积5368.6平方米，人均住房面积由1949年初的3.77平方米，增加到1990年的6.66平方米。②天津还综合整修市区街区两侧的建筑物，使城市面貌大为改观。

进入20世纪费城和天津都面临着拓宽街道，规划道路系统，改善交通的任务。1914年，一条贯通费城东北，长约11公里的罗斯福林荫道建成。这条大道开通后，使该地区的居民人数迅速增加，提高了该地区在全市的地位。将费城贯通南北的主干线宽街（broad street）与费城的风景区费尔芒特山区连接起来的富兰克林林园大路（Franklin Parkway），经过25年的争论和搁置，终于在1918年竣工。这条马路是费城的文化通道，市图书馆、自然博物馆、科技博物馆（名叫富兰克林学会 Franklin Institute，建于1824年）、艺术博物馆、罗丹雕塑博物馆均错落其间。这条交通干线的建成还为前往德国城、奥佛布罗克、威尼费尔德提供了便捷的通道，促进了人口朝这个方向移动。费城现代公共交通的另一重大革新是在市场街上开凿3.2公里长的地下铁路，

---

① Gail Hershatter. *The Workers of Tianjin, 1900-1947*. Stanford, California: Stanford University Press, 1986: 69.

② 邱青云. 我们的优势[M]. 天津：天津社会科学出版社，1991：181.

这是费城第一条地铁，于 1907 年完工，第 15 街到德拉华河部分于 1908 年完工，这条地铁向西直达西费城的第 69 街。地铁的建成使这一带的景观为之一变，从近似农村的风光变成了繁华的商业区和居民住宅区。

费城和天津均为河道所分割，为了跨越天堑，两座城市早期在河道上都设有渡口与浮桥。1805 年，费城在斯库基尔河上架起了一座单孔桥，长 168 米，高出河面 9.4 米。1809 年又在斯库基尔河上架起了一座铁索桥。这些早期建筑的桥梁均未能持久，仅在桥梁建筑史上留下了记录。为了满足正在增长中的汽车交通的需要，一座跨越德拉华河，长 3.2 公里的悬吊式大桥于 1922 年施工，1926 年投入使用，被命名为本杰明·富兰克林大桥。

天津的第一座钢桥是坐落在子牙河上的大红桥，建于 1887 年。1888 年修建了金华桥（俗称老铁桥）。此后，陆续在海河上修建了老龙头桥（1902 年）、金钢桥（1903 年）、金汤桥（1906 年）。1926 年因老龙头铁桥影响海轮通航，另建三孔中孔可以用电力启闭的新桥，命名为万国桥，1949 年以后改称解放桥。现代桥梁的建成大大改善了两个城市的交通运输状况。天津的公共交通始于比利时商人经营的有轨电车，1925 年出现了私人经营的公共汽车。1949 年以前，全市有的电、汽车路线 17 条，全长 60.78 公里，运营车辆 200 余部。到 1982 底，全市公共电、汽车路线共 113 条，其中电车 8 条，汽车 105 条，总长度为 1826 公里，共有运营车辆 1546 台。

教 育 文 化 设 施

教育是城市生活的重要组成部分。作为历史名城，费城在美国的教育史上占有重要地位，使美国得以强大的公共教育体系，在费城揭开了它的第一页。1818 年宾夕法尼亚州议会通过在费城建立"第一个学校区"的法案。用政府拨款实施兰开斯特（John Lancaster）所倡导的在主要教师监督下，儿童互教互学的教育计划。全美第一个幼儿园于 1808 年建于费城。1820 年，费城出现了一所聋哑人学校，至今还是费拉德尔菲亚艺术学院的一个组成部分。费城的医学教育，举国闻名。在名医本杰明·拉什（Benjamin Rush，1745—1813）的领导下，宾夕法尼亚大学的医学院早在 19 世纪初就成为全国医学教育的中心。时至今日，费城有 88 个授予学位的单位，在 17 所高等院校中 6

所是医学院校。除了宾大医学院，天普大学医学院、杰弗逊医科大学、宾夕法尼亚医学院（前身为内科医学院 College of Physicians）和药学院有较大影响，费城还设有视力测定和足病学的专科教育。就地区而论，只有波士顿一地的医学教育能与之抗衡。费城的公立学校是美国城市第 5 大学校校区，1995年有学校 256 所，特种学校 10 所，在校学生 208,973 人，占人口总数的 12%。教师 12,135 人，教师学生比为 1：17.2。1994—1995 年的实际预算为 13 亿美元，平均每个学生的开支为 5,350 美元。当前费城的公共教育正在 IBM 公司的直接参与下实施一项名为"儿童成就"的新战略，其指导思想是，通过加强地方管理，增加家长参与，减少限制，将新技术用于课堂教学，以实现教育上的高标准和提高学生的毕业率。据 1980 年的统计，在 25 岁以上的人口中受过 12 年及以上教育者占人口总数的 54.3%，受过 16 年及以上教育者占人口总数的 11.1%。

　　天津在中国近代教育史上的地位可以同费城媲美。天津开埠后，清政府为了师夷一技之长，巩固国防，在天津建立了一批西式军事学校。如：电气水雷学堂（1876 年）、北洋水师学堂（1880 年）、北洋电报学堂（1880 年）、北洋武备学堂（1885 年），以及北洋医学堂（1893 年）。1895 年又建立天津大学堂，1903 年改名为北洋大学，聘美国传教士、李鸿章的英文家庭教师丁家立（Charles Daniel Tenney 1857—1930）为总教席。在戊戌变法的影响和八国联军入侵的刺激下，20 世纪初期，天津掀起了兴办新式学校的高潮。1901 年，地方人士得到丁家立的赞助，利用稽古学院的旧址办了一座普通学堂，"规制采诸外洋"①，后移交天津府管理，成为第一所官办中学堂。1904 年近代著名教育家严修出资，张伯苓主持创建敬业中学堂，后改名南开学校，是最早建成的私立中学。到 1911 年，天津兴办的学堂共达 147 所，包括大、中、小学，不仅层次完备，而且门类齐全，有工业、农业、医学、军事、法政、外语、师范等科。经过 30 多年的曲折，到 1949 年初，全市共有各级各类学校 2,371 所，学生 32.25 万人。1982 年学校数增至 4,501 所，学生 121.34 万人。②根据 1982 年的统计，天津有大学文化程度的人口仅占全市人口的 2.3%，低于北京、上海和费城。有高中文化程度的人口占天津人口的 13.3%，也远远低于费城。

---

　　① 王守恂《天津政俗沿革记》，1938 年版线装书，卷 10，"学堂"。
　　② 谷书堂. 天津经济概况[M]. 天津：天津人民出版社，1984：424.

费城的文化生活丰富多彩，高雅文化和大众文化均有特色。费城交响乐团建于 1900 年，是由几个小乐队合并而成，1902 年就开始外出演奏，1912 年波兰籍音乐家利奥波尔德·斯托科夫斯基（Leopold Stokowski 1882—1977）出任乐团指挥，他以严格的训练、独特的个人风格和创造性使乐团名噪一时。在美国名作曲家古斯塔夫·马勒尔（Gustav Mahler 1869—1911）第八交响乐的首次演奏会上（1916 年），这位精力充沛的指挥，组织了 1,000 名音乐演奏家和歌唱家同台演出，深深地打动了听众。他还举办儿童音乐会、青少年音乐会、户外演奏会，1929 年与 RCA 公司合办广播演奏会，1936 年发起横跨北美大陆的旅行演出，使严肃音乐得到普及。费城的世俗文化最有特色的是哑剧表演。每年 1 月 2 日，是费城哑剧弦乐队的演出日。以社区为单位组成，以北欧神话为题材，着装绚丽多彩表演队伍自南而北，沿着通衢大道招摇过市，万人空巷，热闹非凡。第二次世界大战后，还建立了一座哑剧博物馆，展出哑剧服饰，吸引了不少观众。费城种类繁多的博物馆、历史悠久的动物园和以普及科学知识为主要目的的植物园是公众休闲度假的重要活动场所。宾夕法尼亚美术学院（建于 1805 年）、费城艺术博物馆（建于 1926 年），巴恩斯基金会博物馆的绘画、雕塑、建筑艺术藏品琳琅满目，美不胜收，富兰克林学会（建于 1824 年）可以动手操作的展品让儿童观众流连忘返。独立宫、木匠大厅、第一国民银行和华盛顿曾在严冬屯兵的福吉谷等遗址提供了生动的历史教材。自然科学博物馆（建于 1812 年）培养了几代动植物学家。费城西北的费尔芒特公园是世界上最大的城市公园，沿着蜿蜒的斯库基尔河展开，可以登高远眺，访古探幽，浣足山泉，尽洗都市尘埃。费城市立公共图书馆—免费图书馆（Free Library）建于 1891 年，在大城市的公共图书馆中以馆藏丰富、活动多样、服务功能强著称，它的儿童部举办的假期儿童读书俱乐部、儿童图书音乐会深受儿童的欢迎。天津的少年儿童图书馆就是在费城免费图书馆道穆斯馆长的建议下建立起来的。

天津靠近我国的文化古都北京，南有海派文化的发祥地—上海，在南北的夹击之下，文化上稍显逊色。严复在天津将《天演论》著译为中文，对我国知识界起到了振聋发聩的作用。梁启超的《饮冰室文集》是中国近代文化史上的一座丰碑。这两件事情虽然与天津有关，毕竟不能说全然是天津的产物。天津对中国现代文化的一大贡献是话剧运动，1909 年，南开学校校长张伯苓自编、自导、自演了天津舞台上的第一出话剧《用非所学》。1916 年，张伯苓之弟张彭春留美归来，当选为话剧团副团长，他一面将一批世界名剧如易卜生的《娜拉》、莫里哀的《悭吝人》、果戈理的《钦差大臣》等搬上中国舞台，另一方面，自己动手改编、创作剧本《醒》《新村正》《一念差》《一元钱》上演，在华北大地上播下了话剧的种子，涌现了曹禺这样的著名戏剧家。30 年代，曹禺以天津社会为背景创作了《雷雨》《日出》。《雷雨》于 1935 年在天津上演，全国戏剧界为之震动。在世俗文化方面，将曲艺、戏曲从露天演出迁入茶园、戏园、游艺场是在二三十年代发生的。由西方传入的电影业也是在这个时期繁荣起来的。以普及科学文化知识为主要功能的图书馆也有较大发展。1907 年天津出现了第一所官办的大型图书馆—直隶图书馆，后改名河北省立第一图书馆，即今天津市图书馆的前身。1929 年天津第五通俗图书馆开幕，到抗战前，天津市共有 7 所通俗图书馆。据统计，1982 年，天津共有公共图书馆 23 个，藏书 644 万，全年借阅人次 238 万。1992 年增加到31 个，藏书 650 万册，借阅人次 303 万。天津第一座由中国人自办的博物馆——天津博物院成立于 1923 年，创办人严智怡任院长。设于英租界，由法国天主教神父桑志华筹备多年的北疆博物院于 1928 年对外开放。天津的博物馆事业发展较为缓慢，1982 年，天津市有 5 个博物馆，工作人员 388 人，藏品 53 万件，参观人数 69 万人次。1992 年，博物馆数增至 13 个，工作人员 649 人，藏品仍为 53 万件，参观人数降至 48 万人次，1993 年又增至 93万人次。[①]

产业结构变化

　　费城和天津都是在两国工业化进程中作出过重要贡献的城市。近半个世纪以来，两座城市都经受了国内外竞争的严重挑战。比较一下他们产业结构的变化和对挑战作出的反应是很有意义的。自 20 世纪中叶以来，费城经济的主干：制造业的从业人数就不断下降。1951—1977 年，制造业的劳动力从占劳动力总数的 46%下降到 24%（同期全国从 43%下降到 29%）。[②] 与此同时非制造业的就业人数呈上升趋势。具体情况如下表所示。

　　① 天津市统计局. 天津统计年鉴 1994[M]. 北京：中国统计出版社，1994：268.

　　② Russell F Weigley, ed. *Philadelphia, A 300-Year History*. New York: Norton, 1982: 710.

表　费城都市统计地区和美国就业年增长率 1952—1988

	1952—1972	1972—1983	1983—1984	1985	1986	1987	1988
费城都市统计地区							
所有行业	1.00%	0.60%	3.57%	2.28%	2.72%	2.38%	1.18%
制造业	−0.28	−2.36	2.02	−3.22	−3.64	−0.27	−1.46
非制造业	1.95	1.55	3.96	3.65	4.22	2.96	1.73
费城							
所有行业	−0.61	−1.54	0.15	1.10	1.05	1.72	0.75
制造业	−2.82	−5.66	−2.81	−4.83	−4.28	−1.35	−2.49
非制造业	0.35	−0.56	0.66	2.08	1.86	2.16	1.19
美国							
所有行业	2.08	1.85	4.26	2.39	2.17	3.61	3.46
制造业	0.71	−0.23	3.81	−1.75	−0.95	2.63	2.10
非制造业	2.67	2.51	4.37	3.44	2.39	3.80	3.65

资料来源：*Employment and Earnings, Bureau of Labor Statistics*. U.S. Department of Labor. County Business Pattern, Bureau of the Census, U.S. Department of Commerce. 转引自 William J Stull et al. *Post-Industrial Philadelphia: Structural Changes in Metropolitan Economy*, Philadelphia: University of Pennsylvania Press, 1990: 12. 略有删减。

　　20 世纪 80 年代末，费城城市地区制造业雇用的劳动力不到 40 万人。在制造业劳动力总人数不断减少的情况下，有 31 个行业的生产和劳动力在 1978—1986 年间出现了上升趋势。这种情况主要发生在高技术设备制造领域，如制药业、武器制造、通信设备、电子设备、飞机制造和配件、光学仪器和医疗器械。这 7 个行业在 1978 年提供了 38,328 份工作，占 31 个行业的 30%。到 1986 年，它们提供了 49,531 份工作，占 31 个行业的 33%，占全部制造业劳动力的 13%。[①] 此外，如塑料业和印刷业因引进高技术，生产流程正在发生急剧变化，劳动力人数也有所增加。又如锯木业、水泥制造业则因地方建筑业的繁荣，需求剧增，再度兴旺。在这些劳动力正在增加的制造业部门，小企业的增长率高于大企业。

　　在非制造业领域，促进经济增长的主要部门的是生产服务业、医疗保健

----

① William J Stull and Janice Fanning Madden. *Post-Industrial Philadelphia: Structural Changes in the Metropolitan Economy*. Philadelphia: University of Pennsylvania Press, 1990: 32.

业及研究和开发（R&D）。生产服务业指企业为了生产商品和提供服务而购买的服务如：金融、会计、保险、房地产和法律服务。在整个战后时期，其增长率要比制造业快得多。对于造成这种状况的解释其说不一，第一种解释认为：原因在于服务活动专业化，从企业内部转到外部。这种看法经验证据不够充分，因为企业内部服务业的从业人员也在增加，但增长率很低，这或能说明是内部服务外化造成的。第二种解释是生产服务业的个人劳动生产率较低，只能用增加人力的办法增加服务。第三种解释是政府的管理活动增加，提高了对生产服务业的需求。20 世纪 70 年代，增添的管理机构有：职业保险和健康管理局、消费者生产安全委员会、公平就业机会委员会和环境保护局。这些机构的成立使表报数量急剧增加。第四种解释是生产的顾客服务取向加强，要求服务到户，服务到人。这种服务是劳动密集型的服务，大大增加了服务工作量。生产服务业的从业人员集中在中心城市，其增长率要比其他部门高得多，总人数 1986 年为 407,692 人。服务对象主要是当地企业。1978 年以来，就业雇用人员增长情况如下表所示。

表　费城都市统计地区生产服务业按部门划分雇用人员增长情况 1978—1986

部门	雇用人员变化		年增长率（%）	
	1978—1982	1982—1986	1978—1982	1982—1986
行政管理/辅助	5,169	7,644	1.71	2.34
银行	562	868	0.49	0.73
信贷代理	1,118	5,128	2.62	9.74
经纪业	1,306	2,654	6.99	10.32
保险邮递员	1,003	9,900	0.66	5.86
保险代理人	796	2,287	1.68	4.34
房地产	−719	4,383	−0.90	5.20
全部企业服务	8,311	29,118	2.47	7.30
法律服务	3,943	6,287	7.22	8.54
建筑/工程	9,167	1,285	14.21	1.41
会计	2,008	2,202	8.54	5.66

资料来源：*County Business Pattern*. Bureau of the Census, U.S. Department of Commerce. 转引自 William J Stull and Janice Fanning Madden. *Post-Industrial Philadelphia: Structural Changes in the Metropolitan Economy*. Philadelphia: University of Pennsylvania Press, 1990: 59. 略有删减。

近 20 年来，美国保健部门雇用的劳动力一直呈上升趋势。1970 年，仅占全国劳动力的 5.1%，1978 年占 6.7%，1982 年 7.8%，1986 年达 7.9%。保健部门得到发展同人均收入增加有直接关系。护理工作的市场化是使保健部门从业人员增加的一个重要原因。医疗保险（第三方付费）减少了保健消费者的顾虑。人口的老龄化大大地增加了对保健的需求。医疗领域的技术进步，使医疗保健的产品比其他产品更有吸引力。医疗保健是一个劳动力密集的服务部门，它的发展必然会使从业人员大幅度增加。在费城地区，保健业无论就规模还是就增长率而言都值得重视。迄于 80 年代末，有 185,000 人受雇于保健业，占费城劳动力的 10.1%，1978 年仅占 8.3%，如果加上费城医药教育雇用的人员，人数可达 20 万。1978—1986 年间，该行业增加了 52,139 人，占同期劳动力增加总人数的 22%[①] 医疗保健部门内部的发展是不平衡的，情况如下表所示。

表　费城都市统计地区与美国全国医疗保健业雇用人员分行业增长情况

1978—1986								
费城都市统计地区						美国		
	雇用人数变化		年增长率%			年增长率		
行业	1978—1982	1982—1986	1978—1982	1982—1986	1978—1986	1978—1982	1982—1986	1978—1986
全部保健	22,614	29,525	4.01	4.44	4.22	5.23	3.33	4.27
内科医师	3,131	5,047	5.31	6.80	6.05	5.63	4.55	4.63
牙医	1,828	1,753	7.12	5.07	6.09	6.39	3.67	5.02
骨科医师	926	697	15.15	7.28	11.15	9.91	4.87	7.36
其他保健师	591	1,490	8.40	14.1	11.22	12.54	8.24	10.37
护理人员	5,862	5,247	7.97	5.45	6.70	5.32	4.36	4.84
医院	7,117	5,850	2.07	3.74	2.96	2.34	0.60	3.28
医学和牙医								
实验室	300	570	2.19	3.74	2.69	2.34	4.18	3.25
门诊部	1,214	3,511	1.34	1.43	1.39	5.45	11.07	8.23

资料来源：*County Business Pattern*, Bureau of the Census, U.S. Department of Commerce.

前文已经提到费城是美国医学教育的中心。1988 年，费城医学院校在学

---

① William J Stull and Janice Fanning Madden. *Post-Industrial Philadelphia: Structural Changes in the Metropolitan Economy*. Philadelphia: University of Pennsylvania Press, 1990: 67.

学生人数为 4,213 人，仅少于纽约市，占全国医学院校在学学生人数的 5%。与人口的比率：每千人有 87.3 名医科学生，居全国之冠。费城是特种医学教育的中心，足病专科学校和眼科学校在学学生人数分别占全国 18% 和 13%。费城培养的兽医和药剂师数量占全国总数的 4%。费城的骨科医院和骨科医学教育也在全国居领先地位。

为了加强在国际上的竞争实力，美国政府和企业界都非常重视研究和开发工作。根据国家科学委员会的统计，1987 年美国在科研和开发方面的投资为 1,243 亿美元，占国内生产总值的 2.8%。

大约有 3 万名工作人员在研究和试制部门工作，占费城地区劳动力的 1.2%。他们集中在为数不多的大公司的附属机构中，主要是航天、化学、药学、生物/生物技术和医学等领域。具体情况如下表所示。

表　费城科研与开发单位和雇用人员情况，按活动群体划分 1989 年

活动群体	单　位		雇用人员	
	数目	%	数目	%
金属/金属产品	21	6.3	333	1.2
纺织/纸张	5	1.5	176	0.6
航天	7	2.1	4,038	14.7
电子/计算机	72	21.8	5,079	18.4
计算机软件	17	5.1	657	2.4
环境服务	23	7.0	607	2.2
石油	6	1.8	670	2.4
化学制品	40	12.1	4,071	14.8
药学	8	2.4	4,483	16.3
生物学/生物技术	37	11.2	3,237	11.7
医疗技术	14	4.2	363	1.3
医学	50	15.1	2,558	9.3
未分类	31	9.4	1,280	4.6
所有活动群体	331	100.0	27,552	100.0

资料来源：Philadelphia Economic Monitoring Project R&D Survey.

科研与开发人员分布比较集中，主要在费城和蒙哥马利县，后者人数更多。在有学位的研究人员中，大多毕业于宾州和全国其他地区，来自本地区高等院校的只占少数。

整个 20 世纪上半叶，费城都市地区一直是全国制造业的中心。迄至 1958年，此地区制造业雇佣的人员占全国制造业劳动力 3%以上。20 世纪 50 年代以来，费城都市地区的经济已经从工业经济过渡为后工业经济。这个地区已从以生产产品为主转变为以提供服务为主，特别是保健服务和生产管理服务。在此后 28 年里，制造业的从业人员减少了 28%。

全国制造业的劳动力增加了 19%。到 1986 年，费城都市统计地区制造业雇佣人仅占全国制造业劳动力的 2%。低于其人口和劳动力在全国所占的比例。制造业劳动力下降的趋势一直没有停止。与此同时，非制造业雇用劳动力数持续上升。20 世纪 50、60 年代的年增长率为 2%，70 年代略见缓慢，80 年代以来又加快了。整个说来，非制造业劳动力的增长率高于全国，非制造业专业化的程度也高于全国，类似的变化也在全国其他历史上曾经是制造业中心的大都市地区发生。这种变化是美国大都市地区对国内和国际经济力量变化作出的反应。制造业因使用先进的技术而大大提高了劳动生产率，这就使生产每一个单位产品所需要的劳动力减少，这种情况在 80 年代表现得尤为明显，技术的进步使生产过程标准化了，加上交通、通信系统的改善，使得美国非都市地区和海外地区对美国制造业的厂商有更大的吸引力。在这些地方，工资低廉，土地便宜，环境保护的管理松弛。由此看来，制造业在它成长起来的美国城市中心地区衰落，而在美国非城市地区和海外得到长足的发展就是可以理解的了。非制造业的从业人员受不同条件的支配。非制造业的劳动生产率提高不如制造业快。因此，生产每一单位服务所需要的劳动力相对于生产每一单位制造业产品的劳动力会有所增加。服务业所提供的服务比制造业所生产的产品更贴近顾客的特殊需要，就此而言，国内外竞争不如制造业激烈。

尽管两国国情不同，社会、经济、政治制度不同，发展阶段不同，费城与天津在经济发展过程中的基本走向却有很多相似之处。

在整个 20 世纪上半叶，天津和费城一样，一直是我国的工业中心。天津的近代工业出现于 19 世纪末，多为政府建立的铁路、军事工业和外商开办的打包工厂。进入 20 世纪天津才逐步建立起近代工业体系，到 1933 年，天津的工厂数占全国 12 个工业城市的第二位（上海第一），工人数为第三位（少于上海、无锡），资本为第三位（少于上海、广州），净产值第四位（少于上海、广州、无锡），到 1947 年，工人、工厂数均仅次于上海，占第二位。[①] 据 1947 年国民党政府经济部发表的沿海 20 个主要城市的情况，天津工厂数占 20 个城市总数 14,078 家的 9%。天津工人占 20 个城市总数 682,399 人的 8%，仅次于上海居全国第二位。

20 世纪 50 年代以来，特别是改革开放以来，天津的工业生产的总产值虽有较大增长，1947 年全市工业产值仅 6 亿元，1993 年达 1252 亿元，按可比价格增长了 135 倍。然而天津工业在全国所占的地位却明显下降。工业总产值 1985 年占全国的 3.3%，1993 年占 2.6%。工业产值在社会总产值中所占地位也由 1978 年的 76.6%下降为 1985 年占 69.2%，1990 年更下降至占 52.7%。主要工业产品产量在全国的地位大多呈下降趋势。1978 年为 69.6%，1993 年为 56.4%。主要工业产品产量在全国所占地位大多呈下降趋势。下降幅度最大的是自行车，1985 年占全国总产量的 17.4%，1993 降至占 8.6%，下降了 8.8 个百分点。同期，照相机下降了 6.6 个百分点，从占全国产量的 6.7%下降到仅占 0.1%。家用电冰箱的产量下降了 4.4 个百分点（从占 4.4%降至占 0.4%）。第二产业的生产总值在国内总产值中的比重也呈现下降的趋势，1978 年占国民生产总值的 69.6%，1993 年降至占 56.4%。第二产业的从业人员在全部劳动力中的比重，固定资产投资的比重都有所下降（1985—1993 年间分别下降了 1.3%和 2.4%）。[②]这一点与费城很相似。

在工业生产地位整体下降的过程中，少数工业部门的产量在全国的比重有所上升如钢产量 1985 年占全国产量的 2.4%，1993 年占 2.5%。汽车产量 1985 年占全国产量的 4.5%，1993 年上升为 8.3%。家用洗衣机，1985 年占全国总产量的 1.9%，1993 年增加到占 6.6%[③]

1978 年以来，天津的第三产业即服务业有较快的发展，在国内生产总值中所占比重有所上升，1978 年在国民经济中的比重为 24.3%，1993 年增至 37%。从业人员在社会劳动力中所占的比例也有所上升，从 1985 年的 28.2%增加到 33.6%。[④] 这个趋势也同费城城的走向相同。

据研究，在服务业中，信息部门的增加值占国内生产总值的 25%—40%，信息劳动者占劳动就业人口的 15%—30%左右，可定为信息经济的"起飞"

① 傅韬，周祖常. 天津工业三十五年[M]. 天津：天津社会科学编辑部，1985：17.
② 天津市统计局. 天津统计年鉴 1994[M]. 北京：中国统计出版社，1994：40-41.
③ 天津市统计局. 天津统计年鉴 1994[M]. 北京：中国统计出版社，1994：40-41.
④ 天津市统计局. 天津统计年鉴 1994[M]. 北京：中国统计出版社，1994：37.

阶段。天津相应百分比分别为 27.35% 和 21.08%，高于全国的平均水平，已达到"起飞"阶段的标准。①其在本地区经济发展中的地位与费城的医疗保健业颇为相似。笔者从互联网上获悉，费城市政府已经制定了"1994—2000 年的信息技术战略计划（Strategic Information Technology Plan 1994—2000）"。该计划分为服务和技术基础设施两大部分。服务部分包括社区服务、城市一般服务、司法和公共安全服务和内部服务。技术基础设施包括计划、宽带城市网络、中心数据库、软件、硬件和网络的标准化、培训能力与课程、服务水平目标。目前，费城的城市网的中央数据库主机已升级 IBM3090-400J82MIP 处理机，中央存储内存 512MB，外存 256MB，信道 64 1/0。增加了在线应用服务的能力。中心数据库事故恢复计划已试验成功，正朝着无线、移动通信的方向迈进。这对于天津市规划本市的计算机网络，提高管理和国民经济信息化的水平具有参考价值。此外，天津在技术经济开发区的建设和环境保护方面均在全国居领先地位，为天津的今后可持续的发展创造了有利的条件。

　　费城与天津在经济发展中的这种相似性是偶然的巧合，还是有其必然性，这是一个很值得深入探讨的问题。我们的初步看法是在世界经济联系日益加强，人类已步入信息时代，中国的改革开放正向纵深发展的形势下，各国、各地区特别是城市地区经济发展的趋同性正在增加。费城与天津经济发展的相似性正是这种趋同性的反应和表现。天津的经济地位下降还有更为深刻的原因。在客观上，中央政府一度实行限制沿海城市发展的战略，在相当长的时间里不但没有加大对天津的投入，反而从天津迁走了一批工厂。在变消费城市为生产城市的方针指引下，将以文化古城闻名的北京改建为工业城市，制约了天津的发展。1950 年至 1980 年间，天津工业的基本投资只相当于北京的 58.4%。第一个五年计划期间，国家确定的重点工程共 156 项，北京有 10 余项，天津连一项也没有。天津还于 1958—1976 年间被改为省辖市，许多功能不能充分发挥，发展规模也受到限制。北京则因其首都地位，得到空前的发展。这种情况很容易让人想起纽约市和首都华盛顿的发展对于费城的制约。1976 年的唐山大地震，使天津元气大伤。改革开放以来，重点在南方，广东和上海得到了许多优惠的政策，加大了南北差距。从主观上看，较长时期以来，市领导层受计划经济模式的影响较深，对天津的城市历史和城市缺乏系统、完整的认识，缺乏方向明确的发展战略，左右摇摆，举棋不定，坐

---

① 袁俊等，《天津信息化水平的测定》，天津市师范大学应用文科学院，1996 年 3 月。

失时机，到 1985 年才确定了天津的城市性质和发展战略。最近确定的天津今后一个时期发展的总目标是，经过 20 年的奋斗，争取成为我国率先基本实现现代化的地区之一，把天津建设成为我国北方的商贸金融中心，技术先进的综合性工业基地，全方位开放的现代化港口大城市。实现这个总目标，要靠上下一心，长期奋斗。

费城在总结经济发展的经验时指出，在制定城市经济发展政策时，必须充分考虑国际和国内制约经济发展的力量。这些力量对于城市经济的发展具有决定性的意义。一个城市的经济发展必须善于利用这些力量，决不能反其道而行之，与之相抗衡。看来，这也应该是在总结天津经济发展时应该得出的结论。以费城目前情况而论，恢复昔日在工业化过程中辉煌地位的可能性已不复存在，必须将注意力放在有能力提高产品质量，具有创新精神，能为客户提供专门服务的小企业身上。在服务业方面，提高劳动力的文化教育水平，发展计算机软件工业，加强研究与开发，显得越来越重要。这就是说必须充分依靠本地区高等院校的研究力量。这些，似乎也是天津在今后的发展中应该给予重视的问题。

当前，人口爆炸、科技爆炸、环境恶化已成为全人类进入 21 世纪时共同面对的问题。[1]在城市的发展中，费城和天津都面临着新的挑战与机会，对此，大家特别是领导层，知识界和科技界都要有所认识并做好准备。

1996 年 7 月 20 日初稿

7 月 24 日第一次修改

8 月 20 日第二次修改

（合作者：罗宣）

---

① 保罗·肯尼迪. 未雨绸缪，为 21 世纪做准备[M]. 何力，译. 北京：新华出版社，1994.

中国的"美国通" ①

所谓中国的"美国通",指的是那些研究美国问题(包括政治、经济、社会、文化、外交等各方面)并向社会公众和领导层提供有关美国的信息和解释的专业人员。我们也可称之为"美国问题专家"。

由于种种原因,中国的大众(既包括高级领导也包括一般民众)所得到的有关美国的信息,在相当程度上都是来自这些"美国通"的研究或报道。他们通过各种渠道向领导层汇报有关情况,通过专业刊物向学术界报告研究成果,通过大众传播媒介(广播、影视、报刊、书籍等)向广大公众介绍美国。因此,从一定意义上来说,在中国人获取有关美国的信息过程中,这些"美国通"们起到了一个"解读器"的作用,从而在中国人形成对美国的认识方面产生了十分重要的影响。

长期以来,中国人对大洋彼岸的美国一直怀有强烈的兴趣。据不完全统计,从近代到1990年,中国出版的有关美国的图书达9424部,其中,1949年以来出版的就有7210部②。随着改革开放的不断扩大,不仅一般公众对美国感兴趣,而且高层领导以及政府各部门也迫切希望更加深入地了解美国,而他们所依靠的正是一批中国的"美国通"。事实上,这些"美国通"们在制定和贯彻中国对美政策方面扮演了重要的角色。他们中最著名的人物有乔冠华、龚澎、黄华、章文晋、韩叙、冀朝铸等,这些人参加了中美恢复外交关系谈判的全过程。

在20世纪80、90年代,中国"美国通"们的队伍有显著的扩大。今天,中国领导人可以从散布在政府各部门中的美国问题专家那里获得各种有关美国的消息和情报。绝大多数中央一级的党政机关和研究机构都有专职部门和

---

① 本文节选自《中国与北美文化交流志》,上海人民出版社,1998年,第十一章"'美国,一个充满矛盾的国家'——新时期中国人眼中的美国",第一节"中国的'美国通'",第423-427页。

② 黄安年. 一百五十年来我国出版的有关美国史译作纵览[J]. 世界史研究动态,1990(05):19-25.

人员密切注意着美国的动态。许多大学建立了美国研究中心。各种全国性的学术团体把不同专业的美国问题专家联系在一起。此外，新闻单位驻美记者每天向国内传回大量有关美国的新闻报道。

中国的美国问题专家基本上可分为四种类型，他们是：政府有关部门中的工作人员，专业研究机构中的有关人员，记者，大学教师。

一、政府机关中的美国问题专家

国务院所属各部委中有许多美国问题专家在工作着，其中外交部、外经贸部、国家安全部、国防部等机构拥有的人数最多。在这些部门工作的美国问题专家在制定、贯彻和执行政策方面负有主要责任，为此需要高度了解美国，掌握有关美国的最新信息和情报。

二、专业研究机构

在专业研究机构中工作的美国问题专家起着某种政策顾问的作用。他们主要分布在五个单位：国务院国际问题研究中心；中国国际问题研究所；现代国际关系研究所；上海国际问题研究所；中国社会科学院美国研究所。

国务院国际问题研究中心的地位和作用有点类似于美国的国家安全委员会。它的主要任务是组织、协调政府各有关部门的国际问题研究并把研究成果上报给中央领导，此外也参与有关政策的起草和制定。

中国国际问题研究所是外交部的主要咨询机构（国外称之为思想库）。它的主要研究成果呈送外交部，有时也送达更高一级的领导层。该所的美国室除完成自己的研究课题外，还定期向外交部北美司提供报告。有时也要为外交访问准备背景材料，偶尔还应某些高级领导人的要求从事特殊问题的研究。该所比较著名的美国问题专家有庄去病、潘同文、宋一民、叶玉安等。出版物为《国际问题研究》。

现代国际关系研究所的美国处主要研究美国国内问题，综合处则主要研究美国的外交和国防政策等战略性问题。周吉荣、王宝清、任梅、顾关福等人是该所优秀的国际问题专家。该所的出版物为《现代国际关系》。

上海国际问题研究所也是外交部所属的研究机构，尽管人员较少，但所取得的成果却是高水平的。国务院国际问题研究中心经常要求该所就一些特殊问题提交报告。该所著名的美国问题专家是章嘉琳和丁幸豪。出版物为《国际展望》和《国际形势年鉴》。

中国社会科学院美国研究所从理论上来说应该是中国美国问题研究的学术中心。该所成立于1981年，目前也是中华美国学会的办公地点。美国研究所拥有一批引人注目的美国问题专家（总数约为40人），其中不少是由前所长李慎之从其他单位招聘来的。尽管该所的主要任务是从事学术性研究，但它的专家们也常常被要求为高级领导人准备有关材料，李慎之本人就曾多次陪同中央领导访问美国。该所一些著名的美国问题专家包括：资中筠、陈宝森、张也白、董乐山等。出版的刊物为《美国研究》。

在这五大机构之外，其他一些科研机构中也散布着一批美国问题专家。这样的机构包括中国社会科学院的一些研究所，如世界经济与政治研究所、世界历史研究所、近代史研究所、经济研究所、社会学研究所等等。尽管他们的人数不多，但同样为中国的美国研究做出了贡献。

三、新闻单位的驻美记者

第三类美国问题专家是国内各主要新闻单位的驻美记者，其中人数最多的是新华社记者。新华社受中共中央（通过中宣部）和国务院的双重领导，它从1979年起向美国派驻记者（从1972年起向纽约联合国总部派驻记者）。这些记者的报道每天都出现在中国的报刊、电视和广播上，成为广大公众了解美国的一个最重要的信息来源。此外，新华社每天还将美国和其他国家的报刊文章译成中文，分别登载在《参考资料》（供高级干部阅读）和《参考消息》上，其中《参考消息》的日发行量高达395万份，远远超过《人民日报》，成为中国国内发行量最大的一份报纸。

四、高等学校研究美国的人员

近十多年来，中国高校中的美国研究得到蓬勃地开展。国内三大美国研究学术组织——中国美国史学会、中国美国经济研究会、中国美国文学研究会——中的大部分成员来自各高等院校。根据人员和机构设置等情况，有十余所大学构成了美国问题研究最重要的组成部分，它们包括：北京大学、复旦大学、南开大学、南京大学、山东大学、武汉大学、中国人民大学、中山大学、北京师范大学、东北师范大学、国际关系学院、外交学院和北京外国语大学等。在这些院校工作的美国问题专家，其研究成果大多具有高度的学术性，他们中的著名学者有杨生茂、丁则民、刘绪贻、汪熙、袁明、王辑思等。

　　总而言之，在以上四类机构中工作的美国问题专家构成了中国的美国研究队伍，他们是中国的"美国通"。这些人对美国的看法具有相当的权威性和社会影响力，而且对政府有关政策的影响力也不容低估。

为美国画像

——改革开放初期中国人眼中的美国[①]

一、美国的政治

（一）垄断财团对美国政治生活的影响

中国大多数的美国问题专家认为，在美国国内政治生活中起决定作用的是垄断财团。其他政治因素都被认为是受到垄断财团的操纵。但是，对这种状况何时在美国形成却有不同看法[②]。黄绍湘认为自 1898 年美西战争起垄断财团就对国内政治和外交政策发生"影响"[③]。刘绪贻认为垄断财团从"新政"时起即控制了美国政治[④]，他指出，新政以来历届政府在政治上都受到垄断资本的牢牢控制，政府不能实行有损于垄断财团利益的经济政策。[⑤]

国内关于美国垄断资本主义的经典著作或许要算篇幅近 500 页的《美国垄断财团》一书[⑥]。这本由复旦大学资本主义国家经济研究所的研究人员撰写的著作系统而全面地展示了中国人对美国垄断财团的看法。作者认为，垄断财团通过操纵资产阶级政党和选举并推举直接代表特定财团利益的政府官

① 本文节选自《中国与北美文化交流志》，上海人民出版社，1998 年，第十一章"'美国，一个充满矛盾的国家'——新时期中国人眼中的美国"，第二节"为美国画像"，第 427-451 页。

② 郝贵元. 1979—1982 年国内美国史研究概述[J]. 世界史研究动态，1983（10）.

③ 黄绍湘. 美国通史简编[M]. 北京：人民出版社，1979：662-664.

④ 刘绪贻. 美国垄断资本主义与马列主义[J]. 兰州学刊，1984（03）：45-57；刘绪贻. 罗斯福"新政"的历史地位[J]. 世界历史，1983（02）：44-55.

⑤ 韩铁. 艾森豪威尔的现代共和党主义[M]. 武汉：武汉大学出版社，1984.

⑥ 复旦大学资本主义国家经济研究所. 美国垄断财团[M]. 上海：上海人民出版社，1975.

员来达到对"美国政府机器的控制"。在第二次世界大战以前,这些财团基本上是家族性的,它们相互联系并集中于美国东北部地区。战后以来,美国垄断财团出现地区化、分散化的倾向,家族对财团的控制削弱了,各财团间的竞争不断加强。

然而,也有不少人由原来注意研究财团间的家族联系转到强调地区性财团——特别是南部和西部财团——在美国政治和经济生活中的崛起。对地区性财团的政治影响力作了最详尽揭示的是由武汉大学曹绍濂教授编写的《美国政治制度史》一书①。作者把财团分为四个地区:东北部地区、中西部地区、南部地区以及西部地区,并分析了每个财团的内部组成情况和它们对历届政府的影响。按照政治影响力,作者把美国垄断财团划分为以下几级:

在 20 世纪,洛克菲勒财团拥有最大的政治影响力,几乎每届政府都在某种程度上受它的控制。麦金莱、哈定、艾森豪威尔、肯尼迪和约翰逊等人都认为是得到洛克菲勒财团的支持才当上总统的。此外,洛克菲勒基金会、外交关系委员会和三边委员会这些由洛克菲勒财团创立的组织对美国政府的内政外交政策的制订发挥了重要影响。

摩根财团的影响力仅次于洛克菲勒财团。它被认为控制着共和党内的保守派,在格兰特、克利夫兰、西奥多·罗斯福、威尔逊、柯立芝、胡佛和艾森豪威尔政府中影响较大。

梅隆财团和共和党关系密切。安德鲁·梅隆在哈定、柯立芝和胡佛政府中担任 11 年的财政部长,突出地表明了该财团对经济政策的影响力。

杜邦财团在杜鲁门和艾森豪威尔政府时期最为强大,并且通过对通用汽车公司的控制影响了多届政府的国防政策。

波士顿财团对美国的拉美政策影响最大,因为它在那里有大量投资。

中西部财团的影响力在两次世界大战期间最大,特别是在塔夫脱和胡佛政府时期。二战后由于财力衰落,它的政治影响力也下降了。

南部财团在战后伴随着石化、军火、高科技等工业的发展迅速壮大,政治力量也日益加强,约翰逊和卡特政府就是最好的例子。

西部财团主力位于加利福尼亚,其实力体现在国防工业、高科技工业和金融业当中。尼克松和里根四次当选美国总统体现了西部财团崛起后美国经济、政治力量的重大改组。

---

① 曹绍濂. 美国政治制度史[M]. 兰州:甘肃人民出版社,1982.

　　最后，作者提出，20 世纪最后 25 年美国政治力量发展的主要特征，表现为南部和西部财团的兴起，中西部财团相对衰落的过程。

　　尽管许多美国问题专家同意上述看法，但对此持不同意见的也大有人在。例如，上海国际问题研究所的章嘉琳就认为，虽然垄断财团的实力有从东北部和中西部向南部和西部转移的倾向，但在政治上，东部财团——尤其是摩根财团和洛克菲勒财团——仍保持最重要的控制力①。他指出，没有东北部财团的支持，没有一个候选人能成为总统。约翰逊、福特、卡特和里根上台后都不得不满足东部财团的愿望，而尼克松在水门事件中被揪住不放就是因为他忽视了东部财团的利益。

　　除了讨论阳光带财团的兴起外，许多中国学者还注意到了 20 世纪 80、90 年代以来各垄断财团之间日益增强的"相互渗透"。②

　　（二）行政部门的特殊地位

　　中国许多美国问题专家对行政部门在美国联邦政府中的地位、作用和运作情况十分感兴趣，这些人大多采用一种结构主义的方法，通过对各自功能和作用的描述，向广大公众介绍了行政机构中的关键职位和部门。他们写了大量关于美国总统③、副总统④、白宫办事机构⑤、国家安全委员会⑥、国务院⑦、国家安全局⑧、中央情报局⑨等方面的书籍和文章。关于美国的教科书和手册

　　① 上海国际问题研究所. 现代美国经济问题简编[M]. 上海：上海人民出版社，1981；章加琳. 美国垄断财团出现重大变化[J]. 世界经济导报，1986-06-25.

　　② 甘当善. 战后美国垄断财团的发展[J]. 世界经济，1980（06）：25-29+35；章加琳. 美国垄断财团实力和组合的若干变化[J]. 世界经济，1980（09）：23-30+9；章加琳. 美国东部财团的新组合[N]. 世界经济导报，1983-08-01.

　　③ 杨百揆，杨明. 美国总统及其选举[M]. 北京：中国社会科学出版社，1985；赵浩生. 漫话美国总统选举[M]. 北京：中国青年出版社，1980；谭君久. 美国总统选举制度刍议[J]. 武汉大学学报，1988（04）：43-48；黄绍湘. 美国的总统制[J]. 历史研究，1989（03）：151-163.

　　④ 桑生. 美国副总统是干什么的[J]. 环球，1987（07）；石朝旭. 浅谈美国副总统[J]. 世界知识，1981（09）；陆锦康. 美国的副总统[J]. 国外政治学，1989（01）.

　　⑤ 陈其慧. 白宫三巨头的权势[J]. 环球，1981（08）；潘世强. 美国总统的工作班子[J]. 国外政治学，1986（04）.

　　⑥ 殿宸. 美国国家安全委员会[J]. 世界知识，1979（17）.

　　⑦ 介夫. 美国国务院和国务卿[J]. 世界知识，1980（13）.

　　⑧ 辉. 迷宫依旧是迷宫[N]. 人民日报，1983-02-06（007）.

　　⑨ 晏烁. 美国中央情报局内幕[J]. 世界知识，1981（13）；于恩光. 美国中央情报局的一场风波[N]. 人民日报，1981-08-07（007）.

中也对内阁和行政机构、文官制度以及州和地方政府作了详细介绍。①

在许多中国人看来，美国总统在联邦政府中处于支配地位，他既是决策者、高级职位的任命者、各种利益集团相互竞争中的仲裁人，还是武装力量的总司令。不少有关总统制的介绍中流露出某种"总统至上"论的倾向，过高估计了美国总统的实际权力，也很少有人谈到分权制对总统的限制。②

此外，中国人往往从美国总统推行的外交政策和对华关系的好坏上来评价他们。例如卡特被认为有些软弱，而里根则是一个强硬派。至于尼克松，由于他缓和了同中国的关系，所以尽管在美国受到尖锐指责，但在不光彩的辞职后仍然多次在中国受到欢迎。可以说，尼克松在水门事件中道德上的污点没有得到如实地报道。

中国的美国问题专家们还探讨了美国政府内部各种试图对内外政策施加影响的派别。有人研究了"孤立主义者"和"国际主义者"之间为控制美国外交政策而长期存在的竞争③。国际问题研究所的庄去病则划分出了更多的影响政府外交政策的意见派别，例如"鹰派"和"鸽派""温和派"和"保守派"，以及"缓和派""中间派""超级鹰派"等等④。

（三）美国政治的多元性

近年来，越来越多的中国学者意识到了美国社会政治生活中的多元性，因此，他们把注意的焦点逐渐转移到各种社会思潮、国会以及各种非政府组织对政治的影响上来。

大约在1980年以后，许多中国人接受了在分析美国政治时所采用的"自由派"和"保守派"的划分方法。大多数中国学者都同意20世纪80年代美国的社会政治思潮正由自由主义向保守主义转变，这表明了美国社会政治结构正发生着根本性的变化。中国社会科学院美国研究所的青年学者温洋从美国保守主义的历史和哲学起源出发，对现代保守主义进行了分析。他提出，"新保守派"其主张来说并不"新"，他们所强调的个人自由和经济上的自由

---

① 复旦大学资本主义国家经济研究所. 美国政府机构[M]. 上海：上海人民出版社，1972；复旦大学国际政治系. 美国[M]. 上海：上海辞书出版社，1982；李道揆. 美国政府和美国政治[M]. 北京：中国社会科学出版社，1990.

② 在这方面，中国社会科学院美国研究所的李道揆是个例外，见他的《试论美国宪法的限权政府原则》，《美国研究》，1987年第4期，第7-13+3页。

③ 金应忠. 浅析美国的所谓"国际主义"[J]. 世界经济与政治内参，1982（10）.

④ 庄去病. 美国的鹰派与鸽派[J]. 世界知识，1980（13）；庄去病. 从对外事务看里根政府的内部纷争[J]. 世界知识，1982（07）.

放任实际上起源于英国的古典自由主义①。在保守派内部，温洋划分出美国社会中存在的四种保守主义者和三种保守派政治②。就整个社会而言，美国存在："暂时性的保守主义者"，他们对改革具有"本能的反对态度"；"富有的保守主义者"，他们反对社会变革是为了保住他们的地位、权力和财产；"实用主义的保守主义者"，他们仅在对本阶层或个人有利时才赞同社会变革；"思想上的保守主义者"，这些人反对变革纯粹出于思想原因。在政治家中则有："极端保守主义者"，他们主要代表大资产阶级利益；"中间保守主义者"，他们反对国家对社会和经济干预的不断扩张；"自由保守主义者"，他们力求通过选举和立法来引导社会经济变革。

伴随着对美国政治中各种思潮和派别认识的不断加强，中国人也逐渐注意到了国会的重要性。所有关于美国政治的书籍都将国会作为重要内容对待③，一本关于国会的专著——《美国国会史》已经出版④。许多人对越战以来国会在外交政策方面的独立作用日益增强较感兴趣⑤。在对分权制的研究中，不少人注意到了1983年6月最高法院判决国会"立法否决"无效一事，以此为依据，他们认为，国会在越战和水门事件后争得的权力又逐渐为行政部门夺回⑥。然而，总的来说，新时期中国人对美国国会的认识还有待深入，对于国会的组织、功能以及在制定政策过程中的多重作用和在分权与制衡机制中的重要性等问题还有待做进一步的探讨。

在对美国政治运作过程的了解不断加深的基础上，很多中国学者都认识到在美国政府部门（即行政、立法、司法机构）之外还有许多组织对政策的制订起到了作用。他们把研究的重点放在各种思想库、基金会、政治行动委员会以及院外活动集团上。在分析中，中国学者毫无例外地都试图把这些组织划归到这个或那个财团的操纵中。

---

① 温洋. 美国自由主义的演变[J]. 美国研究参考资料，1985（10）；温洋. 新保守主义"新"在哪里与"保守"在哪里[J]. 美国研究参考资料，1986（09）.

② 温洋：何谓美国的"保守主义"[J]. 美国研究参考资料，1985（05）-（07）.

③ 沈宗灵. 美国政治制度[M]. 北京：商务印书馆，1984；杨柏华. 资本主义国家政治制度[M]. 北京：世界知识出版社，1984.

④ 蒋劲松. 美国国会史[M]. 海口：海南出版社，1992.

⑤ 庄去病. 美国国会和两党制度[J]. 世界知识，1979（03）：14-16；张毅. 美国国会与美国外交[J]. 美国研究参考资料，1983：112-113；张也白. 美国外交决策的特点[J]. 美国研究，1987（04）：52-71+4；孙心强. 论美国国会对总统权力的限制与国会改革[J]. 山东大学学报，1989（03）：105-111.

⑥ 任荣. 美国最高法院对总统权力所持的立场[J]. 世界经济与政治内参，1984（04）；张毅. 美国白宫和国会权力斗争的起源和发源[N]. 人民日报，1983-08-25（007）.

例如，资深美国问题专家庄去病认为，"当前危险委员会"的成员与加利福尼亚国防工业财团有密切联系，因此该委员会的许多主张是建立在扩充军备的基础上的①。"对外关系委员会"和"三边委员会"这两个组织被认为是美国推行全球外交政策的主要倡导者和设计者，由于受到在世界各地拥有广泛经济利益的洛克菲勒财团的大力资助，所以他们十分强调三边和东西方关系问题②。一些人认为，"美国企业研究所"得到了在中东拥有巨大利益的得克萨斯石油财团和贝克特尔公司的大量资助，因此在里根政府中通过其"代理人"——副总统布什、国务卿舒尔茨和国防部长温伯格——提出了符合垄断财团利益的解决阿以问题的对策③。胡佛研究所被认为是加利福尼亚金融财团、国际工业财团和保守派的主要思想库，并同传统基金会、现代问题研究所一道成为为里根政府提供官员和政策建议的主要机构④。还有人指出，布鲁金斯研究所主要为民主党服务，而兰德公司则依赖于共和党人。⑤

特殊利益集团的院外活动作为影响美国政治过程的一种重要的非政府因素，也引起了中国学者的注意⑥。在对各种院外活动的研究中，一些人认为，像"全国制造业者协会""商业圆桌会议"和"美国商会"这样的组织，其活动代表了垄断资产阶级的利益；而像"美国农场主联盟""劳联—产联"和其他工会组织，"全国有色人种协进会""美国消费者联盟""全国教育协会"这样的组织，其活动则与垄断财团无关，它们是为了维护社会中某些特定人群的利益。毫无疑问，中国学者曾长期关注美国的"院外援华集团"⑦，而且对院外活动中出现的行贿受贿、营私舞弊等丑闻多次在报纸杂志上进行了详细

---

① 庄去病. 美国的鹰牌与鸽派[J]. 世界知识，1980（13）：2-4+1.

② 志英. 美国对外关系委员会[J]. 世界知识，1979（13）：15；庄去病. 美国政府背后的"三边委员会"[J]. 世界知识，1986（13）：13-15.

③ 吴天佑，傅曦. 为里根出谋划策的思想库[J]. 现代国际关系，1982（01）：55-64；李时培. 贝克特尔公司[J]. 现代国际关系，1983（03）：57-58+56.

④ 陈兆纲：《美国行政改革的智囊——胡佛委员会的工作》，《未定稿》1986年第3期；章加琳. 里根、布什政府的智囊——胡佛研究所[J]. 国际展望，1989（02）：24-26.

⑤ 宁力. 美国思想库对政策的影响[J]. 美国研究参考资料，1985（04）.

⑥ 宋明江. 美国议院的座后客[J]. 世界知识，1979（08）；刘之根. 美国利益集团的发展及其对政府政策的影响[J]. 世界经济与政治内参，1983（12）；李道揆. 美国的利益集团[J]. 美国研究参考资料，1985（05）-（06）；钱春之. 利益集团与美国政治[J]. 国际关系学院学报，1989（03）.

⑦ 任一. 美国的"台湾帮"[J]. 世界知识，1981（03）：4-5；李家泉. 美国垄断资本主义在我国台湾[J]. 现代国际关系，1982（02）：27-32.

述评①。对于美国利益集团在美国政治生活中的作用，中国社会科学院前副院长、美国研究所副所长李寿祺认为，这是"表明美国多元化的政治参与"的一个主要标志。②

还有一些中国学者通过分析政治行动委员会考察了院外活动对美国政治的影响③。杨柏华教授在他那本广为流传的关于资本主义政治制度的教科书中，把政治行动委员会和其他一些积极进行院外活动的政治组织称为"压力集团"，以区别于进行一般性社会活动的"利益集团"，例如工会和宗教组织④。有人甚至注意到在美国的企业、政党、大众传媒和院外活动集团中越来越多地使用政治顾问的现象，认为这进一步表明了美国社会政治生活中的多元化倾向。⑤

（四）关于美国式的民主

在 20 世纪 80 年代绝大部分时间里，中国人一直对美国的民主制——特别是所谓"两党制"——进行猛烈的抨击。请看下面一段典型的批评：

"资产阶级的'两党制'是不是像某些人所说的是一种最民主的制度？事实并不是这样。……这种两党轮流执政的制度，完全是适应资产阶级的政治需要产生出来的。……'两党制'和整个资产阶级民主制度一样，仅仅是占人口极少数的剥削者的民主。资产阶级的'两党制'丝毫改变不了劳动人民受剥削、受压迫、受奴役的地位，即使在最发达的资产阶级民主共和国，工人也不会由雇佣奴隶变为国家的主人。要根本改变人民的这种地位，就只有把'两党制'和整个资产阶级制彻底废除，代之以人民当家作主的无产阶级民主。"⑥这种观点在报纸上也常常得到反映。例如《北京日报》在一篇文章中指出，"美国和其他资本主义国家都竭力为两党制吹嘘，把反对党的存在说成是民主的标志：有反对党就有民主，没有反对党就没有民主。其实，两党制是维护资产阶级专政的得力工具。美国的总统选举，说穿了，就是在垄断资产阶级指定的两个代理人中挑选一个，不管你满意不满意——这就是两党制给美国选民享受的民主权利。"⑦上海的主要报纸则认为，"资产阶级搞两

① 晓波. 美国式的企业：政治行动委员会[J]. 世界知识，1984（19）：12-13.
② 李寿祺.《利益集团参政——美国利益集团与政府的关系[J]. 美国研究，1989（04）：29-42+4.
③ 晓波. 美国式的企业：政治行动委员会[J]. 世界知识，1984（19）：12-13.
④ 杨柏华. 资本主义国家政治制度[M]. 北京：世界知识出版社，1984.
⑤ 林小云."政治咨询专家"的崛起——美国竞选政治中的新动向[J]. 美国研究参考资料，1985（07）.
⑥ 郭用宪，阎志民. 怎么认识资产阶级的"两党制"[J]. 红旗，1981（11）.
⑦ 陈俊. 美国竞选种种[N]. 北京日报，1981-01-23.

党制，就像一个木偶演员手里拿着甲乙两个木偶，甲出场，乙退场，乙出场，甲退场，永远由其操纵着这个舞台。"①

其实，马克思、恩格斯、列宁早就对资产阶级的虚伪性进行过尖锐的批判②。毛泽东也曾指出："两党制不过是维护资产阶级专政的一种方法，它绝不能保障劳动人民的自由权利。"③一些中国学者对此作了进一步的分析④。由中国著名的政治学家赵宝煦和王邦佐编写的两本广泛使用的政治学教材都认为，在资本主义国家中，政府、政党和选举都受垄断资产阶级的操纵，从而都成为资产阶级维护其统治的手段⑤。武汉大学的曹绍廉教授也持同样看法⑥。而由复旦大学和武汉大学的三位学者共同撰写的《美国两党制及其剖析》一书则对"两党制"问题作了全面的阐述⑦。作者们指出，共和党和民主党就像是垄断资产阶级的两只手，它们在政府各部门中都有自己的代表，但最终都依赖于同一基础——垄断资本。

在 20 世纪 80 年代中国出现一些人利用所谓"美国如何民主和自由"来制造舆论，对此，一些严肃的美国问题专家进行了批驳⑧。或许没有人比柴泽民——中美建交后中国首任驻美大使——更有发言权了：

"我在美国的日子里，看到民主和自由确是十分动人的名词，到处标榜民主自由，一些政府首脑和高级官员更是嘴上不离民主、自由一类的词汇，似乎美国是最民主的国家，而实际情况又如何呢？我在美国看到一些总统、议员之所以能够当选，无不是背后有许多大富翁在撑腰、出钱。这种竞选完全建立在美元基础上，每个竞选人都代表美国各地财团的利益。他们上台后都要为其财团谋利、说话，这还有多大的民主、自由呢？资本主义国家的民主制，实质上是资产阶级的一种统治方式，是为资产阶级私有制服务的。"⑨

① 余先予. 由"象驴之战"想到的——谈资产阶级的两党制[N]. 文汇报，1981-03-13.

② 见马克思、恩格斯《德意志意识形态》，列宁《国家与革命》《论国家》等。

③ 毛泽东. 关于正确处理人民内部矛盾的问题. 毛泽东著作选读：下册[M]. 北京：人民出版社，1986：761.

④ 刘德斌. 试论美国两党制度的产生及演变[J]. 世界历史，1988（02）：103-110；黄安年. 美国资产阶级两党制度不适合我国国情[J]. 保定师专学报，1989（01）：19-29+9.

⑤ 赵宝煦. 政治学概论[M]. 北京：北京大学出版社，1982；王邦佐. 政治学教程[M]. 郑州：河南人民出版社，1983.

⑥ 曹绍廉. 美国总统选举和有关的几个问题[J]. 武汉大学学报，1980（05）：73-78.

⑦ 陈其人. 美国两党制及其剖析[M]. 北京：商务印书馆，1984.

⑧ 黄安年. 美国资产阶级两党制度不适合我国国情[J]. 保定师专学报，1989（01）：19-29+9.

⑨ 朱敏之. 柴泽民谈西方民主[J]. 半月谈，1987（04）.

那么，柴泽民对美国的言论自由和出版自由又是如何看的呢？

"美国一直标榜其言论自由，表面上看来美国的新闻似乎很自由，报纸、杂志多得惊人，报上整天争吵不休，辩论得很热闹。但实际上，报刊上刊登什么，不刊登什么，都有明确的选择。美国报纸不允许任何改变其资本主义制度的言论广为宣扬。美国的报刊都是代表一些财团的利益。"

这段谈话可以看成是新时期大多数中国人对美国民主制看法的一个缩影。

二、美国的社会和文化

（一）阶级和阶级斗争

马克思主义者观察社会的一个基本方法，是分析其中的阶级和阶级关系。在中国人看来，美国社会存在着严重的阶级分化和不平等现象。他们在美国社会中大致划分出了三个阶级：垄断资产阶级、中产阶级以及无产阶级，并对他们分别进行了研究。

美国垄断资产阶级的规模有多大？复旦大学国际政治系编写的《美国》一书中指出："美国有大小企业1000多万家，其中起决定作用的是几百家巨大的银行、工商业、交通运输业和公用事业公司，它们掌握着国家的经济命脉，垄断了资金、原料、技术、动力、运输工具和销售市场。"[①]

美国经济问题专家陈宝森提出了一种衡量美国资产阶级人数的方法。根据经典定义，资产阶级是资本主义社会中拥有私有财产的人，而美国拥有个人财产的人为5939万人[②]。他根据人均收入把美国资产阶级分为四级：0.5%是"超级富豪"，另有5%"非常富裕"；9%是"富户"，剩下90%是"普通"资产阶级。"普通"资产阶级家庭占有美国个人财富的65.1%，其他10%的资产阶级家庭占有个人财富的34.9%。0.5%的"超级富豪"年均收入为680万美元，0.5%的"非常富裕"的资产阶级年均收入为179万美元，"富户"的年均收入为39.7万美元，而"普通"资产阶级的年均收入为3.9万美元。[③]

值得注意的是，陈宝森在这里使用了"普通资产阶级"一词。其实这不

---

① 复旦大学国际政治系. 美国[M]. 上海：上海辞书出版社，1981：227-228.
② 陈宝森. 美国经济与政府决策[M]. 北京：世界知识出版社，1988：600.
③ 陈宝森. 美国经济与政府决策[M]. 北京：世界知识出版社，1988：600.

过是中产阶级的代名词。

中产阶级现在已被大多数中国人看成是资产阶级内部一个具有自身特性的阶层。然而在 20 世纪 80 年代之前却不是这样，当时对美国社会作"非资即无"的两分法式的划分占据支配地位。随着国门的打开，中国人开始发现美国社会的阶级结构并非如此简单，尤其是人数众多的中产阶级的存在。这引起了他们的关注和思考。

什么是中产阶级呢？按照《光明日报》一篇文章的说法，"中产阶层是美国社会中人数较多的一个阶层……主要包括小企业主、小农场主、小商人、一般经理人员和中高级职员、医生、教师、工程师等专业人员以及工资较高的技术工人"①。这篇文章详细地向读者介绍了美国中产阶级的构成状况，将美国人口 76% 划归为中产阶级，并探讨了 20 世纪 70 年代以来美国经济滞胀、税额增加和物价上升对中产阶级的影响。

尽管多数人逐渐将中产阶级视为美国社会阶级中一个具有独立性的阶层，对此持异议的也大有人在。有人批评那种认为中产阶级不是剥削阶级的说法。在一篇典型文章中，作者认为那些不属于大资产阶级的"中产阶级也是靠获得工人阶级创造的剩余价值而生存的，他们也参与了剥削，因此也应被视为资产阶级的一部分"。②

可以想象得出，在中国学者对美国社会阶级的论述中，占篇幅最多的是有关无产阶级的地位问题。20 世纪 70 年代末和 80 年代初，中国学者就资本主义制度下无产阶级的"贫困化"问题展开了热烈讨论。在争论的各方中，很多人都以美国无产阶级的状况作为自己立论的依据。在讨论中大体形成了三派意见。第一派认为，"随着历史条件的变化"，在主要资本主义国家，一个绝对贫困化的无产阶级已不复存在，因此马克思关于无产阶级贫困化的理论不是一条"规律"③。第二派意见则针锋相对，认为不仅所有资本主义国家都存在"绝对贫困化"，而且资产阶级和无产阶级之间的差距还在不断扩大④。第三派意见则体现了中国式的学术讨论中常有的妥协传统，认为对"绝对贫困化"一词可以有广义和狭义两种解释。从狭义上来说，不可否认，资本主义国家工人阶级的物质生活水平确实有了明显改善；但从广义上说，同样"不

---

① 冬梅. 美国中产阶层的境况和思想动向[N]. 光明日报，1980-05-24.

② 霍世涛. 试论中产阶级[J]. 世界经济与政治内参，1984（04）.

③ 蒋学模. 绝对贫困化是间断地出现的现象，不是经济规律[J]. 世界经济，1979（01）.

④ 王章耀. 有时绝对贫困化是一条资本主义的经济规律[J]. 世界经济，1979（01）.

可否认"的是，贫困化现象"经常存在"，从这个意义上说，马克思的理论仍然是一条规律①。显然，争论的焦点在于何为"绝对"，何为"相对"这样两个高度抽象的概念上。如果以工人的工资能否补偿劳动力价值作为是否存在绝对贫困化的主要标志，那么很多美国经济问题专家都认为，二战以后美国无产阶级存在着绝对贫困化的趋势。

对于美国社会各阶级之间的冲突和斗争，中国人的关注由来已久。在美国反战运动和种族骚乱频仍，社会动荡不安的 20 世纪 60 年代，这种关注达到了高潮。或许对美国人来说，那种认为他们的国家在 60 年代的动荡中已经处在一场社会主义革命的边缘的看法简直不可思议，然而事实上当时的中国人正是这么预测的②。随着中美关系趋向缓和，中国传媒对美国社会阶级冲突和斗争的报道并未停止，不过注意力开始转到罢工和工会运动上。

1976、1977、1978 这三年被认为是美国工人运动蓬勃发展的时期。1976 年，中国的新闻媒介广泛报道了美国汽车工人、煤矿工人、橡胶工人、公用事业工人、学校教师和护士等的罢工情况③。1977 年 7 月，新华社在一篇报道中说，"今年美国工人运动有了新的发展……美国钢铁、汽车、煤矿、铜矿、码头、电话、机械制造、交通运输、烟草、屠宰、市政等行业的职工，连绵不断地掀起反对垄断资本转嫁经济危机进行残酷剥削和压迫的斗争"。这篇报道还指出，"美国广大工人在反对垄断资本的同时，还明确地把斗争锋芒指向资产阶级在工人运动中的代理人——少数工会头目，这是美国工人运动深入发展的主要标志"。④

这种对工会的评价并不是个别的。1980 年《世界知识》上一篇关于美国工会的历史和作用的文章指出，"美国工会长期以来已被工人贵族和工人官僚占有，他们同垄断资本家相互勾结，密切配合，共同维护垄断资产阶级的统治"。⑤

社会福利制度和工人工资的增加被看成是垄断资产阶级麻痹工人阶级、缓和社会矛盾的手段。有人指出，"垄断资产阶级推行广泛的社会福利政策，

① 熊性美. 现在美国存在绝对贫困化，存在实际工资低于劳动力价值的趋势[J]. 世界经济，1979（01）；罗承熙. 第二次世界大战后美国无产阶级的绝对贫困化[J]. 世界经济，1979（05）.

② 毛泽东. 支持美国黑人反对帝国主义种族歧视的正义斗争的声明[N]. 人民日报，1963-08-09（001）；支持美国黑人抗暴斗争的声明[N]. 人民日报，1968-04-17（001）.

③ 见 1976 年的《人民日报》。

④ 《美国工人坚持斗争，反对垄断资本转嫁危机》，《人民日报》1977 年 7 月 20 日，第 6 版。

⑤ 冬梅. 美国的工会和工人运动[J]. 世界知识，1980（09）：9-11.

并不是出于什么'善心',而是垄断资产阶级在新的条件下攫取高额垄断利润和维护本阶级利益所要求的"①。《工人日报》的一篇文章也认为,"在资本主义制度下,工人收入的增长并不能随着生产的发展而自动地、顺利地实现……工人阶级的斗争是提高收入的主要手段……同时资本家也企图用高工资、高福利的办法来麻痹工人的阶级觉悟,平息斗争,以稳定社会秩序和保持资本主义剥削制度"。②

从 20 世纪 80 年代初开始,中国新闻媒介和学术刊物上有关美国社会无产阶级斗争方面的报道和文章逐期呈减少之势。显然,大多数的中国人已经开始认识到,美国社会的革命形势尚未成熟。

(二)富裕社会中的阴影

如果我们浏览一下 20 世纪 80 年代国内的报刊中有关美国社会生活状况的介绍和报道,就会发现这样一种有趣的现象:许多文章是以反驳问题的形式开头的,第一句话往往是——"许多中国的年轻人都认为美国是一个天堂",然后下面就是论证这不是事实。尽管有些文章失之偏颇,但必须承认,美国这样一个物质文明高度发达的国家中存在的种种社会问题引起了中国人的广泛关注和思考。

美国无家可归者的悲惨境遇尤其引人注目。中国读者从报刊上经常可以看到对无家可归者的报道,而电视的普及则把这些美国流浪汉的形象呈现在广大中国观众面前。《人民日报》驻华盛顿记者袁先禄决定通过采访美国首都的贫民救济部门和贫民区来调查这一问题。他最后得出的结论是:

"流浪者越来越多,当然和美国经济状况的恶化有关。大量黑人青年流落街头,是长期以来黑人失业率特高的结果。流浪妇女显著增加,还反映了美国家庭和社会问题的日益严重……大批的廉价房屋被拆掉,改建豪华的新楼,使房租越来越贵,穷人住得起的房子越来越少。社会的富裕把更多的穷人推进了无家可归的惨境,这不是一种讽刺吗?"③

《人民日报》另一位记者的报道则揭示这样一种十分矛盾的现象,即作为世界头号农产品生产国的美国却有那么多的人在挨饿④。里根政府削减发

---

① 姚廷纲. 发达资本主义国家社会福利制度剖析[J]. 红旗,1982(06).
② 孙尚清. 正确看待美国工人生活[N]. 工人日报,1980-03-11.
③ 袁先禄. 美国的贫困一瞥[N]. 人民日报,1982-01-05(007).
④ 戴增义. 美国贫困状况的新特点[N]. 人民日报,1989-11-04(007).

放食品券和救济津贴的做法也受到了中国人的批评。①

种族问题是中国人谈论美国社会的又一热门话题。中国人对美国社会种族问题的关心或许可以追溯到上个世纪。在 1979 年以前，中国人对美国少数民族的悲惨遭遇主要是从他们需要从资本主义制度的压迫下得到"解放"这一角度来认识的，所有书籍文章讲述的都是这个主题②。说到底，种族问题在中国人眼里首先是一个阶级问题。

随着一个新的历史时期的到来，中国人关于美国种族问题的评论逐渐由政治性转向分析性。举例来说，在 20 世纪 60—70 年代，美国黑人民权运动领袖小马丁·路德·金一般不被看成是进步的政治力量，因为他主张非暴力运动，不赞同用社会革命的手段来解决美国少数民族问题。然而在 80 年代，金牧师在中国也享受到了某种程度的"恢复名誉"。金的生日被定为美国全国纪念日引起了国内大批有关金的生平事迹的文章的涌现。《人民日报》发表文章赞扬他为争取少数民族权利所做的贡献③。中国社会科学院美国研究所专家李道揆撰写文章，第一次向中国读者介绍了金的生平、思想主张以及他反对种族歧视，争取黑人民主权利的实践活动。④

20 世纪 80 年代初期，三 K 党公开大肆进行种族迫害的行动引起了中国人对美国这一极右翼团体的注意⑤。此后一些关于三 K 党的文章陆续揭露了它的不少活动及其在美国长期存在的社会基础。一位记者报道了三 K 党在亚拉巴马州建立训练基地教授暴力战术的情况⑥。《人民日报》在"答读者问"中指出，"三 K 党就是专门迫害黑人最猖獗、最丑恶的种族主义极端组织……党徒中有议员、高级官员和其他重要人物，并有大资本家给他们提供活动经费，所以，他们敢于横行不法、肆无忌惮"。⑦

美国的家庭问题同样得到许多中国人的注意。很多关于美国家庭问题的文章都涉及核心家庭的破裂。中国人往往对美国社会同居和离婚现象之普遍

---

① 张亮. 美国人生活在贫困线下的人数增加[N]. 人民日报，1983-08-05（007）.

② 南开大学历史系. 美国黑人解放斗争简史[M]. 北京：人民日报出版社，1977.

③ 景宪法. 梦想和现实[N]. 人民日报，1986-01-16（006）.

④ 李道揆. 争取正义乐队的指挥——小马丁·路德·金牧师[J]. 美国研究，1987（01）.

⑤ 王飞. 美国的种族主义新浪潮[N]. 人民日报，1981-01-09（007）.

⑥ 子般. "无形帝国"的新暴行[N]. 光明日报，1981-05-27.

⑦ 《人民日报》1981 年 3 月 7 日。

感到惊讶①。家庭内的暴力现象，例如夫妻斗殴、虐待儿童、打骂家长等等，也受到关注②。还有一些人对 80 年代美国家庭中保守主义倾向的增强和传统价值观与道德观的回归作了探讨。③

关于美国社会中的青年人，一些人考察了 20 世纪 60 年代的嬉皮士和新左派运动的情况。中国社会科学院美国研究所的温洋向读者介绍了 60 年代美国的反主流文化——垮掉的一代、性解放、摇滚乐、嬉皮士等 60 年代的象征④。在关于"新左派"运动的文章中，他研究了这一运动的思想起源和种种表现。⑤

此外，还有人探讨了美国青年犯罪的问题⑥。1981 年 3 月 30 日发生了震惊世界的里根总统遇刺事件，凶手是仅 19 岁的欣克利。这一事件得到了中国众多传媒的广泛报道和评论。新华社驻美高级记者彭迪认为，欣克利是美国年轻人中的典型，他的行为暴露出美国社会的疯狂性和对青少年的摧残。⑦

（三）游记中的美国

游记往往能反映一个国家和地区的社会风貌，反映作者的观感。访问美国的中国人有写游记的传统。从 19 世纪中叶到 20 世纪上半叶，作为学生、学者、劳工、外交官、移民以及探亲者，许多跨越了太平洋的中国人把他们对美国的印象记录下来。在 20 世纪 80 年代，开放的大潮使众多的中国人走出国门，目睹了外面那个精彩的世界。在数以十万计的访美者中，许多人继承了他们先辈的传统，把自己的观感写了下来。或许这些各式各样的游记最能代表当代中国人对美国的看法了。

一般来说，发表的游记主要有两种形式。第一种是散见于各种报纸和通俗杂志上的文章，它们通常记录下作者对美国社会感触最深的某些印象；第二种是书籍，由于篇幅较长，作者可以详细阐述对美国社会各方面的印象，

---

① 金凤. 美国社会初探[N]. 人民日报，1979-07-12（006）；薛素珍. 当前美国的婚姻家庭状况[J]. 社会科学参考，1986（24）.

② 江继龙. 美国的家庭暴力[N]. 工人日报，1979-04-08；温洋. 美国人的家庭观[N]. 理论信息报，1989-02-20.

③ 刘绪贻，胡金平. 美国新右派初探[J]. 美国研究，1988（04）：113-134+5.

④ 温洋. 反主流文化的亚文化群——嬉皮士[J]. 美国研究，1988（04）：95-112+5.

⑤ 温洋. 美国六十年代"新左派"运动[J]. 美国研究，1988（03）：105-124+5.

⑥ 孙南申. 美国的青少年犯罪[J]. 法制建设，1985（05）；敬大力. 美国的青少年犯罪研究和青少年司法制度[J]. 青少年犯罪研究，1988（11）.

⑦ 彭迪. 欣克利的青春[N]. 人民日报，1981-04-18（006）.

而且还往往作出自己的分析和评论，因此更具研究价值。

下面让我们从众多的游记中挑选一些出来进行考察，看看不同的中国人是怎样看待美国社会的美国文化的。

1972 年美国总统尼克松访华后不久，"美国报纸编辑学会"邀请了一个中国新闻代表团访问美国。这个新闻代表团在 1973 年 5—6 月间参观了美国 8 个州的 10 个城市，行程 2 万里。他们访问了白宫（在那里受到了尼克松的接见）、纽约股票交易所、大公司的总部、工厂、农场、风景名胜，当然，还有报社。这是 20 多年来大陆上的中国人第一次目睹美国。代表团的成员来自国内各大新闻单位，他们发回的报道为中国读者提供了关于"美帝国主义"的第一手材料。

尽管记者们的报道内容大多集中于所谓"美国人民对中国人民的深厚友谊"上①，然而值得注意的是，他们也谈到了能够大幅度提高劳动生产率的计件工资制以及美国人的外向性格（特别是儿童）给他们留下的深刻印象。当然，他们也指出了美国社会存在的许多问题，如"通货膨胀、犯罪吸毒、空气污染、种族歧视、贫富悬殊"等等。②

1978 年秋，正当恢复外交关系的谈判在两国首都秘密进行之际，第二个中国新闻代表团访问了美国。这个代表团的日程表同样是丰富多彩的，而且他们回国后发表的观感要比五年前的那个代表团广泛而全面得多。有人对美国的科学普及程度之高印象很深③。也有人对美国交通和通信设施的现代化——尤其是对美国人乘飞机和汽车旅行的频繁——感到惊诧。④

这两个新闻代表团发表的访美游记使广大中国公众逐渐了解到一些美国社会的真实情况。随着 1979 年两国外交关系的恢复，越来越多的中国人有机会访问美国，赴美留学的人数更是与日俱增。美国的城市景观往往首先给初访的中国人以强烈的心理震荡，正如我们在王若水的游记中看到的那样。此外，美国家庭的陈设也引起了一些中国人的感慨。让我们看看《经济日报》的一位副总编在参观了一户美国中产阶级家庭的厨房后所作的思考：

"我不知道，这样的厨房，在美国算是几等厨房，印象是科学、干净、

---

① 萧航，张启昕. 和美国人民友好相聚的日子[N]. 人民日报，1973-08-03（005）.
② 萧航，张启昕. 和美国人民友好相聚的日子[N]. 人民日报，1973-08-03（005）.
③ 杨玉梅. 美国科普工作见闻[N]. 人民日报，1978-10-06（006）.
④ 李延宁. 民航、铁路和内河航运——美国交通见闻之一[N]. 人民日报，1978-11-01（005）；美国的汽车和公路——美国交通见闻之二[N]. 人民日报，1978-11-03（005）.

方便。我想，这也许是美国中产阶级的标准厨房……50 年代末期，尼克松在美国展览会上通过厨房设备，宣扬美国生活方式的优越。现在这个厨房就在我的眼前，我怎样来评价它呢？能说它不现代化吗？不能。它或许比 50 年代的更先进了。能在我们的国家提倡这种标准的厨房吗？至少眼前不能。但是把我们的厨房设计得科学些、合理些、干净些，却是可能的。"①

吴大琨，中国人民大学的美国经济问题专家，他的观感与众不同，1980年的美国之行给他留下的大多是消极印象。他在游记中列举了美国物价高昂、色情泛滥、种族歧视、青年失业以及同性恋等社会弊病。②

报刊上常见的另一类游记是由那些定居在美国的美籍华人撰写的。这些文章一般来说调子都比较低，通常是劝服中国读者打消对美国存在的某种不切实际的幻想，很多都是针对中国的年轻人的。其中最著名的或许要算是美国籍华人女作家於梨华在 1980 到 1986 年间的《人民日报》发表的《美国来信了》。1980 年 4 月 20 日，《人民日报》以整整一个版的篇幅发表了於梨华的第一封"来信"，这种做法在《人民日报》的历史上实为罕见。於梨华在文章中对美国社会进行了尖锐的批评：

> 凭我 20 多年住在美国的经验，我要向出来的朋友们说，千万呵！不要把美国幻想成天堂，更不要相信听来的传说，以为美国是可以解决一切问题的地方。对于一时不出来的朋友，我要说，千万不要因为不正确及夸张的报道，对西方，尤其是美国，产生一种崇拜的心理。美国虽然工业先进，物资丰富，但在他们的大城市里，贫民窟有的是，饿死冻死的也时常听到，靠洋山芋过日的也大有人在。

这第一封"信"引来了潮水般的真正的"读者来信"。应广大读者的要求，於梨华不得不从 1985 年起写了第二个系列"来信"。这次於梨华显得比较乐观些，在"信"中她谈到美国社会中的两性关系并非那么混乱，而是更加平等；年轻人大多也不是颓废堕落的，他们"依靠自己，独立而且勤奋"。

书籍是发表游记的另一个主渠道。中国人最出色的访美游记之一是由著名社会学家费孝通写的。费孝通在 20 世纪 40 年代曾访问过美国，并出版过

---

① 张沛. 国外归来：一[M]. 北京：世界知识出版社，1985：338-339.
② 吴大琨. 美国的经济和社会——重访美国有感[J]. 世界知识，1980（13）：6-9+1.

两本观感①。三十多年后的 1979 年，他故地重游，回国后同样出版了对这次访问的印象②。当然，在大多数情况下，费孝通都把这次访问的印象同三十多年前的观感联系起来，不止一次地表示了对二战后美国社会所取得进步的惊讶之情。现代美国社会的各个组成要素：汽车文化、人员的流动性、奇妙的电子通信手段、琳琅满目的食品和各式各样的耐用消费品等等给费孝通留下了深刻印象。然而，作为一名社会学家，费孝通对美国的社会问题具有敏锐的洞察力。他谈到了美国人性格上的扭曲和异化、人与人之间纯真友情的消退以及蔓延整个社会的"信仰危机"，还谈到了种族问题（包括黑人、美籍华人和其他少数民族）和城市中的贫困现象。不过总的来看，费孝通对美国的印象还是相当积极的。

国内新闻单位的驻美记者们也写了不少游记。新华社记者张海涛曾长期在驻联合国分社工作，回国后他出版过两本在国内较有影响力的游记：《美国——走马观花记》和《我说美国》③。前一本书在很大程度上是描述性的，向读者介绍了美国的历史、地理、政府机构等等。书中还以生动活泼的日记体记叙了作者在横穿美国大陆的旅行中所遇到的人和事，描绘了美国广袤的自然风光和各地的风土人情，笔调轻松而浪漫。然而他的第二本书《我说美国》却风格大变，书中对美国的政治制度、经济制度和社会文化作了全面的批判，尤其猛烈抨击了美国的所谓"自由、民主和人权"。

从 1979 年第一批大陆留学生进入美国大学校园算起，十多年来中国留美学生的人数已超过 10 万人。他们中有不少人写文章讲述了自己在美国的经历，其中大多是对如何在美国生活作如实介绍：怎样买东西、获取驾驶执照、租公寓、上饭馆吃饭（包括点菜）、打入当地中国社区、使用图书馆、找一份临时性的工作等，其中有些事写得非常幽默。④

在所有书籍类的游记中，有两本特别引人注目。一本是刘宗仁的《大熔

---

① 费孝通. 初访美国[M]. 北京：生活·读书·新知三联书店，1945；费孝通. 美国人的性格[M]. 北京：生活·读书·新知三联书店，1947.

② 费孝通. 访美掠影[M]. 北京：生活·读书·新知三联书店，1980.

③ 张海涛. 美国——走马观花记[M]. 上海：上海人民出版社，1980；张海涛. 我说美国[M]. 北京：北京出版社，1987.

④ 梁建中，黎小江. 当代中国留学生在国外[M]. 广州：花城出版社，1985；庄晨立. 从大学校园里看美国[M]. 上海：上海人民出版社，1987.

炉两年》①，另一本是王作民的《美国万花筒——社会·风光·人物》②。两本书都对美国的社会和文化作了全景式的描绘。由于这两本书都译成了英文，所以美国读者也对它们很感兴趣。

刘宗仁在适应美国社会生活方式上显然经历了一段困难时期。初到美国，他住在芝加哥北郊一户中产阶级人家，这家人的富裕生活引起了他的不少感慨。例如，在一次圣诞聚餐前的准备中，他偶然发现"有一个大纸箱里装的全是高脚玻璃杯，有一百多个"，女主人告诉他这是专门用来盛圣诞节喝的"鸡蛋酒"的"鸡蛋酒杯"。作者不禁叹道，"呵，这多么讲究！我们家喝茶、喝啤酒、白酒，统统用一种杯子。再说，一年就过一次圣诞节，喝一次'鸡蛋酒'，这一百多个杯子也只能用一次。我工作了这么多年，总共才买了四只高脚杯"。③

在这样一种文化环境中，刘宗仁产生了强烈的陌生感，用他自己的话来说："多少年来，甚至在'文革'中，我都一直偷偷地看美国《时代》杂志、《新闻周刊》《读者文摘》，还有美国小说，总觉得自己对美国有所了解了。到了美国才发现，书上讲的和亲身经历的差别很大，对美国人的思想、兴趣，简直是'丈二和尚——摸不着头脑'。英文中把这种感觉称为'文化震惊'。"④

他说得不错。综观全书，这种"文化震惊"确实比比皆是：技术发达、人道主义、个人独立、犯罪猖獗、医疗费用高昂、吸毒和色情泛滥，等等。作者最后带着一种"复杂的感情"离开了生活两年的美国。

王作民的《美国万花筒》从所谈的问题来看，与《大熔炉两年》一书相差不多。不过由于她得到了美国几家大公司的资助，能够从东到西考察整个美国，所以她书中介绍的对象和事例更多一些，而且对美国社会更深层的文化价值观念作了一定程度的分析。例如，关于美国的个人主义，她认为："其实，美国人讲的个人主义，其本意是肯定个人的价值、尊严、权利和自由，既肯定你的主义，也肯定我的主义……所以，我认为应当谴责的是'极端个人主义'，而不是个人的自由发展。"⑤

对广大公众来说，这些游记是他们喜闻乐见的一种文学体裁，给他们带

---

① 刘宗仁. 大熔炉两年[M]. 北京：生活·读书·新知三联书店，1987.

② 王作民. 美国万花筒——社会·风光·人物[M]. 北京：中国社会科学出版社，1988.

③ 刘宗仁. 大熔炉两年[M]. 北京：生活·读书·新知三联书店，1987：40.

④ 刘宗仁. 大熔炉两年[M]. 北京：生活·读书·新知三联书店，1987：123-124.

⑤ 王作民. 美国万花筒——社会·风光·人物[M]. 北京：中国社会科学出版社，1988：108.

来了某种关于美国社会的相对完整的观点和看法，这在绝大多数新闻报道或学术文章中是看不到的，而且公众往往认为这些东西更真实，这也是严肃的学术文章难以做到的。一般来说，这些游记具有三个共同特点：第一，内容上具有高度的亲历性，也就是说，作者们对美国的印象主要受他们个人经历而不是受书本上的或道听途说来的情况的影响，而且趣味性很强，往往反映出中美两种社会、两种文化的巨大差异。第二，作者们对美国的印象是多种多样的，有些看法甚至相互对立；在钦佩、羡慕美国社会高度发达的物质文明的同时，对其存在的道德堕落、社会不平等、种族歧视等多方面的问题表示出强烈的反感；第三，作者们都很注意把观察到的情况同自己国家的情况相比较，这种比较有时是直接的，有时则是潜含的，而作者自身的思想水平、观察能力和心理状况对这种比较的结果产生了深刻的影响。

后　记

　　南开史学百年之际，受历史学院领导和师门贤达委托，我负责收集整理恩师冯承柏先生美国历史和中美关系研究相关著述，将《北美文化交流志》先生独撰部分以及《冯承柏文集》相关论文编辑成册，是为《美国历史与中美文化交流研究》。

　　原本以为，收集整理先生美国研究相关文字著述，只是一个简单的技术活。但上手不久，我便沉浸其中，难以放下。这是因为，重温先生的文字，在那一向熟悉的清雅行文与厚重史料之外，我看到了蕴涵其中的卓然不群的视角和活跃独立的思想。这使得这项论文整理工作，成为我与先生思想精神的又一次重逢。这次重逢，让我更加清楚地看见了过去少有留意站在精神之巅的先生。在我的印象中，先生总是微笑着与我们交谈着、倾听着，话题从美国历史到中美关系现状，从人文社会到新兴的互联网前景……这样的轻松氛围与宽泛话题，总是令我们感叹先生的敏锐眼光与渊博学识，但同时也遮掩了他在精神深处追求学术真谛的刚毅本色。幸好，此番重逢，终于得见先生学术本色。

　　不只是我们学生，在学术界，先生的敏捷思维、渊博学识也是人所共知，素以研究领域广、思想新奇特著称。先生常对我们说："活着干，死了算"。他是这么说的，也是这么做的。先生兴趣广泛，一生淡泊名利，秉持南开"允公允能"之精髓，以"做对社会有用的人"为目标，在美国史、中美关系史、博物馆学、社会学、数字化信息管理和图书情报学等领域都有精深造诣和建树。在如上跨界颇大的各类学术会议上和各种形式的学术讨论中，先生的发言，往往都令与会者和听众耳目一新，产生"听君一席话，胜读十年书"的感慨。但是，在专业化程度越来越深的今天，先生的广泛跨界，无疑影响了他的学术思想以系统化的方式呈现。他跟着兴趣走、为学校事业发展需要干的态度，一方面使他成为南开大学博物馆学、社会学、数字化信息管理和图书情报学等领域的开拓者和奠基人，但同时，在他最为钟爱的美国史和中美关系领域，却未能有专著问世。对此，先生不以为意，但在先生驾鹤西去之后，作为先生的弟子们，无疑是莫大的遗憾。因为，以先生在美国史和中美关系史研究领域的功力和水平，完成高水平的学术专著，不是一件难事。此番有机会收集整理先生在美国史和中美关系领域毕生研究成果，进一步证实了我们的这一判断。

先生在美国史和中美关系相关领域的研究成果，以问题为导向，跨度颇大。其中，既有对美国史和美国研究的理论性研究，如北美文化特点、美国学刍议等文；又有对美国崛起的着力泼墨，如马汉海权、美西战争等文，揭示了美国崛起以军事实力为基础，工厂制的发端和南部农业发展道路等文探讨了美国崛起的经济条件。但是，稍加注意，便可发现，先生在看似宽泛的论述中，一直以社会文化史的角度观察美国，形成了卓尔不群的学术阐释体系。他对物质文化史、20世纪60年代反主流文化乃至对美国博物馆、图书馆和高校的研究都体现了这一倾向。在中美关系史研究中，则侧重中美文化交流史的探讨，包括对美国人与中国抗战的研究，留美学生研究、美籍华人研究、美国来华传教士研究、美国的中国通和中国的美国通、中美文化机构比较研究，以及中美自我印象和相互印象研究。

基于宽阔的视野和渊博的学识，先生在从社会文化史的角度观察美国和中美关系时，不拘泥于传统的学术层面，而从更贴近美国文化根基和现实生活的图书馆和博物馆近距离看美国，这是美国历史和美国研究学界少有人关注的角度。众所周知，图书馆和博物馆在美国社会和文化发展当中扮演着的重要而独特的角色：一个是知识殿堂，反映美国人对知识和读书的热衷，同时又肩负提供科研资料使命，为各路学者、各界精英、政客乃至政府决策者提供最人性化的服务；一个是保留、重现美国文化、培养民族自知自觉和自豪感、积聚民族凝聚力的窗口。美国在这两个领域的建设和利用水平都引领着世界，是每一个美国人从小最熟悉也最常光顾的地方。正因为这样，先生几度撰文，从美国博物馆发展史、美国高校图书馆的发展和信息化建设、中美大学图书馆，在从图书馆、博物馆透视美国社会文化的同时，也力图推动中国图书馆、博物馆的资料收集整理和服务水平。

先生秉持着南开史学言必有据的治学原则，十分注重第一手资料的挖掘与运用。先生刊发于20世纪90年代之前的文章，就已大量运用了民国政府教育部1934年编纂的《第一次中国教育年鉴》、1948年的《第二次中国教育年鉴》，美国人口普查局 1872 年第九次人口普查结果，《美国历史统计年鉴》（*Historical Statistics of the United States, Colonial Times to 1970*），《世界年鉴》（*The World Almanac and Book of Facts*），《世界发展报告》（*World Development Report*），《当代中国自然科学学者大辞典》等。这些参考工具书，在当时学界少有人问津。此外，不少研究更基于当时难以获取的纸质档案资料，如北美传教士办的《中国丛报》（*Chinese Repository*）、《总统文件》（*Presidential Papers*），以及美中学术交流委员会提供的 *CSCPRC Visiting Scholar Exchange Program, American Scholars*，1979—1986 等一手资料。

先生做人做事做学问，时刻保持头脑的清醒和思想的独立。业界同仁经常以"语不惊人死不休"来总结先生。这次整理书稿，重读先生关于北美文化概况等相关文字，感触尤为深刻。同样是提纲挈领地总结北美和美国社会政治文化特点，在先生笔下，睿智灵性又具有原创性的描述和概括比比皆是，往往三言两语便把美国政治和社会的精要力透纸背地勾勒出来，真可谓"字字珠玑、句句箴言"。

先生毕生的研究尤以视野宏阔、史论结合为突出特色，不仅在地域上横跨中美两国，更侧重兼顾历史学、社会学、博物馆学和图书馆学等多个学科，涉及历史、文化、经济、军事、外交等多个领域，本书的编排也因此力求从多方面反映先生研究成果的广与博。收入本书的文章首先分为美国史与美国学和中美文化交流两大部分。美国史与美国学部分按照如下思路编排：历史学概论与基础研究相关文章 4 篇，分别是《北美文化的特点》《美国物质文化史研究浅说》《〈美国学〉刍议》和《对卓越和公平的追求—20 世纪美国博物馆发展的回顾》；战争与外交相关文章 4 篇，分别是《马汉的海上实力论》《关于美西战争起源的美国史学》《第二次世界大战前美国的绥靖政策》和《在梦想与现实之间》；经济发展相关文章 3 篇，分别是《美国工厂制确立年代质疑》《19 世纪费城工业发展的特点》和《关于内战后美国南部农业发展道路问题》；文化研究相关 3 篇，分别是《60 年代美国青年的反主流文化》《美国的历史从这里开始——詹姆斯敦和威廉斯堡露天博物馆》和《美国高校图书馆的信息共享空间建设》。中美文化交流部分编排顺序为：总论 2 篇，分别是《中国与北美文化交流的历史回顾》和《中国与北美文化交流研究评述》；宗教相关 3 篇，分别是《英美来华传教士的早期活动》《北美（美国）宗教、世俗团体参加中国的社会改革》和《美国教会大学在华概况、办学条件、特点及效益》；华人移民 3 篇，分别是《早期北美的中国移民》《北美华埠社会文化的发展》和《第二次世界大战后美国华人移民的特点与贡献》；中国留美学生相关 5 篇，分别是《中国留美学生运动的开端》《庚款与留美学生人数、地区、学科分布》《第二次世界大战期间和战后初期的留美学生》《改革开放后留学北美的新高潮》和《留美学生的作用和影响》；对华友好人士与组织相关研究 3 篇，分别是《中美两国人民诚挚友谊的见证—记几位热情支持中国革命的美国友人》《卡尔逊与八路军的敌后游击战》和《〈美亚〉杂志与抗日根据地》；中美文化比较研究 5 篇，分别是《求同存异与文化交流——纪念中美"上海公报"发表 25 周年》《Conflict and Harmony: A Comparative Study of Modern Secular Cultural Institutions in PRC and USA》《美国的信息社会理论与中国的现代化》《中美大学图书馆比较研究》和《20 世纪的费城与天津》；中国的美国学 2 篇，分别是《中国的'美国通'》和《为美国画像——改革开放初期中国人眼中的美国》。相同类目下，以先宏观再微观的原则编排。

本书编者是冯承柏先生门下的弟子之一，因为在南开大学历史学院工作的缘故，受院领导委托，负责编辑整理先生此册文集。衷心感谢历史学院领导的信任，并在南开史学百年之际为先生美国史研究专著给予人力物力的支援。特别感谢郑克晟先生在耄耋之年拨冗为本文集友情作序。同门师兄韩召颖教授也在文集整理和调整过程中提出宝贵意见和建议，使本书得以顺利成形。感谢温昕同学埋头奋战近三个月，逐字逐句输入、校对、整理《北美文化交流志》部分的文字、表格和注释规范化处理。没有各位领导、师友的鼎力相助，是难以完成本书编辑这一重要工作的。即便如此，书稿整理时间短，虽用心尽力完成，但错漏之处难免，欢迎方家不吝指正。

编者　罗宣

2020 年 2 月 29 日

作品简介

国内对美国历史和中美关系研究多浓墨重彩于政治、经济、外交方面的探究，而对于一个国家更深层次的理解，往往取决于如何认识其文化根源和特性。正如若想深入了解中国历史和中国人，就必须深入认知儒家思想和文化一样，对美国本质的深入认识，也必须对其社会文化展开多维度的研究。作为中国老一辈美国历史文化研究工作者，本书作者于读书行走之间，站在中国人的视角，不断思考品鉴美国社会文化的特色与味道，倾毕生心血，形成了这样一部力透纸背的力作。

本书围绕美国工业、农业、军事、文化等社会文化的核心议题，系统探讨了美国历史的本质，并在此基础上，进一步阐释了中美文化交流的特点、缘起、中美关系学者的研究互动和在对方国土上进行的社会文化层面的交流。其中，学界至今仍少有人问津的领域包括：美国物质文化史、美国华埠社会文化的发展、二战初期的留美学生、改革开放初期中国人眼中的美国、中国的美国通等。

本书突出特点：扎根于对美国历史的深入认识，从物质文化、世俗文化团体、留学生、信息社会等多个维度探讨了美国文化的特点及中美两国文化异同与特性。

作者简介

冯承柏，1933 年生于天津。南开大学历史系与世界近现代史研究中心教授。曾任南开大学历史系副主任、南开大学副教务长、社会学系代主任、南开大学图书馆馆长、美国研究中心主任、国际问题研究中心副主任、国家教委"八五"社会科学规划项目图书馆学、情报学、档案学评审委员、天津高等教育文献信息中心主任。1980—1982 年，作为南开大学公派访问学者在美国天普大学（Temple University）访学，1990 年作为富布赖特学者访问美国。主要从事美国社会文化史、中美文化交流、西方博物馆学研究，是南开大学美国史、博物馆学专业的奠基人之一，也是南开大学图书馆信息化数字化的开拓者、天津市高校图书馆信息化建设和管理的发起者和奠基人。曾出版《美国黑人解放运动简史》（合著）等多部专著，在《历史研究》《世界历史》《南开学报》《中国博物馆》以及美国《博物馆新闻》等学术刊物发表论文近四十篇。